Charles AUBERTIN

L'ESPRIT PUBLIC

au

XVIIIe SIÈCLE

Étude sur les mémoires et les
correspondances politiques
des contemporains
1715 à 1789

© 2024, Charles Aubertin (domaine public)
Édition : BoD · Books on Demand, 31 avenue Saint-Rémy, 57600 Forbach, bod@bod.fr
Impression : Libri Plureos GmbH, Friedensallee 273, 22763 Hamburg (Allemagne)
ISBN : 978-2-3225-5914-5
Dépôt légal : Janvier 2025

TABLE DES MATIÈRES

INTRODUCTION. — Idée générale et dessein de l'ouvrage : le XVIIIe siècle expliqué par les Mémoires contemporains.

Première époque : la Régence (1715-1724)

CHAPITRE Ier. — La Chronique des bourgeois de Paris : Journal de Buvat, Mémoires de Marais.

CHAPITRE II. — La Régence jugée par les Mémoires. Le principe monarchique en 1715.

CHAPITRE III. — Correspondance manuscrite de l'abbé Dubois : la diplomatie sous la Régence.

CHAPITRE IV. — La Province en 1715 : Lettres manuscrites de la marquise de Balleroy et de ses amis.

Deuxième époque : le règne de Louis XV
Depuis le ministère de Fleury jusqu'à la guerre de Sept ans (1724-1756)

CHAPITRE Ier. — La Vie et les Mémoires de l'avocat Barbier.

CHAPITRE II. — Le Journal du marquis d'Argenson : un philosophe homme d'Etat.

CHAPITRE III. — Le Roi Louis XV et son gouvernement d'après Barbier et d'Argenson.

CHAPITRE IV. — L'Opposition sous Louis XV. Parlementaires, jansénistes, philosophes et républicains.

CHAPITRE V. — La Cour et l'étiquette. Mémoires du duc de Luynes.

Troisième époque : le règne de Louis XV (*suite*)
De la guerre de Sept ans à la mort du roi (1756-1774)

CHAPITRE Ier. — La France après Rosbach : Correspondance manuscrite de Bernis et de Choiseul, etc.

CHAPITRE II. — Les Salons de Paris à la fin du règne : Mémoires de Bachaumont.

CHAPITRE III. — Le Sentiment religieux au temps de l'*Encyclopédie* : Journal manuscrit de S.-P. Hardy.

Quatrième époque : règne de Louis XVI
Fin de l'ancien régime (1774-1789)

CHAPITRE Ier. — Marie-Antoinette et son rôle politique : Mémoires de Bezenval, d'Augeard et de madame Campan.

CHAPITRE II. — La Reine jugée par ses parents et par elle-même : correspondance avec Marie-Thérèse et Joseph II.

CHAPITRE III. — La fin de l'ancien régime. Correspondances secrètes et anonymes imprimées ou manuscrites.

INTRODUCTION

Idée générale et dessein de ce livre : le XVIIIe siècle expliqué par les Mémoires contemporains. — Méthode à suivre dans cette étude ; limites et divisions du sujet. — Intérêt particulier des Mémoires politiques : comment on y peut chercher l'histoire sincère des progrès et des transformations de l'esprit public depuis 1711 jusqu'en 1789.

Le XVIIIe siècle, dont la gloire est aujourd'hui hors d'atteinte, a compté dans son histoire plus d'une date néfaste ; il a eu, lui aussi, ses défaillances et ses tristesses. Sous cet éclat des arts et de la philosophie qui, en dépit de nos revers, continuait à illustrer le nom français, plus d'une blessure infligée au patriotisme a saigné. Mais l'âme de la France, trahie par des chefs indignes, consolée et raffermie par d'éloquents écrivains, a non seulement maintenu sur l'Europe, à force de génie civilisateur, son empire ébranlé ; elle a fait plus, elle a entretenu dans les générations nouvelles le ressentiment de l'honneur offensé, elle a créé l'énergie qui efface avec l'épée les humiliations de la défaite. C'est ce qui imprime à ce siècle, si grand par l'esprit, la marque héroïque ; c'est par là qu'il exerce une séduction dont l'attrait devient plus pénétrant et plus vif dès que l'heure présente est plus sombre et que nous traversons quelque passagère éclipse. Il semble parfois s'abaisser jusqu'à nos faiblesses et souffrir nos douleurs, comme pour nous mieux apprendre le secret de l'espoir invincible.

Après tout ce qu'on a publié sur cette époque mémorable, après tant de travaux brillants ou profonds, tant de recherches savantes, tant d'aperçus ingénieux et délicats, il m'a paru qu'une étude, nouvelle encore, restait à entreprendre. J'ai cru qu'en laissant à l'écart les œuvres célèbres de la littérature supérieure, sur lesquelles la critique a dit, ou peu s'en faut, son dernier mot, il ne serait pas sans intérêt d'observer les mouvements de l'esprit français au XVIIIe siècle dans cette partie intime et confidentielle de la littérature historique qui, sous le nom de Mémoires, traduit jour par jour, avec une sincérité négligée, la pensée du moment, et d'une plume libre, inégale, diffuse, mais assez fidèle, écrit l'histoire à mesure qu'elle se fait. Peut-être un tableau ainsi tracé sans parti pris, avec la matière même de la vérité nue et sans art, sera-t-il plus facilement dégagé du mélange des fausses couleurs, des illusions de la perspective et des tons forcés de la déclamation.

Suivant un axiome admirablement justifié par M. Villemain et par l'école qu'il a fondée, la littérature est l'expression vivante de l'état moral d'une société ; mais n'aurons-nous pas une garantie plus sûre encore de la fidélité de cette brillante image littéraire si nous pouvons placer, en face des peintures que le talent et la passion animent, une expression plus simple des mœurs publiques qui nous aide à vérifier l'exactitude de la première ? Nulle époque ne se prête aussi aisément aux conditions de cette épreuve et de ce contrôle ; aucune n'est aussi abondante en confidences sur elle-même ; aucune n'a aussi libéralement prodigué, à côté des Mémoires, les Correspondances, — qui ne sont que des Mémoires involontaires ; — et cette richesse même est un témoignage de plus qui atteste l'activité puissante de l'opinion et le charme varié du spectacle que les émotions de la vie publique offraient aux regards intelligents.

D'assez nombreux explorateurs, nous ne l'ignorons pas, ont déjà visité avec fruit cette partie la moins connue et la moins accessible de l'érudition littéraire : philosophes, historiens et critiques ont creusé cette mine opulente et sont revenus de leur recherche les mains pleines. Mais, remarquons-le, toutes les études entreprises dans cette direction et sur ce terrain étaient limitées à un objet spécial, subordonnées à un dessein étranger : une fois les renseignements pris et la moisson faite, on laissait là le champ à demi cultivé. L'idée ne venait pas d'étudier cette vaste matière en elle-même, de la faire passer du second rang au premier, et de la choisir, non comme un auxiliaire et un accessoire, mais comme l'objet unique d'un travail déterminé. D'ailleurs, parmi tant de documents nouveaux que chaque jour met en lumière, combien de publications qui sont d'une date trop récente pour avoir pris rang dans les résultats généraux de la science et pour avoir livré aux lecteurs pénétrants tout ce qu'elles renferment ! Serait-ce aussi une présomption de croire qu'il ne saurait être inutile d'introduire l'ordre, l'esprit critique, l'unité dans ce $_{p.4}$ mélange d'éléments disparates et cet amas d'informations ? N'est-il pas permis d'espérer que ces témoignages, de tout caractère et de toute origine, une fois classés suivant leurs affinités naturelles, une fois débarrassés des récits mensongers ou suspects dont le voisinage leur nuit, gagneront en intérêt comme en autorité ?

Telle est la pensée et l'ambition de cette étude. Nous avons un double but : expliquer le XVIIIe siècle par les Mémoires contemporains ; donner une idée juste de la vie sociale et politique de cette époque en écartant les notions vagues, les renseignements de seconde main et le savoir improvisé ; confronter le témoignage de la littérature secrète avec la manifestation éclatante et plus ou moins apprêtée de la littérature publique, voilà notre principal dessein. Le second sera rempli si, selon notre espérance, il nous est donné en même temps d'accroître la valeur de ce fonds déjà si riche, comme on double celle d'une terre fertile et à demi inculte par un travail persévérant.

Avant tout, fixons nos limites : c'est notre premier devoir en face d'une matière flottante et si vaste. Où commencent, où finissent les Mémoires du XVIIIᵉ siècle ? Considéré du point de vue où nous sommes placés, le XVIIIᵉ siècle commence, à vrai dire, en 1715, et finit en 1789. Dans le champ d'exploration où nous entrons, ce sont là nos frontières naturelles.

Sans doute, cet esprit de liberté politique et philosophique qui a donné au XVIIIᵉ siècle son caractère, ne date pas de 1715. Il a devancé la régence, il avait inspiré de hardis écrivains sous Louis XIV et séduit de nombreux contemporains du roi absolu. Le XVIIᵉ siècle, p.5 voué en apparence aux principes conservateurs, aux doctrines autoritaires, avait gardé plus fidèlement qu'on ne croit les traditions du siècle précédent. Sous Henri IV et sous Louis XIII, des observateurs évaluaient au dixième de la population totale à Paris et au vingtième en province le nombre des esprits forts : le protestant Lanoue, dans ses *Discours,* signalait un million d'athées ou d'incrédules en France, et le père Mersenne, en 1636, en comptait cinquante mille à Paris [1]. Sans

---

[1] Les Discours de Lanoue sont de 1583. — C'est dans ses Quæstiones celeberrimæ in Genesim que le P. Mersenne fait ce calcul. Il ajoute : « Quæ, (Lutetia) si luto plurimum, multo

attacher plus d'importance qu'il ne convient à ces chiffres, dont l'exactitude n'a rien de mathématique, nous nous bornerons à les confirmer par cette réflexion de La Mothe le Vayer : « Jamais le nombre des athées n'a été aussi grand qu'aujourd'hui [1] ». Voilà, si je puis dire, le premier fonds et comme l'établissement de la libre pensée dans la masse de la nation. Ce public spécial, formé par la Renaissance, par la lecture de Rabelais et de Montaigne, par l'horreur du fanatisme et des guerres de religion, trouva de nouveaux chefs et de nombreux signes de ralliement au XVIIe siècle : Charron, Le Vayer, Gassendi, continuant l'œuvre commencée, développèrent les germes de scepticisme ou d'épicurisme que tant de révolutions avaient jetés dans les esprits. Leurs écrits nous présentent une ébauche où il est facile de reconnaître les traits primitifs et la forme naissante de la philosophie de Voltaire. Sous Louis XIII, au temps de la Fronde, les disciples de ces maîtres sont partout, à la $_{p.6}$ ville, à la cour, dans la littérature et dans les camps ; les poètes cyniques et libertins foisonnent ; l'air pyrrhonien est à la mode parmi la jeune noblesse, cela fait partie du ton cavalier, c'est presque une des qualités de l'honnête homme [2].

---

magis atheismo fœtet, adeo ut in unica domo possis aliquando reperire duodecim qui hanc impietatem evomant. »

[1] *De la vertu des payens* (1810), article sur Julien.

[2] Voir Charron, *De la Sagesse*, l. II, ch. V (1601). — La Mothe le Vayer, *Dialogues d'Orasius Tubero* (1632). — *Philosophie de Gassendi*, par Bernier (1675). — Voir aussi Théophile

Vers le milieu du siècle, quand Louis XIV, Bossuet et Descartes ont prévalu, quand l'esprit libertin, vaincu, discrédité, est contraint de subir la règle et de plier sous l'ascendant du pouvoir, de la science et du génie, il s'enveloppe de prudence, il fuit le péril des controverses, abrite sa défaite dans quelques salons, grâce à la tolérance délicate de la bonne compagnie ; il inspire les causeries de Ninon, les écrits de Saint-Évremond, et exerce avec sagesse une propagande secrète, mais efficace. Bientôt d'illustres adeptes, grands seigneurs et poètes, les Vendôme, le futur régent, Chaulieu, Lafare, les oisifs et les frondeurs de Paris, en haine de l'hypocrisie régnante, prennent ses couleurs et peu à peu lui ramènent l'opinion. Les Mémoires décrivent avec force l'altération grave des mœurs et des croyances en cette crise du siècle, pendant les vingt-cinq dernières années du règne de Louis XIV [1]. Tandis que le principe p.7 d'autorité, épuisé par ses excès, décline à son tour et s'affaiblit, Bayle et Spinoza en Hollande, Locke en Angleterre, Fontenelle, Vauban, l'abbé de Saint-Pierre,

---

(1590-1626), Saint-Amand (1594-1660), Cyrano de Bergerac (1620-1655). Sur les libertins de ce temps-là, voir Pascal, *Pensées,* art. IX, n° 1, art. XXIV, n° 98, etc.

[1] Sur les esprits forts contemporains de Louis XIV, voir Bossuet, Oraison funèbre de la princesse Palatine, Sermons sur la Providence et pour le jour de Pâques (4ᵉ sermon) ; Bourdaloue, Sermons sur la Divinité de la religion chrétienne et sur l'Impénitence finale ; Fénelon, Sermon pour l'Épiphanie ; Malebranche, Recherche de la vérité (3ᵉ partie, de l'Imagination) ; Boileau, Satires I et IV, Épître III ; La Bruyère, sur les Esprits forts ; les Œuvres de Saint-Evremond et les Poésies de Chaulieu. — Voir aussi les Lettres nouvelles de

Fénelon lui-même, par leurs écrits politiques ou philosophiques, donnent le branle à cette révolution morale que le XVIIIe siècle précipitera [1].

C'est alors que Voltaire, l'un des plus jeunes habitués du Temple, grandit parmi les éclats de rire et les sarcasmes du déisme épicurien de Chaulieu. La régence arrive, les libertés contenues débordent ; l'esprit philosophique fait irruption sur la scène avec *Œdipe,* et dans la satire avec les *Lettres persanes.* Il n'était, jusque-là, qu'une mode tolérée ou proscrite ; désormais il sera une puissance. Cet esprit du XVIIIe siècle est né bien avant 1715 ; mais c'est 1715 qui en marque l'avènement.

Si les quinze années qui précèdent la régence appartiennent à une époque de transition où le régime vieilli succombe dans un affaissement silencieux, les dix années qui suivent 1789 forment une époque nouvelle où le progrès des idées s'arrête, où la théorie fait place à la pratique. D'un côté, la période préparatoire ; de l'autre, la période d'achèvement. C'est dans l'intervalle que le

---

la Palatine, mère du régent : « La foi est tellement éteinte en ce pays qu'on ne voit presque plus maintenant un seul jeune homme qui ne veuille être athée (1698). »

[1] Les plus hardis écrits de Spinoza ont paru de 1670 à 1677 ; Bayle, né en 1647, mort en 1706, a commencé d'écrire avec succès en 1680. Locke n écrit son *Épitre sur la tolérance* en 1689, son *Essai sur l'entendement* en 1690, son *Christianisme raisonnable* en 1695. Les *Dialogues des morts* de Fontenelle sont de 1683, la *Pluralité des mondes* de 1686, et l'*Histoire des oracles* à peu près du même temps. Vauban et Bois-Guilbert écrivaient de 1697 à 1707 ; les écrits politiques de Fénelon ont été composés de 1693 à 1711 ; le *Projet de paix perpétuelle* de l'abbé de Saint-Pierre est de 1713.

mouvement réformateur s'étend et que l'œuvre profonde s'élabore, grâce à la fermentation tantôt sourde, p.8 tantôt bruyante, qui remplit et passionne ces soixante-quinze années.

Rien de plus logique, par conséquent, que de nous attacher à ces deux termes précis et d'enfermer nos recherches dans ces limites, en écartant les Mémoires qui se rapportent, soit au règne de Louis XIV, soit à la Révolution. Quelques-uns, il est vrai, au commencement ou à la fin, sont placés pour ainsi dire à cheval sur nos frontières : parmi ceux-là nous appellerons à nous ceux qui y viennent d'eux-mêmes, ceux dont l'essentiel s'ajuste à notre cadre, et nous repousserons les autres, sauf à leur faire en temps et lieu des emprunts nécessaires pour confirmer le témoignage des Mémoires spécialement étudiés.

Aux exclusions indiquées par la chronologie, il faut ajouter celles que commandent l'amour du vrai et le caractère de ce travail. Deux sortes de Mémoires sont à exclure : les uns comme indignes, les autres comme inutiles.

Nos recherches seraient sans fruit, et ce livre n'aurait aucune raison d'être, si notre premier soin n'était pas de rejeter absolument les mémoires apocryphes ou simplement douteux. Nous repoussons donc ces romans historiques, publiés sans nom d'auteur ou sous des noms d'emprunt, dont on peut voir la liste dans Brunet et dans Quérard ; un tel fatras n'a rien de commun avec l'érudition [1]. Cette juste sévérité s'applique également aux compilations rédigées sur des notes et sur des ~p.9~ souvenirs fournis par certains personnages qui avaient de l'esprit, comme dit la comédie, « avec leurs secrétaires. » Ce qui fait le mérite et l'attrait des Mémoires, c'est le naturel du style, la vivacité de l'impression personnelle, la sincérité des confidences ou le piquant des aveux involontaires : de quel prix réel peuvent être ces compositions qui ressemblent à un travail d'avocat commandé par un client incapable de plaider lui-même sa cause devant la postérité ? Qui sait, d'ailleurs, ce que le rédacteur plus ou moins scrupuleux a mis du sien dans les documents qu'il déclare authentiques ? Ce qui est original et incontesté peut seul servir notre dessein. Les vrais Mémoires sont assez nombreux pour nous dispenser de recourir à ces recueils de fabrique suspecte où tout n'est pas faux, sans doute, mais où la vérité, qui s'y trouve disséminée, manque de certitude et de garantie [2].

---

[1] Tels sont, par exemple, les prétendus *Mémoires de l'abbé Dubois* (1820), les *Mémoires secrets de madame de Tencin,* par l'abbé Barthélemy (1790), les *Mémoires du chevalier de Ravannes* (1740), ceux de Massillon sur la régence (1792), et nombre d'autres que nous aurons l'occasion de signaler.

[2] Au commencement de la Révolution, par spéculation politique ou commerciale, on a publié une série considérable de ces biographies équivoques. Les plus célèbres sont les prétendus *Mémoires de Richelieu,* rédigés par Soulavie, ceux de Maurepas, attribués à Sallé, secrétaire du comte. Il est bien peu d'informations sérieuses, dans ces compilations, qui ne se rencontrent sous une forme plus sûre dans les Mémoires authentiques.

Ces mêmes scrupules nous décident à laisser en dehors de notre plan une espèce particulière de publications qui servent parfois de supplément à la partie anecdotique et scabreuse des Mémoires : j'entends par là ces recueils satiriques, chansons, pamphlets, nouvelles anonymes, rumeurs de la rue et de la place publique, que la méchanceté invente ou grossit et que l'oisiveté colporte. Tout ce menu butin des *sottisiers* du temps, ce résidu fade et cynique des médisances et des p.10 perfidies de la vie sociale, ne présente à l'observateur, quoi qu'on ait dit, aucun point d'appui assez ferme pour y établir une exacte appréciation des mœurs et de l'esprit d'un siècle. N'hésitons pas à l'avouer : nous n'avons aucun goût pour ces trivialités prétentieuses, pour ces riens plus grossiers que spirituels, trop souvent cités et vantés, et qui ne méritent, suivant le mot de Voltaire, que le mépris de l'histoire.

De tout autres raisons nous interdisent les écrits trop spéciaux, étrangers par leur spécialité même à notre dessein d'investigation politique, morale et littéraire : tels sont les Mémoires de guerres, de finances ou de diplomatie, — à moins qu'ils ne touchent directement, par certains côtés, à l'histoire des mœurs et de l'opinion. Mais, en général, de libres observateurs comme nous n'ont rien à découvrir dans ce domaine particulier des historiens proprement dits. Que pourraient nous apprendre, par exemple, sur l'humeur changeante de Paris et des grandes villes, les Mémoires militaires rédigés d'après les notes de Villars et de Berwick, ou les Mémoires diplomatiques de l'abbé de Montgon et de M. de Valori [1] ?

Bornons-nous donc aux Mémoires dont l'authenticité et le sérieux caractère nous promettent d'utiles indications sur l'état de l'esprit public au XVIIIe siècle. Ainsi réduit et dégagé, le terrain est bien vaste encore ; il y a $_{p.11}$ là un ensemble d'éléments très variés, très compliqués : par quel moyen réussirons-nous à y mettre l'ordre et l'unité, à débrouiller ce chaos apparent ? — L'idée générale qui nous inspire cette étude et dirige nos recherches nous fournit elle-même une division simple et rationnelle.

Ce qu'on appelle l'esprit d'un siècle exprime et résume trois choses : l'opinion politique du pays, les mœurs de la société, le mouvement littéraire ; concert puissant de toutes les énergies d'un grand peuple, où chacune de ces forces se mêle aux deux autres, les anime et les pénètre, tout en conservant, dans cette intime réciprocité d'influence, son originalité et son relief. De là un triple aspect du sujet qui nous occupe ; de là un partage naturel de ces nombreux écrits en trois classes, suivant qu'ils

---

[1] Les Mémoires de Villars vont de 1670 à 1734 ; ceux de Berwick, rédigés par l'abbé Margou en 1734, finissent en 1716, avec une suite ajoutée par l'abbé Hooke en 1778. — Les *Mémoires de l'abbé de Montgon*, publiés en 5 volumes (1748), se rapportent aux négociations dont cet abbé fut chargé auprès des cours d'Espagne et de Portugal en 1725. — Quant au marquis de Valori, ses Mémoires, publiés en 1820 (2 vol.), ont trait à son ambassade en Prusse (1739-1750).

intéressent plus spécialement la politique, les mœurs ou la littérature. Les trois parties de ce travail correspondront ainsi à la triple manifestation de l'esprit public.

Prévenons une objection. Qui dit Mémoires, Correspondances, Souvenirs, désigne un genre de récit et d'exposition où, d'ordinaire, il est question de tout à la fois, où ce désordre même, cette verve irrégulière ajoute à l'intérêt du sujet. Remarquons, cependant, qu'au milieu de cette diversité un peu confuse il y a toujours une certaine espèce de renseignements qui domine et qui suffit à donner au récit sa couleur, son agrément propre et son utilité. Cela justifie amplement la division proposée ; ce qui peut rester de flottant et d'indéterminé dans ce classement naturel ne messied pas en pareille matière et n'enlève rien d'essentiel à la solidité de nos raisons. Faut-il citer quelques exemples ? p.12 Qui ne sent que les Mémoires du marquis d'Argenson, ou le Journal de Barbier, ou celui de Mathieu Marais, appartiennent à une classe très différente des Mémoires du président Hénault, ou des Mémoires de Lauzun ? Qui ne voit que les lettres de mademoiselle solistes, ou les Mémoires de madame d'Épinay, ou la correspondance de madame du Deffant se distinguent très nettement des Mémoires de Marmontel, de la Correspondance de Grimm, ou du Journal de Bachaumont ?

Ce n'est pas tout. Dans cette division fondamentale viennent s'encadrer et s'adapter, en sous-ordre, d'autres classements qui contribuent à éclaircir la matière, à l'organiser, et qui me semblent présenter le double avantage des subdivisions bien faites, à savoir, d'accuser avec plus de précision l'unité de l'ensemble, en dégageant chaque partie, et de lier fortement le tout par la juste distribution des détails.

En voici la preuve. Dès qu'on observe avec un peu d'attention le cours des événements et le travail des idées entre 1715 et 1789, on s'aperçoit bientôt que ce large intervalle, désigné sous le nom collectif de XVIIIe siècle, comprend quatre époques dont les différences ressortent vivement sur ce fond de décadence politique, d'immoralité générale, de licence d'opinion et de progrès philosophique qui constitue l'unité du siècle.

La Régence a un caractère de témérité novatrice et de singularité effrontée sur lequel il est superflu d'insister. Le despotisme doucereux du cardinal de Fleury, qui assoupit les idées, qui surveille et retient le cynisme des mœurs, qui guérit les plaies de l'État par un régime de paix et d'économie, ce système habile et d'une p.13 patience taciturne ne forme-t-il pas un contraste évident avec la pétulance désordonnée de l'époque qui précède ? A la mort du cardinal, et surtout après le traité d'Aix-la-Chapelle, en 1748, qui couronne les cinq ou six années brillantes du règne, une nouvelle période s'ouvre, différente à la fois de l'époque de Fleury et de la Régence : c'est le vrai XVIIIe siècle qui se déploie dans sa vigueur et sa fécondité. On voit alors l'esprit public changer ; il tourne à une opposition passionnée, il s'emporte à une révolte de colère et de raison contre les iniquités incorrigibles d'un gouvernement déshonoré : un divorce éclate entre la royauté et la nation. Préparé par des causes lointaines, accéléré par des impulsions très diverses, le mouvement réformateur grandit au milieu des circonstances les plus favorables, il se propage, en vingt-cinq ans, avec une ardeur victorieuse, avec un irrésistible entraînement qui restera parmi les souvenirs ineffaçables du genre humain. Les premières années de Louis XVI semblent renouveler l'atmosphère politique et réaliser d'enthousiasme un accord, très possible en ce temps-là, entre l'esprit de la révolution, qui a déjà toute sa force, et le principe monarchique, relevé de son abaissement, désarmé de son despotisme, affranchi de ses préjugés. Cette quatrième époque, célèbre par les tentatives de Turgot, de Necker, de Malesherbes, saluée par les applaudissements de Voltaire et des bons citoyens, cette époque d'apaisement, d'illusions attendrissantes et de rêves honnêtes, où l'aigreur politique s'adoucit dans une sorte de pastorale universelle, sous la débonnaire influence de Louis XVI, marque la série des derniers beaux jours et des suprêmes espoirs de l'ancienne société.

Eh bien ! il est impossible que chacune de ces époques n'ait pas empreint de son caractère et teint de ses couleurs les Mémoires qu'elle a produits et inspirés. Si l'impression de ces différences est, en effet, très sensible, surtout dans les Mémoires politiques, n'avons-nous pas là un moyen tout indiqué pour coordonner ces écrits, selon le progrès des temps, de manière à former une suite continue et comme une chaîne de l'histoire des idées, entre 1715 et 1789 ?

Cet ordre, dont la convenance est si frappante quand il s'agit des Mémoires politiques, qui sont l'objet de ce volume, peut n'être plus aussi absolu dans l'étude des Mémoires littéraires et de ceux qui décrivent les mœurs. Là, on le comprend, les variations de l'esprit général ne se reflètent plus aussi fréquemment, ni avec des phases aussi régulières ; mais, en revanche, que de rapprochements faciles ! Que de ressemblances ou de contrastes entre les talents, les situations, les caractères ! Qui nous empêche d'emprunter aux moralistes, aux peintres du cœur humain, l'art délicat et bienséant d'assortir les nuances, de former des groupes dans ce tableau si animé de la société la plus brillante qui fût jamais ? Les originaux abondent parmi les auteurs de Mémoires : il y a des Philinte, comme le président Hénault, des don Juan, comme Lauzun, des femmes savantes, comme madame de Genlis, des philosophes, comme madame d'Épinay, des provinciales de qualité comme la baronne d'Oberkick. Les mœurs de la cour s'y opposent à celles de la ville ; les ennemis de la philosophie y savent tenir leur coin, non sans esprit, et si madame du Deffant y paraît dans sa gloire mondaine et son désenchantement, nous y voyons figurer une autre marquise, moins _{p.15} fêtée et plus heureuse dans sa résignation pleine de chrétiennes espérances, — Madame de Créquy. Les Mémoires littéraires ne sont pas plus rebelles aux exigences d'un plan raisonné : les correspondances biographiques ou personnelles, celles de Rousseau ou de Buffon, se distinguent des correspondances générales de Laharpe ou de Grimm ; le journal d'un bel esprit comme Collé, ou d'un poète comme Marmontel, ne ressemble pas aux récits de l'économiste Morellet ; sans compter que, dans cette nation bigarrée des écrivains et des littérateurs, il y a une tribu qui a ses mœurs, ses intérêts, ses aventures à part, je veux dire les gens de théâtre, dont Fleury, Audibert et quelques autres ont conté l'histoire.

Ainsi disparaît la difficulté première et capitale de ce travail, qui était de soumettre à l'ordre, à la règle une matière vaste, incohérente et compliquée. Mais une autre surgit aussitôt : comment extraire et digérer la masse des documents que tous ces Mémoires contiennent ? Comment la réduire en un seul corps d'ouvrage ?

Analyser l'un après l'autre ces Mémoires, former de ces portraits une galerie, serait un travail dont la prolixité monotone aboutirait à la confusion ; l'intérêt et l'unité du livre en souffriraient à la fois. Procéder uniquement par tableaux successifs, par l'exposition condensée des remarques les plus sérieuses que suggère la lecture des documents, ce serait abuser des dissertations : dans le vague de ces généralités la physionomie propre des témoins consultés s'efface, le piquant de leurs écrits s'émousse. Nous avons cru possible d'éviter l'un et l'autre inconvénient, le décousu des analyses _{p.16} multipliées et l'abstraite uniformité des synthèses excessives. Nous avons voulu défendre et sauvegarder deux choses : l'originalité personnelle des auteurs de Mémoires, et les vues d'ensemble qui doivent être l'un des principaux résultats de cette étude.

On ne s'étonnera pas de ces longues explications, et l'on nous pardonnera cette sorte de confidence littéraire, si l'on veut bien réfléchir que dans un tel sujet la question de méthode et d'organisation prime tout. Déclarer son dessein et les moyens de l'accomplir, c'était déjà porter sur les Mémoires du XVIIIe siècle un premier jugement. — Abordons, sans plus tarder, la partie essentielle du plan qui vient d'être indiqué : l'examen des Mémoires politiques. Les lecteurs qui sont disposés à nous suivre connaissent notre route et notre but : ils savent sur quels principes notre marche est orientée. Nous allons parcourir une série de témoignages qui embrassent sans lacune un intervalle de soixante-quinze ans, et qui nous montreront sous un jour vrai les progrès et les transformations de l'esprit du XVIIIe siècle. Parmi les Mémoires rassemblés ici, les uns ont été récemment publiés, d'autres sont encore inédits et manuscrits ; les plus anciens sont connus à peine et comme perdus dans de rares bibliothèques. Terminons par ce mot qui résume tout : nous nous proposons d'étudier, sans parti pris, sans déclamation, en libre observateur, à la lumière de documents certains, les véritables origines de la Révolution de 1789.

PREMIÈRE ÉPOQUE

LA RÉGENCE

1715-1721

CHAPITRE PREMIER

La Chronique des bourgeois de Paris sous la régence : le Journal de Buvat, les Mémoires de Mathieu Marais. — Vie de Buvat et de Marais. — Importance historique et mérites littéraires de leurs Mémoires. — Autres informations du même temps : Mémoires de Saint-Simon, de Dangeau, de Duclos, Lettres de la duchesse d'Orléans, Chronique du chevalier de Piossens ; pourquoi il n'en sera pas question dans cette étude. — De quelques écrits apocryphes. — Coup d'œil général sur les chroniqueurs de la régence.

Tout le monde connaît, ou du moins croit connaître le moderne bourgeois de Paris, celui qui vit sous nos yeux, dans notre société, et qui est quelque peu de notre famille. En regard de ce personnage, illustré par le roman, par le théâtre et par les révolutions, héros semi-tragique de notre histoire intérieure depuis quatre-vingts ans, présentons ici une figure plus simple et d'un dessin plus sévère : c'est l'ancien bourgeois de Paris, tel qu'il existait de 1715 à 1789, déjà pénétré des influences nouvelles, mais ferme dans ses traditions, fidèle aux mœurs du passé, et gardant, en dépit des excitations de la politique, un fonds de sagesse héréditaire plein de promesses pour l'avènement d'un véritable esprit de liberté. Le Parisien d'autrefois, le bourgeois de la vieille roche n'est pas très difficile à peindre ; il a des opinions tranchées et des affections stables ; on sait ce qu'il est, il sait ce qu'il veut : c'est un caractère. Façonné par une étroite discipline, il manque d'audace, et, comme nous disons, d'initiative ; un reste de préjugés offusque sa raison, il y a plus d'un côté provincial dans cette nature neuve encore. Pour le bien juger, écoutons-le, car il a cédé, lui aussi, à l'humeur communicative du siècle et à la mode des indiscrétions, il a conté ce qu'il voyait, il a tenu registre de ses impressions personnelles, et nous a laissé sur lui-même et sur autrui des volumes de confidences.

Pendant soixante-quinze ans, durant cette longue fermentation qui travaille la société française avant de la détruire, d'obscurs bourgeois de Paris, ignorés du public et s'ignorant entre eux, mais également touchés de l'attrait du spectacle déployé sous leurs regards, écrivent jour par jour, avec un zèle qui ne se dément pas, l'histoire des agitations contemporaines. Aucune interruption ne brise l'unité fortuite de cette œuvre collective qu'un même souffle anime, qu'un même sentiment a inspirée ; dès que l'un se fatigue et pose la plume, l'autre la reprend et poursuit le récit commencé. Dans la foule des narrateurs de toute origine et de toute éloquence qui nous ont transmis le vivant souvenir du XVIIIe siècle, ils forment un groupe distinct ; ils sont pour ainsi dire les chroniqueurs jurés et les historiographes officieux du tiers état, interprètes et témoins d'une opinion déjà puissante, qui ne gouverne pas encore, mais se fait respecter de ceux qui gouvernent. Ils ne fréquentent ni les salons, ni les antichambres, ni les coulisses ; leur point de vue n'est placé ni si haut ni si bas. Ils ont pour champ d'observation la rue, le carrefour, l'église, les galeries du Palais, le comptoir du marchand, le cabinet de l'avocat, la Sorbonne janséniste et le foyer fanatique du vieux quartier latin, le pavé de Paris enfin. Cachés dans ce monde laborieux et populaire, ils en recueillent les voix, ils en traduisent les bruits ; ils ne songent nullement à sortir du milieu qu'ils observent, la curiosité seule chez eux est ambitieuse. Ils meurent comme ils ont vécu, charmés du plaisir de voir et de l'orgueil de savoir, tenant à juste honneur leur qualité d'enfants de Paris, de citoyens de la grande ville, sans accuser l'ingrate fortune, sans même se plaindre de n'avoir pas, comme quelques-uns, pignon sur rue. On peut saisir entre eux des différences d'humeur et de situation ; mais ces nuances font ressortir plus vivement les ressemblances essentielles et les traits caractéristiques. Nés au cœur même de la cité, ayant à un degré sensible la verve indigène, l'esprit parisien, celui qui dans ses jours d'éclat et de puissance devient le malin génie d'un Molière, d'un Voltaire ou d'un Despréaux, ils appartiennent tous à la classe moyenne, à cette classe instruite et active qui touche au peuple par la médiocrité de son état, aux rangs supérieurs par ses lumières.

Cherchons d'abord dans leurs rangs les contemporains de la régence, ceux qui ont vu et décrit cette brusque éruption de l'esprit longtemps contenu du XVIIIe siècle. Buvat et Marais sont les vrais historiens de l'opinion publique à cette époque ; leur curiosité avisée a ~p.20~ précisément observé ce que nous désirons surtout savoir. Le journal de Buvat commence en 1715 et finit en 1723 ; celui de Marais commence à la même date et finit un peu plus tard, en 1737. Voilà les deux témoins spéciaux et compétents dont la déposition, corroborée par des renseignements accessoires que nous indiquerons plus loin, servira de base à notre enquête sur l'état moral et politique de la société, pendant cet orageux début du siècle des révolutions.

Mais avant d'examiner leurs mémoires, faisons connaître leur vie et leur caractère. Aussi bien, ce sont là deux personnages assez nouveaux en littérature, et la critique n'a pas encore eu le temps d'en abuser.

I

Jean Buvat (1660-1729). — Ses moyens d'information. — Les origines de sa chronique.

Jean Buvat n'est point un duc et pair, comme Saint-Simon, ni même un avocat, comme Marais et Barbier. Il ne hantait ni le Palais-Royal, ni le Palais de justice, ni la petite cour de Sceaux où brillait alors le fin regard de mademoiselle de Launay. C'était un très modeste employé de la Bibliothèque du roi, attaché au département des manuscrits en qualité de copiste ou d'écrivain, et appointé invariablement à six cents livres. Las de transcrire les pensées d'autrui, il s'avisa de penser par lui-même et d'écrire pour son compte personnel. Il avait passé vingt ans dans cette obscurité laborieuse, rangé comme un in-folio et faisant tout aussi peu de bruit dans le monde, lorsqu'au sanctuaire même de la paix, derrière ses froids rayons et ses cartons poudreux il fut saisi par l'ardente contagion de la curiosité publique ; et rien ne prouve mieux la fièvre d'émotion qui s'empara alors de la France entière que cette manie d'écrire sur les affaires publiques dont fut atteint le plus silencieux et le moins ambitieux des hommes.

Ne rabaissons pas trop notre chroniqueur. Simple copiste, Buvat était supérieur à son emploi : le peu de relief du témoin ne doit pas avilir le témoignage. Il est d'ailleurs certaines pièces ou certains aspects d'une pièce qui se voient mieux du parterre. Né en 1660 à Châlons-sur-Marne (ce qui ne le faisait pas tout jeune (en 1715), il avait étudié au collège des jésuites de cette ville. Dans sa jeunesse il visita à deux reprises l'Italie, on ne sait comment ni pourquoi ; ce fut apparemment comme secrétaire d'un prélat ou d'un seigneur. Car pour lui, il n'était ni riche, ni pèlerin, ni touriste, ni amoureux, ni poète : il en revint calligraphe.

Il acheta à Paris un office de maître de grammaire et d'orthographe, et pour plus de correction il se maria. De ce mariage il eut un fils, mauvais sujet, qu'il dépêcha aux îles, suivant l'usage du temps. Comme chez plus d'un savant, l'enfant de prédilection ce fut le manuscrit.

Un garde des estampes, Clément de Toul, étonné de sa facilité à déchiffrer les vieilles chartes, le fit entrer en 1696 à la Bibliothèque du roi. Il n'en sortit qu'à sa mort, en 1729. Ces trente-deux années d'une existence claustrale sont peu fertiles en incidents : une gratification de quatre cents livres obtenue en 1725, un logement accordé en 1727 au haut d'un escalier de cent quarante marches, une demande d'avancement toujours repoussée, les vexations de quelques supérieurs, voilà les grosses affaires, les événements majeurs dont l'influence élevait et abattait tour à tour l'âme du pauvre Buvat.

Son travail l'approcha de plusieurs personnages, considérables par leur crédit ou leurs lumières. Il connut l'abbé Louvois, qui fut nommé à neuf ans bibliothécaire du roi et qui mourut de réplétion en 1718, le docte abbé Sallier, des deux académies, qui se déclara son protecteur, et qui lui envoyait dans ses maladies de grands pots d'excellente marmelade d'abricots pour lui soulager la poitrine ; Gros de Boze, antiquaire et numismate, secrétaire perpétuel de l'Académie des inscriptions, le même qui, en 1731, écarta Voltaire de l'Académie française en prononçant que l'auteur de *la Henriade* et de *Charles XII* « ne serait jamais un personnage académique. »

Parmi ses chefs il s'en trouva un, l'abbé de Targny, pourvu de plusieurs abbayes, qui ne dédaignait pas de s'approprier les cinquante francs alloués pour le chauffage de l'écrivain. Buvat, déjà vieux, passait de longs hivers, tels que celui de 1709, dans de vastes salles « où les plafonds et les solives étaient incrustés de glaçons en forme de culs-de-lampe, comme si la nature se fût jouée pour imiter l'art. » La nature accablait de fluxions de poitrine et de rhumatismes le prisonnier de ces glacières. S'il se plaignait, on le menaçait d'un renvoi. Ses maladies et la déplorable fixité de ses appointements le forçaient de vendre son argenterie et ses meubles ou de tendre la main à la pitié de ses amis. Le digne homme, ainsi maltraité, se consolait en s'appliquant les sentences philosophiques des auteurs qu'il transcrivait. Un jour qu'il s'occupait de Maynard : « Et moi aussi, dit-il, je puis bien dire comme lui : »

> Las d'espérer et de me plaindre
>
> Des muses, des grands et du sort,
>
> C'est ici que j'attends la mort,
>
> Sans la désirer ni la craindre.

Tout à coup, au milieu de ses tristesses, en parcourant le cercle monotone de ses labeurs si mal récompensés, Buvat entend retentir sous ses fenêtres les agitations financières et parlementaires de la régence. Il s'abandonna aux séductions de l'imprévu, et les circonstances donnèrent bientôt un sérieux motif et des facilités exceptionnelles à sa curiosité.

Ce n'est pas qu'il ait ressenti quelque fâcheuse atteinte des désordres et des folies de cette époque. On est à l'abri de la ruine quand on ne possède rien. Un jour, en traversant la rue Vivienne, près des guichets de la compagnie des Indes, il fut à demi étouffé dans la presse et reçut sur les épaules deux ou trois actionnaires tombés du haut d'un mur où ils épiaient l'heure du remboursement. Le système ne lui fit pas d'autre mal. En politique, son talent de calligraphe lui donna un rôle inattendu qui, pour être caché, n'en fut pas moins décisif. Lors du complot de Cellamare, ce petit employé tint dans sa main le sort du régent et la paix du royaume.

Il avait été mandé au commencement de 1718, rue Neuve-des-Petits-Champs, à l'hôtel Colbert où logeait l'ambassadeur d'Espagne. La plume de Buvat, paraît-il, était plus appréciée que son intelligence, car on eut la légèreté de lui confier, pour en tirer copie, des p.24 papiers qui contenaient le secret de l'affaire. Tremblant de se voir le secrétaire des conspirateurs, il courut au Palais-Royal, vit l'abbé Dubois, et lui dit tout. Il se flattait d'une récompense, il peignit sa détresse au ministre et le poursuivit jusqu'en 1723 de ses suppliques ; il le trouva « muet, sourd, aveugle et insensible [1]. »

---

[1] Telle est la version de Buvat lui-même sur cette affaire, et nous avons tenu à donner en entier son témoignage. Mais Buvat ne savait pas tout. Lorsqu'il vint, en décembre 1718, faire sa révélation à l'abbé Dubois, qui était alors secrétaire d'État et ministre des affaires

A l'abbé de Louvois avait succédé, en 1718, l'abbé Bignon, conseiller d'État et directeur de la librairie. C'était un homme d'un mérite reconnu dans toute l'Europe et d'une bienveillance égale à son mérite. Pendant quarante ans il fit honneur à la science et protégea les savants. Voltaire a parlé de lui dans le *Temple du Goût*, et il fallait que cet académicien eût une réputation justifiée pour trouver place, quoique abbé, dans la chapelle de Voltaire. Un double titre, il est vrai, le recommandait à la faveur du ponte philosophe : il n'était pas aimé de J.-B. Rousseau, et il n'aimait pas les moines. Il prit en amitié l'honnête et laborieux Buvat ; à défaut d'avancement, il lui accorda son estime.

Selon toute apparence, c'est dans ses entretiens avec l'abbé Bignon que l'écrivain a recueilli les matériaux les plus précieux de son Journal. L'abbé avait accès au Palais-Royal, il travaillait quelquefois avec le régent et se trouvait en situation de

---

étrangères, il ignorait que ce même Dubois, depuis six mois, avait l'œil sur lui et connaissait ses relations de calligraphe avec l'ambassade d'Espagne. En consultant la correspondance diplomatique de Dubois aux archives des affaires étrangères, nous avons vu une dépêche de cet abbé, datée du 16 juillet 1718, c'est-à-dire du temps où il était ambassadeur à Londres, dans laquelle il invite l'abbé de Targny à surveiller l'écrivain Buvat, qui transcrit des mémoires pour Cellamare, et à se servir de lui pour découvrir et révéler ce qu'il pourra savoir de la conspiration. Buvat, surveillé depuis six mois par son chef, fut sans doute engagé par celui-ci à tout déclarer au moment critique ; de là sa révélation. — on trouvera cette lettre de l'abbé Dubois dans notre chapitre III.

voir juste. « J'ai dû beaucoup, dit Buvat lui-même, à des rapports que j'ai ouïs dans des conversations où des personnes de distinction me faisaient l'honneur de me souffrir, et à des Mémoires qui m'ont été communiqués. »

Ce monde de l'abbé Bignon et de l'abbé Sallier où Buvat était souffert, où il semble avoir écouté de toutes ses oreilles, était un monde sérieux, très éclairé, très pénétrant, d'une considération solide, d'une influence discrète mais réelle, qui par ses travaux, ses privilèges, ses alliances, tenait d'une part aux gens de lettres et au docte personnel de la rive gauche, d'autre part à la magistrature, aux fonctionnaires supérieurs, à la riche bourgeoisie, et touchait même par quelques points à la cour et au gouvernement. Ses habitudes d'esprit, un train de vie honorable et tranquille le préservaient assez ordinairement des tracasseries politiques et des pratiques de Bourse. Moins engagé que beaucoup d'autres corps et sociétés dans les passions du moment, moins assourdi par les clameurs du Palais ou de la rue Quincampoix, il jugeait plus sainement et de plus haut. On s'explique donc très bien qu'à un moment donné les informations de ce monde si judicieux et si répandu soient venues aboutir au journal que méditait l'obscur écrivain dans un coin du cabinet de l'abbé Bignon. Buvat, en se faisant journaliste, ne changeait pas de profession ; il était le secrétaire furtif des compagnies qui le recevaient, des opinions qui bourdonnaient autour de lui. Le

Journal fut terminé en janvier 1726. Restait une question grave : quel fruit en retirerait l'auteur ?

_{p.26} Ici, Buvat commit une faute irréparable. Il pouvait traiter avec des libraires de Hollande, les de Hondt, qui lui en offraient quatre mille livres, une vraie fortune ; il aima mieux s'en faire un titre à l'avancement. Rêvant éloges, pensions, récompenses, tout ce que peut désirer l'imagination échauffée d'un employé et la vanité d'un auteur plein de son chef-d'œuvre, il fit bravement hommage du manuscrit au ministre du silence et des économies, au cardinal de Fleury. Sa discrète Éminence ne mit pas à la Bastille l'indiscret Buvat, mais elle mit le Journal dans un *in pace*. Il en est sorti depuis quelques années seulement ; c'est M. Campardon qui l'en a tiré [1].

La vie de Buvat n'est guère celle d'un satisfait ; cependant son journal n'est pas d'un mécontent. Dans un État, ce sont quelquefois les plus à plaindre qui se plaignent le moins. Buvat respecte les puissants ; il est né au pays du poète qui a dit :

> On ne peut trop louer trois sortes de personnes :
>
> Les dieux, sa maîtresse et son roi.

S'il parle de Louis XIV, c'est « un grand roi, de digne et glorieuse mémoire. » S'agit-il du régent, c'est aussi « un grand prince, un prince incomparable. » Survient Louis XV, le chroniqueur fait

---

[1] Deux volumes, 1865, par Émile Campardon, archiviste aux Archives nationales. — H. Plon.

des vœux pour « la santé précieuse de Sa Majesté. » Son style bien appris connaît l'emploi des qualificatifs. Ajoutons, à sa louange ou à sa décharge, qu'il s'exprime ainsi sur le grand roi et sur le régent après leur mort ; il flatte leur mémoire lorsqu'elle ne trouve plus que des censeurs.

p.27 Il juge moins les événements qu'il ne les rapporte ; il n'a pas une de ces opinions voyantes et qui s'arborent ; en temps de révolution il n'est pas cocardier ; il laisse à d'autres les couleurs et les panaches. Il cite une chanson qui me semble traduire assez bien la prudence de ses sentiments :

> Entre nous jamais de débat
>
> Sur les affaires de l'État ;
>
> Tel sur cette matière brille
>
> Qui, par son indiscrétion,
>
> De son repas à la Bastille
>
> Va faire la digestion.

A ceux qui blâmeraient cette neutralité timide il a d'avance répondu dans sa préface : « Il serait facile de se livrer à des réflexions politiques, mais il faudrait être en pays de liberté. » Si Buvat garde son avis pour lui, du moins il en a un.

Son Journal n'est pas un récit de pleine verve, comme celui de Saint-Simon ; il ressemble aux Mémoires de Marais et de Barbier, c'est un recueil de nouvelles détachées. Figurez-vous une ample collection de *faits divers* où s'accumulent pêle-mêle, à mesure qu'ils se produisent, les événements grands ou petits, sérieux ou plaisants, les nouvelles politiques, financières, ecclésiastiques, parlementaires, académiques, les anecdotes, les bons mots, les sinistres, tout ce qu'enfantent incessamment l'activité et la folie humaines, les jeux de la nature, le conflit des passions. C'est la confusion pittoresque de la vie sociale, l'histoire en désordre, mais pleine de mouvement, de chaleur et d'imprévu.

L'inutile et le fabuleux entrent certainement pour beaucoup dans un journal ainsi composé par tant de collaborateurs anonymes. Libre à l'historien de $_{p.28}$ prendre son bien où il le trouve. Pour le lecteur curieux avant tout de l'agrément, ce décousu plein de contrastes le pique et le ranime. Telle anecdote en apparence insignifiante, un détail jeté sans dessein, un fragment de récit authentique et sincère, où l'événement paraît avec la fraîcheur de la nouveauté, où les personnages sont saisis sur le vif, valent mieux que des généralités brillantes et sont d'un effet plus sûr pour nous donner le sentiment du réel, l'intelligence du vrai.

On voit bien que Buvat avait pour correspondants et pour garants des hommes d'église. Les nouvelles ecclésiastiques sont chez lui très développées. Il les tient manifestement de première main. Quel trouble jetait alors dans les âmes pieuses et dans la société mondaine l'encyclique de 1713, la bulle *Unigenitus*, cette constitution imposée, repoussée, expliquée, acceptée, repoussée de nouveau, réacceptée, à demi enregistrée, et toujours contredite ! Les émotions que le XIXᵉ siècle a pu voir dans les esprits et les consciences n'étaient rien auprès de ces effervescences chroniques, de ces dissentiments tenaces, de ces combats de doctrine où l'on ne se rendait pas. Retranché dans le for intérieur, chacun tient ferme ; les dissertations, les appels et les réappels partent et font explosion. Ce vaste corps ecclésiastique, aux rameaux nombreux et robustes, est sourdement dévoré par un feu inextinguible. Non seulement les évêques et les diocèses, les ordres religieux, le Parlement, la Sorbonne, l'Université se disputent pied à pied ce terrain brûlant où couvent les hostilités immortelles, mais les simples paroisses se divisent, se morcellent sous l'impulsion des partis contraires.

Ainsi se propageait dans l'Église de France, au p.29 lendemain du règne de Louis XIV, cette flamme de guerre civile qui, pendant le cours du siècle, devait attiser avec une violence si opiniâtre les passions politiques. Le journal de Buvat a le mérite de retracer dans un récit développé et véridique les commencements de cette querelle envenimée dont nous sommes portés à méconnaître aujourd'hui la gravité et les lointains effets ; il abonde en informations singulièrement précises et significatives sur l'un de ces troubles puissants qui ont agité le siècle et contribué à former les grands orages.

Littérairement, Buvat est inférieur à Marais. Il a moins de vivacité dans le style, il est moins distingué. Il tient de l'homme du peuple, dont il a souvent la prolixité. Il raconte les faits à mesure qu'ils lui parviennent, simplement, naïvement, sans partialité ni malice d'aucune sorte. Buvat est bonhomme et prête à tout le monde de sa bonhomie. Il ressemble à nos vieux auteurs qui traduisent en style naïf les écrivains raffinés et revêtent de leur humilité les plus fiers personnages. Dans cette littérature rapide et familière des mémoires, c'est l'Amyot de la Régence.

Mais s'il raconte avec moins d'art que beaucoup d'autres, il a sur la plupart un avantage ; il sait plus. Les années 1718 et 1719 manquent dans Marais ; son journal, pour les débuts de la régence, comprend cent pages au plus. Barbier est encore plus court. Buvat nous donne un journal de cinq cents pages pour les quatre premières années du nouveau gouvernement. De tous les témoins de ce temps il est donc le plus complet.

De Buvat à Mathieu Marais la différence, pour ne pas dire le contraste, est très sensible. Buvat, c'est l'homme du peuple, sous figure d'employé ; intelligent et déjà {p.30} instruit, respectueux encore et fidèle aux vertus comme aux illusions de la soumission, il est peu répandu dans le monde, il n'a guère d'autre source d'informations, après la rue, que la société de ses supérieurs. Marais, c'est le bourgeois lettré, spirituel, ironique et frondeur, qui conserve des principes d'ordre et des habitudes de stabilité politique, mais qui a peu de foi déjà et surtout fort peu de préjugés. Très clairvoyant dans ce qui lui reste de soumission et de respect, il obéit en critiquant ; il a cessé d'être dupe ; prudent d'ailleurs et modéré, ennemi de l'éclat et du bruit, vaniteux à ses heures, mais sans ambition et surtout sans manége, sachant relever son humeur caustique d'un caractère d'honorable indépendance qui est dans les traditions du barreau français. Ami de Boileau, biographe de La Fontaine, correspondant de Bayle et son admirateur, lecteur charmé de *la Henriade* et d'*Œdipe,* il donne la main aux plus libres esprits des deux siècles : de là le mérite et le piquant de ses *Mémoires.*

II

Mathieu Marais (1665-1737). — Ses amis : Bayle et le président Bouhier. — Une femme philosophe en 1710 : correspondance de Marais avec madame de Mérignac [1].

Né en 1665, cinq ans après Buvat, Mathieu Marais était fils d'un procureur au Châtelet qui demeurait rue du Bouloi. Il fut reçu avocat en 1688, et prit naturellement l'esprit du monde parlementaire auquel il appartenait de naissance et de profession. Il entrait dans la vie active et dans la société vers le

---

[1] Quatre volumes, par M. de Lescure, 1863-1869 (Firmin Didot).

milieu du grand règne, en ce moment de crise déjà sensible où les guerres sans fin, les persécutions renaissantes et implacables, l'empire de madame de Maintenon et des jésuites aigrissaient les cœurs et commençaient à noircir les imaginations. C'est l'heure juste où paraissent *les Caractères,* satire si pénétrante et si hardie dans sa modération habile ; Fontenelle écrit l'*Histoire des oracles* et *la Pluralité des mondes* ; Bayle s'est déjà signalé par son érudition agressive et son ironie dissolvante ; Saint-Évremond fait les délices des lecteurs délicats, et les épicuriens du Temple donnent le ton aux plaisirs et aux opinions de la jeunesse.

Le monde particulier où Marais était appelé à vivre, ce monde gallican et janséniste était celui où le dégoût croissant du pouvoir absolu, la désaffection inquiète, le sourd désir ou le noble regret des libertés nationales se ressentaient avec le plus de vivacité.

Ainsi placée au début et comme encadrée dans l'ordre établi et le milieu professionnel, la vie de Marais y reste calme, unie et droite, sans accidents singuliers, sans coups du sort ; c'est une de ces bonnes et honnêtes existences de la bourgeoisie d'ancien régime, que nulle secousse, nulle fièvre ne dérangeaient de leur solide équilibre, et qui se contentaient de la joie et de la gloire de ces trois grands biens : l'étude, l'amitié, l'estime publique.

Une chose pourtant distinguait Marais parmi les siens et le mettait hors de pair ; je veux dire le tour littéraire de son esprit et l'étonnante variété de son savoir. Marais était érudit avec goût ;

l'étendue de ses connaissances et ~p.32~ la finesse de sa critique auraient fait honneur à plus d'un lettré de profession. Il aimait les poètes et les lisait dans leur langue, même les grecs ; Homère, Horace, Virgile, Dante, le Tasse et Milton lui étaient familiers. En France, le XVIe siècle surtout l'attirait ; Villon, dont il fait l'éloge au président Bouhier, Marot, Brantôme, Lestoile, Régnier, Rabelais étaient ses auteurs favoris. Il y avait un coin d'esprit gaulois très marqué dans Marais.

Cette sorte d'esprit agissait sur sa vocation et son talent professionnels ; il s'était fait au palais ce qu'on appelle aujourd'hui une spécialité : celle des causes grasses. Il plaidait les procès en séparation et les cas d'adultère. Il prend lui-même le titre d'avocat des dames. Voici le conseil que Marais donnait à ses clientes, et l'on n'en saurait désirer de plus sage : « Il faut vivre avec les bons maris et ne point quitter les mauvais, avec qui il faut souffrir. » L'honnête axiome de ce directeur des consciences troublées et des unions mal assorties était au fond peu consolant.

N'allons pas trop loin sur la pente des conjectures où ce goût de Marais pourrait nous conduire. Marais, célibataire, attaché à la société d'une sœur qu'il perdit tard, n'était qu'un voluptueux d'imagination. « Il m'a été bien facile de sortir de la bagatelle, écrivait-il au président Bouhier, n'y étant jamais entré. » Bien qu'il ne se refuse pas les récits piquants et les matières scabreuses, son langage reste décent ; il en est pour lui de la galanterie comme de la politique, il ne s'émancipe pas au delà des audaces du demi-mot. En tout Marais est un libre penseur plein de mesure.

Au barreau, sans être un aigle, il eut, paraît-il, assez $_{p.33}$ de réputation. Il obtint, ce qui était sa louable ambition, l'estime du monde parlementaire où il vivait. Écrivant sur son registre, en 1722, la mort de sa sœur, et racontant les obsèques où vint la foule : « J'ai vu par là, dit-il d'un ton ému et qui sent bien l'honnêteté sensée du bon vieux temps, que j'avais beaucoup d'amis et que ma profession était bien glorieuse. C'est tout ce qui peut rester à un honnête homme et le consoler dans les maux de cette vie. » Çà et là, dans son journal, on voit percer un bout de vanité professionnelle : « J'ai fait, écrit-il en 1723, un mémoire pour la dame Molinon, accusée d'avoir tué son mari ; c'est un ouvrage d'éloquence cicéronienne. » L'année suivante il revient sur cette pièce d'éloquence : « Mon mémoire a été lu à la chambre et fort approuvé. C'est un des plus forts ouvrages que j'aie faits en ce genre. » Il faut bien permettre à un chroniqueur de se faire à lui-même les honneurs de sa chronique [1] !

---

[1] T. III, 62, 73. — Un incident de sa vie d'avocat nous le montre en rapport avec ses deux émules en chronique : Barbier et d'Argenson. En 1721, à la mort du garde des sceaux, d'Argenson lors du partage de la succession, Marais et son jeune confrère Barbier furent appelés. Marais était pour la sœur du marquis d'Argenson, Barbier pour le comte, frère cadet de celui-ci, et Mᵉ Berruyer pour le marquis. (*Mémoires du marquis d'Argenson*, t. II, 163.)

Si distingué que fût Marais dans sa profession, il l'était encore plus hors de son cabinet et dans le monde. « L'avocat des dames » paraissait dans les meilleures compagnies et y tenait son rang de causeur aimable et de parfait honnête homme, sincère avec tact et délicatesse. Il était des soupers de la duchesse de Gesvres, le familier de l'hôtel Nicolaï, l'ami de MM. d'Armenonville, d'Aguesseau, Samuel Bernard. « Il avait, dit-il lui-même, une connaissance des grands qui n'est guère p.33 dans les gens du palais. » Le fameux prince Charles de Lorraine, grand écuyer, dont les hautains caprices envers une femme vertueuse faisaient bruit, le nomma chef de son conseil avec 1 000 livres d'appointements, et de temps en temps lui fit voir la cour, en « lui procurant jusqu'à l'honneur de courre le cerf avec le roi, fort à son aise [1]. »

Mais ses plus belles relations lui vinrent comme une récompense, du côté de la littérature, et de ce milieu sérieux et savant vers lequel l'inclinait un noble penchant. Qui ne voit combien tous ces mondes si différents et cette variété d'amitiés illustres ont à l'envi concouru à renseigner notre chroniqueur ? Ce sont là pour nous ses collaborateurs et ses garants.

---

[1] T. III, 109, 262, 401 ; t. I, 497. — Voici un exemple de la munificence dont les grands usaient parfois envers leurs avocats : « Le prince de Conti a envoyé à Pothouin, son avocat, qui a plaidé sa séparation, un carrosse, deux chevaux et un brevet de 1 500 livres de pension pour l'entretenir. C'est payer en prince, » ajoute Marais avec un sentiment d'admiration facile à comprendre. (T. II, 331.)

Il connut Boileau, dont il a dit : « Cet homme, c'est la raison incarnée ; » il a recueilli deux entretiens du célèbre critique qu'il a transmis à Brossette, et que celui-ci a inséré dans des Mémoires encore inédits. « Un si grand homme fait bien regretter sa perte, écrit-il en 1744. C'était un plaisir d'entendre parler cet homme-là ; avec cela une innocence des premiers temps, une droiture de cœur admirable ; cœur doux et facile et qu'un enfant tromperait. Le portrait qu'il a fait de lui-même dans l'épître à ses vers ne peut être plus ressemblant [1]. » En matière de goût, Marais était de la bonne école, de celle de Boileau, et par conséquent adversaire déclaré de la renaissance, du précieux et de la manie du néologisme qui attristèrent les dernières années du satirique. Mille fois il se moque « du style affecté de nos auteurs modernes, style vicieux en beau, plein d'ornements où il n'en faut point, et de tours qui énervent et amollissent la langue au lieu de l'embellir, langage faux et guindé, style de décadence, digne des Sénèques et des Lucains français [2]. » Suivant une expression chère à Boileau, Marais était un esprit marqué au bon coin [3].

---

[1] T. I, 137, 139.

[2] Sur Fontenelle, voyez t. II, 255, 379 ; t. IV, 209. — Sur madame de Lambert, sur les *Lambertins* et le *Lambertinage,* t. III, 144, 499.

[3] Boileau, en causant avec Marais, appliquait ce mot à Bayle, que lui faisait connaître et lui vantait son interlocuteur. « M. Despréaux, écrivait Marais au philosophe en 1698, m'a parlé de votre livre avec une admiration qu'il n'accorde que très rarement. Il a toujours dit que vous étiez *marqué au bon coin,* et de cette marque il n'en connaît peut-être pas une douzaine

Un commerce d'érudition et de bons offices littéraires le rattachait à la société des d'Olivet, des Basnage, des Dupin, des Valincourt, des Boulainvilliers, des Fraguier, des Brossette, où un savoir aussi exact et aussi pénétrant qu'il pouvait l'être alors s'alliait si honorablement à des mœurs austères, sans exclure toutefois une pointe d'esprit et de liberté. Il envoya quelques articles anonymes au *Mercure* ; mais son principal travail fut une biographie de La Fontaine. Il recueillit bon nombre de pièces et d'opuscules de cet auteur, inédits ou devenus rares ; et encore imbu des préjugés du temps sur la frivolité prétendue de la poésie, il s'excuse dans son journal de p.36 céder à des distractions que lui interdit la gravité du barreau. Les deux amitiés qui honorent sa vie et qui y tiennent la première place sont celles de Bayle et du président Bouhier. Elles achèvent l'idée que nous avons déjà du personnage et contribuent à fixer, sous notre regard, les traits dominants de son caractère.

Le président Bouhier était alors, suivant le langage des contemporains, un des oracles de la science européenne [1]. En ce

---

dans le monde... Il en revenait toujours *au bon coin,* qui est le mot du guet entre les savants de la haute volée. » (T. I, 27, 28 ; t. II, 243, 379, 380.) — Boileau admirateur de Bayle, c'est un aspect curieux de l'esprit du vieux satirique, et que le *Lutrin* ne contredit point. Bayle, d'ailleurs, n'était pas en reste avec lui. Il le loue dans ses *Réponses aux questions d'un provincial.* (T. II, p. 11.)

[1] Né en 1613, mort en 1716. — Tout le monde sait qu'il était président au parlement de Dijon. — Sous le titre de *Souvenirs du président Bouhier,* on a publié, il y a quelques années, un recueil d'anecdotes, de bons mots historiques et de facéties assez piquantes, dont

temps où les savants, dispersés sur la face à demi-barbare de l'Europe, suppléaient à l'absence ou à la pénurie des journaux et des recueils par des correspondances réglées et se consultaient à distance sur leurs lectures, leurs idées et leurs travaux, le président Bouhier, grâce à la haute autorité, à la vaste complaisance d'un savoir toujours prêt, avait créé dans une ville de province l'un des centres principaux de ces actives communications, l'un de ces foyers dont le rayonnement secourable se dispersait en tous pays. C'était un honneur et un titre, assurément, que d'être admis à ces échanges de vues, à ces discussions de textes et d'idées, de collaborer à cette critique cosmopolite, et de compter parmi les libres correspondants de cette sorte d'Institut fraternel, fondé sur le dévouement à la science et sur une estime réciproque. Marais eut cet honneur, et sa volumineuse correspondance avec le président témoigne des sentiments de confiance et d'affection qu'il avait su inspirer à ce docte personnage. Ce p.37 qui tout d'abord lui gagna le cœur de Bouhier, ce fut son zèle infatigable pour les reliques de Bayle et de La Fontaine. Dans ce commerce, qui se soutint pendant quinze ans, Marais déploya les qualités d'un esprit solide et la tendresse reconnaissante d'une âme bien née. « Plaignons les hommes, écrivait-il, qui n'ont que des talents sans avoir des

---

quelques-unes se sentent de l'esprit libre du bon vieux temps et nous montrent, dans le président, un digne concitoyen des La Monnoye et des Piron.

sentiments. C'est toujours là où j'en reviens comme à mes moutons... Qu'est-ce que l'homme ? Et quelle comédie dans ce monde ! Il n'y a que l'amitié de bonne, et je m'y tiens *amicissime*... Je suis amoureux de l'amitié [1]. » La *sensibilité* du XVIIIe siècle ne dira jamais mieux.

L'amitié du président alla jusqu'à désirer pour Marais une place à l'Académie française. On n'avait point alors d'exemple d'avocats académiciens. Malheureusement, sauf la *Vie de La Fontaine* encore manuscrite, les titres manquaient, et les talents du candidat étaient de ceux que des amis seuls savent apprécier. « Personne ne le connaît dans la compagnie, » écrivait Bouhier à d'Olivet ; cette candidature improvisée échoua devant la sur-prise qui l'accueillit. Marais remercia son illustre ami avec cette résignation de bon goût et à demi sincère qui n'ose avouer ni tout son désir ni tout son regret : « J'accepte, Monsieur, votre choix, qui me vaut une élection dans les formes ; je suis de l'Académie dès que vous m'avez nommé, et cet *in petto* me plaît plus que la chose même... On dira que vous m'avez jugé digne d'être académicien ; n'est-ce pas cent fois plus que je ne mérite [2] ? »

---

[1] T. I, 131, 136 ; t. III, 395. — La correspondance de Marais et de Bouhier va de 1724 à 1737. L'éditeur ne l'a pas publiée tout entière.

[2] T. III, 511 (1727).

Le patronage du président, si hautement manifesté, jeta quelque lustre sur les dernières années de Mathieu Marais ; vingt ans plus tôt les relations de l'avocat parisien avec Bayle avaient exercé sur son esprit une influence décisive et donné à sa pensée une direction. Marais se révèle tout entier par l'admiration que Bayle lui inspire. « Je suis *Bayliste,* écrivait-il en 1711 ; j'accepte volontiers ce titre, et je ne crois pas qu'il s'élève jamais une cabale assez forte pour me faire rétracter ni pour détruire le temple que nous lui bâtissons [1]. » Ces relations commencèrent en 1698, au lendemain de la publication du *Dictionnaire* ; pendant huit ans, jusqu'à la mort de Bayle, Marais fut, à Paris, l'auxiliaire de son érudition ; il lui fournissait des notes et lui envoyait des nouvelles. Après sa mort, il fut le défenseur prudent, mais fidèle, de sa mémoire persécutée ; il disputa à d'habiles adversaires, c'est-à-dire aux jésuites, les restes manuscrits et comme l'héritage de son esprit. Bayle était pour lui « le grand homme » par excellence : « On trouve tout, répétait-il, dans ses écrits [2]. »

En résumé, vers la fin du règne de Louis XIV, Marais était, comme nous dirions aujourd'hui, un opposant ; il mérite, à ce titre, de figurer dans la première génération philosophique du XVIIIe siècle.

---

[1] T. I, 140.

[2] T. I, 113, 123 ; t. IV, 108. — Bayle l'avait chargé de recueillir des notes sur la vie de La Bruyère. On n'a pas les renseignements fournis à Bayle par Marais.

Il y avait alors, comme il y a toujours, des nuances très diverses et des contrastes d'opinions très marqués sous ce drapeau multicolore du mécontentement qui couvre ce qu'on appelle opposition. On peut noter trois groupes _{p.39} distincts de mécontents dans les vingt dernières années de Louis XIV. Il y avait l'opposition de la cour, celle dont Saint-Simon est le héraut bruyant, dont le duc de Bourgogne est l'espoir, dont Fénelon est le conseiller secret et le théoricien. Aussi favorable à la noblesse qu'elle était ennemie de la libre pensée, si le règne du duc de Bourgogne lui eût donné la haute main sur le royaume, elle aurait affaibli l'autorité centrale au profit des grands, et entravé l'essor indépendant de l'esprit. Cela représente assez fidèlement le libéralisme aristocratique et pieux du XIXe siècle [1]. Le Parlement formait, à Paris, un autre centre d'espérances et de hardiesses dissimulées ; c'était l'opposition bourgeoise, gallicane et janséniste, telle qu'on la verra lutter et se maintenir jusqu'à la veille de 1789, opposition très ferme contre le pouvoir d'un seul, et très ardente à réclamer des garanties, mais, dans l'ensemble, aussi peu clémente que la première aux sceptiques et aux libertins. Ceux-ci, qui avaient pour point de ralliement le salon de mademoiselle de l'Enclos, la société des Vendôme et des Chaulieu, ou le cabaret de Chapelle, se rattachaient directement

---

[1] Voir les Plans de gouvernement remis par Fénelon au duc de Beauvilliers en 1711. (T. XXII, p. 580, 590, édit. de Lebel, 1824.)

aux philosophes du XVIᵉ siècle par Saint-Évremond, Bayle, Gassendi, Bernier, La Mothe le Vayer et Charron. Cette famille d'esprits un peu mêlée, tour à tour frivole et savante, grossière et délicate, ne démentait point sa double origine ni les deux ancêtres de l'épicurisme français, Rabelais et Montaigne. Elle jouait gaiement son rôle de parti en minorité ; le verre en main et le rire aux lèvres, elle attendait le coup de fortune qui allait la porter au pouvoir avec le régent. Nombre d'honnêtes _{p.40} gens, sans embrasser aucun de ces partis si tranchés, flottaient à leur suite et faisaient un choix dans les opinions régnantes, par sympathie d'esprit ou par convenance de situation. C'est ainsi que Marais était parlementaire et gallican, comme les magistrats qu'il fréquentait, et en même temps libre penseur, bayliste, comme on ne l'était pas toujours au palais. Il tenait des deux sociétés où sa profession et ses goûts l'avaient engagé.

Sa façon de penser se déclare par les affections et les antipathies que lui inspirent les personnages marquants de cette époque. Certes, il n'est pas l'ami des jésuites, dont le nom, plus que jamais chargé et compromis, était devenu pour la moitié de la France un objet de scandale. Marais ne perd aucune occasion de dénoncer leurs intrigues et leur habileté décriée. Le haut clergé, très moliniste alors, trouve en lui un censeur discret mais clairvoyant. Il condamne également le fanatisme haineux et sombre, et les molles transactions tentées par des chrétiens suspects entre la foi sincère et la science pure. Son style est plein de tours ironiques et de malices contenues qui annoncent Voltaire et qui sont bien d'un élève de Bayle. En vrai libéral, qui ne pardonne pas le despotisme, même au génie, il a peu de goût pour Bossuet, et le témoignage d'un homme aussi éclairé nous montre où en était la réputation de l'éloquent évêque, peu d'années après sa mort. Elle partageait l'impopularité du pouvoir absolu [1]. En revanche, il admire Fénelon, il aime Rollin, il loue Saint-Evremond et tous les p.41 persécutés. Il a même un mot flatteur pour mademoiselle de l'Enclos [2].

Il ne faut pas s'étonner si ce disciple de Bayle et de Despréaux, cet adversaire des précieux et des jésuites, applaudit aux débuts de Voltaire. Voici en quels termes il note dans son journal le succès d'*Œdipe* : « M. Arouët est un jeune homme qui fait bien les vers et avec beaucoup de génie. » A propos d'une seconde ou d'une troisième tragédie : « Il ne peut que mieux faire, et toujours

---

[1] « On va nous donner une *Politique tirée de l'Écriture sainte*. C'est un ouvrage posthume de M. l'évêque de Meaux. Nous avions cru jusqu'ici la politique et la religion incompatibles. L'ouvrage est sous la presse. Le bon prélat avait fait cela apparemment comme un anti-Télémaque. » (1710, t. I, 135.)

[2] « J'attends ce que M. l'évêque de Cambrai me promet. Il faut connaître tous les grands hommes, et celui-ci a le cœur si étendu et l'âme si tendre que, par les sentiments, il est au-dessus des lumières de l'esprit. Il fait toujours bon connaître ceux qui nous apprennent à aimer. » (1771, t. I, 140.) — Sur Saint-Evremond, « le plus grand homme du monde, » t. I, 123. — Sur Rollin, t. I, 147 ; t. IV, 172.

de mieux en mieux : *Facit omnia belle.* » Quand la *Henriade* paraît, c'est chez lui une explosion de joie et d'enthousiasme. Le goût de Marais est ici en défaut, et le président Bouhier, qui trouvait le poème un peu sec, en jugeait mieux. « Chef-d'œuvre merveilleux, s'écrie notre chroniqueur, vrai chef-d'œuvre d'esprit, beau comme Virgile, et voilà notre langue en possession du poème épique, comme des autres poésies ! On ne sait où Arouët, si jeune, en a pu tant apprendre. Quel abîme que l'esprit humain ! Fuyez, Fontenelle, La Motte, et vous tous poètes et gens du nouveau style, Senèques et Lucains du temps, apprenez à écrire et à penser dans ce poème qui fait la gloire de notre nation et votre honte [1]. » Il y a un point où l'auteur de ce dithyrambe ne se trompe pas ; c'est en affirmant qu'un génie est né, qui va effacer les beaux esprits.

De bonne heure, Marais est frappé de cette mobilité ardente, trait distinctif du génie de Voltaire ; il signale cette prétention à l'universalité comme une gloire et comme un péril : « C'est le plus grand poète que mous ayons, mais il veut être à la fois poète épique, tragique, satirique, comique, et par-dessus cela historien, et c'est trop. Il va épuiser son génie, et bientôt il n'aura plus rien dans le sac [2]. »

---

[1] T. I, 269, 469 ; t. III, 217, 89, 358, 174.
[2] T. III, 356, 358, 174, 586. (1725 et 1728.)

Il est à remarquer cependant que Marais se montre sévère pour les témérités de plume et les frasques de conduite où s'emporte la pétulance du poète. Dans tout le cours du XVIIIe siècle il y a eu, on le sait, deux opinions très distinctes sur Voltaire, même parmi ceux qui partageaient ses idées ou qui du moins ne les combattaient pas : on séparait l'homme de l'écrivain, et tout en rendant justice à la supériorité de ses talents, on ne cachait pas le peu d'estime qu'inspirait son caractère. Bachaumont, madame du Deffant, tous les mémoires du temps sont pleins de ce contraste ; il ne faut pas que le triomphe de 1778, l'apothéose finale où tout le passé semble disparaître, nous fasse illusion. Or ce double jugement sur Voltaire se trouve déjà exprimé dans Marais avec une égale vivacité en bien et en mal : « Arouët est un fou, écrit-il en 1729, qui méprise les Sophocle et les Corneille, qui a cru être de la cour, qui s'est fait donner des coups de bâton, et qui ne saura jamais rien parce qu'il croit tout savoir. Nous n'envierons pas à l'Angleterre ce déserteur de notre patrie [1]. » En vieillissant, sa sévérité redouble ; il s'y mêle de l'aigreur, surtout dans ses lettres au président, qui, sans doute, goûtait peu Voltaire ; et nous voyons très clairement subsister au fond de l'opinion de Marais un reste de ce mépris impertinent que l'esprit bourgeois a de tout temps affecté pour les gens de lettres. Biographe d'un poète et bon juge de la poésie, Marais

---

[1] T. II, 377 ; t. III, 583.

parle fort légèrement de ceux qui font des vers : « C'est un métier de gueuserie, » dit-il, et il va jusqu'à les confondre avec les dévots dans un même dédain : « Il ne faut avoir affaire ni aux poètes, ni aux dévots. L'amitié n'est point là ; elle n'est qu'entre bonnes gens comme nous. » Un peu plus tard, quand Voltaire est mis à la Bastille : « Voilà un beau trio à la Bastille : madame de Tencin, Voltaire et l'abbé de Margon [1] ! »

Outre la chronique de la Régence, l'édition de ses œuvres comprend deux recueils de lettres ; l'un, dont nous avons parlé, c'est la correspondance avec le président ; l'autre est adressé à madame de Mérignac. Les lettres du premier recueil vont de 1724 à 1737 ; celles du second commencent en 1707 et finissent en 1712. Ces lettres de Marais à madame de Mérignac nous fournissent des indications curieuses sur l'état des esprits à Paris vers cette triste fin du règne ; elles rentrent par là dans les préliminaires de notre sujet, et il est à propos d'en dire un mot.

Madame de Mérignac était, au dire de Marais, « un esprit sublime, élevé, vif, fort, d'une philosophie très pyrrhonienne. » Elle faisait partie de la cour du Palais-Royal. Comme Marais, elle admirait Bayle, et ce trait de sympathie les unit ; leur enthousiasme s'amalgama. Tous deux, après la mort du philosophe, s'occupèrent de défendre ses œuvres inédites contre

---

[1] T. III, 185, 413, 393 ; t. I, 133 ; t. IV, 325, 327, 462, 465, 472, 473, 476, 332, 404, 406.

un ~p.44~ neveu du nom de Bruguière, qui resta maître de l'héritage spirituel et alla se jeter, avec les manuscrits, dans les bras de la compagnie de Jésus. Les soins de cette commune défense, les regrets causés par la perte d'un tel ami, furent l'occasion d'une correspondance qui finit à la mort de madame de Mérignac, en 1712. Cette dame avait été galante ; c'est là une ressemblance de plus qui nous permet de marquer sa place à côté de Ninon, de madame du Deffant, de madame du Châtelet et de toutes ces femmes philosophes qui ont eu l'art d'inscrire dans l'histoire les libertés de leur cœur et de leur esprit [1].

Entre deux correspondants d'une intelligence vive et hardie, habitués d'une société frondeuse, contemporains de cruels désastres, il était impossible que l'entretien roulât exclusivement sur des matières littéraires. Tout en gardant cette réserve qui était la vertu forcée du temps, sous le dur marteau du roi, comme dit Saint-Simon, on s'échappait, on se consolait par quelques mots furtifs, par des allusions aux graves nouvelles de la politique ou de la religion, par de très légères épigrammes contre les personnes. On se communiquait, par exemple, une anecdote

---

[1] « Elle était petite, dit encore Marais, point belle, mais les yeux vifs et fins, et une conversation si charmante qu'on ne pouvait la quitter. Elle écrivait comme elle parlait. Elle avait dans le cœur une passion pour un homme qui avait été tué à la guerre. Je lui parlais quelquefois de tendresse, j'en badinais quelquefois avec elle.... Elle m'a donné par son testament un diamant de 200 pistoles. Je l'ai bien regrettée et n'ai jamais trouvé dans aucune femme ce que j'ai trouvé dans celle-là. » (T. I, 43.)

de théâtre transformée tout à coup en affaire d'État : « Que dites-vous, Madame, de ces deux vers qu'on a retranchés de la tragédie d'Hérode :

> Esclave d'une femme indigne de ta loi,
> Jamais la vérité n'a percé jusqu'à toi.

« Ne valait-il pas mieux les laisser que de faire demander pourquoi ils n'y sont plus ? Le pourquoi est ici d'une terrible conséquence... [1] » Ou bien encore on s'envoyait, avec un sourire triste, ces quatre vers qui résumaient assez bien les vœux timides des honnêtes gens, en mars 1709 :

> Le plus grand de mes souhaits
> Est de voir avant les roses
> L'œuvre de Bayle et la paix,
> Car ce sont deux belles choses.

L'Œuvre de Bayle et la paix, c'est-à-dire la fin de la guerre extérieure et de la guerre des consciences, la paix accompagnée de la liberté ou tout au moins de la tolérance.

On saisit ici le ton et les habitudes de cette opposition discrète, la seule alors possible, qui non seulement n'a rien de commun avec l'énergie du sacrifice et l'audace du martyre, mais qui en parle avec une certaine légèreté : « Il a bien raison, dit-il quelque part au sujet d'un auteur circonspect, il ne faut pas écrire contre ceux qui peuvent proscrire. » — « Souvenez-vous, disait-il à madame de Mérignac en parlant des jésuites, qu'il ne faut jamais

---

[1] T. I, 110 (1709).

mal parler de ces gens-là ni de leurs maîtres. » Voici une autre maxime qui peut lui tenir lieu de profession de foi : « L'événement est un grand maître et j'en suis toujours le très humble serviteur. » C'est le même écrivain qui, dans son journal, dira d'un exilé janséniste, l'intrépide abbé d'Asfeld : « Je l'ai vu mal logé, mal meublé, avec un valet qui ₚ.₄₆ mange avec lui. C'est laide chose qu'un exilé ! » — Il y aura beaucoup de cette prudence épicurienne dans l'opposition de Voltaire [1].

Finissons par une réflexion qui résume et illustre l'esprit de cette correspondance : « Il faut en revenir toujours à la vérité, qu'elle nous soit plus chère que tout [2]. » Rappelons aussi que Marais, qui avait des appuis en cour, qui chassait avec le roi, qui voyait le garde des sceaux, négligea une occasion de rapide fortune en refusant d'écrire un mémoire favorable aux désirs de Dubois et du cardinal de Rohan, en opposition avec les principes du chancelier d'Aguesseau et du Parlement de Paris. Ni ambitieux, ni téméraire, indépendant envers tous, maître sans affectation de sa conduite et de sa pensée, voilà en peu de mots le caractère de l'homme ; et cette étude biographique est déjà par

---

[1] T. I, 126, 137 ; t. II, 95 ; t. III, 109. — Marais avait adopté cette maxime de Bayle : « Si tous les hommes étaient philosophes, on ne se servirait que de bons raisonnements ; mais dans l'état où sont les sociétés, il faut quelque autre chose pour les maintenir. » (T. III, 135.)
[2] T. I, 147 (1712).

elle-même une révélation du mérite de son journal, et comme un premier jugement.

Marais mourut en 1737, après avoir légué au président Bouhier le manuscrit de ses mémoires. Il avait soixante-douze ans. Çà et là, il se plaint de sa santé et note en passant quelques souffrances, coliques, pierre, maux d'estomac : « Voilà le fruit du travail du cabinet ! » Comme tout le monde, il avait eu, en 1720, la fièvre du système, il avait agioté, et, comme presque tout le monde, il avait perdu. En rendant compte de son opération, il ajoute seulement : « J'ai très mal fait ; » et il commence l'année 1721 par cette exclamation qui se retrouve dans toutes les lettres et les chroniques de l'époque : « Dieu nous donne une année plus heureuse que la dernière [1] ! » Son style a la simplicité aisée et la distinction de son esprit. On y reconnaît le correspondant de Bayle au tour piquant de la pensée. L'ironie est sa figure favorite, bien qu'il n'en abuse pas. Il a les traditions de la bonne école, de celle qui hait la diffusion, et qui donne à entendre plus qu'elle ne semble dire.

Nous avons fait connaissance avec nos deux chroniqueurs : il nous reste à recueillir ce que leur témoignage renferme d'instructif, en le comparant à d'autres mémoires depuis

---

[1] T. I, 320 ; t. II, 43.

longtemps connus, que nous allons rapidement passer en revue, mais qui n'entrent pas dans le plan de cette étude.

III

Autres Mémoires du même temps.

Le journal de Buvat et celui de Mathieu Marais ne sont pas, et il s'en faut de beaucoup, les seules confidences que la régence nous ait laissées sur elle-même. Dans ses excès elle a eu du moins cette vertu du vice intrépide, la franchise. Elle a beaucoup péché, mais elle n'a rien dissimulé ; elle a conté ses fautes comme elle les a commises, avec verve. De là une abondance de révélations, une variété de mémoires où se peint, sous toutes ses faces, la corruption parlante et animée de cette époque.

p.48 Si expressifs que soient ces récits, ils n'égalent pas, pour nous, l'importance des deux précédents et ne s'imposent pas aussi impérieusement à notre attention. Il faut, selon nous, distinguer parmi les narrateurs que la régence a inspirés, ceux qui, comme Buvat et Marais, uniquement occupés de ces huit ou dix années, nous en instruisent à fond, et ceux qui, distraits par d'autres objets, embrassant des points de vue multipliés et de vastes espaces, ne peuvent nous fournir, pour l'étude spéciale de ce temps, que des renseignements accessoires et un supplément d'information. Saint-Simon, par exemple, Dangeau, la Palatine, mère du régent, Barbier, Duclos, ont touché avec vivacité à l'histoire des mœurs et des événements de cette époque ; cependant leur témoignage, dans l'enquête qui nous intéresse, ne doit venir qu'au second rang. Les trois premiers appartiennent au siècle de Louis XIV, et malgré l'hostilité que deux d'entre eux témoignent au grand règne, ils en conservent fidèlement l'esprit. Saint-Simon, très activement mêlé aux tracasseries et aux intrigues du gouvernement de la régence, tout entier à sa haine contre les bâtards et le Parlement, est assez mal informé de ce qui se dit et se pense parmi le peuple et le bourgeois ; il n'a qu'un souci médiocre de l'opinion roturière, dont les progrès lui échappent et dont il est loin de prévoir l'empire.

Dangeau, tombé de Versailles à Paris et renfermé dans ses regrets, n'est plus que l'ombre plaintive d'un courtisan qui survit à son maître. L'exactitude, son mérite unique, semble l'abandonner depuis qu'il vit à l'écart des conseils et des affaires, réduit aux vagues rumeurs d'un opposition vieillie et dévote : comme dit Saint-Simon, il se contente du fretin des nouvelles et ramasse « de viles épluchures. » La Palatine, des fenêtres de son cabinet du Palais-Royal, où l'air malsain de Paris lui cause des suffocations et des dégoûts, aime à lancer sur le monde nouveau qui s'agite autour d'elle des regards perçants et d'aigres invectives ; mais son observation grondeuse, toute de saillies et de sarcasmes, flatte plus la malignité du lecteur qu'elle ne l'instruit.

Si la Palatine, Dangeau, Saint-Simon, sont déjà vieux en 1715, Barbier est trop jeune ; c'est à peine s'il a cinq ans de plus que Voltaire. Il s'essaye au métier de chroniqueur d'une plume timide et laconique ; il manque évidemment de science et de clairvoyance : son heure n'est pas venue, nous le retrouverons dans l'époque suivante où sa place est marquée. Quant à Duclos, ce n'est pas un auteur de mémoires, c'est un historiographe qui a compulsé et analysé, lorsqu'ils étaient manuscrits, les documents qu'on a récemment publiés ; par lui-même il ne sait rien, et dans ce morceau d'histoire en raccourci il n'a rien mis d'original, si ce n'est la liberté de ses jugements et la concision mordante de son style. Il y a encore une *Chronique de la régence,* attribuée au chevalier de Piossens : sorte de panégyrique ou d'histoire officieuse du gouvernement d'alors, écrite d'un style bref et sec, remplie de pièces curieuses à consulter pour un historien de profession, mais dont les jugements sont trop suspects de partialité pour nous inspirer confiance [1].

---

[1] Cette chronique a paru en 3 volumes en 1729 ; Langlet-Dufresnoy en a donné une seconde édition en 1749. — On lit, au sujet de cet ouvrage, dans la *Bibliothèque raisonnée des savants d'Europe,* t. II, 1ere partie, 1720, 1er trimestre : « Comme ces Mémoires, composés d'abord par une personne qui n'est pas née pour être auteur, ont été retouchés par une meilleure plume, mais qui n'avait ni le temps ni les matériaux pour en faire quelque chose de bon, il n'est pas étonnant qu'on y trouve du haut et du bas, mais beaucoup plus de ce

Revenons à Buvat et à Marais, interprètes libres et sincères de la bourgeoisie parisienne. Apprenons d'eux ce que pensait le tiers état de la crise qui a suivi la mort de Louis XIV, si les sentiments du peuple semblaient annoncer déjà l'esprit de 1789 et quelle différence on peut signaler entre le Paris de 1715 et le Paris qui prendra la Bastille [1].

---

dernier. » — Langlet-Dufresnoy dit que « l'esprit de partialité de l'auteur rapporte beaucoup de faits faux, et quelques-uns sans exactitude ; dans ceux mêmes qui sont véritables, il n'a connu que l'écorce. »

[1] Comme nous l'avons annoncé dans l'Introduction, nous laissons de côté les *Mémoires de Richelieu* et *ceux de Maurepas,* rédigés par Soulavie et par Sallé et publiés en 1790. Les détails que renferment, soit sur la régence, soit sur les époques ultérieures, ces compilations ne sont pas assez sûrs pour trouver place dans un travail qui n'admet que les écrits originaux et authentiques. — A plus forte raison excluons-nous de prétendus *Mémoires de Massillon sur la minorité de Louis XV,* lourd et vulgaire apocryphe, qui n'est qu'une déclamation. — Les *Mémoires du chevalier de Ravannes,* page de S. A. R. le duc régent et mousquetaire (Liége, 1740), ne sont qu'un roman de mauvais lieu.

CHAPITRE II

> Avènement de l'esprit nouveau en 1715. — Le sentiment royaliste en France au lendemain de la mort de Louis XIV. — Premier essai d'une politique libérale. — Effet produit sur la nation. — Vue anticipée de la Révolution de 1789. — Témoignage de Buvat et de Marais ; ce que leurs Mémoires ajoutent d'important à ceux de Saint-Simon, de Dangeau, de Duclos, aux Lettres de la Palatine, duchesse d'Orléans, et aux anciennes informations.

p.51 Ce n'est pas une histoire de la régence que nous voulons écrire ; c'est simplement une analyse des idées politiques au XVIIIe siècle que nous commençons, à l'aide des récents témoignages que Buvat et Marais nous apportent. La régence marque l'avènement d'un esprit nouveau, opposé en tout à l'esprit du XVIIe siècle ; elle prépare et annonce de loin 1789, elle commence une révolution dans les opinions et dans les faits : voilà son caractère, son titre, et, pour l'observateur sérieux, son attrait. Cet attrait se rafraîchit et se renouvelle à chaque document inédit qui vient s'ajouter aux anciennes informations.

Quand le duc d'Antin, dans ses courts Mémoires assez peu lus, nous dit : « Je voyais tout le monde courir au soleil levant ; on allait, on venait, on s'assemblait, on réglait tout, on partageait tout ; il s'agissait de changer le gouvernement d'une aussi grande monarchie, » cette ~p.52~ intrigue ambitieuse, que signale avec dépit le courtisan réduit à l'impuissance, n'indique pas seulement une révolution de palais ou de ministère ; quelque chose de plus grave se reconnaît sous cette agitation, et tous alors, grands et petits, avaient un sentiment peut-être confus, mais profond, des conséquences de ce changement où s'évanouissait un passé accablant et glorieux [1]. On entrait avec un mélange de joie et d'effroi dans l'inconnu, et, suivant l'usage, pour mieux s'étourdir on s'y précipitait. De là cette ivresse de liberté qui tourne toutes les têtes, ce « feu français, » comme disent les mémoires, cette jactance bruyante des opinions qui s'affichent et se pavoisent, ces plumets au vent et ces cocardes, dont nous parle Buvat, et la manie de politiquer qui a gagné jusqu'aux femmes, « sans en excepter les cuisinières, » ajoute la princesse Palatine [2]. C'est le mouvement de l'esprit public, l'élan hardi d'un libéralisme irrégulier, l'apparence semi-révolutionnaire de ces huit années, que je voudrais peindre avec les couleurs vives de la réalité, saisie par des contemporains sincères et intelligents.

Un point à éclaircir tout d'abord et qui a bien son importance, est celui-ci : Que restait-il de vigueur au principe monarchique, après les excès du despotisme de Louis XIV ? En quel état trouvons-nous la royauté au lendemain d'un règne qui avait duré

---

[1] Mélanges de la Société des bibliophiles (1822), t. II, 122, 129.
[2] Buvat, t. I, 234. — Lettres de la Palatine, t. II, 142, 256, 326.

soixante-douze ans ? Avant de nous engager dans cette orageuse période de l'histoire, qui va du tombeau de Louis XIV à l'échafaud de Louis XVI, il n'est pas sans intérêt de savoir ce que la monarchie, réservée à de tels périls, conservait de p.53 ressources, et ce que lui gardait d'attachement, après tant de souffrances, la fidélité des peuples.

Aujourd'hui, avec nos idées républicaines, avec notre sévérité souvent injuste pour la mémoire de Louis XIV, nous inclinons à croire que dès 1715 le pouvoir royal, affaibli et détesté, n'était plus qu'un débris tombé des mains d'un vieillard aux mains d'un enfant. Rien n'est moins fondé qu'une telle apparence ; le témoignage unanime des contemporains la contredit absolument ; rien ne prouve mieux l'erreur de ces vues superficielles et déclamatoires, accréditées par l'ignorance ou par la passion des écrivains. La joie insultante qui poursuivit les restes de Louis XIV sur le chemin de Saint-Denis n'était qu'une explosion passagère qui s'adressait à la personne du feu roi, ou, pour parler plus juste, aux dernières années de son gouvernement, et laissait hors d'atteinte le principe même de la royauté. Ces injures, accompagnement des funérailles de tous les pouvoirs français, ces violences cyniques et si souvent calomnieuses que les âmes basses ne se refusent jamais à l'aspect de quelque grandeur abattue, n'avaient pas détruit, même alors, l'imposante impression d'un règne si puissant et si ferme, et lorsque, peu d'années après, l'inévitable comparaison se fit entre la grandeur du passé et la faiblesse de ce qui avait succédé, par un de ces changements dont notre siècle a plus d'une fois connu la puissance, un retour d'admiration se déclara en faveur d'un gouvernement plus facile à critiquer qu'à égaler : cet enthousiasme renaissant eut pour interprète le plus libre génie des temps modernes, Voltaire. En France, ce ne sont jamais les despotismes glorieux qui perdent les dynasties.

p.54 Au milieu des imprécations populaires dont le feu roi est l'objet, sous la régence, un sentiment de tendresse éclate, dans ces mêmes foules, à la vue du petit roi Louis XV. C'est ici qu'il faut observer ce que j'appellerai le tempérament politique de l'ancienne France ; il faut voir combien ce fond de royalisme était riche encore à ce moment, et combien on était loin de cette haine ardente, de ces mépris pleins de colère d'où sortit, quatre-vingts ans plus tard, une république régicide. Nous insistons à dessein sur ce fait important qui nous permet d'apprécier la différence des temps et la profondeur du travail révolutionnaire que le siècle devait accomplir dans l'esprit français.

Le règne de Louis XV, destiné à une fin si triste, eut, comme disent les poètes, les plus heureuses prémices. Peu de rois rencontrèrent, à leur avénement, des conditions plus favorables et des chances meilleures. Louis XV recueillit le fruit des efforts laborieux de ses prédécesseurs, et leurs fautes mêmes lui tournèrent à bien. La Fontaine a dit sur les grands ce mot profond :

> L'univers leur sait gré du mal qu'ils ne font pas.

La France, épuisée par Louis XIV, bouleversée par le régent, sut gré au jeune roi des maux dont il était innocent. L'espérance publique se réfugia dans le règne à venir et y nourrit, comme dans un rêve, ses persévérantes illusions. Par un privilège du sort, dont il devait trop abuser, Louis XV succédait à un pouvoir sans limite avec une immense popularité. Tout concourait à exciter cet élan des cœurs : sa jeunesse, les malheurs de sa race, « le coup de Providence » qui p.55 l'avait sauvé, l'espèce de miracle qui soutenait sa vie, les périls de toute sorte dont l'imagination populaire enveloppait, comme d'autant de fantômes sinistres, ses jours précieux. La beauté singulière du royal enfant ajoutait un charme attendrissant à cette frêle image de l'antique royauté. Par là s'expliquent l'ardeur des acclamations qui saluèrent son passage, les inquiétudes maternelles de la nation tenues en éveil par sa santé délicate, l'effroi causé par ses maladies et le délire de joie que sa guérison fait éclater, comme aussi la curiosité pleine d'amour avec laquelle la France cherche à deviner le caractère du prince et à lire dans les yeux du maître adoré sa propre destinée [1].

Le 9 septembre 1715, pendant que le corps de son aïeul quittait Versailles pour Saint-Denis, le petit roi, conduit à Vincennes, traversait les faubourgs de Paris dans une sorte d'ovation populaire. Quelle différence entre les deux « manifestations ! » Voici comment Buvat et Marais décrivent celle qui accueillit Louis XV : « Le petit roi, tout habillé de violet, suivait la route du rempart, depuis la porte Saint-Honoré jusqu'à la Bastille (sur l'emplacement actuel du grand boulevard intérieur) ; il fut, dans tout le chemin, sur les genoux de madame de Ventadour, pour être mieux vu du peuple qui était infini et qui criait : Vive le roi ! Il parut beau, bien fait, portant son chapeau de bon air, mais un peu pale. Il ne se peut rien ajouter à la tendresse et aux acclamations des Parisiens. Le carrosse s'étant arrêté, pour que le roi pût manger, vis-à-vis de la porte Gaillon, M. le duc d'Orléans fit remarquer au roi l'empressement des p.56 habitants de Paris, en lui disant : « Voyez, Sire, combien votre peuple de Paris vous aime, et comme il prend plaisir à vous voir ; il est bon que vous lui en sachiez bon gré ; ainsi, saluez-le. » A ces mots, le roi salua de la main, et d'une manière riante, à droite et à gauche, tous

---

[1] Buvat, t. I, 47 ; Dangeau, XVII, 25 ; la Palatine, I, 152, II, 364 ; d'Argenson, Mémoires, t. II, 87.

ceux qui étaient en cet endroit en très grand nombre, et qui furent tous charmés de la beauté de son visage [1].

Dans les Mémoires de la Régence, il y a comme une chronique particulière des faits et gestes du petit roi. Mille détails nous sont donnés sur sa bonne mine et son esprit : c'est à qui l'aura vu et pourra dire l'air de force et de santé qu'il prend chaque jour ; c'est à qui débitera les nouvelles qui circulent, les rumeurs et les conjectures accréditées dans l'entourage. Ses moindres espiègleries font le tour des salons de Paris, descendent de là aux boutiques et sur les marchés ; sa mauvaise humeur donne du souci à la ville et à la cour ; l'étranger lui-même s'alarme au premier bruit de ses indispositions : « Louis XV est l'enfant de l'Europe, » disait l'empereur. Je renonce à transcrire ici les preuves infinies de cette préoccupation universelle. A chaque page des Mémoires, je retrouve l'écho des conversations du temps recueillies par des observateurs profondément pénétrés eux-mêmes du sentiment public. On remarquera surtout, dans l'abondance naïve de leurs récits, ces alternatives d'espoir et d'abattement que les défaillances de la santé du roi rendaient si fréquentes, et qui secouaient si rudement l'opinion. Les moins éloquents d'entre eux ont des expressions d'une force singulière pour peindre ces folies de la joie populaire dès que la convalescence ₚ.₅₇ se déclare, les « débordements de *Te Deum*, » les

---

[1] Marais, I, 192 ; Dangeau, XVI, 70 ; Buvat, I, 52.

affluences « épouvantables » du peuple aux églises, sous les fenêtres des Tuileries, et jusque sur les toits du Louvre, ces fêtes prolongées pendant des mois entiers par un enthousiasme non commandé, ces inventions bizarres, ces pittoresques symboles de l'allégresse des multitudes, toutes choses naïves dont nous sourions aujourd'hui, nous qui avons si habilement raffiné l'égoïsme et propagé dans nos sociétés modernes, sous des formes polies, tant d'énergiques dissolvants. C'est là que se découvre l'âme de l'ancienne France, âme simple et sincère que nul sophisme n'avait encore gâtée ; là se voit le fond de l'ancien Paris, qui ne recélait pas encore tous ces abîmes que notre œil a pu sonder depuis [1]. Loin d'avoir été aussi ébranlé qu'on le prétend par le règne de Louis XIV, le principe monarchique, en 1745, était donc en pleine vigueur : son affaiblissement fut l'œuvre de Louis XV lui-même et du XVIIIe siècle.

Un trait de l'histoire politique du temps confirme notre observation, c'est le peu de gravité des émeutes qui ont troublé la régence. Rien ne manquait cependant de ce qui allume

---

[1] Buvat, t. II, 280-283 ; Marais, t. I, 195, 484, t. II, 184, 186, t. III, 109, 272 ; Barbier, t. I, 155, 97, 99 ; Dangeau, t. XVI, 287, 329, 335, 355, 461, 507 ; la Palatine, t. I, 284 ; Duclos, 579. — On peut aussi consulter sur la jeunesse de Louis XV le *Journal de Rosalba Corriera*, artiste vénitienne, qui, en 1720, fit le portrait du roi au pastel. On n'y trouve, du reste, que des remarques insignifiantes. Le *Journal du marquis de Calvière* (février-juin 1722) n'est pas beaucoup plus intéressant que celui de Rosalba ; c'est un tissu de très petits faits.

ordinairement l'incendie : un parti hostile et puissant, l'or de l'étranger, des scandales privés et publics, la misère et la banqueroute, tout se réunissait pour irriter le peuple. On peut voir, dans ~p.58~ les Mémoires, la violence des pamphlets, le cynisme des chansons satiriques, la cruelle guerre d'épigrammes et de bons mots qui, des points les plus opposés, harcelaient le régent : toutes ces *philippiques* en vers et en prose ne remuent aucun pavé ; ces flèches de feu ont beau sillonner une atmosphère inflammatoire, aucune chaîne ne se tend dans les rues, il ne surgit point de barricades. Il y a des rassemblements, il n'y a pas de sédition. Le seul complot formé est une intrigue aristocratique et étrangère. Aux plus mauvais jours de 1720, l'orage menace sans éclater ; le peuple, alors si misérable, garde jusque dans ses colères une douceur et une facilité d'apaisement qui étonnent. Marais raconte qu'un cocher ayant été blessé et cru mort, au moment où quatre mille personnes le portaient au Palais-Royal en criant vengeance, le *cadavre* donna signe de vie et demanda un confesseur : « Aussitôt on le mit contre une borne et on alla chercher un prêtre ; le peuple, à qui il ne faut pas plus pour s'apaiser que pour s'émouvoir, l'a laissé là et s'est dissipé de lui-même [1]. » On dira ce qu'on voudra des fureurs de la Ligue, mais les émeutiers qui se confessent n'ont jamais sérieusement troublé le sommeil des gouvernements. Dans un autre tumulte

---

[1] T. I, 318 ; Dangeau, t. XVIII, 322 ; Barbier, t. I, 37.

accourt le gouverneur de Paris, le duc de Tresmes : « Hé ! Messieurs, Messieurs, qu'est-ce cela ? Messieurs ! Messieurs ! voilà toute sa harangue [1]. » On calmait, à peu de frais d'éloquence, les insurrections parisiennes en ce temps-là.

D'autres aspects nous frappent dans une époque si $_{p.59}$ mêlée. Nous avons vu ce qu'elle retient encore du XVIIe siècle et de l'ancien régime ; considérons-la sous un jour plus nouveau ; voyons son esprit libéral et ses essais révolutionnaires.

On y reconnaît d'abord les allures de toute révolution vraiment française : en quelques heures, le changement de scène est complet ; les hommes de l'ancien gouvernement tombent dans l'opposition, et les opposants montent au pouvoir. Le régent fait appel, comme nous disons, à toutes les nuances de l'opinion libérale ; parlementaires, jansénistes, esprits forts et féodaux, tous ceux que le feu roi a persécutés ou dédaignés mettent au service du successeur leur dévouement, leurs idées, leurs chimères, leurs rancunes et leur ambition. La joie des premiers jours efface entre eux les dissidences. Saint-Simon est d'accord avec le parlement, les épicuriens du Temple donnent la main aux amis de Fénelon ; antipathies, rivalités et préjugés disparaissent dans les communes espérances de l'avènement. Voici encore un trait bien moderne et bien français : l'opinion libérale, en arrivant aux affaires, ne

---

[1] Marais, t. I, 227. « Rien n'égale la soumission des peuples, » dit encore Marais, t. I, 581.

représente qu'une faible minorité dans la nation. Ce n'est point, sans doute, un coup de force qui l'y a portée ; un accident heureux a fait naître sur les degrés du trône un philosophe. Le libéralisme de la nation se concentre au sommet, dans quelques têtes, on pourrait presque dire dans un homme. Le régent est essentiellement un homme moderne, un promoteur du progrès, un homme de 89 au pouvoir, avant *l'Esprit des lois, le Contrat social* et *l'Encyclopédie*. De sa générosité partent les mesures excellentes qui signalent les débuts de son gouvernement et qui, même aujourd'hui, peuvent servir de modèle : il ouvre ₚ.₆₀ les prisons politiques, il rappelle les exilés, il adoucit la condition des protestants, il songe à donner la liberté de conscience, même aux juifs ; il favorise l'enseignement national et frappe de disgrâce les ultramontains ; il réforme les finances et fait rendre gorge aux voleurs publics. Dans sa retraite de Saint-Cyr, madame de Maintenon a la douleur de voir s'établir un gouvernement anticlérical [1].

La faveur populaire, gagnée par ces nouveautés, le soutient de ses applaudissements ; on se répète les maximes de tolérance et d'équité qui échappent au régent, sous une forme vive et familière, comme les saillies naturelles d'un génie bien inspiré, créant, pour ainsi dire, une langue inconnue jusque-là dans notre

---

[1] Le chevalier de Piossens, t. I, 22, 23, 44, 55, 77, 79, 128 ; Buvat, t. I, 99, 183, 240 ; Marais, t. I, 204, 218, 483, t. III, 522 ; la Palatine, t. I, 335.

pays ¹. Un air de liberté, de confiance et d'allégresse, avec je ne sais quoi de piquant et d'imprévu, relève et rafraîchit les esprits. Débarrassée du pouvoir caduc qui l'enveloppait dans sa décrépitude, la nation goûte avec délices ces impressions d'une renaissance politique ; elle est sous le charme d'un rajeunissement. « Mon fils est aimé, » écrit en 1716 la princesse Palatine, sa mère, et elle dit vrai : c'est l'heure toujours trop courte où gouvernants et gouvernés ont comme à l'envi toutes les vertus nécessaires ².

Ces brillants débuts non seulement ne se soutiennent pas, mais ils se démentent ; la seconde moitié de la régence se passe à contredire la première, et cela est p.61 encore suivant les règles. Les victorieux du premier jour ne tardent pas à devenir les vaincus du lendemain, le pouvoir nouveau reprend pour courtisans et pour favoris ceux que son avènement avait disgraciés. L'opinion publique change à son tour ; le régent vivant est plus cruellement injurié que ne l'a été Louis XIV en entrant dans la mort, et l'on voit se produire ce phénomène qui, chez nous, n'a rien de rare : un prince libéral plus détesté qu'un roi absolu. Disons-le aussi, ce qui achève de désenchanter les Parisiens de la politique nouvelle, c'est l'excès et la témérité qui viennent tout gâter à l'ordinaire,

---

[1] Barbier, t. I, 174.

[2] *Lettres*, t. I, 189, 191, 195 ; t. II, 184, 190 ; Piossens, t. I, 5.

c'est l'utopie révolutionnaire, l'innovation désastreuse et folle qui discrédite la première apparition du libéralisme au XVIIIe siècle.

Nos deux chroniqueurs, Buvat et Marais, gens d'un esprit droit, reproduisent fidèlement, avec une verve qui ne se fatigue pas, le mouvant tableau de ces huit années dont j'essaye de ressaisir ici les reflets les plus vifs. L'historien curieux d'approfondir ce sujet trouvera dans leurs journaux ces mille détails expressifs qui forcément se dérobent à l'analyse, les anecdotes, les portraits, les bons mots, les scandales, les modes, tout le mouvement et le bruit de la vie, les riens fugitifs que la passion du moment grossit et colore, en un mot, ce corps flottant, pittoresque et animé de l'histoire future, dont leur impartialité judicieuse forme seule l'unité [1]. Il y a deux faits, d'une célébrité banale, sur lesquels nous n'insisterons pas : la banqueroute de Law et le libertinage cynique de la haute société. Buvat et Marais, dans leurs descriptions, n'ajoutent rien de vraiment neuf aux peintures énergiques que Saint-Simon et la Palatine nous ont laissées ; ils restent même en deçà de leur crudité d'expression. Ils étaient moins bien placés pour étudier la corruption princière et en mesurer la profondeur ; mais, en revanche, ils ont le mérite de nous faire mieux comprendre l'effet produit par de tels spectacles sur la partie saine du public. C'est par là que leurs

---

[1] Marais, t. I, 365, 264, 321, 480, 481, t. II, 348, t. III, 91, 378 ; Buvat, t. I, 135, 254, t. II, 409 ; Piossens, t. III, 49, 54 ; Barbier, t. I, 46, 161.

Mémoires, dans ces matières scabreuses, peuvent nous intéresser, même après Saint-Simon et la Palatine [1].

Tout libre esprit qu'il est, Marais ne dit rien des esprits forts. Cela montre qu'ils tenaient une place médiocre dans l'opinion sérieuse et exerçaient peu d'influence à ce moment du siècle. Ils n'étaient que des *libertins*, ils n'étaient pas encore des philosophes. Dans les succès du jeune Voltaire on applaudit le poète naissant ; dans ses incartades, on blâme l'étourdi. La correspondance de Marais fait une seule fois mention des *Lettres persanes*, et c'est avec ironie : le chroniqueur ne pardonne pas à Montesquieu d'entrer à l'Académie au moment où le président Bouhier, comme nous l'avons dit, essayait vainement de lui en ouvrir à lui-même les portes [2]. Il faut s'adresser à la Palatine pour obtenir des aveux significatifs sur le triste état des croyances chrétiennes en ce temps-là : « Je ne crois pas, écrit-elle en 1722, qu'il y ait à Paris, tant parmi les p.63 ecclésiastiques que parmi les gens du monde, cent personnes qui aient la véritable foi et même qui

---

[1] Buvat, t. II, 29 ; Marais, t. I, 215, 219, 238, 298, 377, 326, t. II, 181, 217, 319, 321, 337, t. III, 107 ; Dangeau, t. XVII, 217, 471 ; Duclos, 493 ; Barbier, t. I, 46, 113, 127, 145, 150, 174, 227, 263 ; la Palatine, t. I, 67, 127, 180, 240, etc., t. II, 89, 104, 270, 302, 337, etc. *Nouvelles Lettres* (édit. Roland), 82, 140, 157, 159, 190.

[2] T. III, 501, 505. — Sur les débuts de Voltaire, voir aussi Dangeau, t. XVII, 419, 423, 475, t. XVIII, 240.

croient en Notre-Seigneur. Cela fait frémir [1]. » Ce mouvement de la régence, si vif au début, troublé plus tard par des contradictions et des folies, ne demeura pas stérile. Deux choses subsistèrent dans les désordres de la fin, soit comme un résultat durable, soit comme une cause de changements ultérieurs. L'ébranlement de l'ancienne France ne s'était pas fait en vain. Ceux mêmes qui, fatigués et déçus, se défiaient des nouveautés hardies, en gardaient la mémoire. On avait rompu, sinon avec les pratiques, du moins avec les idées du règne de Louis XIV. La discipline du gouvernement qui suivit la régence modéra l'élan donné par celle-ci et sembla le paralyser ; elle ne put ni l'arrêter entièrement ni en changer la direction. Au sein du repos que la masse désirait, que le pouvoir imposait, un sourd travail d'émancipation philosophique continua, un esprit d'inquiétude et d'aventure se répandit, les nouvelles doctrines circulèrent, et l'ombrageuse prudence du cardinal de Fleury, son habileté despotique et préventive, qui ne voyaient pas tout, réussirent encore moins à tout empêcher.

Parmi les tentatives avortées et les velléités audacieuses de la régence, il en est trois qui marquent le point culminant de sa politique d'innovation : le rappel des protestants, la suppression des jésuites et la convocation des États généraux. Voilà, dès 1715,

---

[1] T. I, 39, 378. « La jeunesse ne croit plus en Dieu et oublie tout exercice de piété... Rien n'est plus rare en France que la foi chrétienne. » (*Nouvelles Lettres,* 186, 203.)

le programme complet du XVIIIᵉ siècle ; l'effort des soixante-quinze années qui suivent aboutit à faciliter ce qui était alors impossible, à mûrir ce qui était prématuré. Éclos dans la pensée du régent, agités dans ses conseils, ces trois desseins n'allèrent pas même à un commencement d'exécution ; mais c'était beaucoup de les concevoir et de les discuter. Buvat et Marais semblent avoir ignoré ce projet de réunir les États généraux, projet désagréable au monde parlementaire où ils vivaient ; mais ils s'étendent longuement sur l'impopularité de la compagnie de Jésus et sur les périls qui la menacent : des trois points du programme, la suppression des jésuites était, en effet, le plus facile à exécuter et fut le premier rempli. Nous connaissons par la Chronique de Piossens et par les Lettres de la Palatine les intentions du régent à l'égard des protestants ; Saint-Simon, le comte de Boulainvilliers, le cardinal Dubois ont mis en pleine lumière la question des États généraux. C'est même une des plus remarquables pages des Mémoires de Saint-Simon que celle où, résumant avec force les raisons qu'il oppose au désir du prince, le fougueux duc et pair trouve, pour peindre ses frayeurs, des expressions dont la vivacité dessine comme un tableau anticipé de ce qu'on a vu en 89 : « l'esprit zélateur des assemblées, leur ardeur féconde en envahissements, l'appui des masses accordé aux chefs qui ont pour ainsi dire la nation en croupe, pour défense et pour asile. » Quand Saint-Simon décrit avec cette verve d'imagination la violence des conflits probables, l'impétueux torrent de l'opinion, capable de tout entraîner, il a plus qu'un pressentiment, il a une véritable apparition de la puissance de l'esprit révolutionnaire, et si le régent, par son dessein, marquait d'avance le terme des efforts politiques du siècle, son ardent conseiller en prévoyait les excès et les désastres [1].

La partie éclairée de la nation, ce qu'on peut dès lors appeler la bourgeoisie libérale, resta fidèle jusqu'au bout à la politique du duc d'Orléans ; tout en frondant ses vices et les fautes de son gouvernement, elle lui tint compte de ses intentions généreuses. Les Mémoires attestent qu'il emporta en mourant les regrets de tous les bons esprits en France et en Europe : « Les étrangers, dit Marais, le craignaient plus que Louis XIV avec une armée de 400 000 hommes. Il était leur maître à tous. » — « Le duc d'Orléans, ajoute Barbier, n'a contre lui que le malheureux système de 1720 ; car en général le royaume n'a jamais été si riche ni si florissant, et quoique je sois un des blessés, il faut rendre justice à la vérité. Hors cela, il n'y a jamais eu un plus grand prince. Il savait tout, il parlait comme un ange, il avait

---

[1] Buvat, t. I, 101, 104, 174, 230, 322 ; Marais, t. I, 204, 290, 483 ; Piossens, t. I, 37, 55, 231, t. II, 77, 79, 235 ; la Palatine, t. I, 191, 193, 307, t. II, 55, 118 ; Barbier, t. I, 139 ; *Vie de Dubois,* par le comte de Seilhac, t. II, 224.

enfin tout pour être premier ministre ¹. » On peut en croire cette oraison funèbre faite par un sujet que le prince a ruiné.

Dans la régence il y a un personnage non moins important que le régent, c'est l'abbé Dubois. L'histoire morale et politique de ce temps-là serait incomplète si elle laissait à l'écart un homme qui a exercé sur son maître et sur l'Europe une action si puissante. Nous avons pu consulter aux sources mêmes et dans les originaux les vrais Mémoires encore inédits du célèbre abbé, c'est-à-dire sa correspondance diplomatique : non seulement ces dépêches nous aideront à juger le génie mal connu qui a changé le système des alliances et si habilement gouverné les affaires étrangères, mais elles nous présenteront un tableau piquant des mœurs qui régnaient alors dans les chancelleries et les cours de l'Europe. A ce double titre, l'examen de cette correspondance a sa place marquée dans l'analyse des Mémoires du XVIIIe siècle, et forme une partie intégrante de notre sujet.

---

¹ Marais, t. III, 55 ; Barbier, t. I, 183. Voir aussi les *Mémoires de lord Walpole,* par le comte de Baillon, 1869, p. 53, 71, 79.

CHAPITRE III

Correspondance manuscrite de l'abbé Dubois, tirée des archives du ministère des affaires étrangères. — Sa mission secrète à La Haye en 1716 ; son ambassade à Londres en 1717 et 1718. — Les mœurs diplomatiques en Europe au temps de la Régence. — Influence de l'abbé Dubois sur le gouvernement du régent à l'intérieur. — Coup d'État du 27 août 1718. — Découverte du complot de Cellamare. — Dubois et l'opinion publique à Paris. — Erreurs singulières et palinodies de Saint-Simon.

p.67 Il est difficile de réhabiliter le cardinal Dubois, et tel n'est pas notre dessein. Nous savons les efforts tentés dans ces derniers temps pour disculper sa mémoire ; les textes allégués à sa décharge ne nous ont pas échappé ; nous reconnaissons même volontiers que cette tentative presque désespérée d'apologie tardive n'est pas restée absolument sans résultat. On a réussi à éveiller le doute sur des faits tenus jusque-là pour certains ; le précepteur du régent s'est montré sous un jour inattendu dans les pièces citées par M. le comte de Seilhac, son dernier biographe [1]. Mais il ne saurait nous convenir p.68 d'entrer au fond

---

[1] Cette *Vie de l'abbé Dubois,* qui a paru en 1862 (deux volumes), contient un certain nombre de lettres privées et familières de l'abbé, sa correspondance avec la Palatine, mère du régent, et quelques documents curieux. — Il est inutile de rappeler ici que la Biographie imprimée en 1789, sous le nom de Mongez, n'a aucune valeur, pas plus que la Vie manuscrite, par La

de ce débat, et nous n'avons pas à nous prononcer entre les amis et les ennemis de l'abbé Dubois. Il nous suffit de mettre en lumière le point le plus important de sa carrière politique, le moment où l'abbé, intervenant d'une façon décisive dans les affaires compromises de la régence et dans les complications européennes, consolide du même coup la paix menacée et son maître ébranlé. Pour donner tout son prix à cette étude ainsi limitée, nous avons voulu l'appuyer sur des textes inédits, d'une indiscutable authenticité. L'éminent et savant directeur des archives au ministère des affaires étrangères, M. Prosper Faugère, ayant bien voulu nous ouvrir l'accès de ce riche dépôt, nous avons dépouillé, avec un intérêt croissant, les dépêches de l'abbé Dubois, agent secret et ambassadeur de 1716 à 1718 : c'est cette correspondance, dont nous avons exprimé la fleur, qui est l'âme et la substance du récit qui va suivre [1].

Houssaie-Pegeault, qui est à l'Arsenal. Quant aux prétendus Mémoires de l'abbé Dubois, publiés sous la Restauration en 4 volumes, ils appartiennent à la pire espèce des apocryphes.

[1] Sévelinges a donné, en 1715 (2 volumes), un *Abrégé de la correspondance diplomatique de Dubois,* sur des copies qu'il tenait de M. de Rayneval, ancien ambassadeur. Ces extraits sont utiles à consulter, surtout à partir de 1719, lorsqu'il s'agit de l'intrigue formée à Rome pour le chapeau. En ce qui a trait aux négociations de 1716, on y trouve à peine quelques dépêches ; les années 1717 et 1718 manquent absolument. Sévelinges a très peu connu l'affaire de La Haye et de Hanovre ; il a entièrement ignoré l'ambassade de Dubois à Londres, qui a duré onze mois.

I

Dubois avait soixante ans en 1716, lorsque le régent, menacé à l'intérieur par la faction des légitimés, mal vu à Vienne, suspect à Madrid, en délicatesse avec p.69 l'Angleterre qui lui reprochait sa connivence dans l'insurrection jacobite, imagina l'expédient d'envoyer au roi George un homme assez habile pour bien servir, et trop mince personnage pour compromettre un gouvernement. Rien de plus vague et de plus irrégulier que la mission confiée au nouveau plénipotentiaire : sans base assurée comme sans limites précises, pouvant finir au premier mot ou tout embrasser dans ses vastes conséquences, elle semblait faite à la mesure de l'envoyé lui-même et réglée en quelque sorte sur la capacité flexible d'un esprit aventureux, sur l'audace d'une ambition qui ne pouvait plus attendre. C'était à lui de créer son rôle, de compter sur son étoile, et, par un coup de bonheur ou d'adresse, de pousser sa fortune. Un incognito sévère enveloppait cette démarche pleine de hasards. Caché sous un faux nom, déguisé en cavalier hollandais, et se donnant tantôt pour un malade en voyage, tantôt pour un amateur en quête de livres ou de tableaux, l'abbé devait courir en poste au fond de la Hollande, guetter le passage du roi George sur la route de Hanovre, se glisser dans le cortége, remettre au secrétaire d'État Stanhope une lettre du régent, et, dans l'éclair de cette unique entrevue, saisir la chance d'un rapprochement. Le seul maréchal d'Huxelles, président du conseil des affaires étrangères, avait le secret de cette tentative, et la désapprouvait.

Le 6 juin, un billet de la main du régent donne le signal du départ ; c'est le premier de ces documents officiels dont la série finit au traité de la quadruple alliance. Il est ainsi conçu : « Je prie M. le marquis de Torcy de faire expédier un ordre aux maîtres de poste de fournir au sieur de Sourdeval les chevaux dont il aura ₚ.₇₀ besoin pour une chaise à deux personnes et pour les gens de sa suite. » Un second billet de la même main ordonne de délivrer un passeport pour le sieur de Sourdeval et son secrétaire, afin qu'il puisse librement passer, sans être arrêté, retardé ni fouillé. — Le sieur de Sourdeval était le secrétaire de Dubois : son maître et lui avaient interverti les rôles sur le papier, comme Dorante et Pasquin dans *les Jeux de l'amour et du hasard* de Marivaux. Muni de 10 000 livres en argent blanc et de 4 000 livres en or, Dubois emportait, outre la lettre pour Stanhope et d'amples instructions, cette seconde lettre de créance, qui ne devait être présentée au roi qu'après le succès des premières ouvertures : « Si l'abbé Dubois, qui va en Hollande pour ses affaires particulières, s'y trouve lorsque Sa Majesté y passera, et s'il a l'occasion d'avoir l'honneur de lui rendre compte des sentiments qu'il connaît en moi pour la personne de Votre Majesté et pour l'union de la Grande-Bretagne et de la France, je la supplie d'avoir créance en lui, et d'être persuadée qu'il ne peut exagérer mon estime et mon respect pour Votre Majesté. » Ce n'était pas sans peine que le régent avait rencontré cette forme adroite et simple d'un désir qui voulait se montrer et qui craignait de se trop faire voir : la minute chargée de ratures l'atteste ; deux ou trois brouillons plus expressifs ont été rejetés. Le 5 juillet, Dubois arrivait à La Haye, et prenait logement dans une auberge pleine d'Allemands, sous le nom de Saint-Albin, qui était précisément celui d'un bâtard de la comédienne Florence et du duc d'Orléans. Le 23, il envoyait à Paris un rapport de cent soixante-dix-sept pages sur le début de ses opérations.

p.71 A lire cette longue dépêche, on se croirait en plein roman comique : la négociation, qui devait produire de très sérieux résultats, commence à la façon de ces imbroglios légers où figurent les héros travestis de la littérature picaresque. Incommodé de la route, « toussant et fébricitant dans son auberge, » étourdi du vacarme de la cohue tudesque au milieu de laquelle il se tenait caché, Dubois rêvait aux moyens de se découvrir à l'ambassadeur français, Chateauneuf, sans être reconnu par le personnel de l'ambassade. Un matin donc, dissimulant la moitié de sa figure sous une vaste perruque, comme Scapin sous son manteau, il se rend à la chapelle où Chateauneuf entendait la messe ; mais, trahi par une toux fâcheuse qui attire sur lui l'attention des assistants, il brusque « sa prière, » descend aux écuries, et, pour se donner une contenance, se pose en amateur de cavalerie, admirant la beauté des chevaux de l'ambassadeur. Survient Chateauneuf, qui après la messe passait la revue de ses équipages ; saisissant l'à-propos, Dubois se fait connaître. Restait une difficulté grave : quel jour et en quel lieu débarquerait le roi ? Nul ne le savait, pas même l'ambassadeur ; ce débarquement était un secret d'État. L'abbé se désespérait en pensant que sa mission pouvait échouer sur ce premier écueil et son pot au lait se briser. « Je compris que, si je manquais ce moment, je n'avais qu'à m'en retourner avec la seule consolation d'avoir eu bonne intention et d'avoir pris beaucoup de peine inutile, comme don Quichotte, pour venger les torts faits à l'honneur et à la vertu. » Il couvre d'éclaireurs la côte et les chemins qui y conduisent, fait surveiller les mouvements de l'ambassade anglaise, et pendant les heures d'attente occupe p.72 l'impatience de son esprit inquiet à rédiger la demande de rendez-vous qu'il adressera au comte Stanhope. Ce billet, qui allait tout engager et qui pouvait tout rompre, est tourné en sept façons différentes ; la dernière est la meilleure et la plus courte : « Je n'ai pu résister, Milord, à la tentation de profiter de votre passage par la Hollande pour avoir l'honneur de vous embrasser. Je suis à La Haye à l'insu de tout le monde et entièrement inconnu ; je vous en demande le secret, et je vous supplie de vouloir bien me faire savoir en quel endroit vous jugerez à propos que je me rende, et en quel temps, pour pouvoir vous entretenir librement ; j'espère que vous voudrez bien accorder cette grâce à l'ancienne amitié dont vous m'avez honoré et à l'intérêt sincère que je prends à tout ce qui vous regarde. »

Le succès ne pouvait échapper à des mesures si bien concertées. Informé à temps par ses émissaires, Dubois brûle le pavé sur la trace de l'ambassadeur anglais, rejoint le roi, débarqué le 20 à Masensluis, et le 21 il voyait Stanhope. Là, il joue si naturellement les divers rôles qu'il a étudiés, mêlant dans ses discours une feinte indifférence à une exacte connaissance des questions, parlant de ses livres, de ses tableaux, de ses infirmités, des eaux de Saint-Amand qu'il va prendre, des avantages d'une solide union entre la France et l'Angleterre, rappelant le souvenir du cidre pétillant qu'il a bu jadis avec Stanhope à la prospérité des deux peuples ; — il jette si adroitement l'amorce à la curiosité du diplomate anglais qu'il obtient de lui, coup sur coup, trois entrevues d'où il sort avec l'ébauche d'une convention. Il la porte à Paris, revient huit jours après muni de pleins pouvoirs pour la discuter, et suit à Hanovre p.73 le roi et son ministre. C'est la préface de la négociation. Dubois a conquis son terrain, il est homme à s'y maintenir. « Vous voilà dans la machine, lui écrivait le commis principal Pecquet ; je ne suis pas en peine de la manière dont vous la remplirez. »

Le comte Stanhope, qui venait d'accepter au nom de l'Angleterre le principe d'une entente cordiale et d'une politique de paix, était un de ces Anglais que la séduction du génie français au XVIIᵉ siècle et l'air de grandeur visible jusque dans nos revers avaient à demi gagnés à notre cause : bien que l'âpreté des dernières guerres eût altéré cette impression, elle n'était pas effacée, et le secrétaire d'État cédait malgré lui à l'empire des préventions qui animaient alors contre nous le peuple, la majorité whig du parlement, la famille royale presque entière, et le cabinet même auquel il appartenait. Connaissant à fond les principales cours de l'Europe, mêlé activement aux grandes affaires des premiers temps du XVIIIᵉ siècle, ses fréquents voyages sur le continent, les amitiés qu'il y cultivait, son expérience de diplomate et de soldat, un tour d'esprit cosmopolite et déjà philosophique, tempéraient chez lui la fougue et la rudesse du patriotisme insulaire ; il craignait la France et s'en défiait sans la haïr. Attaqué par des rivaux qui aigrissaient les rancunes nationales, il ne lui déplaisait pas de les supplanter par une évolution inattendue : il avait connu le régent en Espagne et Dubois à Paris ; il goûtait les hautes qualités du prince, la vivacité spirituelle de l'abbé ; nul préjugé ne l'empêchait de travailler avec eux à l'établissement d'un système nouveau qui, soutenu par lui, le soutiendrait lui-même. « J'espère bien, disait-il, faire perdre aux Anglais l'habitude de regarder les Français comme leurs ennemis naturels. »

Dans le cours des négociations, la probité de Stanhope eut à repousser certaines attaques extra-diplomatiques de l'insidieux abbé : son caractère sortit victorieux de l'épreuve. On a beaucoup dit, d'après Saint-Simon, que Dubois s'était vendu à l'Angleterre ; mais quel besoin avait l'Angleterre d'acheter un homme qui recherchait son alliance et tremblait d'être éconduit ? Les deux pays dans cette affaire n'étaient nullement sur un pied d'égalité ; selon le mot de Dubois, on ne jouait pas à bille égale avec les Anglais. Si vénal qu'on suppose l'abbé, il n'était pas en situation de se vendre. Loin d'être le corrompu, c'est lui, — les documents officiels le prouvent, — qui fut ou essaya d'être le corrupteur. Pénétré des avantages de l'alliance et craignant d'insurmontables obstacles, le régent avait autorisé son représentant à tenter les moyens extrêmes, bien plus irréguliers qu'extraordinaires en ce temps-là. Dubois offrit donc à Stanhope 600 000 livres. Que répondit Stanhope ? Suivant l'abbé, il accueillit favorablement l'ouverture ; puis, se ravisant, il refusa. Cette dépêche, adressée au régent le 30 octobre 1716, nous paraît assez importante pour être citée ici ; on y verra l'impudence du tentateur naïvement peinte par elle-même.

« Je n'ai pas eu le temps jusqu'à présent, Monseigneur, d'avoir l'honneur de vous rendre compte d'une circonstance dont j'avais impatience pourtant que vous fussiez instruit. Dans le temps le plus obscur et le plus incertain de la négociation d'Hannover, je trouvai une occasion si naturelle de faire à M. Stanhope l'offre que vous m'aviez ordonné de lui faire, que je hasardai le compliment, et je n'ai jamais eu plus de joie que de voir p.75 qu'il me laissait tout dire, jusqu'à la somme que je fixai tout d'un coup à 600 000 livres, ce qu'il écouta gracieusement et sans se gendarmer. Ma satisfaction fut encore plus grande quand il me répondit que Votre Altesse Royale était un si grand prince que personne ne devait rougir de recevoir de ses grâces et d'être l'objet de sa générosité, qu'il recevrait avec beaucoup de reconnaissance les marques de l'honneur de son estime qu'elle voudrait lui donner, mais qu'il fallait au moins travailler à lui rendre quelque service, ce qu'il accompagna de toutes les marques de reconnaissance d'un homme qui sent qu'on l'enrichit. Depuis cette entrevue, j'ai eu occasion sept ou huit fois de lui en reparler. Tantôt je lui disais que, comme je ne me connaissais pas en diamants, je le priais d'acheter lui-même ceux que j'avais ordre de le prier d'accepter, tantôt que je ne voulais pas lui faire tenir cet argent par M. Lass... Une fois je l'ai prié de me dire si je devais prendre des lettres de change sur Londres ou sur Amsterdam, où sur Hambourg, qui était dans le voisinage d'Hannover... Une autre fois je lui dis, comme en confidence, que j'avais une raison personnelle de désirer que le traité fût signé, qui était que cette signature me délivrerait de la frayeur perpétuelle que j'avais qu'on ne volât 30 000 louis d'or neufs, qui étaient dans mon appartement à Paris, et qui étaient à lui, et que ce dépôt m'importunait fort... Enfin, après la signature des dernières conventions, je lui dis fort sérieusement que, devant partir incessamment, je le priais de me dire quelles lettres de change lui seraient plus commodes ; il me remit d'un jour à l'autre, jusqu'à celui de mon départ, qu'il me déclara que Votre Altesse Royale était un grand prince qui p.76 pouvait, dans mille occasions, lui faire plaisir, qu'il me priait de lui faire mille remercîments des offres généreuses que je lui avais faites, qu'il avait estimé toute sa vie Votre Altesse Royale, et regardé comme le seul prince de l'Europe qui fût instruit, et que cette estime suffisait pour qu'il lui fût dévoué toute sa vie ; qu'il ne m'avait pas dit sa pensée jusqu'à ce moment, de peur que cela ne me contraignît et ne me rendît moins hardi à lui proposer tout ce qui pouvait convenir à Votre Altesse Royale. Je n'oubliai rien pour l'ébranler, sans y réussir ; toutes mes figures de rhétorique furent inutiles. Voilà le seul point de la négociation où j'aie totalement échoué. »

Étonné d'un refus qu'il qualifie d'héroïque et d'admirable, Dubois fort sagement conseille au régent de n'en rien dire. « Quoiqu'on soit tenté de parler d'un si beau trait, je ne crois pas, Monseigneur, que vous deviez le divulguer... Je crois que vous devez essayer de lui faire accepter par bricoles et par les menus ce qu'il n'a pas voulu recevoir directement et en gros, et quand il résisterait à tout, comme je crois qu'il le fera, il ne serait pas bon de répandre que vous avez voulu tenter un ministre public. » L'abbé n'avait pas renoncé à circonvenir Stanhope de ses souplesses ; nous le verrons en 1718 revenir à la charge après la signature de la quadruple alliance, présenter son marché avec plus de délicatesse et d'un air plus engageant.

En attendant qu'il trouve jour à recommencer ses « bricoles » et son maquignonnage, il presse le régent d'envoyer en Angleterre soixante pièces des meilleurs crus de la Champagne et de la Bourgogne. « Je supplie Votre Altesse Royale de faire choisir par ₚ.₇₇ quelque connaisseur fidèle, d'une part, trente pièces de vin de Champagne du plus fort, et de celui qui aura le plus de qualité, tel que le bon vin de Sillery, et d'autre part quinze pièces de vin de Champagne de la même qualité, dix pièces de bourgogne et du plus fort aussi, et cinq pièces de vin de Volnay. Les trente pièces de vin de Champagne seront pour le roi, et les trente autres seront pour M. Stanhope. » — Ces façons hardies et ces procédés généreux ne refroidirent point Stanhope, bien au contraire ; l'amitié des deux négociateurs en devint plus intime, et le régent ayant exprimé à Dubois combien il regrettait que le ministre se fût montré d'humeur si peu traitable, l'abbé s'empressa de communiquer à celui-ci les sentiments du prince. La minute de sa lettre porte en tête ces mots : *Papier à brûler.* « Je viens de recevoir, Milord, la réponse de M. le duc d'Orléans sur la confidence que je lui ai faite de la tricherie avec laquelle vous m'avez laissé espérer pendant plus d'un mois que vous recevriez une petite marque d'amitié de sa part, et du refus par lequel vous avez fini avec moi le jour de mon départ d'Hannover. Il me marque combien il est touché de vos grandes qualités et finit par ces paroles : « Je suis bien fâché que vos instances auprès de lui aient été inutiles, mais je ne me rebute pas pour cela. » Stanhope répondit par ce *billet secret* qui marque bien le caractère que les deux diplomates entendaient donner à l'alliance. « Cette alliance doit être une parfaite amitié et entière confiance entre nos maîtres. J'espère que ces deux princes seront amis à tel point qu'ils pourront faire grand bien aux serviteurs l'un de l'autre en se les recommandant réciproquement. Or je vous promets d'avance $_{p.78}$ que, si vous pouviez jamais suggérer au roi mon maître les moyens de vous rendre service, il le ferait du meilleur de son cœur, tant vos manières et tout votre procédé lui ont plu. » Dubois avait raison : la vertu de Stanhope était de celles qui « ne se gendarment pas. »

Malgré les bonnes dispositions du secrétaire d'État et une heureuse entrée en matière, la mission de Dubois se heurtait à des difficultés considérables. On s'en fera une juste idée par cette simple remarque : l'alliance avait contre elle l'opinion publique des deux pays, le parti espagnol dans le gouvernement français et toutes les chancelleries d'Europe ; elle ne comptait guère d'autres partisans bien décidés que les diplomates qui la négociaient.

Dubois put voir dans ces débats quelle crainte inspire aux agents d'un pays libre le contrôle d'une assemblée ; il n'était pas un des ministres du roi George qui ne fût convaincu qu'en travaillant au traité il jouait sa fortune et sa tête. « Les Anglais, écrivait-il au maréchal d'Huxelles, portent leurs scrupules et leur timidité si loin qu'ils refusent de corriger une faute d'orthographe dans la crainte que dans dix ans cela puisse servir à faire leur procès au parlement, ce qui est devenu en eux comme un sentiment involontaire contre lequel rien ne les rassure. On m'en a rapporté des exemples qui feraient une scène de comédie. » Combattu par les influences hostiles, le roi George hésitait : comme tout prince mal affermi, il était sensible au désir d'abattre ses compétiteurs en leur enlevant l'appui de la France ; mais l'opposition du parlement, les clameurs de son entourage, la défiance que lui inspirait le régent et surtout l'ascendant de l'empereur l'arrêtaient.

L'empereur avait alors en Europe, grâce aux fautes de Louis XIV et à l'épée du prince Eugène, une situation comparable à celle que les événements de 1844 et de 1815 ont donnée un siècle plus tard à la Russie. « On ne saurait croire, écrit Dubois, à quel point l'empereur est ici redouté. Son étoile, ou pour mieux dire sa comète, car c'est une étoile effrayante, a une terrible influence sur cette cour. » Au moment où l'agent français mettait le pied en Hollande, le canon de Peterwaradin avait de l'écho dans toute l'Allemagne ; il n'était bruit que de la défaite des Turcs et de la gloire des armes impériales. « On m'a envoyé humer une étrange nouvelle pour le succès de nos affaires, il semble que l'air de l'Allemagne en soit changé, et je puis dire même empoisonné. » La France au contraire pesait d'un poids léger dans la balance. Épuisée et pleine de factions, les rapports diplomatiques s'accordaient à la peindre des plus tristes couleurs ; on représentait le régent comme un homme sans énergie ni bonne foi, paresseux d'esprit et de corps, haï du peuple, odieux aux troupes, méprisé de ses partisans, jouant à peine le sixième rôle dans son gouvernement et menacé d'aller achever sa régence à la Bastille.

Dubois eut le mérite de discerner l'unique chance favorable et de la saisir. Il attaqua le roi par l'intérêt dynastique, et s'efforça de changer en sentiments de confiance et d'estime ses préventions contre le régent. Tout son travail porta sur ce point ; il fit jouer selon cette vue les ressorts de son intrigue, appliquant à la guerre diplomatique ce grand principe des stratégistes en galanterie : celui qui a le cœur a tout. Il gagne le cœur du roi, et par ce coup de maître frappe d'impuissance ses adversaires. George l'autorise à lui écrire en confidence et sans intermédiaire, l'invite à ses chasses, lui donne son médecin, le présente à la reine de Prusse, sa fille, le régale de son excellent vin de Tokay, « dont il était fort curieux, » et disgracie un de ses ministres, lord Townsend, qui s'obstinait à empêcher l'alliance. La volonté du roi, une fois déclarée, entraîna la cour et adoucit l'aigreur du parlement. Il faut donc attribuer à la séduction des qualités personnelles de l'ambassadeur une bonne part du succès. Dubois avait de l'esprit, dit Saint-Simon, qui pourtant ne le ménage guère ; il avait « assez de lettres, d'histoire et de lecture, beaucoup de monde, force envie de plaire et de s'insinuer, » tous les dehors, sinon tout le vertueux de l'honnête homme. Son humeur gaillarde, ses libres saillies réussissaient fort dans la meilleure société d'Angleterre, et lui-même faisait profession d'aimer cette nation un peu rude, mais sensée et vigoureuse. Il écrivait un jour à l'abbé de Saint-Pierre : « Je suis ici parmi les plus solides esprits qu'il y ait au monde, je veux dire les Anglais. »

Deux choses étaient en question dans les conférences de Hanovre : la paix de l'Europe et la stabilité du gouvernement français. Dubois avait pour maxime que « les affaires étrangères sont l'âme de l'État, » — vérité de tous les temps et même du nôtre ; — il sentait bien que le régent, si chancelant jusqu'alors, braverait les factions ainsi que l'étranger avec l'appui de l'Angleterre, et qu'il gagnerait à cette alliance d'être respecté chez les autres et le maître chez lui. Aucune des conséquences de la négociation n'échappait à la sagacité du négociateur. Il était de ces politiques clairvoyants et prompts qui en toute affaire vont droit à l'essentiel, marquent nettement le but et enlèvent ou tournent l'obstacle avec résolution. Son style exprime en traits saisissants la conviction dont il était animé. « Je voudrais pouvoir racheter d'un partie de mon sang le temps que d'inutiles difficultés nous ont fait perdre. Ces longueurs nous coupent la gorge. On nous a reproché autrefois, Monseigneur, pendant vos études, de compter par minutes. Je mérite bien mieux présentement ce reproche, et les minutes me paraissent plus longues que des heures entières à un écolier retenu à l'étude par force, tant j'ai d'impatience que vous ayez ce papier bien signé dans votre cassette. Quand vous serez libre dans votre taille de tous les côtés, vous écouterez plus tranquillement les balivernes qu'on vous débitera. Il est clair que cette alliance déterminera le système de l'Europe pour longtemps, et donnera à la France une supériorité qu'elle ne pourra pas acquérir autrement. Cela posé, elle me paraît sans prix, et, si j'étais le maître, j'aimerais mieux donner 30 millions que de la manquer. » En regard de cette déclaration, on lit une note écrite à la marge de la main du régent : *Je pense comme vous sur tout cela.*

La langue diplomatique de Dubois, comme on a pu le voir déjà, a plus de vivacité que de concision, plus d'originalité que d'élégance. Ses dépêches sont des conversations verbeuses, mais toujours claires dans leur abondance négligée ; le sujet y est examiné sous toutes ses faces, et les répétitions servent à mettre en relief l'idée principale. Dubois n'emprunte pas aux chancelleries leur style ; il garde le sien, qui est l'image de son esprit, plus pétulant que distingué. Le fond de cet esprit, c'est la verve et la gaîté, c'est la finesse enluminée de belle humeur, avec une pointe de gaillardise ; tout cela éclate en p.82 trivialités pittoresques, sans penser le moins du monde à se mortifier et à s'éteindre sous la froideur d'un genre convenu. Dubois est le moins académique des diplomates, et, si sérieusement qu'il joue un rôle très sérieux, il ne peut s'empêcher d'avoir le mot pour rire dans les situations les plus critiques. « Jamais Hibernois, écrit-il à Pecquet, n'a tant ergoté que moi. J'ai estocadé comme un prévôt de salle, mais j'ai reçu de terribles estocades, et j'aurais eu grand besoin d'un second tel que vous. J'ai soutenu opiniâtrement tout ce que vous m'avez appris, et j'ai été martyr de vos vérités comme les premiers chrétiens de Rousseau. » Il ne hausse pas le ton, même en écrivant au régent. « Souvenez-vous, Monseigneur, que la chandelle brûle, et que les pieds me grillent... Ces lenteurs m'ont coûté plus de larmes qu'il n'en tiendrait dans un seau. Je vois les difficultés grossir à tous moments, comme les boules de neige qui tombent des Alpes, qui n'auraient pas d'abord couvert un oiseau et qui à la fin accablent des caravanes tout entières. » On saisit ici le caractère du style de Dubois ; c'est une langue imagée et familière, faite de comparaisons, de bons mots et de proverbes, ayant l'accent gascon et les libertés colorées du langage populaire. « Je crois pouvoir assurer Votre Altesse Royale que les concessions qu'elle fait seront rejetées si on les fait filer chiquette par chiquette, et qu'au contraire il faut former de ces petites grâces un plat en pyramide qui ait une belle apparence, parce que cette menue dragée présentée grain à grain ne paraîtrait rien. »

Dubois est souvent bas, il n'ennuie jamais ; il a une vulgarité piquante et assaisonnée. Son vrai mérite d'ailleurs est dans le fond des choses, et cette humeur $_{p.83}$ joviale n'est que la vive expression d'une supériorité qui sait trop bien sa force pour s'imposer une gêne inutile. Il rit volontiers de lui-même et de la figure inaccoutumée qu'il commence à faire dans le monde : c'est le contraire du sot parvenu qui prend des airs d'importance. Écrivant à ce même Pecquet, dont il appréciait fort les services et redoutait les maladies : « Je prie le Seigneur, lui dit-il, que vos maux n'aient point de suite, et j'offre un holocauste d'un couple de cardinaux, du double de présidents à mortier et d'une douzaine de ducs que je lui abandonne, pourvu qu'il vous conserve... Vous deviez bien, en m'envoyant la pancarte de plénipotentiaire, m'instruire du personnage que cela m'oblige de faire, car il faut que je prenne garde à *Jodelet prince*. » Jodelet prince, ou Dubois plénipotentiaire, se signalait dans son nouveau métier par des stratagèmes inattendus, par des traits de génie tout à fait dignes d'enrichir le répertoire comique, et il faut voir, lorsqu'il en parle, comme sa verve brille, témoin le récit d'un tour joué par lui à lord Stanhope, au sortir d'un dîner qui avait troublé de quelques vapeurs le flegme du secrétaire d'État ; laissons le héros de l'aventure s'expliquer en personne, car on ne saurait mieux dire, et bornons-nous à bien fixer le lieu de la scène.

Pendant les conférences de Hanovre, Dubois, qui avait quitté l'auberge hollandaise et la compagnie d'Allemands où nous l'avons laissé, habitait incognito, toujours sous le nom de Saint-Albin, dans la maison même que lord Stanhope occupait. On négociait là, du matin au soir, « en robe de chambre et en bonnet de nuit ; » là se passa l'histoire que Dubois raconte au régent le 4 novembre 1716. « J'ai dressé une embuscade à mon hôte, qui a eu tout le succès que je pouvais espérer. Le premier étage de la maison qu'il occupe est composé d'un grand salon peint qui a à chaque bout un grand appartement ; je suis logé dans l'un et il habite l'autre, de sorte que, comme il n'y a que le salon entre nos deux logements, cela fait une communication continuelle de lui chez moi, et nulle de moi chez lui pour ne le pas interrompre dans les occupations de sa charge et ne pas m'exposer tous les jours à trouver en face ceux dont il est important que je ne sois pas vu. J'ai eu l'honneur d'écrire à Votre Altesse Royale que M. Stanhope devait donner à dîner mardi à l'envoyé de l'empereur. Il invita le général des troupes, le ministre d'Hanovre et les principaux de l'État au nombre de quatorze à ce dîner, qui se fit dans le salon qui est entre nos deux appartements, et pendant lequel le mien fut fermé. Comme ce festin allemand devait être beaucoup arrosé, il me vint en pensée que, si le vin du secrétaire d'État était, comme je l'avais vu autrefois, gai et parleur, je pourrais peut-être, après le dîner, profiter de quelqu'une des vérités que le vin se vante de tirer des plus taciturnes, et, lorsque les derniers convives furent accompagnés, je laissai ma porte ouverte, ce qui invita M. Stanhope d'y entrer en remontant, comme je l'avais espéré. »

« En se jetant dans un fauteuil, il me dit : « Mon cher prisonnier, j'ai bien des excuses à vous faire de l'incommodité que vous avez eue d'être enfermé toute l'après-dînée ; vous voyez un homme qui s'est enivré en faisant les honneurs de sa table ! » En effet, il s'était distingué parmi treize Allemands qui avaient bu soixante-dix bouteilles de vin et cinq ou six bouteilles des liqueurs les plus violentes, qu'ils avaient avalées comme de l'orgeat. L'ayant trouvé à peu près comme je le désirais, je lui conseillai de prendre du thé pour abattre les fumées du vin, et après qu'on eut établi devant nous un cabaret propre à une longue conversation, je lui montrai en confidence une lettre tout en chiffres de H. de Chateauneuf... Je n'eus besoin que de cette confidence pour le mettre en mouvement, et il commença à me parler avec une rapidité qui ne s'arrêta depuis neuf heures qu'à une heure après minuit, et qui m'instruisit de la plupart des choses que je voulais savoir, sans qu'il m'en coûtât que le soin de lui faire quelques petites objections pour le faire passer d'une matière à une autre... « Mais, mon Dieu, mon cher petit ami, me dit-il à la fin et un peu tard, je crois que tu m'as ensorcelé, oui, mordieu, je le crois, car sans prudence je me laissai ébranler par tout ce que vous me dîtes. » La pièce n'est-elle pas délicate et le récit bien tourné ? Dubois, qui vivait de régime, a tiré une belle vengeance de ce banquet anglo-allemand dont sa sobriété forcée avait subi le voisinage.

Tandis qu'il jouait au plus fin sur l'échiquier diplomatique, ses ennemis et ceux du régent agissaient à Paris pour traverser un succès qui devait pousser si haut la fortune du négociateur et consolider celle du maître. Ce parti avait à sa tête un puissant et rusé personnage, le maréchal d'Huxelles, chargé de suivre et de contrôler, comme président des affaires étrangères, une négociation entreprise contre son avis. Dubois était dans la position rare, mais non sans exemple, d'un ambassadeur qui a pour ennemi de sa personne et de son œuvre le ministre dont il reçoit les instructions. Chateauneuf, à La Haye, servait de confident à la pensée intime du maréchal : jaloux de la supériorité de Dubois, qui l'écrasait, fatigué d'un poste où il s'était ruiné sans dédommagement et avait vieilli sans gloire, tourmenté de sa goutte et de ses créanciers, il se prêta volontiers à un espionnage qui satisfaisait ses rancunes et flattait celles du ministre. Tout en protestant, dans les dépêches officielles, de l'étroit accord qui régnait entre lui et son collègue, il accusait en secret les emportements de l'abbé, son orgueil ambitieux, ses discours inconsidérés, ses imprudentes démarches, les extravagances de cet ambassadeur vraiment extraordinaire, qu'il dépeignait comme un brouillon et un fou. Huxelles, entrant dans ses chagrins, lui recommandait une patience habile et amassait en silence ces prétendus griefs pour en accabler Dubois le jour où éclaterait l'échec définitif qu'il n'avait pas cessé d'espérer.

L'abbé, dont l'œil profond perçait les intrigues des cours de Vienne et de Madrid, n'avait garde d'ignorer ce qui se tramait au Palais-Royal. Opposant à la cabale d'Huxelles le crédit des amis particuliers du régent, les fortes têtes du tripot des roués, il écrivait à Nancré, à Nocé, leur dénonçait les menées du maréchal, ses lenteurs calculées, ses indiscrétions perfides. « N'est-il pas étonnant qu'au moment où je suis venu à bout de la seule chose qui puisse assurer la paix au royaume et mettre M. le duc d'Orléans hors d'atteinte, et lorsque j'ai toute l'Europe à mes trousses pour nous enlever ce bonheur inespéré, les obstacles viennent de France et de certains serviteurs du prince ? Désormais je tiendrai pour un miracle au-dessus de ceux de saint Antoine de Padoue quand une affaire étrangère réussira. » Dubois connaissait le faible de son ancien élève, tous les accès ouverts aux suggestions mauvaises dans cet esprit aimable et ce cœur incertain. « Il passe sa vie, disait-il, à filer des cordes pour être emmailloté. » Aussi l'effort le plus sérieux de sa diplomatie est-il tourné de ce côté-là ; le duc d'Orléans lui coûte plus à diriger et à retenir que le roi George à persuader. « Je vous supplie, Monseigneur, de ne communiquer mes lettres à personne et de ne pas les laisser tomber entre les mains des canailles qui touchent à vos papiers, car nous avons besoin du secret. J'espère aussi qu'on prendra des moyens pour faire taire le carillon du Palais-Royal, de peur qu'à force de sonner les cloches on n'attire le tonnerre. »

Dans sa guerre contre Huxelles, Dubois se donne tous les mérites, comme il a tous les droits : scrupuleux observateur des formes, il reçoit avec déférence les ordres du ministre, fait appel « à la supériorité de ses lumières, et l'invoque comme un dévot son saint patron ; » il prie le commis Pecquet de lui montrer le droit chemin du cœur et de l'estime « de ce grand homme, » affirmant qu'un seul mot d'éloge accordé par un tel connaisseur « est un opium souverain pour tous ses maux. » En même temps il se tient ferme sur cette habile défensive, ne cédant rien d'essentiel, attentif à réprimer les empiétements de l'adversaire et à relever ses torts. Huxelles un jour ayant eu l'air de lui faire la leçon sur d'apparentes variations, Dubois lui répond finement que varier à propos est l'art du diplomate, comme louvoyer est celui du marin ; le maréchal, piqué au jeu, marque son dépit par une inconvenance. Dubois, se souvenant qu'il est conseiller d'État, s'informe à Paris des égards dus aux conseillers et les impose à la mauvaise humeur du maréchal. De là cette lettre à Fontenelle, qui est comme perdue dans ces vastes collections de papiers diplomatiques : « Mon illustre, faites-moi l'amitié, lorsque vous rencontrerez M. l'abbé Bignon, de lui demander, par manière de conversation et sans qu'il puisse deviner que cela vienne de moi, comment les maréchaux de France finissent leurs lettres en écrivant aux conseillers d'État. La réponse vous coûtera le papier qu'il faut pour une lettre, et la peine de cacheter et de mettre le dessus pour moi et de l'envoyer à mon appartement, afin que l'on me la fasse tenir à la campagne. Je vous prie de ne dire à personne que je vous ai fait cette prière ; je vous embrasse de tout mon cœur. » Pour le talent méconnu ou molesté, la seule vengeance efficace et digne, c'est de réussir. Dubois battit tous ses ennemis en signant à La Haye la triple alliance, le 1er janvier 1717.

Le traité avait été précédé de la convention de Hanovre, signée avec les Anglais seuls le 10 octobre ; ces deux actes diplomatiques résument les négociations des six derniers mois de 1716 et marquent la décisive intervention de l'abbé Dubois dans les affaires extérieures. A partir de ce moment, il y a un personnage de plus sur la scène politique. Tiré de son néant à l'âge de soixante ans, après avoir consumé en d'obscures intrigues un génie plein de ressources, Dubois eut dès lors une vue claire de l'avenir qui s'ouvrait devant lui et de la route à suivre pour atteindre ce faîte où devaient le porter certainement la confiance de son maître, l'appui de l'Angleterre et le besoin qu'on aurait de lui. Annonçant au régent le 4 janvier la signature du traité, il termine sa lettre par une insinuation significative : « La triple alliance est enfin signée, Monseigneur, et ce qui augmente infiniment ma joie, elle a été signée unanimement par ~p.89~ les députés de toutes les provinces. Vous voilà hors de page et moi hors de mes frayeurs, que Votre Altesse Royale canonisera lorsque j'aurai eu l'honneur de lui rendre compte de tout. Je m'estime très heureux d'avoir été honoré de vos ordres dans une affaire si essentielle à votre bonheur, et je vous suis plus redevable de m'avoir donné cette marque de l'honneur de votre confiance *que si vous m'aviez fait cardinal.* »

Nul doute qu'il n'ait désigné à son ambition, dès 1717, le but suprême vers lequel il lui fallait se hâter pour achever dans la gloire et la puissance les restes d'une vie usée, dit-on, par les plaisirs, et qui ne se soutenait plus, à travers mille maux, qu'à force d'abstinences. Vers la fin de la négociation, quand le succès paraissait assuré, le régent avait aussitôt songé à récompenser le négociateur. Il chargea Nocé de le sonder là-dessus ; Dubois répondit : « Si M. le duc d'Orléans veut me faire quelque plaisir, tâchez de lui insinuer que ce ne soit pas de la guenille ; » et il demanda la liste des bénéfices vacants, pour joindre le solide au brillant, et soutenir le rang qu'on lui destinait. Pressé de jouir et d'arriver, toute proie lui sera bonne ; son âpreté sans pudeur aura l'air de saccager les dignités que son talent et ses services, à défaut du caractère, semblaient mériter.

L'avant-goût des honneurs qui l'attendaient lui vint de l'étranger. Rien ne manquait à l'éclat d'un événement qui, déplaçant le pivot séculaire de la politique européenne, changeait en force et en sécurité pour la France la cause permanente de ses craintes et de ses dangers. Après une longue résistance, l'antipathie invétérée de la Hollande avait cédé sous la pression de Stanhope et du $_{p.90}$ roi George ; peut-être aussi que l'argent, cet auxiliaire suspect des victoires diplomatiques, n'était pas étranger au miracle d'une conversion unanime et solennelle. Dubois fait un portrait de l'esprit public en Hollande qui est loin de démentir notre supposition : « Il n'y a pas ici trois hommes qui soient déterminés par le motif du bien général, et dans ce pays comme ailleurs le grand nombre se gouverne par l'intérêt particulier, par l'envie, par la haine et par les autres passions. » A ce renseignement, le régent se hâte de répondre : « Dites bien à MM. les ministres que, si l'alliance se fait, ils ne se repentiront pas d'y avoir contribué. » Quoi qu'il en soit des ressorts mis en œuvre, l'importance du résultat paraissait seule et couvrait tout. Dubois recevait, au nom de la France, les compliments officiels de l'Angleterre et de la Hollande, et se montrait en public avec le faste d'un ambassadeur, avec le prestige de l'habileté heureuse, au milieu des démonstrations qui accompagnent les amitiés récentes. Ce n'était plus l'émissaire déguisé, blotti dans le coin d'une auberge, aux portes d'une écurie, en guettant l'occasion ; il avait une suite, des laquais, un cuisinier, force domestiques, un carrosse de gala et à son tour un équipage. « J'ai acheté six belles juments noires, écrit-il à Nocé, et je vous rapporterai le tabac le plus doux que je pourrai trouver. » Il se prodiguait en visites, en réceptions, en festins, « tout en n'ayant que la peau sur les os, » poussait la complaisance « plutôt que la gourmandise jusqu'à s'incommoder, » et regrettait d'avoir perdu « les privilèges des philosophes. » Il était l'hôte le plus fêté de la république, le dispensateur accrédité des grâces et des promesses, représentant à titre presque égal la faveur de deux souverains.

Parmi les courtisans du fait accompli, nous ne sommes pas médiocrement surpris de rencontrer, du côté de la France, le duc de Saint-Simon. On sait quelle flétrissure Saint-Simon, dans ses mémoires, a essayé d'imprimer sur le nom de Dubois et sur son œuvre ; quant à lui, ennemi juré de l'alliance anglaise, partisan invariable de l'alliance espagnole, il épuisait, dit-il, son éloquence, en 1716, à détourner le régent de l'Angleterre, « cette irréconciliable adversaire de la France, » à l'arracher aux contours tortueux de la politique de l'abbé, et à le précipiter dans les bras de l'Espagne. Parlant du traité du 4 janvier 1717, il ajoute fièrement : « Dubois et les siens me craignaient sur l'Angleterre ! » Nous n'avons pas le texte de la lettre écrite à Dubois par Saint-Simon vers la fin de 1716 ; mais la réponse du négociateur fait bien voir que son correspondant était fort éloigné de prendre ces airs farouches et de maudire les résultats de la négociation. « Si quelque chose, Monsieur, pouvait me flatter, ce serait l'honneur de votre approbation, parce que votre esprit pénétrant vous fait voir les choses comme elles sont, et que votre droiture ne vous permet de parler que sincèrement. J'avoue que je suis heureux que la Providence se soit servie de moi pour procurer au royaume et à un maître que j'adore depuis trente-cinq ans le plus grand bien qu'on pût espérer dans la situation présente, pourvu qu'on sache l'assurer et en faire un bon usage. Je vous supplie, Monsieur, d'exhorter ce prince, que Dieu semble destiner à de grandes choses, à être ferme dans ses opinions et dans sa confiance. J'espère que vous serez plus content du détail encore que de la première nouvelle. Je vous rends mille grâces, Monsieur, des marques de _{p.92} bonté dont vous m'honorez, et que je continuerai de ménager avec l'attention que vous méritez. » Voilà comment les mémoires de Saint-Simon nous instruisent en matière sérieuse, comment ils nous apprennent la vérité sur le fond des choses et sur les opinions de Saint-Simon ! Nous retrouverons ailleurs d'autres preuves non moins étonnantes de son exactitude et de sa sincérité.

Quelque désir qu'éprouvât Dubois de revenir à Paris et de rentrer, avec sa gloire diplomatique, dans l'intimité du régent, « loin de qui, disait-il, il languissait comme un poisson dans un baquet, » son séjour à La Haye se prolongea par convenance jusqu'au 3 février, c'est-à-dire jusqu'au moment où le roi George mit à la voile pour l'Angleterre. Ce retard lui permit d'exécuter un article capital de ses instructions secrètes ; il s'agissait de découvrir et de faire taire, par force ou par douceur, les collaborateurs mystérieux des journaux satiriques qui lardaient à distance le régent et ses roués. L'altesse royale, touchée au vif, lui avait recommandé ce point délicat en lui laissant carte blanche sur le choix des moyens. Dubois, qui savait bien que dans les pays libres la violence employée contre la presse fait beaucoup de bruit et produit peu d'effet, avait demandé à son maître des espions et de l'argent, estimant plus sûr de corrompre en silence que de sévir avec scandale. « Il y a ici, écrivait-il, une coquine appelée Desnoyers, qui a de l'esprit, qui fait ce qu'on appelle la *quintessence.* Elle est si méchante et si impudente que presque tous les princes de l'Europe lui font donner quelque chose pour lui fermer la bouche. Elle se regarde comme l'Arétin, *Pietro Aretino, flagello de principi,* qui avait des pensions de tous ceux de son temps. Je ne m'en p.93 retournerai pas sans m'être assuré de cette folle dans un pays où l'on n'oserait prendre des mesures d'autorité contre l'insolence de ses écrits... Comme nous sommes en situation de gagner le cœur des nations, il ne faut pas dédaigner les petits soins qui y contribuent souvent autant que les grandes choses. »

Enfin, le roi George l'ayant prévenu par un exprès de son départ, il partit lui-même et résigna dans une dernière dépêche ses fonctions d'ambassadeur extraordinaire : « Je ferme mon portefeuille avec la satisfaction de ne pouvoir pas me reprocher d'avoir écouté une pensée ou dit une parole qui n'eût pas pour but le service, et qui fût mêlée d'intérêt ou de passion. » L'éloge le plus vrai de la négociation avait été fait par Stanhope le jour où l'on signa le traité : « Votre voyage à La Haye, Monsieur l'abbé, a sauvé bien du sang humain, et il y a bien des peuples qui vous auront obligation de leur tranquillité, sans s'en douter. » C'est le dernier mot de l'histoire sur cet acte habile, inspiré sans doute par l'intérêt particulier du régent et de son envoyé, mais qui eut ce grand mérite d'assurer à la France, à l'Europe épuisées, une paix nécessaire, et de fonder une politique digne de l'esprit libéral des temps modernes.

En quittant la Hollande, Dubois y laissait d'assez nombreux amis ; les lettres qu'il leur écrivit après son retour en France nous font connaître leurs noms : c'étaient Saurin, Basnage, le comte d'Obden, la comtesse douairière de Nassau, l'amiral de Wassenaër et sa fille. Le diplomate poussa même la galanterie envers cette demoiselle jusqu'à se charger pour lui plaire « de quatre-vingts livres pesant de batterie de cuisine et de chaudrons, dont il paya les droits comme de choses précieuses. » ₚ.94 A peine arrivé, il reçut la récompense de ses services, le premier gage certain de sa haute fortune : le 26 mars 1717, il entrait au conseil des affaires étrangères. « Il s'y fourra, dit Saint-Simon qui cette fois a touché juste, comme ces plantes qui s'introduisent dans les murailles et qui enfin les renversent. » Son plan, dès ce moment arrêté, peut se résumer en deux mots : il voulait consolider son maître et s'élever lui-même en prenant un point d'appui dans la politique étrangère, briser avec ce levier tous les obstacles qui gênaient le pouvoir personnel du régent et barraient ainsi à ses meilleurs amis la route des hauts emplois. Quand il partit pour Londres, à la fin de cette même année 1717, il ne perdit pas un seul instant de vue ce double but pendant les onze mois de son ambassade. Tout en négociant avec l'Europe la quadruple alliance, il complotait à Paris, avec ses affidés, les changements qui allaient éclater dans le gouvernement en 1718 ; il était l'artisan invisible, l'inspirateur ardent et tenace d'une révolution intérieure dont il entendait bien recueillir les fruits. Ce double travail, poussé d'une main ferme au dedans et au dehors, cette combinaison qui unit dans un même dessein deux objets différents et frappe à la fois deux coups décisifs, voilà le côté nouveau, le sérieux intérêt de la seconde mission confiée à l'abbé Dubois. Nous insisterons, toujours à l'aide des pièces officielles, sur ce trait caractéristique d'une négociation encore moins connue que la précédente dans ses détails intimes et ses péripéties.

II

p.95 Dubois quitta Paris le 20 septembre 1717 pour achever à Londres ce qu'il avait commencé à La Haye. Pendant ce temps, le cardinal Albéroni, couvrant d'une armée de 60 000 hommes les côtes d'Espagne, lançait une flotte sur la Sicile : l'antagonisme des deux politiques était déclaré ; Dubois se trouvait en face d'un adversaire ambitieux et rusé comme lui, mais dont la ruse avait le prestige et l'audace de la force. La lettre de créance remise par le régent à son ambassadeur était ainsi conçue : « Monseigneur, il est si juste de concourir aux bonnes intentions de Votre Majesté pour la tranquillité de l'Europe, que j'envoie auprès d'elle l'abbé Dubois, à qui elle a eu la bonté de confier elle-même ses vues, pour conférer avec les ministres des princes qu'il serait important de réunir, et comme personne n'est plus instruit que lui de mes véritables sentiments, je suis ravi qu'il ait occasion de lui rendre compte de nouveau de mon attachement sincère et de mon zèle pour sa gloire et pour ses intérêts. » Une autre lettre adressée au prince de Galles, qui haïssait la France en haine de son père, lui demandait d'appuyer la politique de la paix, et lui rappelait « la proximité du sang qui l'unissait au régent, son très affectionné frère. »

Des incidents fâcheux traversèrent le voyage de notre ambassadeur. Près d'Amiens, les commis des fermes, sans respect pour sa qualité, pillèrent ses bagages, — paniers de vins, coffres et papiers, — en criant : « Voilà ~p.96~ des affaires étrangères ! c'est un homme gagné par les ennemis ! » A Calais, les vents contraires lui fermèrent la route pendant plusieurs jours, et ce retard mit à une rude épreuve son humeur impatiente. « On m'avait fait espérer, écrit-il à Nancré, de pouvoir partir cette nuit à une heure après minuit, et j'ai fait toute la nuit la veille des armes pour saisir le premier moment où le bâtiment pourrait sortir du port ; mais il s'est élevé un vent du nord qui a empêché entièrement la sortie. Je suis donc à la merci des vents et, si plusieurs avis qui m'ont été donnés sont véritables, à la merci de la Providence, car on m'a averti que les jacobites avaient conjuré ma perte. Il en arrivera ce qu'il plaira à Dieu ; je suis dévoué à tout sans réserve pour le service de mon maître, qui est celui de l'État. » Le 28 enfin il débarquait en Angleterre, « après avoir essuyé en passant les incommodités ordinaires à ceux qui ont l'estomac délicat. » Arrivé à Londres, il s'empressait de donner au maréchal d'Huxelles son adresse officielle, « rue des Ducs, à Westminster, *Dukes street in Westminster,* » et une seconde adresse très différente à son correspondant de La Haye, M. Basnage :

« Vous m'enverrez vos lettres sous une enveloppe au nom de M. Dubuisson, maître à danser, chez M. Hamton, maître charpentier à Saint-Martin Scort, derrière l'église, proche Cherincroff, à Londres. »

Ce n'était pas la première fois que Dubois visitait l'Angleterre. En 1698, il y avait accompagné, dans un dessein qu'on nous dispensera de rechercher ici, l'ambassadeur de France, duc de Tallard ; recommandé à Saint-Évremond par Ninon de Lenclos, qui aimait l'esprit « de ce petit homme délié, » présenté par l'ami de la duchesse de Mazarin à la meilleure société de Londres, il y avait reçu, pendant un séjour de six mois, l'accueil le plus flatteur. Les souvenirs de 1698, un peu affaiblis sans doute, vivaient encore en 1717, quand l'abbé reparut à Londres, transformé en personnage. Son premier soin fut de les ranimer, et dès le 9 octobre il écrivait à la comtesse de Sandwich, avec qui, selon Saint-Simon, il avait été du dernier bien : « Quelque objet, Madame, que je puisse avoir dans mon voyage, rien ne m'y peut tant toucher que d'être encore une fois à vos pieds avant de mourir ; mais il ne faut pas qu'il vous en coûte la peine de venir à Londres, et je m'empresserai d'aller vous chercher, dès que les affaires dont je suis chargé me le permettront. » Partisan des Anglais et de leur solide esprit, nous l'avons vu, Dubois appréciait aussi la supériorité de l'Angleterre par un côté moins politique :

« Il n'y a aucun pays dans le monde, disait-il un jour à Nocé, où il se voie autant de jolies femmes que dans celui-là. »

L'aspect de Londres, le mouvement et l'exubérance de la population le frappèrent comme au temps de son premier voyage. Dans ce rajeunissement de ses impressions anciennes, le regard du diplomate ne se refroidit pour aucun des attraits qui l'avaient séduit en 1698. « J'ai été étourdi de l'affluence du peuple, comme un provincial qui arrive au Pont-Neuf à Paris, lequel Pont-Neuf paraîtrait une solitude en comparaison de ce que l'on voit ici. Je n'ai encore eu l'occasion de rien observer, mais je n'ai pu m'empêcher d'être frappé de la prodigieuse quantité de belles personnes et de leur bonne grâce. » Sa réception à la cour fut digne d'un si parfait ami de l'Angleterre. « On ne saurait désirer, écrit-il au p.98 régent, des dispositions meilleures. Pour soutenir les droits de Votre Altesse Royale à la couronne, les Anglais mettront jusqu'au dernier sol et au dernier homme. Le roi est si bien disposé qu'il semble qu'il vous ait mis à la place de son fils. Quant à M. Stanhope, c'est un philosophe homme de bien qui aime sa patrie, mais qui aime Votre Altesse Royale presque autant qu'elle. » L'aristocratie anglaise suivit le branle donné par la cour ; elle traita magnifiquement l'ambassadeur, et notre buveur d'eau, débauché de son régime par devoir diplomatique, fut contraint de s'abandonner à toutes les intempérances, parlons comme lui, à toutes les « lampées » de l'hospitalité britannique.

Il existe à la bibliothèque Mazarine une *Vie* manuscrite du cardinal Dubois, très peu connue, même de ses apologistes, bien qu'elle ne soit pas d'un ennemi : ce récit, — fort différent de la *Vie* imprimée en 1789 et de cette autre *Biographie* mensongère dont le manuscrit, attribué à La Houssaye-Pegeault, est à l'Arsenal, — nous paraît l'œuvre d'un contemporain qui avait bien connu l'abbé, ou du moins quelqu'un de son intimité. On y trouve, avec un air de modération et de bonne foi, des faits précis, notamment un long détail des fêtes célébrées à Londres en l'honneur de Dubois pendant son ambassade. Bals, dîners, chasses et concerts, tout y figure, jusqu'aux indigestions de l'abbé, « survenues à la suite de banquets de 800 couverts. » Sur plus d'un point, la correspondance diplomatique confirme les dires du biographe anonyme ; nous nous bornerons à ce court passage d'une lettre de Dubois au régent : « Je suis allé lundi souper avec le roi à Hamptoncourt, et le lendemain je l'ai suivi à Guilfort pour voir les courses de $_{p.99}$ chevaux. Milord Onslow, chez qui le roi dîna, m'ayant porté à petit bruit la santé de Votre Altesse Royale avec du vin de Chypre de quatre-vingt-dix ans que son frère lui a envoyé de Constantinople, le roi, s'en étant aperçu, demanda du même vin, et m'ordonna de choquer mon verre avec le sien, et dit tout haut : « *A la santé de M. le régent, le bon ami de l'Angleterre !* » ce qui fut répété par cinq cents voix et bu de la même manière à sept ou huit tables où était la principale noblesse d'Angleterre. »

Ces *santés* trop fréquentes mirent au lit pour quinze jours l'hôte de la Grande-Bretagne, avec la toux, la fièvre, la goutte au genou et un rhumatisme à la hanche. Menacé « d'une catastrophe dans sa fragile machine, » il consulta Chirac. « Le travail et les chagrins, les repas et le vin ne m'ont pas fait un sang fort doux. Incapable de toute occupation suivie, je ne fais plus rien que souffrir impatiemment. Je prends du lait de vache coupé le matin et le soir, un lavement par vingt-quatre heures et un potage à dîner... Je suis bien aise, Monsieur, ajoutait-il avec sa bonne humeur toujours gaillarde, qu'on vous ait donné le *Jardin du roi,* c'est la promenade des amants qui boudent et qui veulent se raccommoder ; vous étendrez cette destination à ceux qui ne peuvent se raccommoder. » — Quels étaient donc les « chagrins » que Dubois accusait de lui aigrir le sang ? quelles peines d'esprit pouvaient se mêler à la douceur de ces relations si cordiales qui lui garantissaient le fidèle appui de l'Angleterre ?

Albéroni, décidé à tout pour ruiner l'homme et le système qui tenaient en échec sa politique, avait fait subitement volte-face ; tandis qu'il ourdissait en France la $_{p.100}$ conspiration de Cellamare, il offrait au régent l'alliance espagnole avec tous les avantages si laborieusement cherchés dans l'alliance anglaise. L'offre, habilement présentée, avait séduit l'esprit indolent du prince par la flatteuse apparence de concilier, sans plus d'ennui, ses intérêts personnels et ses devoirs de famille, — de couper court aux tracasseries de l'intérieur. Il s'en ouvrit à Dubois. Celui-ci, démêlant l'artifice, et se sentant touché par ce coup imprévu, représenta au régent combien était suspecte l'amitié d'un ennemi qui venait se jeter brusquement dans ses bras, quel piège cachait cette manœuvre, dont le but se démasquerait aussitôt qu'on aurait réussi à détacher la France de l'Angleterre. « C'est un point bien délicat, Monseigneur, que les nouvelles ouvertures que l'on a faites à Votre Altesse Royale. J'ai frémi à la vue de ce qu'on lui propose. Quand je serai instruit du détail de ce projet, je consulterai mon sixième sens qui me donne quelque instinct pour ce qui regarde Votre Altesse Royale, et je lui dirai pour lors mon sentiment. Quand on a affaire à des fous, des fripons, des ennemis personnels et des concurrents, la prudence veut qu'on ne prenne aucun engagement avec eux sans de grandes précautions. Le lion qui a une épine au pied se la laisse tirer avec toute douceur ; mais, lorsqu'il a repris ses forces, il n'y a que dans la fable qu'il se souvient du bienfait. » Cette dépêche est du 11 novembre 1717. Le moment était critique ; jamais l'œuvre et la fortune de Dubois n'avaient couru si grand hasard. Il comprit qu'il fallait tout risquer pour sauver tout ; il offrit sa démission et revint à Paris s'expliquer avec le régent. Une fois sur le terrain des intrigues ennemies, il prit sa revanche des demi-succès remportés contre lui en son absence, et ressaisit le maître qui lui échappait. Il put bientôt écrire à Stanhope : « Milord, M. le duc d'Orléans n'a point changé de sentiment et ne sera ébranlé par aucune proposition contraire. » Dubois rentrait à Londres le 31 décembre, après un mois d'éloignement.

Ce n'était là toutefois qu'un avantage précaire, une paix sans sécurité ; le péril, un instant conjuré, renaissait sous une forme plus redoutable. Albéroni, usant d'une habileté souvent employée en France par la diplomatie étrangère, et qui lui réussit toujours parce qu'elle a pour complices nos passions et notre sottise, excita dans Paris, par ses émissaires, par tous les moyens de presse et de publicité alors connus, un soulèvement de l'opinion contre Dubois et sa politique : le parti déjà formé, qui n'attendait qu'un mot d'ordre, se déchaîna en paroles avant de passer à l'action, et enflamma l'esprit public de ses récriminations et de ses colères. Ce bruit, dont l'écho portait jusqu'à Londres, troublait et irritait l'ambassadeur. « N'est-ce pas une chose monstrueuse que cette fureur contre l'affaire qui se traite actuellement ? Je suis dans le dernier étonnement quand je vois qu'on fait des assemblées sur une négociation comme sur la constitution *Unigenitus,* qu'on lit des mémoires dans les maisons, qu'on en publie dans les rues, et qu'on commet un intérêt de cette importance au caquet de tout le monde. En vérité, Son Altesse Royale est trop trahie ; tout ce que je lui écris dans mes dépêches transpire au point que tout ce qui peut être nuisible à ses affaires roule dans Paris et puis voyage jusqu'à Madrid... Je ne puis assez déplorer le malheur de monseigneur, qui pleurera des larmes de sang s'il perd cette ~p.102~ occasion, qui est la seule qui pouvait le rendre indépendant et sauver le royaume. » L'histoire de la vénalité de Dubois, recueillie plus tard par Saint-Simon, qui n'y croyait pas en 1718 puisqu'il soutenait la même politique, est de ce temps-là probablement, et vient d'une source espagnole ; quelques lettres écrites de Paris à Dubois nous semblent y faire allusion. « Vous seriez surpris, Monsieur, combien on crie ici contre la négociation ; je vous plains toutes les fois que j'entends les choses étonnantes qu'on en dit. Prenez bien garde aux engagements que vous prendrez ; rien ne saurait être pour vous d'une aussi grande conséquence. » C'est dans cet état violent, dans la fermentation et la rumeur de l'Europe politique, que s'écoulèrent les onze mois de l'ambassade de Dubois.

Un trait de sa correspondance mérite d'être signalé. Elle ne roule pas uniquement sur des matières diplomatiques : les affaires privées de l'abbé y sont mêlées aux intérêts de l'État ; le même courrier apporte, avec les graves nouvelles des dépêches officielles, d'autres lettres remplies des plus minces détails de l'économie domestique, et il y a partout, entre le ménage de l'ambassadeur et les secrets de son portefeuille, un contraste piquant. Il avait laissé à Paris, pour garder la maison, un sien neveu de Brives-la Gaillarde, qu'il appelle dans ses lettres « un homme de l'autre monde » : dévoué à l'oncle protecteur de la famille, tremblant sous la menace de ses terribles vivacités, ce provincial à moitié dégourdi, naïf et madré comme un paysan de comédie, figurait une sorte de maître Jacques, intendant, valet et secrétaire, un excellent serviteur à toutes fins.

Au premier rang de ses attributions et de ses multiples responsabilités était la cave, grand objet des sollicitudes de l'abbé et l'un des instruments de sa diplomatie. Sur un signe du maître, les expéditions de vin se succèdent, accompagnées des rapports les plus précis du sommelier : « Monsieur, j'ai fait tirer en bouteilles les deux tonneaux que vous m'avez demandés. Il y a eu 107 bouteilles de vin bien clair et 8 dont le vin était trouble parce que c'était ce qui approchait de la lie. Les premières sont ficelées, cachetées et prêtes à être emballées. On prendra de chez M. Hénault 43 bouteilles pour faire un panier qui partira cette semaine. Nous fîmes hier un état de tout ce qui se trouva dans vos caves. Nous trouvâmes beaucoup de bouteilles de bière et de vin de Cherès cassées. La force du vin et de la bière les avait fait peter, et les éclats de verre avaient sauté par-ci par-là dans la cave ; il y en eut une qui creva lorsque nous y étions, le cul de la bouteille sauta, et la bière se répandit à terre en moussant comme du lait. Outre les cassées, il y avait des bouteilles qui étaient toutes vides, quoique bouchées et ficelées ; d'autres étaient à demi pleines, d'autres un peu plus ou un peu moins qu'à demi. Je vous envoie l'état de ces bouteilles. »

Nous avons regretté de ne pas retrouver cet « état, » bien que ce ne fût pas encore une cave de cardinal-ministre. La Palatine, mère du régent, ne dédaignait pas d'y puiser, et ces emprunts d'altesse désespéraient le neveu, qui, craignant de se compromettre en refusant ou en donnant trop, demanda des instructions. « Il reste fort peu de bouteilles de vin de Tokay, et Madame doit revenir de Saint-Cloud au premier jour ; ainsi il y a apparence qu'elles ne dureront pas longtemps. Lorsqu'elles seront finies et qu'on en viendra demander, faudra-t-il dire qu'il n'y en a plus, ou bien faut-il tirer quelque tonneau en bouteilles, afin de pouvoir toujours en donner, et, supposé qu'il faille en tirer quelqu'un, est-ce nous qui devons acheter les bouteilles et les bouchons, ou bien dire à celui qui vient demander le vin qu'il apporte de l'un et de l'autre pour tirer la pièce ou les pièces qu'il jugera à propos ? » Entre l'oncle et son prudent neveu s'engagent des dialogues dans le genre de celui-ci :

LE NEVEU. — « Votre vin de Bourgogne se gâte, il file comme de l'huile. »

L'ONCLE. — « Je ne comprends pas la vidange de mon vin de Xérès. »

LE NEVEU. — « J'ai prié, selon votre ordre, M. le premier président de Bordeaux d'acheter pour vous six pièces de vin de Pontac, que l'on préfère au plus excellent vin de Champagne. »

L'ONCLE. — « Ayez grand soin de remplir les tonneaux de vin de Tokay avec des cailloux bien lavés. »

Après la cave, la garde-robe ; autre sujet d'active correspondance et parfois de controverse. Dubois était débarqué à Londres sans habit et sans carrosse ; or il avait besoin de faire figure à la naissance très prochaine d'un fils du prince de Galles. « Je vous recommande avec instance mon carrosse ; faites en sorte que tout soit du meilleur et du plus beau. Priez le tailleur, M. Coche, de m'envoyer un justaucorps et une culotte de velours violet, avec une veste et des manches qui relèvent sur l'habit, d'une belle étoffe à son choix. Dès qu'il sera fait, il faut mettre un peu de poudre sur les épaules, comme s'il avait été porté. Ne perdez pas de temps. » Le neveu répond : « J'ai remis au messager une boîte p.105 couverte de toile cirée qui contient votre habit de velours, avec l'étoffe d'or pour les manches ; l'un et l'autre sont très beaux et très chers. On a mis à l'habit des boutons et des boutonnières d'or, quoique vous ne le marquiez pas, parce qu'autrement il aurait été trop simple. Vous trouverez aussi dans la botte un paquet de cure-dents à la carmeline et votre cachet d'or. » Ce bel habit, dont l'étoffe coûtait 105 francs 12 sous l'aune, ne suffisant pas, l'ambassadeur en demande un autre moins façonné, et en même temps une tabatière avec quatre livres de tabac. « Faites-moi faire un habit de camelot violet pour ne pas porter toujours le même. Les souliers que vous m'avez envoyés sont trop pointus, et la semelle en dedans est si raboteuse que je n'ai pu m'en servir ; d'ailleurs ils sont très mal faits, car une partie du talon est beaucoup plus en arrière que le pied. Si vous savez où je prends du tabac à râper, qui est dans une boutique à l'entrée de la place Dauphine, je vous prie de m'en envoyer quatre livres. » — « On vous a acheté, Monsieur, écrit le neveu, votre tabac et une tabatière d'or qui a coûté 631 livres. »

Ceux qui ont le goût réaliste et qui se plaignent que l'histoire, idéalisant ses personnages, nous les montre toujours en scène, solennels comme des héros de tragédie, ne peuvent adresser ce reproche à la correspondance de l'abbé Dubois : les petits côtés de la vie humaine n'y manquent pas, et les tons heurtés y sont aussi fréquents pour le moins que dans un drame de Shakspeare. Le défilé des provisions passe et repasse sous nos yeux dans sa variété pittoresque : jambons, poires, fromages, linge de table, marmelades, truffes du Périgord, tout y est, jusqu'aux cure-dents à la p.106 carmeline. « Vos jambons se gâtaient, Monsieur, et les souris les mangeaient, quoiqu'ils soient suspendus à des crochets ; je fis choisir les deux meilleurs, que nous enveloppâmes dans du foin et que nous mîmes dans le coffre de votre carrosse. » — « Envoyez-moi, répond l'abbé, un petit panier de fromages du Pont-l'Évêque ou de Marolles et deux fromages de Brie. Dès qu'il fera assez froid pour faire voyager des truffes en sûreté, écrivez à Brives qu'on vous en envoie. » Le neveu ayant objecté qu'on ne trouvait rien cette année en fait de truffes qui valût la peine d'être expédié, l'oncle insista, et les truffes partirent. « J'ai reçu vos truffes, elles ont fort bien réussi. Demandez à madame Duclos deux douzaines de pots de marmelade de fleurs d'oranger. »

Il n'est pas jusqu'au poète comique Destouches, premier secrétaire de l'ambassade, qui ne s'occupe des questions de ménage ; quand l'abbé est à Paris, Destouches lui écrit : « Votre maître d'hôtel vous supplie très humblement, Monsieur, de vouloir bien envoyer ici vos jambons et quelques paniers de poires de bon chrétien et de pommes reinettes. Il croit que cela pourra vous épargner de la dépense, parce que le fruit est extraordinairement cher en Angleterre. » Le neveu expédia plus tard les poires et les reinettes « à 11 sous pièce, » avec les confitures de madame Duclos. « La caisse, qui est partie le 12 de ce mois de février par des rouliers, contient trois cent trente poires, six boîtes de confitures de pommes, douze coffrets de fruits secs, les pots de marmelade liquide à la fleur d'oranger, et quelques vieilles hardes de Thoinon. Je vous envoie en outre une troisième boîte de truffes que j'ai reçue hier de Brives. » Tout cela, nous le répétons, se croise avec les p.107 plus grosses nouvelles politiques, avec les menaces d'Albéroni, les défaillances du régent, les tergiversations de l'empereur, et c'est dans la crise de ses anxiétés et de ses colères que l'abbé reçoit des lettres comme celle-ci : « Monsieur, le feu ayant pris à la maison du voisin, dans une cheminée, j'ai fait ramoner toutes les cheminées de votre appartement. Michenot, votre palefrenier, arriva hier de Calais ; j'ai appris avec bien du chagrin par lui la mort de votre jument. Voici le mémoire du linge dont j'ai remis le ballot au coche : sept douzaines de serviettes communes, deux douzaines de tabliers de cuisine, douze essuie-mains, onze nappes de cuisine, cinq douzaines de torchons, dix-huit paires de gros draps. Ce paquet pesait 235 livres et a coûté 35 livres 5 sous de port jusqu'à Calais. »

Un incident vint compliquer les embarras que lui donnait l'agitation des chancelleries européennes : son cuisinier tomba malade. Alité lui-même, incapable de travail, il surmonta ses douleurs et écrivit à tous ses amis de France de lui chercher un maître-queux du premier ordre. Une liste de candidats lui fut envoyée qu'il discuta fort sévèrement : « Vous me parlez du cuisinier de feu M. d'Armenonville ; mais M. d'Armenonville ne se connaissait pas en bonne chère : l'évêque d'Orléans, son frère, ne mange que des salsifis, et il est impossible qu'il sorte de cette école un bon officier. » Aux séductions de la table, Dubois ajoutait les soins délicats de la galanterie. Ayant longtemps vécu dans une condition subalterne et observé de ce point de vue l'envers et le dessous des choses humaines, le jeu des ressorts mystérieux qui déterminent la volonté des puissants de ce monde, en un mot, les adresses infinies du grand art de p.108 plaire, il avait appris à estimer l'efficacité pratique des petits moyens : renfort utile qui doublait les ressources de son intelligence supérieure. Suivant le biographe anonyme déjà cité, les manières insinuantes de l'abbé Dubois et la grâce de son esprit l'avaient mis en faveur auprès du sexe : « S'il eût été homme à bonnes fortunes, il aurait fait beaucoup de conquêtes. Ceux toutefois qui connaissent la carte du pays de Tendre savent qu'il y a voyagé agréablement, mais toujours avec discrétion. » Ses habiles prévenances se font sentir en même temps à Londres et à Paris. Il se met aux ordres des princesses d'Orléans pour les raretés et les curiosités d'Angleterre ; il fournit de bottes d'épingles la Palatine, qui lui a recommandé cette fantaisie : à Londres, il distribue aux dames de la cour des étoffes précieuses et des robes à la mode de Paris.

Avec quelle attention il étudie le dessin des étoffes, en assortit les nuances à l'éclat particulier de la beauté des dames ! C'est une affaire d'État : il écrit à madame Law, à mademoiselle Fillion, couturière, et met en campagne l'éternel neveu ; il envoie, avec les mesures, des indications détaillées sur la couleur des cheveux, l'air du visage et l'embonpoint de la personne, sans oublier l'article des doublures. « Je vous prie, Madame, de choisir une étoffe riche dont le fond soit blanc pour en faire un habit à la duchesse de Munster, qui est une très grande et très grosse femme, qui a des cheveux et des sourcils noirs et la peau fort blanche. Il faut un autre habit riche pour mademoiselle de Schulembourg, sa nièce, qui a des sourcils noirs et des cheveux châtains. Il faut en outre deux étoffes fort riches pour faire deux habits à deux jeunes dames, parentes de milord p.109 Stanhope. Avec ces six étoffes, il en faut encore de deux façons pour faire deux vestes ou tuniques à la turque, de sorte qu'il en faut six aunes pour chacune. Il faut que ces deux dernières étoffes soient brillantes et aient l'air étranger. Les dames pour qui sont ces habits ont envoyé leurs mesures à mademoiselle Fillion, couturière. »

Une lettre de l'ambassadeur à mademoiselle Fillion priait celle-ci de se donner la peine de passer le plus tôt possible chez madame Law, à la place Vendôme, et répétant les indications qui précèdent, y ajoutait ce détail : « Les queues ne doivent pas êtres coupées, mais doublées de taffetas à l'anglaise. » Deux jours après, il s'aperçoit qu'il a commis un oubli, et se hâte de le réparer par une seconde lettre à madame Law. « Il faut que chacune des deux pièces d'étoffes riches qui doivent être achetées pour faire deux habits soit de vingt aunes. Ici, le tour d'une jupe est de trois aunes trois quarts. Les manteaux sont fort amples et les queues fort larges. » Quand les habits sont prêts, Dubois veut montrer aux dames de Londres comment on les porte à la mode de Paris. Il prie mademoiselle Fillion « de faire fabriquer une grande poupée, laquelle puisse faire voir aux dames anglaises de quelle manière celles de France sont habillées et coiffées, et portent le linge. » Le neveu se récrie : « Mais cette poupée coûtera pour le moins 300 livres, et ni madame Law ni la Fillion ne veulent la commander avant d'être assurées du payement. » Lui-même il n'a garde d'avancer, sans un ordre formel, une pareille somme.

Pendant que Dubois parlait chiffons à madame Law, il entretenait avec son mari un plus sérieux commerce ; Law était pour lui, comme Nocé à cette époque, un ami politique du premier degré. Nocé, esprit bizarre, $_{p.110}$ philosophe à la façon du grand prieur de Vendôme, préférait le repos aux dignités, un crédit obscur auprès du régent à d'éclatantes faveurs. Très attaché à ce prince, il le servait sans ambition, ce qui dans une cour pleine d'intrigues lui donnait le flegme et l'impartialité d'un sage. Plus fidèle que Nancré, qui, chargé d'une mission diplomatique en Espagne à la demande de Dubois, s'y barbouilla dans des « patricotages » et perdit la confiance de l'abbé, Nocé soutint, sans jamais varier, l'alliance anglaise ; comme la rupture était consommée entre Huxelles et Dubois au point que le maréchal cachait au conseil de régence les dépêches de Londres, tout l'essentiel de l'affaire passait par les mains de ce roué intelligent, dont les services, très appréciés de l'ambassadeur, furent trop vite oubliés du cardinal-ministre. Appuyé sur Nocé pour la politique étrangère, Dubois, d'un autre côté, avait lié sa partie avec Law, et trouvait en lui un puissant auxiliaire des projets de réforme qu'il méditait dans le gouvernement. D'accord sur le but et sur les moyens, nos deux ambitieux avaient résolu d'exclure les importants de la première heure, Noailles, Huxelles, d'Aguesseau, de supprimer les conseils, d'abaisser le parlement, de rétablir l'omnipotence des secrétaires d'État, c'est-à-dire de simplifier et de renouveler la machine au profit d'un personnel nouveau. Law, à portée de saisir dans l'intimité du prince l'occasion propice, hasardait les ouvertures délicates et insinuait ses idées ; il sondait d'Argenson, serviteur né des coups d'État, mais très fin personnage, qui louvoyait encore et refusait de s'engager trop tôt.

Dubois, à Londres, rédigeait des mémoires que Law faisait passer sous les yeux du régent. On y démontrait $_{p.III}$ au prince « la nécessité de constituer son gouvernement sur un plan simple et commode, où l'autorité fût concentrée de telle sorte qu'à la majorité du roi le régent pût devenir le premier ministre de Sa Majesté : dans cette vue, il fallait écarter des principales places les gens de haute volée qui pourraient inspirer au roi de secouer la dépendance de son oncle ; on devait n'employer que des personnes sûres, ayant tout leur intérêt dans un dévouement absolu à son altesse royale. » En janvier 1718, la disgrâce de Noailles et de d'Aguesseau donna une première satisfaction à l'auteur de ce mémoire ; il en félicita le régent au nom du roi d'Angleterre. « Vous avez fait, Monseigneur, les deux seules choses qui pouvaient être difficiles à faire pour corriger votre gouvernement. Soutenez-les avec hauteur ; il est maintenant facile, après un tel préliminaire, de former un gouvernement à souhait et pour le présent et pour l'avenir. Le roi en a témoigné de la joie et de la fierté, comme s'il avait eu quelque grand avantage. Il m'a ordonné de vous féliciter de sa part du bon chemin que vous preniez. »

Le nouveau garde des sceaux, d'Argenson, qui devait être le bras de l'entreprise dont l'abbé était l'âme, reçut de lui ce compliment : « J'avais besoin, Monsieur, de cette nouvelle, qui a été reçue avec les applaudissements qu'on donnait à Hercule après la défaite des monstres. Je dormirai dorénavant en repos et je travaillerai sans distraction. Voilà le plus mauvais grain séparé. Il faudra encore quelque coup de crible, mais ces héros méritaient la distinction de n'être pas confondus dans une réforme générale. » Pour le « dernier coup de crible, » on attendait la conclusion du traité de Londres ; c'était le signal convenu de la grande bataille qui restait à livrer. « Ces établissements fixes et durables, disait le mémoire, se feront après la signature du traité qui est sur le tapis, et qui affranchira Son Altesse Royale des craintes les plus pressantes. » En stratégiste consommé, Dubois menait de front et soutenait par ce concert les deux opérations.

Pour exciter ses amis et surveiller ses ennemis, il avait fait partir, dès le mois de mars, un attaché d'ambassade, Chavigny, dont la mission apparente était de porter en France le diamant *le Régent,* avec la quittance des sommes reçues par M. Pitt. Saint-Simon se vante d'avoir décidé le duc d'Orléans à cette acquisition onéreuse, mais digne de la couronne ; en toute affaire d'importance, le duc vaniteux n'a jamais vu que les surfaces et la plus légère écorce : il ignorait ici le fin des choses, la raison cachée, moins noble, il est vrai, que les motifs qu'il fait valoir. En payant le prix demandé pour *le Régent,* on avait acheté du même coup l'adhésion tacite d'un chef de parti au traité de La Haye ; le silence de l'opposition dans la chambre des communes était le pot-de-vin du marché.

Chavigny, par ses fonctions diplomatiques, avait accès auprès du régent et du monde officiel ; il y prenait, comme on dit, l'air du bureau, et composait, de tout ce qu'il avait entendu, des rapports volumineux qu'il adressait à Dubois chaque semaine. Désigné pour la prochaine vacance du poste de ministre à Gênes, il s'évertuait, se faisait de fête, jaloux de plaire à un homme dont il avait le secret, et qui étendait visiblement sa main sur le portefeuille des affaires étrangères. Il travaillait pour Dubois avec l'âpreté fidèle d'un p.113 subalterne assuré d'avoir sa part des dépouilles au lendemain du succès. « Hier, j'ai eu audience de M. le régent. — Oh ! m'a-t-il dit, l'abbé a bien de l'esprit et me sert bien ! — Et comme, en parlant de vos envieux et de leurs intrigues, j'ajoutais que c'est sans doute votre esprit et votre zèle qui les offusquent, son altesse royale a répondu : — Vous l'avez dit. — Là-dessus, M. de Nocé m'a appuyé et a fait merveille. Je suis persuadé, Monsieur, qu'à votre retour vous serez le maître absolu dans cette cour. J'ai causé aussi avec M. d'Argenson, qui m'a assuré de son dévouement pour vous, et qui m'a dit : — Oh ! M. l'abbé est bien avec le maître, ce qui s'appelle bien. Il peut avoir toutes les vues qu'il voudra. »

Sur les indications que lui envoyait Dubois, Chavigny visitait Saint-Simon, Torcy, Tallard, Villeroy, personnages favorables à l'abbé ou déclarés contre Huxelles. Il conférait avec eux, s'ingéniait, en diplomate de la bonne école, à les faire causer, à mettre en verve la rancune ou l'orgueil de ces merveilleux seigneurs. Répandu dans les meilleurs endroits de Paris, il écrivait la gazette politique des salons, et traçait de minutieuses peintures de l'opinion, sans oublier même les détails fâcheux, lorsqu'ils avaient chance d'être utiles. Si Chavigny dit vrai, Saint-Simon était de feu pour Dubois et sa politique en 1718. « M. le régent ayant demandé à M. de Saint-Simon ce qu'il pensait de la négociation, il a répondu que tout ce qu'il en avait appris par morceaux était bon. Il vous rendit beaucoup de justice. Vous pouvez être sûr qu'il ne tiendra qu'à vous que vous soyez lié plus étroitement avec lui. M. de Saint-Simon est fort de vos amis et de vos plus zélés partisans ; il adore votre ~p.114~ besogne et ne cesse de la prêcher à Son Altesse Royale. Il m'a dit qu'il était votre ancien ami, qu'il vous assurait de sa reconnaissance et de son dévouement. » Saint-Simon « adorateur de la besogne » de Dubois ! quel trait de lumière jeté en passant sur ces caricatures sanglantes où le fougueux duc a travesti son siècle et s'est travesti lui-même !

Tout servait aux desseins de l'ambassadeur, les amitiés littéraires aussi bien que les relations politiques. Il avait pour maxime que « rien n'est indifférent à qui sait faire usage de tout. » Nous l'avons vu écrire à Fontenelle ; il écrit à l'abbé de Targny, de l'Académie des Inscriptions, et lui demande comment on dit en latin secrétaire du cabinet du roi et du conseil des affaires étrangères. Il a pour correspondant assidu l'abbé de Saint-Pierre, qui, avant le voyage de Chavigny, lui envoyait des nouvelles de Paris. Une lettre de Dubois fera connaître le ton familier de cette correspondance. « Je m'aperçois terriblement, mon cher abbé, que vous m'avez abandonné, car je n'apprends plus rien de France. Tout autre que vous aurait droit d'exiger de moi des remerciements fréquents ; mais un philosophe et un citoyen doivent agir sans aucun intérêt personnel, et combien de choses vous avez faites sans aucun retour de la part de ceux pour qui elles ont été faites ! Continuez donc à me mander ce qui se passe, avec vos réflexions et celles du public, sans souhaiter que je vous réponde. Parlez-moi comme on parle à Dieu ; je ne vous promets pas une récompense éternelle, mais une reconnaissance qui ne finira point, et, si j'échoue dans ma négociation, j'ai dessein de rétablir mon honneur en faisant accepter l'arbitrage universel. » Si Dubois [p.115] négligeait de répondre à ses amis, il n'oubliait pas leurs intérêts. Tout en négociant la quadruple alliance, il demandait au régent l'abbaye d'Euron pour l'auteur de *la Paix perpétuelle*.

Trop spirituel pour n'aimer pas les gens d'esprit, même un peu chimériques, on dirait qu'il a le pressentiment du rôle nouveau que le XVIIIe siècle réservait à la littérature. Au moment où Albéroni soulevait contre lui la légèreté parisienne, Dubois songeait à le combattre par le ridicule ; il eût voulu qu'une muse bien inspirée s'égayât aux dépens de l'éminence belliqueuse dans quelque joli vaudeville et mît les rieurs du bon côté. Il chargea M. Dubourg, à Vienne, d'en suggérer l'idée à Jean-Baptiste Rousseau, réfugié alors chez le prince Eugène, et de lui faire savoir le prix qu'il attachait à l'accomplissement de ce désir. « Je n'ai pas pu m'empêcher, Monsieur, de souhaiter que dans Paris, où Albéroni a pris soin d'avoir tant d'émissaires, il fût rendu odieux et ridicule par quelque vaudeville que le sel et la gentillesse missent dans la bouche de tout le monde ; mais nous avons perdu le seul homme qui pût brocarder dignement ce faiseur de sauces, et vous l'avez à Vienne. Vous jugez bien que je parle de M.

Rousseau. S'il voulait faire quelque chose qui pût être chanté dans Paris et qui fût bien frappé à son coin, il ferait une chose agréable à beaucoup de puissances, et peut-être n'a-t-il rien écrit qui lui fût plus utile. Je n'ai pas voulu l'en prier directement, bien que je compte sur son amitié ; mais s'il saisit cette occasion, il me fournira peut-être le moyen de lui donner des preuves de la mienne. Je vous prie de lui montrer ma lettre et de l'assurer que je désire avec passion faire quelque chose qui lui fasse plaisir. » Le cours rapide des événements enleva l'à-propos à cette démarche, qui est du 8 juillet, et dont nous ignorons la suite. Dubois trouvait à Londres même, dans l'amitié de Stanhope, des secours bien autrement efficaces que tous les vaudevilles du monde.

Le secrétaire d'État lui communiquait, sur les intrigues de l'Espagne en France, des renseignements tirés de l'ambassadeur de Philippe V, Montéléon. L'abbé, les mains pleines de preuves, avertissait et animait le régent, lui montrait jusque dans ses antichambres et ses conseils les complices du « boute-feu Cellamare, » et l'armait d'énergie pour les résolutions extrêmes. C'est ici qu'il faut placer la vraie découverte du complot espagnol ; elle n'est point due à d'obscurs révélateurs, à l'employé Buvat, à la Fillion : la lumière est venue d'Angleterre, et Dubois tenait tous les fils de la trame quand il quitta Londres au mois d'août 1718. L'écrivain de la Bibliothèque du roi, Buvat, vint lui révéler, dit-on, au commencement de décembre, les correspondances qu'il transcrivait à l'ambassade d'Espagne ; mais le copiste ignorait que depuis six mois ses rapports avec les chefs de la conspiration étaient connus et surveillés. Dans une lettre du 16 juillet 1718, Dubois en prévient l'abbé de Targny, le supérieur de Buvat, et lui recommande d'interroger avec précaution son employé. « Le prince de Cellamare, dit-il dans cette lettre, a envoyé ici un mémoire que je n'ai qu'entrevu, mais dans lequel j'ai reconnu au premier coup d'œil l'écriture de votre écrivain de la Bibliothèque du roi. Il n'est point blâmable d'avoir fait cette écriture, mais il pourrait être important de savoir qui lui a procuré la pratique de l'ambassade d'Espagne, et ensuite d'observer si on pourrait faire quelque usage de lui pour avoir des copies de ce qu'il écrit pour cet ambassadeur, ou du moins pour être averti de tout ce qu'il écrit, et en savoir le sujet et ce qu'il pourra en retenir. Si honnête garçon que soit votre écrivain, comme il s'agit du service de l'État, il ne doit pas faire scrupule de donner toutes les lumières qu'il pourra. Il manquerait tout au contraire au devoir de fidèle sujet du roi, s'il ne contribuait pas en tout ce qu'il pourra à ce qui peut être de son service. Je vous supplie, Monsieur, de suivre cela avec votre sagesse ordinaire et de vouloir bien m'en instruire, et d'être persuadé de ma reconnaissance. » Voilà qui diminue singulièrement le prix des révélations attribuées à Buvat, et l'on comprend maintenant pourquoi Dubois refusa de récompenser sa tardive déposition, suggérée ou commandée par l'abbé de Targny.

Au milieu de l'été de 1718, au moment où Dubois suivait à Londres la trace des menées espagnoles en France, les résultats déjà mûrs de sa politique patiente faillirent sombrer dans une dernière tempête. L'empereur avait promis son adhésion au traité ; mais Albéroni, poussé à bout et comptant sur un coup de force à Paris comme en Sicile, refusa formellement la sienne : les illusions conservées jusqu'alors sur la possibilité d'un accommodement se dissipèrent ; il devint manifeste que le premier fruit de l'alliance anglaise serait pour la France une guerre avec l'Espagne, et l'idée de s'armer contre un petit-fils de Louis XIV révoltait les plus indifférents. En quelques jours, Dubois reperdit dans l'opinion le terrain qu'il avait péniblement conquis ; il sentit, cette fois encore, chanceler son maître, étourdi de tant de clameurs et sincèrement affecté lui-même de l'apparence fâcheuse du rôle qu'on lui préparait. A la fin de juin, tout semblait remis en question. « Je suis outré de douleur, écrivait Chavigny, et je ne vous dis pas la centième partie de ce que j'ai sujet de penser. Il y a longtemps que je suis familiarisé avec les sujets d'affliction, mais aucun ne m'a tant touché que ce qui se passe en ce moment. »

Cédant aux instances de Dubois, Stanhope paya de sa personne et vint en France sauver l'œuvre commune. Il apportait au régent cette lettre du roi : « Mon frère et cousin, ayant trouvé à propos, dans cette conjoncture délicate, de faire partir incessamment le comte Stanhope, un de mes principaux secrétaires d'État, je l'ai chargé de vous renouveler de la manière la plus forte les assurances de mon amitié et de mon estime très parfaite pour votre personne. Il vous expliquera plus au long, avec le comte Stair, le sujet de son voyage et mes sentiments sur la grande affaire à laquelle nous travaillons ensemble pour le bien de l'Europe. Je me persuade que vous apporterez toutes les facilités possibles à l'accomplissement d'un ouvrage si nécessaire, et je vous prie d'ajouter une entière foi à ce que ledit comte vous dira de ma part, et principalement aux assurances que je lui ai ordonné de vous faire de mon amitié constante et de la sincérité très particulière de mes sentiments pour vous. »

Flatté et rassuré par cette marque publique des intentions du roi et par l'effet produit sur l'opinion, le régent accueillit Stanhope avec une joie qu'il ne chercha pas à dissimuler ; toutes les difficultés s'évanouirent, même au conseil de régence, et une convention préliminaire fut signée le 17 juillet. Ici encore Chavigny est le fidèle narrateur des incidents qui signalèrent cette conclusion, et des sentiments qu'elle fit éclater dans les deux camps. « Le voyage de M. Stanhope est notre salut. Son Altesse Royale est ravie de le voir arriver ; il lui est échappé plus de dix fois des exclamations de joie. — Son Altesse Royale nous a dit de vous mander que tout était fini. Elle est remplie d'une satisfaction indicible. Joie en soit à Votre Excellence. » Ce n'était pas, on le pense bien, sans un violent dépit que les envieux de Dubois, qui se croyaient sûrs de vaincre, avaient essuyé cette déroute de leurs espérances. Forcé de signer la convention, après avoir tout fait pour la rendre impossible, ou de donner sa démission, le maréchal d'Huxelles signa, avec la conscience du déshonneur qu'il s'infligeait par cette triste faiblesse, qui ne sauva pas son portefeuille. Saint-Simon, son ennemi, a vivement conté les colères et les bravades de ce superbe personnage, ses déclarations « qu'il ne signerait jamais, qu'il se moquait de sa place, » le manége de ses faux-fuyants et le scandale de ses palinodies ; mais ce récit contient une singulière méprise. La scène y est placée en 1717, après la triple alliance, dans une situation tranquille et qui ne pouvait point soulever d'orages, erreur d'autant plus étonnante que Saint-Simon a figuré comme témoin et comme acteur dans les agitations de 1718.

Une lettre de Chavigny, datée du 13 juillet, nous donne le résumé d'une conversation de notre duc, et en quelque sorte sa première version sur l'événement : « M. de Saint-Simon m'a dit qu'il a été un de ceux qui ont le plus fait remarquer à Son Altesse Royale combien sa réputation souffrait à tolérer le refus du maréchal d'Huxelles. Il m'a donc dit que Son Altesse Royale lui avait fait donner l'option ou de signer ou de quitter sa place, en lui faisant ajouter qu'il n'y avait que trois choses qui pussent l'empêcher de signer : la première ce serait de regarder le traité comme mauvais, ce qui ne pouvait être, puisque le maréchal avait toujours dit à Son Altesse Royale que le traité était bon ; la deuxième, des engagements avec l'Espagne, auquel cas il ne conviendrait pas à Son Altesse Royale de se servir de lui ; la troisième, une jalousie de femmelette contre M. l'abbé Dubois, ce qui rendrait inexcusable le procédé de M. le maréchal. » L'inadvertance de l'auteur des Mémoires sur un point qu'il avait parfaitement connu prouve une fois de plus combien ses souvenirs sont confus, et à quelle distance des faits il a composé ses récits.

L'heure de la récompense était venue pour le négociateur ; un succès si complet allait produire tous les fruits qu'en attendait son ambition. Stanhope avait pressé le régent de remplacer Huxelles par l'abbé Dubois ; c'est Chavigny qui nous l'apprend, et qui ajoute : « M. Stanhope songe aussi à vous faire cardinal. Son Altesse Royale lui a ouvert son cœur à votre égard avec toute l'affection, toute la tendresse et toute la confiance que vous pouvez désirer. » La lettre du régent, qui annonçait à Dubois les heureux résultats du voyage de Stanhope, se terminait par ces mots : « Mon cher abbé, je vous attends avec impatience. » L'abbé ne laissa pas se refroidir ce bon mouvement du prince : les plus vives instances de ses amis politiques l'appelaient ; dès que le traité du 2 août fut signé, il précipita son départ. Avant de quitter Londres, tout en faisant ses adieux au monde officiel de l'Angleterre, il voulut régler la question délicate entamée avec Stanhope, on s'en souvient, dans l'automne de 1716. Il écrivit à ce sujet une longue dépêche au régent où, développant ses vues pour le présent et pour l'avenir, il traçait un plan de séduction bienséante et d'honnête corruption à l'usage du gouvernement français.

Sa connaissance du personnel diplomatique européen lui avait suggéré l'idée de changer les façons grossières de la vénalité et de donner au trafic des consciences l'air galant de la bonne compagnie. « Il ne faut rien négliger ; Monseigneur, pour gagner l'affection des acteurs grands et petits, non par des propositions directes qui leur fassent penser qu'on les croit capables d'être subornés, mais par des manières nobles qui paraissent partir plutôt de générosité que d'un dessein de surprendre leur fidélité. Votre Altesse Royale a éprouvé le désintéressement de milord Stanhope. Je voudrais pourtant le tenter encore par quelque galanterie, et si Votre Altesse Royale le priait d'accepter un portrait du roi ou d'elle garni de diamants pour le prix de 50 000 écus ou de 200 000 francs, je doute s'il l'accepterait ; mais, qu'il le refusât ou non, cela ne pourrait faire que bon effet. » Là ne s'arrêtent pas les largesses qu'il conseille à la munificence politique du prince. Il demande 100 000 livres en bijoux pour lord Stair, et 40 000 livres de vaisselle pour le ministre de l'empereur, Penterrieder. « Il est certain que l'argent a de l'ascendant sur Penterrieder, aussi la prudence veut qu'on en profite pour animer sa bonne volonté. » Piquant d'émulation son maître dans cet art perfectionné de gagner les cœurs, il fait valoir les nombreux cadeaux que Penterrieder a déjà reçus du roi George, les larges brèches pratiquées de toutes mains dans l'intégrité du diplomate allemand. « A l'occasion du traité de Bade, bien qu'il ne fût alors que simple secrétaire, le roi d'Angleterre lui a donné 3 000 pistoles ; ces jours-ci, il a commandé à son intention pour 20 000 ou 30 000 livres de vaisselle. Je suis assez entêté de la gloire de Son Altesse Royale pour croire qu'elle ne saurait faire trop à la grande certaines choses ; mais d'un autre côté elle épargnera beaucoup par quelques traits de cette espèce. »

Sur la liste des vertus faciles, Dubois avait placé le commis principal Pecquet : il demandait pour lui une gratification de 15 000 livres au régent, et un diamant au roi d'Angleterre. Pecquet refusa le diamant. Dubois, avec sa gaîté triviale et parfois cynique, insista, priant le maître de faire entendre raison à cette probité de l'autre monde. « Je ne puis pas me résoudre à laisser perdre à M. Pecquet le diamant du roi de la Grande-Bretagne, et je supplie Votre Altesse Royale de le forcer à l'accepter. C'est un beau diamant que le désintéressement et la vertu dont il se pique, mais le petit diamant que le roi d'Angleterre lui fait envoyer est si joli qu'il faut que M. Pecquet ou moi l'ayons, et je le conjure donc de ne pas se faire tirer l'oreille pour le recevoir. J'ai donné une telle opinion de lui que, pour le corrompre, on n'oserait pas lui offrir un million. » Il terminait sa dépêche par une profession de désintéressement personnel qui, sans doute, ne lui semblait pas inutile après de telles confidences. « En même temps que je me flatte que les libertés d'un ancien domestique ne seront pas désagréables à Votre Altesse Royale, je la supplie de trouver bon, si le roi de la Grande-Bretagne veut me faire un présent, si grand ou si petit qu'il puisse être, que je ne l'accepte point, et de me laisser le soin de prendre des p.123 prétextes si respectueux et si polis pour refuser qu'il ne puisse pas en être offensé. »

Pendant que l'abbé traversait la Manche, l'amiral Byng, père de celui qui perdit Mahon en 1756, battait la flotte espagnole le 11 août, près de Messine, et consolidait par un grand succès militaire le traité récemment signé. Nous retrouvons la main et la pensée du diplomate français jusque dans le désastre qui anéantit la marine renaissante de l'Espagne. Il s'était montré l'un des plus ardents à réclamer l'envoi d'une flotte anglaise, à presser l'amiral de brusquer les choses et de « finir tout » par un coup heureux. « Si le chevalier Byng, écrivait-il au régent le 2 août, avait quelque occasion prématurée dont il profitât et qui eût du succès, il y a des circonstances où Votre Altesse Royale ne pourrait s'empêcher d'en paraître fâchée ; mais il n'y en a aucune où elle ne dût être ravie dans le cœur que les forces maritimes de l'Espagne fussent ruinées, et j'avoue à Votre Altesse Royale que j'agirai ici secrètement dans cette vue, à moins qu'elle ne me donne des ordres contraires. »

Arrivé à Paris le 16 août, dix jours avant les changements politiques, depuis longtemps médités, qui l'élevèrent au pouvoir, la nouvelle du combat de Messine, coïncidant avec la défaite de ses ennemis à l'intérieur, le transporta de joie ; il dicta au régent pour le roi d'Angleterre une lettre dont le brouillon est entièrement de sa main. « Monseigneur, en apprenant par la relation de l'amiral Byng la confirmation de la victoire remportée par la flotte de Votre Majesté, ma joie serait imparfaite, si mon intérêt seul y avait pris part, et si je n'étais plus sensible encore à la gloire de ses armes p.124 et à tout ce qui doit la faire respecter. Les bonnes intentions de Votre Majesté pour le repos public méritent que le Ciel favorise les soins qu'elle prend pour le procurer, et tous ceux qui ont pris des liaisons avec elle doivent redoubler de zèle pour concourir à la perfection de son ouvrage. » Dans cette lettre peu fière, Dubois triomphait sans mesure et sans prudence d'un succès remporté par des amis de la veille, nos éternels rivaux. A force d'abonder dans son propre sens, il s'était infatué de l'alliance anglaise au point d'en avoir le cœur anglais. S'applaudir de l'entière destruction de la marine espagnole et de la supériorité marquée de l'Angleterre six ans après la guerre de la succession, ce n'était ni d'un patriote ni d'un homme d'État : à défaut du sentiment français, la prévoyance, cette lumière du génie diplomatique, aurait dû l'avertir et le modérer. Nous touchons ici le point faible, ou plutôt le côté personnel et étroit de la politique de l'abbé Dubois ; c'est le moment de résumer avec précision l'idée que nous laissent ces nombreuses dépêches dont nous avons donné une exacte analyse.

Nous avons à peine besoin de le dire, ce n'est pas la moralité privée de l'abbé Dubois, ni son ambition ecclésiastique, que nous voulons juger. Le précepteur du régent, l'archevêque de Cambrai, le cardinal, restent en dehors de cette étude ; sur aucun de ces points nous n'avons à intervenir entre ses détracteurs et ses apologistes et à nous prononcer. Le diplomate seul est en cause ; c'est le négociateur des traités de Londres et de La Haye que nous avons étudié dans son œuvre, et fait paraître dans son vrai génie, en l'éclairant de documents certains. Sans franchir ces limites, sans excéder p.125 la juste portée de ce travail, quelle opinion est-on fondé maintenant à exprimer sur le talent et le caractère de l'abbé Dubois ?

Il faut d'abord écarter, selon nous, ce reproche infamant de vénalité dont l'a chargé Saint-Simon, l'ancien admirateur de sa politique, transformé en ennemi par les ressentiments d'une vanité d'autant plus implacable que les griefs en étaient plus légers. Nous avons vu Dubois dans la situation d'un corrupteur bien plus que d'un corrompu, et en supposant même qu'on l'ait tenté, à la fin, par quelqu'une de ces faveurs lucratives que ne dédaignait point la diplomatie, nous croyons qu'il l'a refusée, et, si l'on veut, nous ferons honneur de ce désintéressement, non pas à son caractère, mais à son esprit. Dubois était trop avisé pour risquer de se perdre auprès du régent, et de donner une telle prise contre lui à l'acharnement de ses ennemis par une faiblesse dont le secret eût certainement transpiré. Vieux et malade, sa vraie ambition, dans ce déclin trop visible et pendant ce peu de jours qui lui sont mesurés, ce n'est pas l'argent, c'est le pouvoir. Une fois maître des affaires, il entasse les biens avec les dignités pour soutenir l'éclat de ses subites grandeurs et répondre aux insulteurs de son passé par la magnificence de sa fortune présente. Quel besoin avait-il de l'argent étranger, lorsqu'il puisait si largement dans les trésors de l'Église et dans les coffres de l'État ? Il a laissé un million : quoi d'étonnant ? Le pouvoir en France enrichit vite ; Dubois, premier ministre, avait, en places et en bénéfices ecclésiastiques, près d'un million de revenu. Ce n'est donc pas là, croyons-nous, l'endroit faible et vulnérable de son caractère, cette flétrissure lui doit être $_{p.126}$ épargnée ; mais, s'il n'a pas vendu les intérêts de la France, les a-t-il fidèlement et uniquement servis ?

Reconnaissons-le : ce que Dubois poursuit avec âpreté dans ses négociations, ce n'est ni un accroissement d'influence pour son pays, ni même le repos dont il a besoin. Un seul objet l'occupe : l'affermissement du régent et la consécration de ses droits éventuels à la couronne. De l'intérêt du royaume, il est à peine question dans sa correspondance : le bien de son maître, et, avec l'intérêt du prince, son intérêt à lui étroitement lié à la fortune du maître, voilà l'unique passion qui l'anime, le grand ressort de son génie et de sa conduite. A Londres comme à La Haye, il est beaucoup moins l'ambassadeur et le représentant de la France que l'envoyé, l'affidé, et pour parler sa langue, « l'ancien domestique » du régent. Il s'est trouvé que l'alliance anglaise, formée dans un intérêt particulier, était d'une bonne politique pour l'Europe et pour la France ; le bien de l'État s'est confondu avec celui du prince : c'est là un surcroît d'avantages, un superflu, que le négociateur est heureux de recueillir ; mais il ne l'a point cherché. Les grands aspects de son œuvre, qui seuls paraissent aujourd'hui et qui la relèvent aux regards de l'histoire, Dubois certainement les a vus, mais ils le touchaient peu, et c'était pour lui, osons le dire, le petit côté.

Dans son dévouement au régent, il y a une part d'affection sincère qu'il serait injuste de méconnaître. Ni en bien ni en mal, Dubois n'est l'homme des sentiments simples ; les motifs et les moyens, dans sa conduite, sont également combinés : il aime son maître et son élève sans s'oublier lui-même, il entend bien ne pas perdre les profits de son dévouement et de son ~p.127~ esprit. Pour soutenir les combinaisons variées de sa politique, il a déployé des ressources d'intelligence dont notre essai n'a pu donner qu'un faible aperçu. Il faudrait lire la correspondance entière, se placer avec lui au centre des opérations qu'il dirige, et voir à l'œuvre au milieu des difficultés et des écueils, sur le terrain mouvant des intrigues diplomatiques et des cabales de l'intérieur, cet esprit net, décidé, nerveux et souple, d'une activité qui prévoit tout et fait face à tout, changeant d'expédients sans s'écarter du but, et, malgré les transformations que lui impose le caprice des circonstances ou des hommes, invariable sur le fond même de sa pensée et toujours maître de son dessein. Tel nous l'a montré l'examen attentif de ses dépêches, tel assurément on le retrouverait après 1718, si l'on voulait étudier en lui, non plus seulement l'ambassadeur, mais le ministre, le conducteur de l'État, et suivre dans les pièces officielles le rayonnement de son action vigilante au dedans comme au dehors. Il suffit de jeter les yeux sur quelques pages manuscrites de lui que possède la Bibliothèque nationale pour y reconnaître aussitôt les qualités qui nous ont frappé dans le diplomate : le bon sens alerte, l'abondance et la sûreté des vues, la passion de l'ordre et du travail appliqués au gouvernement de l'intérieur.

Ses contemporains n'ont pas tous, comme on le croit, fermé les yeux à son mérite ; ils ne lui ont pas tous prodigué, avec la violence de Saint-Simon, l'insulte et le mépris. A côté de la coalition des chroniqueurs ennemis dont on aperçoit vite les mobiles très différents, il y a des témoins équitables qui savent discerner le bien du mal dans ce multiple personnage et lui rendre justice. p.128 Les bourgeois de Paris, qui étaient alors bons juges en politique, parce qu'ils n'aspiraient ni à gouverner ni à dominer l'État, se montrent sensibles aux bienfaits de son administration ferme et sage, et, s'ils s'égayent aux dépens de l'archevêque et du cardinal, ils applaudissent le ministre. « Le cardinal Dubois a fait de grandes choses pour son maître, dit Marais, il a fait les traités et établi la paix avec l'étranger. Il n'aimait point les fripons ni les flatteurs. » Barbier confirme cet éloge : « Ce cardinal est d'une politique étonnante. Il ne boit ni ne joue ; il ne fait que travailler. S'il venait à mourir, ce serait une perte, car c'est un homme de beaucoup d'esprit et qui paraît se présenter de bonne grâce pour punir les coquins de tous états. » A la mort du cardinal, Barbier reproduit cette opinion et ajoute : « Il n'était pas aimé, et le petit peuple a insulté ses funérailles. On savait son impiété, c'est ce qui lui attire ces malédictions ; mais il n'a jamais fait grand mal, et il a fait du bien par ses négociations pour éviter la guerre. » Tout est là, dans ce peu de mots écrits par un contemporain judicieux et impartial : le fond indélébile de mauvaise renommée, l'impression des scandales de sa vie privée ou publique, le sentiment vrai des talents du négociateur et du ministre. Aujourd'hui les plus solides conclusions de l'histoire ne diffèrent pas essentiellement de cette brève et simple appréciation. Il n'est donc pas impossible à un homme d'État d'être jugé selon ses mérites, et cela de son vivant : le difficile pour lui, c'est de bien connaître ce sentiment juste et sincère, et d'y chercher une lumière et une force.

CHAPITRE IV

La province sous la régence : Correspondance manuscrite de la marquise de La Cour de Balleroy. — Les relations de Paris avec la province en 1715. — Comment circulaient et se propageaient les nouvelles politiques. — Un coin du monde officiel de ce temps-là : les amis, les parents et le mari de la marquise ; la famille des Caumartin et des d'Argenson. — De l'intérêt et de l'utilité de cette correspondance [1].

p.129 Paris, dans le cours agité de son histoire, a perdu plus d'une fois le privilège d'abriter le gouvernement et d'avoir pour hôte le chef de l'État ; mais les variations politiques ne lui ont jamais enlevé sa puissance de séduction ni ce rayonnement de l'esprit qui est la forme libérale de sa souveraineté. Il serait intéressant de rechercher comment cet empire inamovible, cette magie de l'exemple éclatant et de l'influence victorieuse agissait au loin sur les imaginations à une époque où la chaleur du foyer parisien, interceptée par mille obstacles, gagnait si difficilement la province. Le comte de Montlosier, au début de ses Mémoires, a essayé de peindre l'immobilité de l'ancienne France et les relations laborieuses du centre avec les extrémités. Deux traits se

---

[1] Lettres politiques et autres écrites par divers personnages à la marquise de La Cour de Balleroy (1704-1725). — Manuscrits de la Bibliothèque Mazarine, 8 vol. N° 2.791.

détachent du tableau qu'il a tracé : une gazette fort sèche venant de Paris tous les huit jours, un coche à moitié vide partant de la province une fois par semaine, voilà ce qui représente jusqu'à la fin du règne de Louis XV le mouvement des intelligences, la circulation des personnes, l'activité des affaires. Eh bien ! il y avait même alors, au fond des contrées les moins vivantes, parmi ces populations sédentaires, nombre de curieux et d'impatients qui ne se résignaient ni à cette langueur chronique ni à cette ignorance : Parisiens émigrés, exilés politiques, provinciaux épris de l'inconnu, illustrations de la cour passagèrement dispersées et obscurcies, beautés de haut parage et talents du tiers état avides de se produire, tous réunis dans un sentiment de regret ou d'espérance, s'empressaient à recueillir les bruits et les récits qui leur parlaient de la grande ville.

Pour donner quelque satisfaction aux amis lointains de sa gloire, Paris, dont le génie inventif ne dort jamais, imagina, vers le temps du cardinal de Fleury, d'envoyer hors barrières, en feuilles manuscrites, les nouvelles à la main qui circulaient dans ses cafés. Plusieurs recueils de ces journaux primitifs existent à la Bibliothèque nationale, et tout le monde sait qu'une copie du fameux registre de Madame Doublet, expédiée chaque samedi par le valet de chambre secrétaire, allait trouver aux quatre coins du royaume une clientèle assurée de souscripteurs ; mais avant cette innovation, premier essor d'une liberté qui pressentait l'avenir, lorsqu'un régime ombrageux fermait l'espace aux feuilles volantes, que devenait dans cette détresse la curiosité des admirateurs de Paris, réduite aux faibles p.131 ressources de la correspondance privée ? L'exemple suivant nous montrera comment une persévérance ingénieuse réussissait à féconder les moyens d'information les plus stériles, par quels miracles de volonté on pouvait multiplier, renouer sans cesse les liens délicats qui rattachaient les absents à la mère-patrie. Que sont en effet ces lettres inédites dont le recueil, connu à peine de quelques érudits, va nous occuper ? Un essai de correspondance régulière entre une Parisienne, qui s'ennuie en province, et ses nombreux amis, qui s'amusent à Paris, — essai languissant d'abord, pendant les dernières années de Louis XIV, soutenu bientôt par un zèle réciproque au moment où Paris, délivré de la vieillesse d'un maître, se rajeunit et se transfigure dans la crise d'une régence presque révolutionnaire. Quel déplaisir d'avoir dit adieu à cette ville plus que jamais incomparable, qui sort d'une longue servitude avec la fièvre de toutes les libertés, avec l'audace et le prestige de tous les scandales ! Si l'on pouvait du moins en ressaisir l'image et se ranimer à l'ardeur de son vivant esprit !

Avant de pénétrer dans l'élégante familiarité de ce commerce mêlé d'épanchements intimes et d'informations historiques, causerie où se révèlent les secrets du foyer, les intrigues du monde et parfois même les mystères de l'État, faisons connaître la personne distinguée à laquelle s'adressèrent pendant vingt ans des témoignages d'amitié qui, rangés par ordre, forment aujourd'hui huit volumes manuscrits. Cette gracieuse jeune fille, née sur les bords de la Seine, transplantée dans sa fleur en pays bas-normand pour y épouser un marquis plaideur et campagnard, a su intéresser à sa p.132 solitude une élite de correspondants où se rassemblaient les contrastes les plus marqués de l'âge, de la situation et du caractère. Il y avait parmi eux des hommes politiques, personnages de la vieille et de la nouvelle cour, des abbés mondains, des jeunes gens à l'humeur satirique, spectateurs joyeux ou chagrins de la tragi-comédie qui se jouait alors : en dépit de cette diversité d'humeur et d'opinions, ils se sont accordés à regretter l'exilée, à la consoler, à la distraire ; pour elle ont couru sur ces pages que le temps a jaunies les plumes mordantes et les crayons moqueurs, — la marquise de province a séduit Paris comme Paris la séduisait elle-même. Évoquons le souvenir de la brillante société dont elle était l'âme et l'entretien malgré l'absence, faisons revivre autour d'elle les conteurs dévoués qui lui prouvaient leur attachement par leur fidélité à médire ; en écrivant ces feuilles éparses, devenues les archives d'une femme de goût qui aimait à relire, ils ont enrichi de nouveaux Mémoires la liste déjà longue des indiscrétions de la régence.

I

La marquise de La Cour de Balleroy était une Caumartin. Elle avait pour frères trois hommes d'un rare mérite, à qui ne manquaient ni les qualités aimables ni cette illustration particulière que donnent les suffrages de la bonne compagnie, et que l'histoire anecdotique sauve de l'oubli. L'aîné, Caumartin de Saint-Ange, élevé par Fléchier, loué par Boileau et Jean-Baptiste Rousseau, est le plus connu des trois ; en 1691, membre de la commission des grands jours à Angoulême, il tira de l'oisiveté provinciale la forte race des d'Argenson, et, l'unissant à sa famille, il l'établit à Paris dans les emplois politiques ; en 1717, il recueillit à Saint-Ange Voltaire, échappé de son exil de Sully, et lui inspira, avec l'amour d'Henri IV, l'idée de *la Henriade*. Conseiller d'État, intendant des finances, fort apprécié de Pontchartrain, son parent, il joignait à des talents supérieurs une intégrité que Saint-Simon lui-même a reconnue ; avec cela, une politesse parfaite et, par-dessus ce fond solide et vertueux, l'extérieur le plus imposant. On le citait pour l'agrément de sa conversation et pour la noblesse de ses manières dans un temps qui avait porté si loin la perfection des bienséances délicates et la majesté des apparences ; mais le trait original était chez lui une vaste mémoire, nourrie d'expérience et d'étude, d'où s'épanchait un savoir inépuisable relevé de l'esprit le plus fin.

Son frère, Caumartin de Boissy, intendant du commerce, a laissé un nom moins célèbre, qui s'est comme éclipsé dans l'éclat du précédent ; les nombreuses lettres de lui que contient la correspondance de la marquise montrent qu'il était digne de son aîné par les saillies d'une imagination piquante et par un caractère de supériorité aisée dont son langage est le reflet. On peut voir en lui un exemple de ce que les traditions du grand monde sous Louis XIV ajoutaient à la distinction des plus heureuses natures. Venait ensuite l'évêque de Blois, l'un des quarante de l'Académie française, celui qui, académicien à vingt-six ans, recevant un jour comme directeur, l'évêque de Noyon, un Clermont-Tonnerre, p.134 persifla si habilement devant un auditoire complice l'illustre fatuité du récipiendaire que la raillerie échappa au prélat moqué, tant cette verve de belle humeur et cette malice caustique, tempérées par les grâces du style, étaient chez les Caumartin un don de naissance et le génie familier de la maison.

Le crédit, la considération, se trouvaient au plus haut point dans une parenté si honorable, sans parler de la qualité, qui égalait tout le reste, puisque la noblesse des Caumartin remontait au delà de 1400 ; en un si bon lieu, une seule chose était médiocre, la fortune. Cette puissante famille, se développant avec l'ampleur des anciennes races, s'était appauvrie par sa fécondité même ; elle ne comptait pas moins de dix enfants, cinq garçons et cinq filles, à la fin du XVIIe siècle ; de là des difficultés d'établissement, et, pour les moins favorisés, bien des hasards dans la destinée. « J'ai trois filles de dix-huit à vingt ans, écrivait madame de Caumartin en 1692 à son parent, M. de Choisy, qui habitait alors Balleroy ; dites bien à notre ami M. de La Cour qu'il y en aura pour tout le monde. » L'aînée de ces trois filles, dont la mère faisait si galamment les honneurs aux prétendants, Marguerite de Caumartin, née en 1672, épousa le lieutenant de police d'Argenson en 1693. « Quand mon père et ma mère se sont mariés, a écrit plus tard le marquis d'Argenson dans ses Mémoires, on leur disait que c'était la faim qui épousait la soif ; ma mère apporta 30 000 écus à mon père, qui alors n'avait rien. »

On avait agréé pour l'aînée un homme de province, fraîchement débarqué à Paris, sans fortune, mais de grand avenir ; les mêmes raisons firent accepter pour $_{p.135}$ la cadette, Charlotte-Émilie, un autre provincial dont la fortune surpassait de beaucoup le mérite : c'était La Cour, seigneur de Balleroy, homme de petite noblesse et d'esprit médiocre ; « il avait du bien, dit Saint-Simon, et il prit pour rien une sœur de Caumartin. » Le mariage eut lieu le 8 mars de cette même année 1693 ; voilà comment Charlotte-Émilie, à dix-neuf ans, quitta Paris pour aller s'ensevelir près de Bayeux dans un marquisat. Encore ce marquisat, constitué seulement par lettres-patentes de 1704, fut-il acheté sans aucun doute à beaux deniers comptants. Elle y passa tristement sa vie, loin des plaisirs élégants et des succès flatteurs, réduite à faire venir de Paris les distractions d'une causerie écrite, tandis que sa sœur, femme et mère de ministres, avait tabouret chez le roi ; ce qui montre bien, selon la remarque du philosophe d'Argenson, que dans ces combinaisons de la prudence domestique l'avantage réel n'est pas toujours du côté où l'on croit d'abord l'apercevoir, et que, même sous l'ancien régime, c'était un calcul sage de tenir grand compte du mérite personnel.

L'ironie du sort condamnait à l'obscurité celle des deux sœurs qui précisément semblait destinée par la nature à briller dans le monde. La marquise de La Cour avait le goût comme le talent de plaire ; dans cet art par excellence, la première de toutes les vocations c'est la beauté. Les lettres de ses frères nous parlent de « sa jolie figure, » — et les frères en pareil sujet ne sont pas les plus suspects de flatterie ; — elle conserva longtemps dans l'oisiveté de la retraite l'éclat de ces inutiles attraits. Nous voyons en 1718 un de ses neveux déjà marié, le marquis d'Argenson, s'y montrer fort sensible, y faire même une trop libre allusion qu'elle s'était d'ailleurs attirée par une indiscrète curiosité. Bien que les lettres mêmes de la marquise, sauf quelques billets insignifiants, aient disparu et que le principal personnage de la correspondance soit muet pour nous, il n'est point téméraire de supposer que d'autres agréments, d'un ordre plus élevé et d'un prix qui se fait estimer la plume à la main, accompagnaient et animaient chez elle les grâces de la figure ; une Caumartin ne pouvait être une personne ordinaire. L'esprit qu'elle inspirait à ses amis n'est-il pas un suffisant témoignage de celui qu'elle avait elle-même ? Cette correspondance, remplie de traits ingénieux et d'agréables récits qui sont doublement un hommage à celle qu'ils veulent réjouir, ne nous prouve-t-elle pas le charme irrésistible et le durable ascendant de la marquise ? Caumartin de Boissy lui reprochait deux défauts, une écriture illisible et un style aigre-doux. « Vos beaux yeux, ma chère sœur, n'ont pas pitié des miens... Laissez-moi vous dire aussi que sur vos deux épaules vous portez une tête aimable par l'esprit et par la figure, mais d'une humeur quelquefois un peu aigrelette. »

A cette aigreur passagère, nuage léger répandu par l'ennui sur un brillant naturel, s'alliait, sans une contradiction trop forte, une vive dévotion. Le railleur Caumartin ne passait à la marquise aucune de ses vivacités, pas même son zèle tout nouveau de mère de l'Église. « Je me recommande, lui écrivait-il, à vos saintes prières. Quand vous viendrez nous voir, de quel parti serez-vous sur la constitution ? N'allez pas déshonorer votre race par des sentiments indignes sur la grâce ; songez que nous avons toujours été pour saint Augustin, et ne vous jetez pas tout de gô dans le pélagianisme. » Trop faible remède contre le mal secret qui gâtait tous les bonheurs de cette existence monotone, la dévotion ne guérissait pas chez elle la nostalgie de Paris ; pour goûter le sommeil, la marquise en était réduite à prendre de l'opium. Était-ce aussi pour chasser l'ennui qu'elle faisait usage de tabac d'Espagne ? La belle Émilie prisait, si nous lisons bien ces lignes que lui adressait le marquis en voyage : « Vous trouverez dans la cassette que j'ai remise au messager de Bayeux les Mémoires de Joli que M. de Caumartin m'a donnés pour vous et 2 livres de tabac d'Espagne, du meilleur que j'ai pu trouver. » Il faut nous la représenter durant les longues journées des saisons pluvieuses, dans ces pays baignés d'une éternelle humidité, sous les voiles épais et le gris implacable d'un ciel de Normandie, aussi morne que celui des Rochers de madame de Sévigné. Là, du fond de sa prison brumeuse, appelant à son secours tous ceux qui lui gardent un souvenir et une affection, elle lève et recrute au loin, avec la plus souple ténacité, une légion de joyeux défenseurs qui l'arracheront aux étreintes de son mortel ennemi : elle les rallie quand ils faiblissent, les remplace quand ils désertent. Rien ne l'arrête, et son désir est le plus fort ; elle a son journal enfin, qui, partant des points opposés du monde parisien, vient deux ou trois fois la semaine concourir à l'œuvre d'apaisement et de santé d'esprit où l'opium, le tabac d'Espagne et la dévotion ont pareillement échoué.

On peut diviser en trois catégories les correspondants de la marquise : il y a d'abord les parents, ce sont les plus nombreux et les plus sûrs. Quelle variété de p.138 relations, quelles ressources pour un commerce épistolaire dans une famille où la seule maison des Caumartin comptait jusqu'à sept mariages ! Cette parenté florissante, qui comprenait les d'Ormesson, les Breteuil, les Choisy, les de Tresmes, — et nous ne citons que les plus illustres, — se partage elle-même et se subdivise en deux groupes distincts, celui des jeunes et celui des vieux. A mesure que les générations croissent et se multiplient, la marquise attentive les saisit, les enrôle ; elle leur met aux mains la plume, au cœur le désir de lui plaire et la vocation de la chronique. Parmi ces jeunes recrues, au premier rang de ces pourvoyeurs de nouvelles figurent les deux futurs ministres de Louis XV, le comte et le marquis d'Argenson. Les simples amis, troupe volage, ne viennent qu'en seconde ligne ; ce sont les *en-cas* de la marquise, c'est la cohorte auxiliaire destinée à suppléer les défaillances des correspondants réguliers. Cet ensemble flottant de bonnes volontés et d'intelligences très inégales s'appuyait sur une réserve peu brillante, mais solide : comme un vigilant capitaine, prompt à resserrer le faisceau de ses forces et à prévenir d'irréparables déroutes, la marquise acceptait tous les concours, tirait parti des plus humbles fidélités ; elle avait organisé en sous-ordre un service de dépêches que lui expédiaient ses gens d'affaires, les commis des deux Caumartin, les valets de chambre de ses amis.

A défaut des maîtres, elle prenait les laquais. C'est avec cette patience habile, avec un art infini, qu'elle a réussi à constituer une sorte d'agence volontaire et toute officieuse d'informations, qui pendant plus de dix ans lui tint lieu de grande et de petite presse.

Elle avait sous sa main une suprême ressource pour [p.139] les mauvais jours, pour les époques de défection générale et de silence prolongé : nous voulons parler du marquis, dont les fréquentes missions à Paris nous sont révélées par la place considérable qu'il occupe dans ce recueil. Quand les nouvelles ne venaient pas, le marquis allait aux nouvelles ; il était l'expédient des graves embarras, le courrier extraordinaire des situations désespérées. Ancien conseiller au parlement, ancien maître des requêtes, il conservait à Paris des amitiés, un pied-à-terre, et, malgré sa fortune, il y nourrissait des procès et des dettes. De là mille raisons de voyager, mille prétextes d'absence que la marquise favorisait, bien loin de les combattre : non pas sans doute que le marquis fût de ces hommes dont madame Du Deffant disait « qu'ils ont l'absence délicieuse, » mais à le voir s'établir à Paris pendant des mois entiers, y faire des saisons, allonger les délais et traîner les choses, il est clair que ce sont là des lenteurs autorisées, et que la marquise, dédommagée par la régularité de sa gazette, aime encore mieux en lui le correspondant que le mari.

Froid, « mystérieux comme Dieu l'a fait » (disait Caumartin), plein de petites finesses et malices sournoises sous une enveloppe flegmatique, ce personnage assez peu élégant n'a cependant rien qui choque et déplaise : il nous repose du commerce des gens d'esprit et nous intéresse par le contraste. Les charges qu'il avait achetées et aussitôt revendues au temps de sa jeunesse ne lui ont pas enlevé les manières, le langage, les opinions de la province ; gêné auprès de ses beaux-frères, se défiant de leurs grands airs, de leurs démonstrations flatteuses, il porte dans les salons de Paris, avec le sentiment de son infériorité, le sans-façon de ses habitudes campagnardes : p.140 le marquis fait « un nœud à son mouchoir » pour rappeler ses souvenirs, il a une « eau, » élixir souverain, dont il prend chaque matin, qui le rajeunit, dit-il, qui l'empêche d'étouffer, et qu'il va offrant et vantant à tous ses amis. On se fera une idée de son style par cette ligne, prise au hasard : « Je vis hier entre les mains de la princesse de Rohan une médaille du saint père (Innocent XIII) qui est un des vilains mâtins que j'aie connus avec son grouin de cochon. » Voilà l'homme ; — au demeurant bon mari, et qui paraît avoir aimé sincèrement sa femme. Du moins lui écrit-il les lettres les plus tendres : « Je vous aime trop pour vous faire la moindre peine ; je suis sans reproche devant Dieu et devant les hommes... Je vous assure que je vous regarde comme toute ma consolation, et je crois que la petite indisposition que j'ai eue vient autant d'ennui d'être sans vous que d'autre chose ; mais le moyen de partir quand je croyais de jour en jour être jugé ? »

C'était une singulière existence que celle du marquis à Paris. Toujours en courses et en affaires, solliciteur au palais, au grand conseil, querellant sa partie ou travaillant avec ses avocats, dont l'un était Barbier, l'auteur des *Mémoires,* tout cela, sans compter les invitations à souper, formait autour de lui un tourbillon où il perdait la tête, et qui pourtant ne lui déplaisait pas, car il y trouvait à exercer la subtilité tracassière de son esprit. Il a beau écrire : « Paris me pue bien ; à présent que la rivière est presque à sec et tous les puits taris, c'est une infection si grande que c'est miracle que la peste n'y soit pas encore. Je me croirai en paradis quand j'en serai hors, mes bottes sont graissées pour partir demain. » Un mois après il y est encore, il ne peut se dégager de ses « lanterneries ; » pour le rendre à la marquise, il faut l'enlever, le mettre en carrosse et le conduire jusqu'au premier relais. « Il s'amusera dix ans, si on le laisse faire, écrit Caumartin de Boissy à sa sœur, je vais l'embarquer, et, s'il le faut, je ne le quitterai qu'à Saint-Germain. » Glorieux de sa fortune, comme tous ceux qui n'ont pas d'autre gloire, le marquis craignait d'en diminuer l'apparence par des remboursements ; il faisait des dettes pour se donner plus de surface et sembler plus riche. Tout à coup, dans la crise du système en 1720, ses créanciers, petits et grands, fondent sur lui, ayant à leur tête un Harpagon nommé

Oursin : voilà notre campagnard entre leurs griffes, forcé de s'exécuter, vendant terres et maisons pour les satisfaire, et payant un peu cher sa sottise. Il en a la fièvre, l'idée du terrible Oursin ne le quitte plus, c'est son cauchemar : « Oursin est fort dur, je voudrais bien lui faire accepter les 26 000 francs qui nous restent ; je rêve à Oursin nuit et jour, et rien n'avance... Enfin j'ai obtenu mon arrêt contre Oursin, et j'espère en être quitte pour 40 000 livres. »

Derrière la grosse créance non liquidée pullulent les dettes criardes. Le marquis doit à des lingères, à des mercières, il leur donne des à-comptes de 15 francs ; il doit un loyer de six années pour le pied-à-terre « étroit, sombre, humide, vraie maison à rhumatismes, » qu'il occupe rue Sainte-Avoye, près de l'hôtel Caumartin, au Marais ; une couturière de la marquise lui apporte une note ancienne de 300 livres, la marchande de soie lui présente un billet non payé de 350 livres ; on croirait voir l'intérieur de l'un de ces faux ménages aristocratiques mis à la scène vers ce temps-là par Dancourt et Dufresny. Dans cette extrémité fâcheuse, le marquis aux abois roule des projets de réforme et d'économie, il veut réduire sa maison, il écrit de supprimer le rôti et le cuisinier. « Au temps où nous vivons, il n'y a plus de rôti sur aucune table. Songez que vous ne pouvez pas avoir un bon cuisinier pour moins de 300 livres par an ! » La

France traversait une de ces époques d'abstinence où les folies de son gouvernement la mettent au pain sec.

Quelques-unes de ces lettres ont été écrites par mégarde sur le brouillon d'un compte de dépenses ; notre marquis, paraît-il, ne lésinait pas envers lui-même, tout en prêchant l'avarice. Les seuls frais de son carrosse de louage s'élèvent chaque mois à 500 livres, dont voici le détail en aperçu : « une demi-journée de voiture 8 livres, une journée 11 livres, etc. » Son fils cadet, le chevalier de Balleroy, payait une chambre d'hôtel garni 10 sous par jour. Rien d'étonnant si la bourse du voyageur est ordinairement vide, et s'il crie famine par tous les courriers : « Envoyez-moi mon habit noir et quelques assiettes (quelques fonds), car je suis bien bas, on ne peut être plus bas que je le suis, je reste actuellement avec cinq louis et trois écus. » L'argent arrive ; il ne se tient pas de joie : « Votre lettre de change est venue bien à propos, ma chère amie ; je vous embrasse un million de fois. Comptez que cet argent me ramènera à Balleroy. » Au plus fort de ses embarras, il lui meurt un créancier à fonds perdu ; tout naturellement un long soupir de satisfaction lui échappe : « Nous voilà donc soulagés de 1 000 écus de rente ; il me semble qu'il convient que nous lui fassions faire un service ! » Peu à peu la rigueur des temps s'adoucit, les difficultés s'aplanissent ; quitte de ses procès, converti à la saine méthode de payer ses dettes pour être vraiment riche, guéri même d'une légère apoplexie qui l'a frappé dans les rues de

Paris, et pour laquelle un docteur nommé Angot lui a recommandé les bouillons de vipère, le marquis de La Cour reprend une bonne fois le chemin de Balleroy, apportant à la marquise, pour fêter son retour, « trois bagnolettes, » c'est-à-dire des coiffes mises à la mode par madame la duchesse d'Orléans dans ses promenades du soir à Bagnolet, et « de jolis petits jambons de Vessefalie à 25 sous la livre, qui ont bonne mine et qui sentent bon. »

Nous connaissons les personnages essentiels et l'occasion de cette correspondance : c'est le moment de recueillir les informations qu'elle contient et de passer en revue la série vivante des caractères qui s'y produisent ; nous y chercherons de préférence ce qui touche aux mœurs contemporaines et à l'esprit public, ce qui peut ajouter quelques traits nouveaux à l'histoire des commencements du XVIIIe siècle.

II

Les plus anciennes lettres portent la date des dernières années du règne de Louis XIV ; mais jusqu'en 1715 elles sont peu nombreuses et d'un médiocre intérêt. La première remonte à 1692 ; c'est celle où il est question des trois filles à marier et de leurs prétendants : la seconde est de 1704, année de la création du marquisat ; il y en a une seule pour 1705, quatre ou cinq en

1706, une à la date de 1709. L'ensemble, pour ces dix années, ne va pas à cent pages, et forme à peine la vingtième partie de la correspondance entière : non que les nouvelles fassent défaut, c'est le métier de nouvelliste qui n'est alors ni agréable ni sans péril. Nous remarquons dans la stérilité de ce début les très courts bulletins de nos principales défaites, une relation plus ample de la journée de Ramillies, un mot significatif sur le jeu du roi à Marly en 1707 : « Le roi joue au trente et quarante *aux pièces de vingt sous.* » Dès cette époque, la marquise a des correspondants de toute condition et d'un mérite fort inégal ; l'un, qui signe Morin, lui décrit avec vivacité l'état de langueur et d'abattement où est tombée la société parisienne pendant la triste année 1709 : « Ici point d'événements qui vaillent la peine d'être ramassés ; je m'en rapporte à M. l'abbé votre frère, qui roule continuellement dans le monde, et qui ne sait rien. Point de morts, point de mariages, point d'intrigues galantes, ou, s'il en est, elles se font sourdement ; toute la pauvre nature paraît dans une inaction étonnante. » Il finit cependant par promettre de conter des nouvelles « tant qu'il y en aura dans son contoir, » et d'envoyer tous les huit jours « une petite gazette de son bureau ; » mais le « contoir » s'épuisa vite, et le bureau manqua de parole.

Une des rares lettres écrites en 1710 pour dégager la promesse de 1709 nous présente l'agréable tableau de la famille Caumartin, réunie par un beau jour d'automne aux Bergeries, terre qui appartenait à l'aîné, Caumartin de Saint-Ange. « Un petit voyage des Bergeries a retardé de quelques jours cette gazette. La cour de madame de Caumartin y était assez _{p.145} nombreuse. Les personnes les plus importantes étaient M. et madame d'Argenson avec leurs enfants, madame de Thuisy (une sœur de la marquise, la troisième des filles à marier dans la lettre de 1692), M. l'abbé (le futur évêque de Blois), M. le chevalier, MM. les abbés de Châtelain et de Francières... On s'y promène jusqu'à extinction. On y joue par-ci par-là ; on y raisonne tant et plus sur les affaires du temps, et, quand on n'a rien de mieux à faire, on y relit les observations journalières de M. l'abbé Châtelain, où l'on voit les portraits, les anecdotes, les beaux dits et faits de tous ceux qui vont et viennent, avec un détail exact de leurs ajustements et de leurs équipages.... » Heureuse famille ! elle avait même, dans la personne d'un abbé plaisant et satirique, son La Bruyère. Un autre correspondant, du nom de Moret, se distingue par une orthographe qui prouve que notre marquise, avide d'informations, était peu dédaigneuse, et, s'accommodant aux circonstances, recevait de toutes mains ; on nous permettra d'en citer, à la date de 1706, un curieux échantillon : « Sé seulement pour vous dirre que l'on disoy ier au Tuilery que lais innemis marché du cotte de Namur, votre fils se portoy très bien, illa compose deux foye pour lais pris de la grande tragédie. Je suiss avec un profon respec, etc. » — En 1715, la scène change, le réveil de l'esprit public ranime notre correspondance ; la liberté, les passions, l'imprévu, toutes les nouveautés qui font rumeur dans Paris, viennent enhardir et féconder ce commerce naissant, dont l'intérêt est désormais mieux apprécié par les amis de la marquise : « Que dites-vous, Madame, de la situation présente ? Ne fournit-elle pas assez d'événements pour amuser dans la campagne ? On n'a jamais p.146 vu la roue de fortune tourner avec tant de rapidité. » C'était bien ce que voulait la dame de Balleroy : s'amuser en province du spectacle lointain et de l'esquisse légère des événements de Paris, puisque le sort la condamnait à ne les plus voir qu'en peinture.

Elle reçut alors de son jeune neveu, le comte d'Argenson, une description piquante des effets produits par ce tour rapide imprimé à la roue de fortune. D'Argenson le cadet, que ses camarades de classe surnommaient *la Chèvre,* âgé de dix-neuf ans en 1715, était depuis peu sorti du collège, où il avait beaucoup connu Voltaire ; on dirait qu'il a dérobé à celui-ci le tour aisé de son style moqueur. Cette page peut soutenir la comparaison avec les lettres récemment publiées qu'Arouet, élève de rhétorique, écrivait en 1711 au comte de La Marche. « Les taxes, ma chère tante, font maintenant ce que tous les prédicateurs du monde n'auraient jamais osé entreprendre ; le luxe est absolument tombé, et une simplicité noble, mais modeste, a pris sa place. Les viss (*sic*) sont à la vérité plus modérés, mais les financiers commencent à goûter le repos que donne la bonne conscience.

Les bals de l'Opéra et de la Comédie sont aussi déserts que l'antichambre de M. Desmarets ou de M. de Pontchartrain. Les églises sont un peu plus fréquentées : on y voit, par exemple, des gens d'affaires qui n'ont pas encore été taxés, demander au pied des autels un sort plus doux que celui de leurs compagnons ; on y voit de pauvres molinistes, effrayés du triomphe de leurs adversaires, soupirer après le rétablissement de la puissance des jésuites. On y voit mainte jeune fille en pleurs regretter la bourse des traitants qui les entretenaient avec tant d'éclat et de profusion, et se plaindre de la p.147 dureté de ceux qui ont maintenant part au gouvernement, et qui travaillent à bâtir leur fortune avant de songer à faire celle de leurs maîtresses ; on m'y voit moi-même quelquefois fort embarrassé de savoir où aller dîner ou souper, et devenu dévot à force d'être désœuvré... » Ainsi se révélait dans l'intimité le spirituel rival des Maurepas et des Richelieu, l'aimable frère du trop savant marquis d'Argenson, à qui ce brillant voisinage attira le surnom que l'on sait.

Avec des neveux comme ceux-là, toujours en fond de belle humeur, si bien faits pour aimer et pour peindre les saillies pétulantes d'une société émancipée, la marquise n'avait plus à redouter l'ennui de l'isolement ni l'abandon : aussi bien leur gaîté complaisante était-elle son meilleur espoir et son plus sûr préservatif. Les grands parents, fatigués, chagrins, ou absorbés dans le sentiment de leur importance politique, ne lui offraient que des ressources incertaines et passagères. Le lieutenant de police, d'Argenson, prend les sceaux et les finances en 1718 ; il monte sur un faîte d'où l'on perd facilement de vue les siens, surtout quand ils habitent à soixante lieues des antichambres du Palais-Royal : il peut devenir un protecteur, ce n'est plus un correspondant. Nous ne trouvons guère qu'une seule lettre de lui ; elle est du 27 juin 1720, époque de sa disgrâce, et répond aux compliments de condoléance que la marquise lui avait adressés : « Le nouvel événement, Madame, dont vous me faites l'honneur de m'écrire d'une manière si gracieuse, a été accompagné de circonstances si honorables pour moi et si obligeantes de la part de Son Altesse Royale que je ne puis assez me louer du repos que ses bontés me procurent. Je vous remercie de p.148 tout mon cœur, Madame, de l'intérêt que vous voulez bien y prendre, et je vous prie de compter pour toujours sur mon zèle et sur mon respect. » Si d'Argenson a rendu son portefeuille, il a gardé le style d'un ministre.

Moins rares sont les lettres de Caumartin de Saint-Ange ; mais il se borne à ramasser les grosses nouvelles, celles qui courent les rues : « L'argent est plus caché que jamais, tout le monde meurt de faim... M. de Saint-Simon a parlé en termes de crocheteur au premier président. » Il disparaît d'ailleurs un des premiers en 1720. L'évêque de Blois, qu'un exil de six mois sous Louis XIV avait puni d'un discours académique trop spirituel, semble oublier tous ses talents quand il écrit à la marquise ; son style est fade et prolixe, on n'y trouve pas le plus petit mot pour rire : l'onction chrétienne a remplacé les épigrammes. Il avait l'habitude de dicter ses lettres ; or, s'il est des personnages, comme dit la comédie, qui n'ont d'esprit qu'avec leur secrétaire, il perdait, lui, ses agréments et sa finesse en se servant d'un interprète. Le premier rang dans ce commerce épistolaire revient à Caumartin de Boissy ; c'est lui qui, avec ses neveux, soutient l'honneur de la famille. Son imagination est, comme son cœur, inépuisable ; il comble sa sœur de prévenances affectueuses, il la régale de bons mots, de récits bien tournés, de portraits pris sur le vif : c'est le plus aimable et le plus exact des correspondants.

Caumartin de Boissy s'était engagé fort avant dans les affaires du système ; il y réussit d'abord ; ses lettres, à certains moments, respirent l'activité joyeuse d'un spéculateur dont les actions montent et dont l'imagination travaille : « Mes actions gagnent 1 000 livres aujourd'hui. Je cherche de tous côtés à acheter, et avant que la journée soit passée, je finirai 1 million d'une terre que vous connaissez. » Que de prières au Ciel en ce moment-là pour la santé de Law, qui venait de tomber malade ! « Bonne nouvelle, le temps se rafraîchit ; cela est de conséquence pour la santé de M. Law. On était bien inquiet dans ces chaleurs ; mais il serait bien à souhaiter pour son rétablissement qu'on eût un peu de pluie... On ne voit que des gens qui ont fait des fortunes immenses. » La chance a-t-elle favorisé jusqu'au bout cet homme d'esprit ? Nous l'ignorons, mais, à défaut d'aveux positifs accusant un désastre, il y a çà et là des échappées de mélancolie qui nous semblent de mauvais augure ; Caumartin est devenu bien philosophe pour demeurer longtemps un financier heureux. — « Je vous souhaite, ma chère sœur, santé, gaîté et argent. J'avoue que ce dernier souhait paraît être aujourd'hui un peu dans les espaces imaginaires. Ce métal est devenu comme les esprits, tout le monde en parle et personne n'en voit. Bienheureux qui sait ce qu'il a, et qui peut compter dessus. Pour nous, c'est ce que nous ignorons. Nous sommes plantés sur le haut d'une pique à regarder de quel côté vient le vent ; mais nous n'y sentons que la bise la plus dure. » Voilà le style des jours de baisse.

Lors même que cette correspondance touche à des faits déjà connus, elle en rafraîchit l'impression par la vivacité des sentiments qu'elle révèle dans les contemporains directement intéressés et mis en cause. « Que j'envie le sort aujourd'hui de ceux qui ont des terres ! s'écrie une victime de l'agio ; car, pour nous, pauvres malheureux, nous ne savons en vérité de quel bois nous ferons flèche, malgré nos richesses imaginaires. Nous nous regardons comme suspendus en l'air à un fil qui peut aisément rompre. » C'est ainsi que les généralités de l'histoire revêtent sous nos yeux une forme précise et vivante ; elles prennent un corps et une âme ; ce sont non plus des abstractions, mais des choses et des personnes. Le marquis de La Cour, étant à Paris en 1719, eut besoin « d'un habit de pinchina ; » il ne put trouver de tailleur, les maîtres et les apprentis refusèrent de travailler, parce qu'ils avaient fait ou se croyaient sur le point de faire fortune. « Ces jours-ci, on a dû envoyer chez eux des gardes pour les forcer de travailler aux vêtements du roi. » Être obligé d'employer la garde et de réquisitionner des ouvriers pour habiller Louis XV, quel curieux effet des spéculations populaires de la rue Quincampoix !

La marquise goûtait beaucoup, et nous le croyons sans peine, la douceur de ces relations ; il lui manquait quelque chose, disait-elle, quand au jour marqué la lettre de Caumartin, « pleine de petits pieds de mouche, » n'arrivait point. « Vos plaintes me flattent, répondait celui-ci, et quoique la qualité de gazetier impertinent n'ait rien de bien éminent, tout ce qui peut me rendre nécessaire auprès de vous m'est très précieux. » Les lettres les plus rapides, les plus insignifiantes de Caumartin ont toujours quelque trait vif et plaisant, un tour original, un grain de sel au début ou à la fin. « Je crois, ma chère sœur, que ce sera *gratum opus agricolis* que vous mander des nouvelles de ce pays-ci... Adieu, j'honore, je salue, j'embrasse toute la famille, chacun suivant sa dignité, sa bonne mine, sa beauté et son âge. » Malgré sa parfaite distinction et ses habitudes d'excellente compagnie, le « gazetier impertinent » ne répugnait pas aux anecdotes un peu fortes, il les conte ~p.151~ lestement, avec une pointe de gaillardise ; nous n'en citerons rien, parce qu'elles sont trop longues et en partie connues ; nous donnerons seulement, comme exemple du genre, ce portrait de l'abbé de Grécourt, dont les poésies et la personne également cyniques, colportées dans les meilleures maisons de Paris, faisaient fureur sous la Régence : « Ce n'est pas un petit homme cacochyme uniquement occupé de vers et de littérature ; c'est un grand diable de prêtre plus haut que moi, bien pourvu de gueule, bien fendu de jambes, beau décrotteur de matines, beau dépendeur d'andouilles. Ce grand personnage ne donne point son poème à lire, il le récite lui-même à table, lorsqu'on a renvoyé les valets, une bouteille en face de lui qui se renouvelle au moins une fois. Il n'a pas d'autre façon de réciter, et si le vin n'était pas bon, au premier coup il finirait son récit. » A merveille, et voilà qui prouve que le régent n'était pas seul en France à lire Rabelais avec profit ; mais quand on écrit à une « dévote, » quelle apparence de lui faire accepter l'éloge d'un poème tel que le *Philotanus* ? « c'est un morceau aussi plaisant et aussi amusant que chose que j'aie jamais lue ! »

Dans les rares entrevues du frère et de la sœur, le jeu les avait parfois brouillés, la marquise n'aimant pas à perdre ; Caumartin, par sa bonne humeur, dissipait aisément ces nuages : « Maudites soient les cartes qui ont excité des orages entre nous ! Faisons vœu de n'en plus manier ensemble ; l'union vaut mieux qu'un si léger amusement. » Peu de temps avant la mort de ce frère dévoué, il se glissa entre sa sœur et lui un froid plus durable à propos d'une question très délicate où les intérêts comme les affections de la famille étaient p.152 engagés : il s'agissait d'un mariage. Fatigué et se sentant vieillir, Caumartin de Boissy songeait à se ménager un repos qui fût selon son cœur : tandis qu'à Balleroy on ne rêvait que de Paris, il ne rêvait, lui, comme il arrive souvent aux Parisiens, que de la douceur de vivre à la campagne ; il mêlait aux tracas de ses opérations financières les idées riantes d'une idylle paternelle où son bonheur se confondait avec celui d'une fille tendrement aimée. Cette fille, qui se nommait Charlotte-Émilie, comme sa tante, il la destinait au fils aîné de la marquise, au jeune marquis de Balleroy, colonel de dragons ; dès qu'elle fut en âge, il n'hésita pas à entamer l'affaire et à rompre la glace. L'excellent homme avait le tort, en tout ceci, de consulter uniquement ses goûts sans prendre l'avis de sa fille ; mais il ne s'en apercevait même pas, tant la coutume aristocratique l'excusait. Il écrivit à sa sœur avec une touchante effusion, lui déroulant les conceptions de sa tendresse, le désir favori de ses vieux jours, en un mot, le plan de ce qu'il appelait son château en Espagne : « Ma fille n'a point été élevée à vivre à Paris, en grande dame. J'ai voulu être le maître du choix d'un gendre et je n'ai pas voulu transporter mes droits aux femmes de chambre. Je lui donnerai 200 000 livres ; elle passera sa vie sans murmurer dans une belle terre, avec un mari qu'elle aimera, avec son oncle, sa tante et avec son père. Mon château en Espagne est de me retirer avec vous autres. » Ce rêve patriarcal venait se heurter à des visées bien différentes : les Balleroy, pour se tirer de leur obscurité provinciale, méditaient un coup d'éclat, ils négociaient secrètement une alliance avec la maison des Matignon, et la combinaison, silencieusement préparée, allait $_{p.153}$ aboutir, « il n'y avait plus qu'un pas jusqu'au bénitier, » lorsqu'ils reçurent la confidence intempestive de Caumartin. On peut juger de l'accueil qu'ils firent à la pastorale de leur frère dans un moment où ils avaient le cœur enflé de leur succès et la tête tournée d'ambitieuses espérances. Celui-ci, piqué au vif, se plaignit des procédés mystérieux de sa sœur et du peu de confiance qu'elle lui avait témoigné ; il maria sa fille à un Ségur, président à mortier au parlement de Bordeaux ; le colonel de dragons épousa, avec 50 000 livres, la seconde fille du maréchal de Matignon, « qui n'était plus jeune, dit Saint-Simon, et s'ennuyait de n'être pas mariée. » L'orgueil de la marquise reçut dans son triomphe un sensible échec ; car les Matignon, outrés de ce qu'ils jugeaient une mésalliance, « ne voulurent pas ouïr parler de Balleroy ni de sa femme. » Caumartin de Boissy mourut en 1722.

A côté de lui, un correspondant plus jeune et de grand mérite aussi s'était peu à peu formé à tenir sa place et à remplir un tel vide : ce digne successeur de Caumartin dans la tâche difficile de satisfaire la curiosité de la marquise était d'Argenson le philosophe, l'auteur des *Mémoires*. Moins spirituel que son oncle et que son frère, d'un commerce moins léger et moins galant, le marquis d'Argenson rachetait ce désavantage par des qualités essentielles : il était sûr en amitié, fidèle à ses promesses, d'une complaisance infatigable aux désirs de sa tante. Non content de lui écrire souvent, il lui envoyait une gazette rédigée par le principal commis de la librairie, dont il avait alors l'inspection ; il expédiait à Balleroy les chansons, les épigrammes, les ponts-neufs, les pièces en vogue, tous les « rogatons » de l'actualité. Ses lettres, dont le naturel et la facilité sont le principal agrément, se lisent avec intérêt ; le style en est moins lourd, moins négligé que celui que nous lui connaissons : d'Argenson s'observait en écrivant à une « femme de mérite et d'esprit, » comme il l'appelle, qui savait imposer ses jugements et les faire craindre. Lui aussi se maria dans cet accès de fièvre matrimoniale qui avait saisi sa famille, et voici de quel ton dégagé il annonce à sa tante ce mariage, dont le dénouement plus tard fut un divorce : « J'arrive de la campagne, ma chère tante ; pendant ce temps-là on a disposé de ma main, j'ai trouvé les articles signés à mon retour... J'entre dans une famille de très honnêtes gens, où il y aura, sans exagérer, des millions à revenir quelque jour. La fille est bien élevée, elle sait danser et chanter, jouer de l'épinette ; de plus elle est blonde. Deux quartiers blonds de suite dans notre famille dénoirciront à la fin, s'il plaît à Dieu, notre teinte brune. Je vous prie de joindre à ma confiance vos bonnes prières... J'oubliais de vous nommer la future épouse, c'est mademoiselle Mélian. » — Il pouvait bien oublier de la nommer, il ne l'avait pas encore vue ; « les articles étaient signés, » et il ne connaissait sa femme que par ouï-dire. Cette lettre est du 31 octobre 1718 ; or la première entrevue des futurs époux eut lieu le 19 novembre, au couvent des Filles-Sainte-Marie, où était mademoiselle Mélian : « La demoiselle avait appris le 18 qu'elle épouserait M. d'Argenson le 22. » Les choses se passaient dans les règles ; la bienséance suprême des mariages aristocratiques, c'est-à-dire l'absence de toute ombre de sentiment, était scrupuleusement observée.

Arrivé par le coche pour assister aux noces, le p.155 marquis de La Cour ne tarit pas sur les descriptions de la fête : repas, musique, cadeaux, dits et faits notables des deux familles, rien n'est omis. « Vous donnez peu de bien à votre fils, dit le régent au garde des sceaux en signant au contrat. — Monseigneur, répondit le ministre, il s'en fallait beaucoup que j'en eusse au-tant en me mariant. Cependant j'ai la plus grande charge du royaume ; quand on sert bien son prince, on ne manque de rien... » M. le duc régent fit un signe d'approbation et signa. Cela me vient d'assez bon endroit pour y ajouter foi. » Détachons de ses comptes-rendus un portrait assez peu flatteur de la mariée : « Elle est grande et grasse, bien faite, mais point jolie de visage, quoique fort blanche ; elle n'a pas encore quinze ans. » C'est à propos de l'extrême jeunesse de mademoiselle Mélian et de la séparation obligée du soir des noces que la marquise s'attira le compliment un peu vif dont nous avons parlé plus haut. Elle avait plaisanté le mari, et, quoique dévote, poussé la curiosité un peu loin peut-être ; celui-ci lui fit une réponse où les lecteurs des *Mémoires* retrouveront son style : « Vous me parlez des détails secrets de la noce comme de la cérémonie d'aller voir sa tante. Pardon de la réponse libre que cela vous attire. Je serais mal conseillé pour éteindre mes désirs d'aller voir une tante faite comme vous ; j'espérerais faire changer le proverbe, et on ne dirait plus qu'aller voir sa femme quand il faudrait quitter sa tante. »

Au milieu de cette chronique de famille, qui tient naturellement une grande place, les nouvelles politiques sont jetées en courant, avec la liberté et le décousu d'une correspondance ; mais après tout ce qu'on a p.156 publié sur ce temps-là, il en est bien peu qui aient pour nous aujourd'hui une sérieuse importance et quelque nouveauté. Tout ne pouvait pas s'écrire sous le régime du cabinet noir ; une lettre de 1718 se termine par cet aveu : « Je vous mande ce qu'on peut mander ; ce que l'on n'ose écrire ferait une lettre six fois plus grande. » On lisait tout haut à Balleroy les lettres reçues de Paris, comme on lit le journal dans la plupart des familles de province, en société, au coin du feu ; aussi quand le correspondant bien informé touche aux secrets d'État, — ce qui a lieu quelquefois, — il prend un air mystérieux et met un *lisez bas* en vedette, signal convenu. La correspondance est discrète sur le régent ; cela se comprend dans une famille qu'on peut appeler ministérielle. Nous lisons un ou deux entrefilets timides dans le goût de celui-ci, qui est daté de 1721 : « Un grand prince se couche présentement à minuit, et ne boit plus qu'une chopine de vin à ses repas. » Même réserve à l'égard du roi ; il est tout au plus question de sa bonne mine et de sa grâce à danser un ballet : « Aujourd'hui, pour la première fois, 21 décembre 1720, le roi dansa fort noblement et d'une grâce qui fit pleurer tout le monde de joie. » Ce n'est pas la bonne volonté, c'est l'audace qui manque aux nouvellistes pour dauber sur l'archevêque de Cambrai et s'égayer à ses dépens ; on voit percer une envie de médire et des sarcasmes qui se refoulent bien à contre-cœur ; mais il ne faut pas trop regretter ce silence prudent, car, si l'on en peut juger par les demi-mots qui échappent, nous n'avons perdu que les variantes des anecdotes vraies ou fausses et des graveleuses aventures dont Saint-Simon a fait la légende enluminée du cardinal.

p.157 Suivant l'usage de notre pays, où les frondeurs ne négligent pas leurs intérêts personnels auprès du gouvernement qu'ils critiquent, et mêlent habilement le personnage d'opposant à celui de solliciteur, beaucoup de ces railleurs de qualité remplissaient les antichambres du prélat-ministre. On parla un moment de créer pour sa garde une troisième compagnie de mousquetaires ; le marquis de La Cour, qui avait un second fils à pourvoir et se sentait en crédit, grâce aux d'Argenson, tourna ses vues de ce côté et songea fort à demander le commandement de cette compagnie. Une fausse honte le retenait, un combat se livrait dans son esprit entre la crainte de l'opinion publique et l'ambition. « Quoique bien des gens aient l'air d'en faire fi, écrivait-il à sa femme le 6 juillet 1722, ce sont pourtant toujours des troupes du roi, attachées à la vérité à un homme pour qui l'on n'a pas grande considération, mais ce sont des troupes du roi, et cela mettrait de l'aisance dans notre famille. Raisonnez-en, je vous prie... » Huit jours après, il change de ton et se rétracte fièrement. « Je n'ai parlé à personne de l'idée qui m'était venue, car je n'aime point cela, pas même pour le chevalier. » — Notre Normand, qui se renseignait aux bons endroits, avait eu vent de la résolution prise par le cardinal de n'avoir point de mousquetaires.

Cette correspondance est utile, surtout pour donner à certains détails de l'histoire contemporaine un degré de précision auquel on atteindrait difficilement sans cela. On y trouve la date exacte des faveurs et des disgrâces, des exils et des retours, des pensions et des promotions, événements très minces qui, pour les curieux et les ambitieux, étaient alors toute la politique. Il s'y p.158 glisse quelques nouvelles de la république des lettres à propos des ouvrages courus et des pièces à succès. C'est ainsi qu'il y est fait mention des tragédies et des aventures de Voltaire. L'ami des d'Argenson, l'hôte des Caumartin ne pouvait être pour la marquise un étranger, peut-être même l'avait-elle entrevu chez ses frères ou chez ses neveux dans l'un de ses voyages à Paris ; quant au marquis, il connaissait certainement notre porte, car il parle fort souvent de lui. Il était à la première représentation d'*Œdipe* en compagnie de son neveu, d'Argenson le cadet, le jour même où d'Argenson l'aîné et mademoiselle Mélian se voyaient aux Filles-Sainte-Marie. « L'entrevue se fit vendredi, écrit-il le 19 novembre 1718 ; le cadet n'alla point au couvent, il vint à *Œdipe*, tragédie nouvelle, où je le vis un moment. » Comment la marquise, en quête de gens d'esprit et de plumes agréables, a-t-elle laissé échapper la bonne fortune qui venait s'offrir ? Quel admirable correspondant était là près d'elle, à portée de sa main ! Nul secret mouvement, nul instinct de sympathie ou de curiosité inquiète ne l'a donc avertie de l'importance d'une conquête qui, habilement circonvenue, n'aurait point résisté ? L'intérêt qu'on porte « au jeune Arouët » dans la famille montre à quel point il y était aimé et combien facilement la dame de Balleroy, secondée de tous les siens, l'eût enrôlé sous sa bannière.

Cet intérêt le suit partout, à travers les agitations de sa naissante fortune. Le 2 avril 1717, le baron de Breteuil écrit à la marquise, sa cousine : « J'ai laissé Arouët à Saint-Ange depuis le commencement du carême. » Le 26 mai suivant, Caumartin de Boissy transmet une fâcheuse nouvelle : « Arouët a été mis à la Bastille et sera, dit-on, mené à Pierre-Encise. » — Le bruit que fait *Œdipe* trouve de l'écho à Balleroy ; le marquis de La Cour écrit le 30 décembre 1718 : « On ne parle que de la belle tragédie de M. Harouët... M. le duc d'Orléans a donné une médaille d'or à M. Harouët en récompense de sa belle tragédie d'*Œdipe*. » Il y revient le 16 janvier suivant et signale la durée de cet éclatant succès : « *Œdipe* est toujours fort suivi. » Une lettre du 3 mai 1719 raconte avec force détails la querelle de l'irritable poète et du comédien Poisson. C'est encore le marquis de La Cour qui se fait le messager de la première représentation d'*Artémire*, le 17 février 1720 ; mais l'événement cette fois est bien différent : « Ce pauvre Harouët eut hier une mauvaise réussite à sa nouvelle pièce. Le premier acte fut fort applaudi, les autres furent sifflés en plusieurs endroits. » Le 10 janvier 1722 nous apprenons que Voltaire a reçu 500 écus de pension, et le 20 mars 1723, que M. l'abbé Dubos a été nommé « pour examiner s'il y a rien dans le poème d'*Henri IV* qui puisse choquer à Rome. » D'un bout à l'autre de la correspondance, Voltaire est cité non pas seulement à titre de célébrité contemporaine, mais comme un ami de la maison.

A mesure qu'on s'éloigne du monde brillant des d'Argenson et des Caumartin, où, selon le mot si juste de ce même Voltaire, le cœur parlait avec esprit, lorsqu'on descend vers le ban et l'arrière-ban convoqué par la châtelaine de Balleroy, ce n'est pas uniquement le bon vouloir qui diminue, c'est le mérite qui baisse avec le degré de parenté : la marquise, entre tous ses privilèges, avait eu ce bonheur singulier de trouver les meilleurs des hommes parmi ceux qui la touchaient de plus près, les talents les plus distingués réunis au dévouement le plus sincère pour sa personne. Rangeons dans cette élite le baron de Breteuil, son cousin, dont les nombreuses lettres ne seraient pas indignes de Caumartin de Boissy ; il les dictait à un secrétaire, en ajoutant de sa main, sous une forme légère, quelque ingénieux *post-scriptum*. — « Si vous me tenez la parole que vous me donnez de m'écrire des nouvelles quand vous serez à Paris et que j'en serai absent, j'y gagnerai beaucoup, car ordinairement les dames heureusement nées rendent au moins deux pour un... Bonjour, ma chère cousine, si vous ne m'aimez pas après tout ce que je vous envoie de nouvelles, vous êtes une grande ingrate. » D'autres parents, plus obscurs, se défiant de leur mérite et de l'agrément de leur commerce, essayent de s'accréditer en prodiguant les petits cadeaux ; ils mêlent aux nouvelles qu'ils ont recueillies l'annonce des envois qu'ils méditent, et dans la même page où ils racontent un changement de ministère, un lit de justice, la banqueroute de Law, on est tout surpris de lire : « J'ai retrouvé le pâté égaré,

Madame, il est en parfait état et vous sera envoyé aujourd'hui même... Puisque vous trouvez mes fromages bons, je ne manquerai pas de vous en donner tous les ans ; ils sont meilleurs à Paris qu'à Balleroy... Les troupes qui se rendent au camp de Saint-Denis défilent par-dessus le rempart, et font voir aux Parisiens qu'on ne les craint guère. »

Les amis, les gens du monde qui, cédant à des instances réitérées, promettent d'écrire, ont le double tort d'être irréguliers et mal renseignés ; ils ne se mettent pas en dépense, ils s'acquittent à la hâte d'un devoir qui leur pèse et qu'ils fuient au plus vite. L'abbé de Guitaud, p.161 en novembre 1745, avait pris des engagements formels : plus fécond qu'un *Mercure galant,* il devait envoyer par mois deux longues lettres ; mais dès le 1er février 1716 il s'excuse, « il barguigne, » et finalement retire sa promesse en prétextant une absence. « J'ai mal tenu ma parole, j'en fais beaucoup d'excuses. J'ai été fort solitaire depuis un certain temps. Loin de faire mieux désormais, je vais rentrer avec vous dans un profond silence, étant prêt de m'en retourner en Bourgogne. Si les nouvelles de l'Auxois vous tentent, je suis prêt à vous rendre à cet égard le même service. » — C'était une perte, car il avait des vivacités originales qui auraient fait de lui un correspondant fort gai. Annonçant une maladie grave d'une certaine duchesse, il disait, avec l'aisance du railleur de profession : « La duchesse a pensé mourir d'une inflammation ou plutôt de diverses inflammations qu'elle avait dans le corps. » L'abbé de Choisy, qui avait aussi donné son billet d'être un bon correspondant, y faisait honneur en prenant pour suppléant son valet de chambre, et quand le marquis de La Cour venait à Paris, une de ses instructions lui recommandait de subventionner largement ces gazetiers subalternes. « J'ai dîné hier avec M. l'abbé de Choisy, qui m'assura que son valet de chambre était fort exact à votre égard. J'ai fait ce qu'il fallait pour cela, mais il n'écrit qu'une fois la semaine, et j'avoue que c'est bien peu. » Les gazettes rédigées par des valets de chambre sont fort nombreuses dans ce recueil ; la forme en est sèche, comme celle des nouvelles à la main, c'est un détail de menus faits sans ordre et sans commentaire : « M. le cardinal Dubois se fait peindre actuellement par le sieur Rigaud ; » — « le roi a accordé une pension de 6 000 $_{p.162}$ livres à madame Du Deffant ; » — « on va représenter sur le Théâtre-Français *Esther,* de Racine ; » — « on fait de nouvelles façons de culottes qui sont sans poches ni goussets et s'appellent des *culottes à la régence* : tout le monde en porte, si ce n'est les Gascons ; » — « les Mémoires du cardinal de Retz font ici beaucoup d'effet, ils agitent les faibles et augmentent l'inquiétude des inquiets. » La variété seule des informations y répand quelque agrément ; rien n'y est oublié, ni « les brelans effrénés où il se fait des pertes horribles, » ni la vogue du biribi, « qui ne s'est pas encore encanaillé dans les provinces, » mais dont on ne peut se passer à Paris, « pas plus que de boire et de manger ou de politiquer. » On y trouve jusqu'à l'idée première des carrosses de remise à la date du 4 décembre 1723 : « Une compagnie a promis de voiturer Paris plus commodément qu'il ne l'est par les fiacres, qui seront, dit-on, abolis. On doit établir cinq cents carrosses uniformes, garnis de glaces et attelés de bons chevaux. Les cinq cents cochers seront habillés de rouge avec une marque qui les puisse faire reconnaître lorsqu'ils seront insolents. Les carrosses ne resteront point sur les places, pour ne pas embarrasser les passages, mais dans des remises choisies aux endroits les plus commodes de Paris. » On voit que le zèle des nouvellistes rivalisait avec l'ardeur de curiosité qui leur demandait des nouvelles.

La correspondance finit le 24 décembre 1724. Les disgrâces qui frappèrent les membres éminents de la famille, la mort qui faisait dans ses rangs des vides cruels, les dispersions qui en furent la suite, attristèrent sans doute ce qui restait de cette noble société, et brisèrent ou refroidirent ce commerce des âmes et des esprits dont nous avons retracé la piquante vivacité. Le marquis de La Cour mourut en 1725 ; les deux Caumartin, M. et madame d'Argenson, sans parler d'autres parents moins célèbres, avaient depuis quelques années disparu ; quant à la marquise, elle atteignit le milieu du siècle, et put voir, avant de mourir en 1749, l'essor de fortune politique qui éleva si haut ses neveux d'Argenson, et les progrès éclatants qui signalèrent le génie de leur ami « Harouët. » Ses deux fils, dont l'aîné était devenu colonel de dragons sous la régence, parvinrent l'un et l'autre au grade de lieutenant-général. Leur nom, vaillamment porté, se soutint avec honneur dans les armées royales jusqu'à la fin de l'ancien régime ; — soixante-dix ans après l'époque que nous venons d'examiner, nous le retrouvons mêlé à l'histoire sanglante de la Terreur. En parcourant la liste des victimes du tribunal révolutionnaire, on rencontre « Charles-Auguste de La Cour de Balleroy, lieutenant-général, condamné à mort le 6 germinal an II, avec François-Auguste, son fils, maréchal-de-camp. » Or le second fils de la marquise, ce chevalier de Malte qui sortait de l'Académie en 1722 et pour qui l'on avait ambitionné la compagnie des mousquetaires du cardinal Dubois, se nommait Charles-Auguste, il était lieutenant-général : marié en 1752, selon La Chesnaye des Bois, il eut un fils et deux filles. Serait-ce donc ce même chevalier de La Cour, le fils de la belle Émilie, le contemporain du régent, le neveu des Caumartin, — celui qui avait un jour fixé l'attention de madame de Sabran, celui de qui son père écrivait en 1719 : « Je ne crois pas que le chevalier ait eu l'esprit de ramasser au loin des œufs de perdrix pour les faire couver au logis par des poules ; j'ai peur que p.164 cela ne le passe » ; — serait-ce lui qui, égalant la longévité du maréchal de Richelieu, né en 1696, mort en 1788, reparaîtrait ainsi, à l'autre bout du siècle, sur l'échafaud populaire, pour y expier, comme tant d'autres, des fautes et des corruptions dont il était innocent ? C'était du moins sa race, c'était le sang de la spirituelle marquise et des personnages que ces lettres ont fait revivre un instant sous nos yeux.

Il y a loin de cette jeunesse insouciante du siècle naissant, gaie jusque dans sa misère, il y a loin de ces folles années de la régence aux sinistres perspectives du 6 germinal an II. Un mouvement puissant d'aspirations politiques et de créations littéraires a grandi et s'est développé dans l'intervalle ; mais déjà en 1715, sous la frivolité cynique qui se jouait à la surface d'une société blessée au cœur, le principe funeste qui allait tout corrompre agissait silencieusement. Les ferments de révolte s'insinuaient dans les masses, provoquées par le spectacle impudent du scandale privilégié ; la tradition de haine et de mépris commençait. Un défaut presque absolu d'esprit politique, ce vice originel de l'aristocratie française, l'oubli des devoirs sur lesquels se fondent la garantie des droits et l'excuse des privilèges, l'abaissement des caractères, énervés par la vie de cour, tous les désordres comme toutes les faiblesses qui perdent fatalement les classes dirigeantes, s'accusaient dès lors avec une gravité d'autant plus dangereuse qu'on n'avait pas même le sentiment du mal déjà fait, ni l'intelligence des réformes encore possibles.

Rendons justice aux correspondants de la marquise. S'il leur manque cette hauteur de vues, cette prévoyante sagacité dont bien peu de leurs contemporains étaient capables, s'ils ne dépassent pas en général le niveau de ces talents du second ordre qu'aimait un régime sans hardiesse et sans indépendance, aucun d'eux n'a trempé dans les excès que l'histoire a flétris ; ce sont d'honnêtes gens qui résistent à la contagion des vices à la mode. Ils n'ont pas seulement les qualités brillantes de l'ancienne France, ils gardent et l'on retrouve chez eux ses mérites les plus solides et ses meilleures vertus, tout cet héritage moral du vieux temps, que la belle jeunesse de Versailles et de Paris dissipait gaiement, mais qui soutenait encore et devait conserver pendant trois quarts de siècle les institutions dont il était le plus ferme appui. Le vrai titre d'honneur de cette famille, ce qui la recommande à l'histoire, c'est d'avoir produit l'un des génies politiques les plus féconds du XVIIIe siècle, le marquis d'Argenson, l'ami de Voltaire et de d'Alembert, l'inspirateur de Jean-Jacques Rousseau, l'un de ces hommes clairvoyants et généreux que l'ancienne monarchie a trop peu écoutés, le précurseur enfin de Malesherbes et de Turgot.

DEUXIÈME ÉPOQUE

ÉTAT DE L'OPINION ET MOUVEMENT DES ESPRITS DEPUIS LA FIN DE LA RÉGENCE JUSQU'A LA GUERRE DE SEPT ANS (1724-1756).

CHAPITRE PREMIER

Caractère général de cette époque : nombreux Mémoires qui s'y rapportent. — Examen de ces Mémoires par rang de date et d'importance. — Le Journal de l'avocat Barbier. — Vie de Barbier (1689-1771). — Sa situation et ses opinions.

On prête au cardinal de Fleury ce mot : « Quand donc nous donnera-t-on du bon sens en échange du bel esprit [1] ? » Ce mot, vrai ou faux, peint l'homme et sa politique, par opposition au gouvernement de la régence. A l'avénement de tous les pouvoirs il se prononce ou il s'invente de ces mots expressifs qui sont à eux seuls un programme : ils résument les désirs et les promesses du moment, sans garantie, bien entendu, contre les déceptions de l'avenir. La régence avait été l'une de ces époques comme il s'en voit chez nous, où le bel esprit prend la place de la sagesse dans les affaires, et l'on sait ce que cela peut coûter ; le gouvernement de Fleury fut une restauration du bon sens, une proscription du bel esprit politique et de la chimère, un retour applaudi au train ordinaire et régulier. Les peuples ne quittent que par exception les voies connues.

---

[1] Lettres morales et récréatives de Caraccioli (1767), t. I, p. 27.

Entre le régent et lui il y a un pouvoir intérimaire : M. le duc. Mais ce pouvoir de deux ans et demi est sans caractère. Il n'a qu'un but, piller le trésor et pressurer le peuple. C'est une intrigue menée par une femme et conseillée par Turcaret, une exploitation du fisc appuyée sur la force, un coup de Bourse prolongé, le gouvernement passé à l'état de concussion en permanence ; en un mot, c'est la mauvaise queue de la régence, un reste de l'orgie politique et financière, moins l'esprit élevé du régent et sans le talent diplomatique de Dubois. Cette agence de pillards tomba devant la menace d'un soulèvement.

Fleury eut pour principe le repos et pour mérite l'économie. Sous lui, la France respira. A voir ce régime doux, on dirait une convalescence. L'esprit public est conduit sagement, à petit bruit, avec égards et sans faiblesse. L'esprit philosophique naissant et déjà fort est mis à l'index et au secret. Les maximes de Louis XIV revivent, mais sous une forme nouvelle : en reparaissant après dix années d'interrègne, le despotisme n'a plus son air altier ni ses allures décidées, il s'efface et s'amortit, il s'enveloppe de timidité rusée et d'insidieuse patience. Le gouvernement de Fleury n'est pas l'époque brillante du siècle, mais il en est l'époque tranquille, et si le repos suffit au bonheur des peuples, c'est le moment le plus heureux du règne. Après la mort de Fleury suivent cinq années de guerre, années actives et glorieuses. Le bâton de commandement du maréchal de Villars a passé aux mains du comte de Saxe ; Fontenoy, Raucoux, Lawfeld semblent réveiller l'esprit et les traditions militaires du siècle précédent. Saluons l'éclat des derniers beaux jours qui aient brillé sur l'ancien régime.

Dans l'intervalle qui sépare la paix de 1748 de la guerre de sept ans, la face des choses commence à changer. La royauté, dégradée par le gouvernement des favorites, insulte aux espérances et à la fidélité des peuples. L'opposition parlementaire s'aigrit, les querelles du jansénisme s'enveniment ; la philosophie, fortifiée par l'exemple de l'Angleterre et par l'irritation croissante, pose avec audace des principes absolus et soulève des questions radicales. *L'Esprit des lois* a paru ; l'*Encyclopédie* se fonde ; Rousseau et Diderot entrent dans la célébrité ; Voltaire, longtemps incertain entre la flatterie et l'agression, va se fixer à Genève dans l'exil et dans la liberté. Les signes avant-coureurs d'une révolution éclatent aux regards pénétrants ; nous touchons à l'époque décisive et caractéristique du XVIIIe siècle.

Voilà les traits distinctifs et, pour ainsi dire, les trois moments principaux de cette seconde période, moins connue peut-être que les autres, parce qu'elle est comme obscurcie et cachée à nos yeux par la gloire de l'époque philosophique qui lui a succédé. Les documents cependant ne manquent pas pour la bien connaître. Nulle époque n'est plus fertile en Mémoires sérieux que cet intervalle de trente années, qui forme la transition entre les agitations de la régence et le mouvement révolutionnaire de la seconde moitié du siècle.

Au premier rang, par la date et l'importance, se placent le Journal de Barbier et les Mémoires du marquis d'Argenson. L'avocat Barbier est le digne successeur de p.170 Marais dans la *Chronique de Paris* au XVIIIe siècle. Esprit moins élevé et moins fin que son devancier, il est comme lui attentif et curieux, il abonde en amitiés et en relations de toute sorte ; il passe sa vie dans le monde du Parlement, dans les ardeurs de cette opposition à la fois irrégulière et légale qui a travaillé avec une énergie passionnée à ruiner le despotisme en France. D'Argenson, homme de théorie, candidat perpétuel au ministère, a un pied à la ville et un autre à la cour ; il fréquente le pouvoir et les philosophes, il observe les évolutions de la politique régnante et l'essor libre de l'esprit public : nul, à ce moment, n'a pénétré plus avant que lui dans les profondeurs de la pensée du siècle, nul n'a jugé de plus haut l'incurable faiblesse de ce qui penchait vers sa ruine et la puissance des idées modernes. Dévoré du besoin d'agir et se dédommageant de l'inaction par le rêve, on ne peut lui refuser le génie du pressentiment en politique.

C'est d'un point de vue tout différent que le duc de Luynes, dans les dix-sept volumes de son Journal, regarde et décrit les événements contemporains. Courtisan accompli, il a Versailles pour horizon, et pour objet d'étude l'étiquette. Luynes est le Dangeau du règne de Louis XV. — A côté de ces Mémoires il s'en trouve un certain nombre d'une importance moindre, mais qui ont ce mérite de compléter les premiers sur des points précis et intéressants. Telle est, par exemple, la Correspondance de Louis XV avec le maréchal de Noailles ou avec les agents secrets de sa diplomatie particulière ; tous ces écrits nous aident à pénétrer l'énigme du caractère royal ainsi que les intrigues qui se nouent dans les petits cabinets de Versailles à l'époque des premières amours, du prince, avant l'ascendant vainqueur de p.171 madame de Pompadour. L'ensemble de ces informations, puisées à des sources très diverses, fortifiées et contrôlées par leur rapprochement même, embrasse, on le voit, la société et l'opinion dans leurs éléments les plus variés : adressons-nous d'abord à l'avocat Barbier, qui continue jusqu'en 1763 la *Chronique du bourgeois de Paris,* commencée par Buvat et Marais en 1715.

I

La vie et le caractère de Barbier.

Barbier est né à Paris en 1689. Il avait par conséquent quelques années de plus que Voltaire, les deux d'Argenson et le duc de Richelieu, nés, les uns en 1694, les autres en 1696. Le père, le grand-père et l'oncle de notre chroniqueur, gens de mérite et de bonne renommée, avaient appartenu au barreau de Paris ; Barbier cite dans son Journal l'éloge que le premier président Portail fit de son père, lorsque celui-ci mourut en 1735 : « Au milieu de sa science et de ses talents, la modestie la plus sincère et la plus parfaite semblait être peinte sur son front ; un caractère de douceur et de simplicité prévenait en sa faveur. » — Ce Barbier, qui fut ainsi loué en plein Parlement, était célèbre pour l'étendue et la sûreté de sa mémoire. Ayant quitté la plaidoirie en 1721, il tint le premier rang comme avocat consultant, et fut nommé successivement chef du conseil du garde des sceaux d'Argenson, de la princesse de Conti et du duc d'Orléans. Doué d'une prudence qu'il a léguée à son fils, il refusa en 1731 d'être bâtonnier pour ne point se mêler aux querelles de son ordre avec la cour. Ajoutons qu'il p.172 était marguillier de Saint-Séverin, sa paroisse, et qu'il avait des armoiries : il portait d'argent fretté de six pièces de sinople et un chef de gueules chargé de trois grelots d'or [1].

---

[1] Journal, t. II, 32, 162 ; t. III, 46. Le grand-père du chroniqueur, né en 1630, mort en 1678, est cité comme une autorité par maître Lucien Soefve dans ses *Questions notables* (1682). D'autres avocats du nom de Barbier n'avaient aucun lien de parenté avec l'auteur de ce journal : le plus célèbre est Barbier d'Aucourt, né à Langres en 1641, mort en 1694, critique mordant et ennemi des jésuites. On l'appelait l'avocat *Sacrus,* parce qu'un jour visitant une exposition de peinture dans une église des jésuites, il eut le tort de laisser échapper cette exclamation en latin : Si *locus est sacrus, quare exponitis ?*

L'auteur de ce Journal entra au barreau en 1708. Jusqu'en 1771, époque de sa mort, il resta inscrit au tableau de l'ordre des avocats près le Parlement. Mathieu Marais siégeait au banc des anciens (il y avait douze bancs) quand Barbier prit rang parmi les jeunes. Barbier ne plaidait pas, il aidait son père et lui succéda dans la consultation. Sa famille avait établi rue Galande un cabinet d'affaires, dont la solide clientèle datait du siècle précédent. N'oublions pas que cette profession d'avocat consultant, différente de ce qu'elle est aujourd'hui, était une sorte d'agence commerciale et judiciaire qui créait à l'homme de loi de nombreuses relations et le plaçait dans l'un des centres les plus actifs du mouvement de Paris.

En 1750 il prit part, comme notable, à l'élection des échevins et du prévôt des marchands ; cela prouve qu'il faisait quelque figure dans la bourgeoisie de la rive gauche, car les notables étaient élus eux-mêmes par leurs quartiers respectifs [1]. Barbier, parmi cette foule de p.173 relations que multipliaient les affaires, compta d'illustres amitiés : c'est le premier devoir et, si je puis dire, la clientèle nécessaire du chroniqueur. Il connut M. de Morville, que Voltaire, quelque part, a imploré et remercié en beaux vers, le président Nicole, le maréchal de Saxe, le comte d'Argenson, frère du marquis philosophe, et qui fut plus longtemps que lui

---

[1] T. IV, 460. —Voir en outre, pour le détail de tous ces faits, la Notice de M. de La Villegille dans l'édition de la Société de l'Histoire de France (1847).

ministre. Le Journal nous apprend, comme un événement, qu'il donna un jour à souper à une Excellence [1]. Tout cela lui faisait, en résumé, une bonne situation d'observateur, et c'est sans doute parce qu'il avait à la fois le goût et la facilité d'observer que l'idée lui est venue d'écrire ses Mémoires.

Barbier est très sobre et très réservé en ce qui le concerne personnellement ; rien n'est plus étranger à sa manière que le genre moderne des confidences : il fait le Journal de tout le monde, excepté le sien. Ce qu'on sait le mieux de lui, c'est ce qu'il pensait sur la religion et sur la politique. Quelques traits jetés incidemment nous donnent à supposer qu'il était d'une santé robuste et qu'il aimait le plaisir ; ses opinions ne démentent pas cette conjecture, car elles sont bien souvent d'un épicurien [2]. Il se laisse aller aussi à nous dire qu'il a fait « une promenade aux champs *dans un fiacre bien fermé* ; » une autre fois il se vante d'une paternité probable (il était resté célibataire) ; aussi lisons-nous sans étonnement sa réponse aux esprits chagrins qui blâmaient le roi d'avoir une maîtresse : « Mais qui n'en a pas [3] ? »

---

[1] T. II, 184 (1731).

[2] « J'ai eu la fièvre (1722), qui ne m'a été causée que par un chagrin que j'ai eu à cause d'une maîtresse. Je suis constitué de manière que je n'ai jamais été malade que par quelque accident. » (I, 224.)

[3] T. IV, 496.

Comme tout bon bourgeois, il avait sa petite maison hors barrière, où il allait oublier la rue Galande et la place Maubert. Au prix de 4 000 livres il avait acquis le droit d'occuper un logement sa vie durant dans le château de Madrid, avec jardin, remise, hangar et écurie. C'était là sa guinguette.

Nous n'en savons pas davantage sur sa vie, qui paraît avoir été simple et exempte d'intrigues, fort affairée avec des intervalles d'épicurisme, relevée d'ailleurs et égayée par ce goût d'observations journalières et par le plaisir indépendant de juger à huis clos les hommes et les choses. Barbier était de ceux qui n'osent pas toujours dire leur avis tout haut, ni même entre amis, mais qui du moins en ont un et savent s'y tenir. Ce qu'il n'osait exprimer en public il le confiait à son papier. Il y a deux sortes d'auteurs de Mémoires : il y a les chroniqueurs passionnés, d'une véhémence ou d'une aigreur intéressée, dont la personne, les idées, l'ambition sont fortement engagées dans les événements en train de s'accomplir, et qui prennent à partie les contemporains comme des ennemis ou des rivaux ; Saint-Simon et d'Argenson lui-même sont de ceux-là. Il y a les simples curieux, que le spectacle attire et qui ne demandent à leur Journal que la satisfaction du barbier de Midas ou le plaisir plus noble, vanté par Horace et cher à Lucilius : ce bonheur de pouvoir dire son mot et d'épancher son cœur dans la plus secrète des intimités, celle de l'écrivain avec lui-même, et en vue de cette vague postérité qu'on ne désire pas et qu'on n'est pas sûr d'avoir pour public posthume. De ce nombre est Barbier, en compagnie de Buvat et de Mathieu Marais.

Quand il mourut, en 1771, il comptait soixante-trois ans d'exercice dans sa profession. Il était le troisième sur le tableau de l'ordre par rang d'ancienneté. Il fut enterré, comme son père, dans la chapelle du Saint-Sacrement, à Saint-Séverin ; mais il n'avait point été marguillier, et son Journal dit assez pourquoi. Il quitta la plume de chroniqueur en 1763 ; c'est donc quarante-cinq ans, près d'un demi-siècle, que son Journal embrasse, depuis 1718, avec de rares lacunes qui portent sur une bonne partie des années 1719, 1736 et sur quatre mois de 1739. A sa mort, il légua le manuscrit du Journal à un parent, Barbier d'Increville, prêtre, docteur en Sorbonne, chanoine de Verdun et conseiller clerc au Parlement de Paris, où il avait acheté, en 1768, la charge du fameux abbé Chauvelin, l'adversaire triomphant des jésuites. Barbier d'Increville, qui fut conseiller de grand'chambre en 1784 (il était né en 1742), survécut à la Révolution et à bon nombre de ses anciens collègues, tombés sur l'échafaud. Il mourut en juillet 1830, plein de vénération pour l'illustre corps auquel il avait appartenu. Possesseur du manuscrit, il y a biffé quelques lignes peu canoniques et s'est contenté d'y glisser des notes sur les parlementaires, ses anciens collègues [1]. Parmi ces

---

[1] Après la mort de Barbier d'Increville le manuscrit passa à la Bibliothèque impériale.

notes, quelquefois curieuses dans leur laconisme, il y en a une sur le chroniqueur lui-même : « J'ai connu l'auteur de ces Mémoires à l'âge de quatre-vingts ans ; ce n'était pas un homme de parti ; il jugeait avec beaucoup de sagesse et de modération. »

Cette réflexion du premier lecteur de ces Mémoires sera confirmée par tous ceux qui les liront après lui. p.176 Barbier est un homme sage et modéré, un juge équitable, et ce bon sens impartial, il en fait preuve non pas seulement à quatre-vingts ans, mais dès sa jeunesse. Pendant quarante-cinq ans, de 1718 à 1763, Barbier n'a pas changé ; une telle fidélité d'opinion commençait à devenir un mérite. Cela donne à sa chronique un caractère d'unité morale, tout d'abord sensible, cela lui gagne aussitôt notre confiance. Il en est des livres, et même des journaux, comme des hommes ; la grande condition, pour prendre crédit et autorité, c'est de ne pas se démentir. Ce caractère n'est pas le seul. Avant de consulter le témoignage que nous apportent ces Mémoires, examinons, comme nous l'avons fait pour Buvat et Marais, la qualité du témoin. Quels sont donc les traits distinctifs de notre chroniqueur parmi les auteurs de chroniques si nombreux au XVIIIe siècle ? On peut les signaler d'un mot : l'esprit qui domine dans Barbier, c'est l'esprit bourgeois.

Mais, dira-t-on, Buvat et Marais ne sont-ils pas aussi des bourgeois de Paris ? Dans l'ancienne France, sous Henri IV, comme sous Charles VII et Charles VI, nombre d'historiens n'ont-ils pas exprimé et personnifié l'esprit de la bourgeoisie, tel qu'il était de leur temps ? Sans contredit ; mais je n'en connais point, ni au XVIIIe siècle ni auparavant, à qui cette qualification, dont on abuse, s'applique à meilleur titre. Il y a en effet, dans l'esprit bourgeois, des nuances qui varient avec la position, la fortune, l'éducation. Buvat et Marais ont bien des traits de ce caractère : mais Buvat, timide et pauvre, est plus voisin du peuple que de la bourgeoisie ; Marais, libre penseur, assez bon écrivain, se met hors de pair ; il est plus savant, plus fin que le bourgeois de Paris. p.177 Barbier, au contraire, c'est le vrai bourgeois du XVIIIe siècle, c'est lui qui représente le plus fidèlement, avec son mélange de bien et de mal, le juste milieu de l'esprit français.

Qu'est-ce, à vrai dire, que l'esprit bourgeois ? A quelles marques le reconnaître ?

Le fond de cet esprit est la liberté prudente et la sagesse égoïste. D'humeur frondeuse, ennemi né du courtisan, on sent, dans les plus grandes audaces de sa verve critique, la frayeur de tout ce qui ressemble et de tout ce qui a succédé à la Bastille. Il saisit d'un regard sûr et prompt les ridicules et les fautes des gouvernements, mais trop souvent il lui manque l'intelligence de ce qui est élevé et généreux. Il est sujet à voir les choses par leurs moindres côtés. Quelle que soit d'ailleurs l'opinion qu'il professe sur la politique, celle-ci n'est pour lui qu'un objet de luxe, un brillant ou amusant superflu qui ne doit jamais porter atteinte au nécessaire. Il a pour règle suprême de tout sacrifier à la stabilité, dont il a besoin, et de préférer tout au désordre, qui gênerait ses plaisirs ou mettrait en hasard ses intérêts. Une fatalité ironique veut qu'il détruise bien souvent ce qu'il prétend conserver. Sur les grandes scènes de ce monde, pour lesquelles il n'est point fait, il joue le rôle d'un perturbateur sans le savoir et d'un révolutionnaire malgré lui.

Les violences, les illusions, l'enthousiasme populaires ne sont pas dans le tempérament de l'esprit bourgeois. Le fond de réserve des énergies nationales qui réside au sein des masses, à l'état brut et primitif, s'atténue, s'affaiblit en passant chez lui, à travers les raffinements et les délicatesses de l'éducation ou du bien être. Moins sujet à se méprendre sur la valeur de ceux qui le gouvernent, il n'est pas non plus capable de ces fortes passions qui fondent les renommées politiques ou les renversent ; ces puissances conservatrices ou révolutionnaires qui décident du sort des États, qui les élèvent ou les précipitent, il ne lui appartient pas de leur donner l'impulsion. Il n'est ni aussi secourable ni aussi terrible que le peuple aux gouvernants. Sa vraie fonction est de réveiller, aux époques languissantes, l'opposition découragée, et de dissiper les prestiges dont le pouvoir éblouit les multitudes, comme aussi d'amortir, à la façon d'un corps mou qui résiste par sa mollesse même, la furie populaire et les impatiences des novateurs.

Eh bien ! tous ces traits, le Journal de Barbier nous en présente une image naïve.

II

Le Journal de Barbier [1]

Barbier a de la droiture et de la sincérité ; c'est un honnête homme clairvoyant, qui n'est pas dupe de la sottise fastueuse des grands et de leurs bévues en politique, mais qui ne ferme pas non plus les yeux à l'évidente injustice de certaines oppositions intéressées. Il y a en lui quelque chose de la perspicacité du moraliste ; à force de voir les hommes et de les étudier de près en faisant leurs affaires, il apprend à les juger ; sa profession lui ouvre des jours imprévus sur les replis du cœur humain, et ce n'est pas à lui que les frondeurs ni les courtisans en pourront conter. « Il est certain, dit-il, que dans les affaires de parti il y a toujours de la fourberie [1]. » Ailleurs il a tracé lui-même son portrait en rendant ce témoignage à l'un de ses contemporains,

---

[1] Première édition en 4 volumes (abrégée), par la Société de l'Histoire de France, 1847. — 2ᵉ édition en 8 volumes (complète), Charpentier, éditeur, 1857. C'est cette seconde édition que nous avons suivie.

figurant modeste dans la pièce mêlée que le Journal raconte : « C'est un homme d'esprit qui n'est outré dans aucun sens [2]. » Ce sont là, en effet, ses hommes, et ce point de vue est bien celui où il s'est placé lui-même.

Bazochien de naissance et d'esprit, Barbier n'a point cette hardiesse de parole et de conduite qui commençait à donner au barreau de Paris une couleur en politique. Il est plus bourgeois qu'avocat. A la suite du Parlement, les avocats s'engageaient avec vivacité dans les luttes soutenues contre la cour. Il ne leur déplaisait nullement de jouer le rôle d'assembleurs de nuées dans ces orages. Aux jours de crise, ils refusaient de plaider, ils rédigeaient des mémoires et des protestations en faveur des opposants, quels qu'ils fussent. Comme dans tous les corps un peu nombreux, il y avait le parti des jeunes et des impatients, ceux, dit Barbier, qui, n'ayant rien à risquer, avaient tout à conquérir ; ceux-là, prépondérants par la violence et par le bruit, attaquaient, sous Fleury, la bulle *Unigenitus,* le concile d'Embrun, les édits royaux, faisaient rage pour le jansénisme ou contre le pouvoir absolu, et poussaient aux mesures extrêmes le corps entier [3]. Il y avait aussi le bataillon des prudents qui se taisait,

---

[1] T. II, 56.

[2] T. VI, 493.

[3] « Il y a parmi eux deux cents jeunes gens lui ne cherchent que le trouble. Si quelqu'un pense autrement, il est hué. » (T. I, 531.)

tergiversait, s'abstenait ou suivait à regret. p.180 Barbier, cela va sans dire, était parmi les sages. D'ailleurs, en qualité de consultant et d'homme d'affaires, il n'avait point à exercer le prestige de la parole à côté des Normand, des Cochin, des Aubry, des Duhamel, des Berruyer, et il n'aimait pas à le subir. « Heureusement que mon père ni moi nous ne sommes point mêlés dans ces tapages, parmi ces esprits caustiques et turbulents. Je crois qu'il faut faire son emploi avec honneur sans se mêler d'affaires d'État sur lesquelles on n'a ni pouvoir ni mission [1]. » En parlant d'un de ses confrères qui s'était lancé un peu à l'étourdie dans quelque échauffourée : « Il doit bien se repentir, dit-il, d'avoir attaché le grelot dans une affaire aussi importante et qui peut avoir des suites [2]. » Ce n'est pas lui qui sera jamais « un attacheur de grelot ». Il aime trop à répéter, en toute occasion grave, et lorsqu'il voit les têtes légères s'enivrer de la fumée d'un premier succès : « Il faut voir comment tout cela finira. »

Le régent, qui ne craignait pas la liberté et qui se contentait de rire au lieu de punir, avait tourné en plaisanterie ces rébellions du barreau. En 1748, après le lit de justice, l'éloquence des avocats s'était mise en grève : « Quoi ! dit-il, ces b…là s'en mêlent aussi ! » — « Monseigneur, répondit quelqu'un, ce sont les plus difficiles à réduire ; car il est permis de faire taire un avocat, mais il est

---

[1] T. II, 32, 36.
[2] T. IV, 380.

impossible de le faire parler malgré lui ¹. » Le cardinal de Fleury, non moins habile, eut raison de pareils coups de tête avec quelques prévenances. Dans une affaire d'église, où les avocats s'étaient fort signalés, il les ~p.181~ fit mander en cour, à Versailles, et sut toucher la fibre sensible en les accueillant avec des égards très marqués : « Il leur dit au nom du roi qu'ils étaient les défenseurs des droits de la couronne, que le roi les assurait de sa protection en toute occasion, et que pour lui il les priait de compter sur son amitié ². » Ce succès les enfla, ils se crurent d'importants personnages dans l'État et sortirent de leur ancienne modestie pour n'y plus rentrer. « On les appelle le « corps glorieux », dit Barbier qui ne prend qu'avec regret sa part de cette gloire. La présomption et l'orgueil sont aujourd'hui le caractère général du barreau de Paris ³. »

Quand on est si ouvertement du bord des gens tranquilles, on ne hait pas le pouvoir, qui assure la tranquillité. Barbier tient, en

---

¹ T. I, 18.

² T. I, 139 (1730) ; t. II, 32.

³ T. II, 40, 334. — Voici comment Barbier décrit l'état du premier avocat de Paris, Normand, en 1745 : « Il avait pour 20 000 livres de conseils par an, outre le courant de son cabinet ; 4 à 5 000 livres de rente qu'il avait conservées de son patrimoine, et un gros revenu qu'il s'était fait en rentes viagères ; en sorte qu'il jouissait de près de 50 000 livres de rentes. Garçon, il dépensait à proportion. Il y avait peu de gens plus magnifiques que lui en logement, en meubles, en équipages et pour la dépense de la table. Il y avait chez lui un concours de gens du premier ordre, comme chez le plus gros seigneur... » (T. IV, 53.)

effet, pour l'ordre et pour tous les moyens de le maintenir. Il est autoritaire ; c'est le fond même de l'esprit bourgeois. Il a le tort d'accepter la théorie ou plutôt la pratique des coups d'État, cet empirisme de la politique : « Il est certain, dit-il, que dans ces sortes d'affaires, ceux qui ont la force en main doivent coup sur coup entreprendre des actions publiques et violentes ; cela, il est vrai, anime les braves, mais comme le plus grand nombre est des craintifs, cela intimide la plupart, déconcerte leurs menées et rompt les p.182 partis qui pourraient se former. » — A propos des lettres de cachet distribuées lors des révoltes du Parlement, il s'exprime avec aussi peu de scrupule : « On dit qu'il y a plus de vingt lettres de cachet (pour exiler les opposants)... Cette politique est juste et nécessaire pour assurer l'autorité du souverain. »

Il ne s'agit point avec lui de droit ni de principes ; tout se réduit à une question de conduite : « Je n'ai point approuvé la politique du Parlement, parce que quand on se mutine à l'extrême contre son maître, quelque raison qu'on ait au fond, on met le souverain dans la nécessité de pousser les choses à l'excès de son côté, et l'on rend le mal bien plus grand qu'il n'était et le remède bien plus difficile. » Ailleurs il dit la même chose d'une façon plus pittoresque : « En général, il est toujours dangereux à un sujet de jouer avec son maître ; il ne faut pas jouer de son mieux, crainte qu'il ne se fâche et qu'il ne jette les cartes au nez ¹. » Nous sommes encore loin de la maxime révolutionnaire : l'insurrection est le plus saint des devoirs !

Ne soyons pas surpris s'il craint le peuple et s'en défie : « Il faut éviter de laisser le peuple se déranger, on a trop de peine à le réduire... Rien n'est plus à redouter que le tumulte du peuple de Paris, surtout quand il y a un parti formé. On ne saurait acheter trop cher la tranquillité publique ². » Son respect pour l'autorité le rend indulgent aux faiblesses du prince. Il ne s'émeut pas facilement de ce qui lui semble un cas très véniel, et il se garde bien de crier au scandale à tout propos. Épicurien lui-même, il ne défend à personne l'épicurisme. Bien plus, il s'étonne, p.183 il s'indigne de la clameur soulevée contre Louis XV et ses maîtresses. Madame de Mailly est déclarée favorite : « Tant mieux, dit-il, le commerce des femmes et des plaisirs formera le génie et les sentiments du roi ³. » On a fait des vers sur la marquise de Pompadour, « on a tiré sur ses appas ; » Barbier est scandalisé, mais de la satire seule : « Il faut avouer que cela est bien insolent. Il suffit que le roi soit attaché à une femme pour qu'elle devienne respectable à tous ses sujets ⁴. » Un courtisan ne dirait pas mieux. Ses plus grandes malices, quand il en commet,

---

[1] T. I, 17 ; t. V, 334 ; t. II, 151, 340 ; t. V, 274.
[2] T. I, 351, 420 ; t. II, 55.
[3] T. III, 154.
[4] T. IV, 367.

sont dans le genre de celles-ci : « Nous avons un roi qui fatigue beaucoup son tempérament. » Barbier est un sujet d'humeur commode, et sa raison ou son excuse la voici : « Sur vingt seigneurs de la cour, il y en a quinze qui ne vivent point avec leurs femmes et qui ont des maîtresses ; rien n'est même si commun à Paris entre particuliers ; il est donc ridicule de vouloir que le roi, qui est bien le maître, soit de pire condition que ses sujets et que tous les rois ses prédécesseurs [1]. » Cette apologie de Louis XV ne fait guère l'éloge du siècle, ni même du panégyriste.

Où donc est, chez Barbier, l'esprit de fronde et d'opposition qui ne manque jamais dans un bon bourgeois de race parisienne ? Cet esprit-là se réveille et se donne carrière sur deux points : la religion et les finances. L'argent, qui est le nerf des gouvernements, est aussi le côté délicat par où l'opposition bourgeoise pénètre et fait brèche. Tout conservateur et autoritaire qu'il est, Barbier ne peut se tenir de colère en voyant la dilapidation p.184 des deniers publics, le splendide gaspillage des écus du tiers État : « Notre pauvre argent ! » s'écrie-t-il avec un soupir. C'est l'endroit sensible dans notre épicurien. L'énormité des faveurs lucratives dont on comble les grands au dépens de la misère des petits lui arrache des plaintes qu'on dirait déjà d'un révolutionnaire, et qui ne sont que d'un honnête homme indigné : « C'est ainsi qu'on agit dans ce pays. On retranche à cent

---

[1] T. IV, 496.

pauvres familles des rentes viagères qui les faisaient subsister, acquises avec des effets dont le roi était débiteur et dont le fonds est éteint ; on donne 56 000 livres de pension à des gens qui ont été dans de grands postes où ils ont amassé des biens considérables, toujours aux dépens du peuple, et cela pour se reposer et ne rien faire. Peut-on rien de moins sensé [1] ? » Oui, l'injustice à ce point est de la démence ; mais qu'auriez-vous dit, sage chroniqueur, si vous aviez vu des révolutions entreprises tout exprès pour punir et prévenir ces folies cruelles, n'avoir pour effet que d'empirer le scandale ?

Cet ami du pouvoir se permet contre le pouvoir des ironies sanglantes. Un nouveau ministre paraît, dont les antécédents étaient suspects : « Qui pourrait-on choisir de mieux dans ce pays-ci pour ministres que des fripons [2] ? » Je vais citer encore un de ces bons mouvements qui sont rares chez Barbier : « Ceci seul fait le portrait de notre gouvernement. Voilà un homme de rien (M. de Moras, fils d'un perruquier) qui, en deux ans de temps, est devenu plus riche que des princes, et cette fortune, produite par le malheureux système de Law, est composée de la perte que deux cents particuliers ont faite sur leurs biens de famille ou sur des biens acquis après trente ans de travail dans toutes les professions ! Cependant on a laissé ce bien à cet homme parce

---

[1] T. II, 16 (1727).
[2] T. I, 126.

qu'il a été à portée de distribuer un million à des seigneurs et à des femmes de la cour, et on le place dans une charge honorable de magistrats [1] ! » Voilà qui rachète les maximes un peu machiavéliques que nous avons citées plus haut.

Il en est de la religion comme de la politique ; l'esprit bourgeois s'y montre à la fois conservateur et opposant, hardi et timide. On ne peut pas dire qu'il soit irréligieux, mais la religion contient une foule de choses qui lui déplaisent ; selon le mot d'aujourd'hui, il est anticlérical. Barbier, contemporain de Voltaire, n'a plus de préjugés, sans se montrer toutefois un fanatique d'incrédulité. La religion lui semble une institution utile, très bonne pour le peuple ; quant à lui il s'en passe, et dans l'occasion il s'en moque : « Plus on creuse les matières religieuses, dit-il à propos des prétendus miracles du diacre Paris, et plus on voit l'incertitude des miracles reçus par l'Église, qui se sont établis dans ces temps reculés avec aussi peu de fondement que ce qui se passe aujourd'hui sous nos yeux. » Cela n'est pas sans hardiesse, mais de telles échappées sont rares chez Barbier ; d'ordinaire il raisonne peu et s'aventure rarement dans les discussions dogmatiques ; il aime mieux plaisanter. Badin très pesant, ses épigrammes ne valent pas l'ironie de Bayle ni même les railleries de Mathieu Marais. Il dira, par exemple, à la fin de son article sur la bataille de Fontenoy : « Les deux premières

---

[1] T. II, 363.

semaines de ce mois-ci, les chevaux de poste et les confesseurs seront ~p.186~ employés et gagneront leur vie. » Il écrira, à l'époque des processions du jubilé : « Les pluies continuent toujours abondamment et les processions du jubilé ne laissent pas que de marcher, en sorte que les prêtres et le peuple qui y assistent en grand nombre sont mouillés jusqu'aux os ; ce qui est divertissant à voir promener dans les rues [1]. » La cour de Rome surtout le met en belle humeur et en veine de bons mots : « L'élection de Benoît XIII a été fort disputée. Les cardinaux, dit-on, s'y sont battus *crochetoralement.* » On trouve chez lui beaucoup de ces expressions qui ont un goût de terroir parisien très prononcé : « Le pape a fait un *tour de calotte...* Le frère de M. Languet, archevêque de Sens, qui est curé de Saint-Sulpice, est un *bohême* d'une autre façon, adroit, et qui n'épargne aucun tour de souplesse pour achever son église... M. l'abbé de Rohan-Ventadour a rendu un grand service à Rome en gagnant la Sorbonne ; *son chapeau va être mis sur-le-champ à la teinture* [2]. »

Il porte ce ton goguenard même dans les matières plus graves : « Cette année, sous prétexte de quelque incommodité, le roi n'a pas fait ses pâques. Cela a causé un grand scandale à Versailles et fait beaucoup de bruit à Paris. Cela rend publique son intrigue avec madame de Mailly. Il est dangereux pour un roi de donner

---

[1] T. V, 44 (1751).
[2] T. I, 358 ; t. II, 70, 87, 91, 140 ; t. III, 176 (1732, 1729, 1739).

un pareil exemple à son peuple, et nous sommes assez bien avec le pape pour que le fils aîné de l'Église ait une dispense pour faire ses pâques en quelque état qu'il fût, sans sacrilège et en sûreté de conscience [1]. »

p.187 Ces dispositions peu orthodoxes et ce manque de respect nous paraissent un signe du temps. Voilà un bourgeois très modéré, fort ennemi des querelles, hostile aux innovations, exempt de tout fanatisme janséniste, étranger à l'opposition parlementaire, et c'est sur l'Église seule qu'il donne libre cours à ses sarcasmes, c'est aux dépens de la religion que ce conservateur timoré s'émancipe et se débauche. Si médiocre plaisant qu'il soit, sa médiocrité même n'en représente que plus fidèlement le commun des esprits, le tiers ordre des intelligences vers le milieu du XVIIIe siècle. Barbier est un « bayliste », sans avoir jamais lu Bayle ; c'est un M. Jourdain de la philosophie qui fait du voltairianisme sans le savoir. Son opinion est formée, en effet, de ce voltairianisme primitif et un peu gros que Voltaire lui-même a trouvé répandu autour de lui, avant de l'instruire et de l'exciter,

---

[1] T. III, 167 (1739). — Barbier écrit ailleurs : « Si les dévots se rendaient une fois maîtres de l'esprit du roi, ce serait bien le plus grand malheur pour l'État, car le despotisme des gens d'église n'a point de bornes. » — Dans la querelle du contrôleur général Machault avec le clergé, au sujet des biens d'église, il tient pour le contrôleur : « Le clergé possède à présent plus d'un grand tiers des biens du royaume à titre gratuit, c'est-à-dire sans grande peine... Il est fort singulier qu'il faille tant de cérémonies pour obtenir des prêtres quelques secours pour l'État. » t. III, 209 (1750).

avant d'y mettre le ferment de propagande et la verve de génie qui a tout enflammé.

On ne peut pas dire que Barbier soit l'élève et l'écho des philosophes ; il leur est bienveillant, mais ce n'est pas d'eux qu'il prend le mot d'ordre. D'abord, l'expression de ses idées a devancé la plupart de leurs écrits ; il semble, de plus, qu'il ne les ait jamais bien connus. Il pourrait dire : « J'ai peu lu ces auteurs. » Il parle d'eux au hasard, d'après la rumeur populaire, d'une façon légère et inexacte. La république des lettres est pour lui p.188 un pays fermé. C'est précisément le faible de sa chronique, de n'avoir pas su peindre les commencements de cette puissance nouvelle, ni marquer les progrès de la révolution morale qui éclatait sous ses yeux. Préoccupé des affaires du Parlement, la bataille engagée de ce côté-là le saisit tout entier. Il faut dire que ce côté parlementaire, trop effacé dans l'histoire, était alors le plus important et le plus en relief ; rien d'étonnant s'il lui a masqué et dérobé tout le reste. Barbier se borne à quelques vagues éloges de Voltaire, de Montesquieu, de Diderot, de J.-J. Rousseau. Voltaire, c'est « notre fameux poète » ; *l'Esprit des lois* « est un chef-d'œuvre ; » Diderot « est un homme d'esprit » ; Rousseau « écrit au-dessus de tout » : sortes de phrases qui sentent non pas « la pension ou l'abbaye », selon le mot de La Bruyère, mais le comptoir et la boutique, c'est-à-dire l'admiration banale des esprits du commun, prompts à se récrier de confiance sur les réputations à la mode et à prendre leur enthousiasme dans la gazette. Lorsqu'il lui arrive de s'occuper des questions qui intéressent la liberté de penser, il a le tort de s'attacher aux petits détails ; ce qui est vulgaire ou frivole l'attire invinciblement. Sur les controverses théologiques qui passionnent l'opinion il prononce ce mot superbe où il se peint au vif : « Cela est sans conséquence pour le commerce ! » S'agit-il du Parlement exilé, il s'empresse de montrer combien cet exil nuira « aux octrois, aux marchands, aux ouvriers, aux domestiques, aux auberges ; l'on compte, dit-il, que cela fait vingt mille personnes de moins à Paris pour la consommation [1]. » C'est par ces traits que se révèle sa p.189 philosophie. Quand l'Encyclopédie est arrêtée ou supprimée, il n'a garde d'oublier que « ces mesures rigoureuses font un grand tort aux libraires et aux entrepreneurs. » Une chose le blesse dans les arrêts du Parlement ou dans les mandements des évêques contre la littérature nouvelle : l'imprudence des condamnations qui ont pour effet d'accroître la vogue des ouvrages poursuivis. « Ce livre d'encyclopédie est encore un livre rare, cher, abstrait, qui ne pourra être lu que des gens d'esprit, amateurs de science ; le nombre en est petit. Pourquoi donner un mandement d'archevêque qui court, qui donne de la curiosité à tous les fidèles ?... Cela est imprudent ; les gens des boutiques même en

---

[1] T. V, 389 ; t. III, 106 ; t. VII, 138.

achètent, ce qui peut faire plus de tort que de bien à la religion... Il aurait peut-être été plus prudent de ne pas exposer avec éloquence, dans le discours de M. l'avocat général, les systèmes de déisme, de matérialisme, d'irréligion, et le venin qui peut se trouver dans quelques articles, car il y a bien plus de gens à portée de lire cet arrêt du 6 février, de trente pages, que de feuilleter sept volumes in-folio [1]. »

Tel est Barbier : en toute matière un peu haute, le côté supérieur et le point délicat lui échappent ; mais en revanche il a du bon sens à faire peur.

Sa chronique nous instruit, dans le plus grand détail, des querelles du Parlement et de la couronne : là Barbier est sur son terrain, dans son véritable élément ; il y signale sa pénétration et toutes les qualités moyennes de son esprit, il y déploie l'abondance de ses informations. Ces habitudes étranges, cet aspect semi-gothique du Paris d'autrefois, du Paris religieux et parlementaire, p.190 ce mélange de passions dévotes, de fronde bourgeoise, de sentiments déjà républicains sous des apparences encore monarchiques, cette opposition qui réunit dans une commune résistance au despotisme le palais de justice, les cloîtres jansénistes, les boutiques et les cafés, ce zèle du public, cette effervescence toute moderne, les ovations faites aux

---

[1] T. V. 153 ; t. VII, 130 (1752, 1759).

opposants ; d'autre part, la mollesse indécise et les caprices de la cour, ses coups d'État et ses coups de tête, ses contradictions, ses embarras manifestes, et par-dessus tout l'esprit général d'indépendance, le souffle de révolte qui déjà soulève la nation et inquiète Versailles, en un mot ces longs préludes de la Révolution que la grandeur du résultat inespéré a relégués dans l'effacement et dans l'oubli, Barbier nous les décrit avec une précision pleine de chaleur. Son modeste bon sens s'élève et prend de l'ampleur en observant les alternatives d'une lutte entre deux pouvoirs qui est le combat de deux principes ; il pénètre et saisit la logique des événements qui se succèdent, il en a l'intelligence, et leurs conséquences lointaines ne lui échappent pas : « Si les parlements ont le dessous, dit-il, il n'y aura pas d'obstacle à un despotisme assuré ; si au contraire les parlements tiennent bon, *cela ne peut être suivi que d'une révolution générale dans l'État,* qui serait un événement très dangereux [1]. »

Comme tous les esprits clairvoyants du XVIIIᵉ siècle, Barbier a donc prévu l'issue terrible de la crise politique dont il notait les symptômes ; il a, lui aussi, aperçu la révolution imminente du point de vue un peu étroit des p.191 parlementaires de ce temps-là. Il est mort avec ce sentiment de tristesse et d'inquiétude qui se remarque dans la plupart des Mémoires du XVIIIᵉ siècle, à

---

[1] T. VIII, 88 (1763).

mesure que la société, troublée et malade, s'approche de l'inévitable transformation.

La célèbre maxime, « le style c'est l'homme, » est ici pleinement justifiée. Le style de Barbier manque de finesse et de distinction, il est pesant et incorrect, mais il intéresse, malgré ses défauts, par sa sincérité. Quoique Barbier soit un personnage absolument dépourvu de prestige et de séduction, il plaît au lecteur, parce que, bien ou mal, il dit ce qu'il veut dire, parce qu'il est ouvertement lui-même, sans fausse gloire comme sans hypocrisie. Tel est le premier témoin, insuffisant sans doute, mais solide et honnête, que nous présente cette période du XVIIIe siècle [1].

Venons au marquis d'Argenson, dont les Mémoires forment contraste avec ceux de l'avocat Barbier.

---

[1] Est-il besoin d'ajouter que dans Barbier, comme dans Buvat et Marais, outre la partie sérieuse et instructive que je viens de signaler, il y a aussi une partie frivole et anecdotique, celle qui comprend les menues nouvelles du jour, la rumeur des rues, des boutiques, des cabinets d'affaires, celle qui est l'écho de ce qui se pense et se dit dans les régions moyennes, dans le commerce et dans le barreau, sur les confins de la littérature, de l'Église et du quartier latin. Ces chroniques du XVIIIe siècle, ce sont nos journaux actuels sous une forme confuse, à l'état de matière première, si je puis dire, ou de premier jet. Articles de fond, entre-filets, faits divers, critique littéraire, bruits des salons, pièces de théâtre, mœurs et scandales publics, incendies et assassinats, prodiges et vols sur les grands chemins, politique, diplomatie, guerre et finances, tribunaux, tout s'y trouve, et les bons mots ou « calembours » n'y manquent pas. C'est l'étoffe dont on fera plus tard la grande et la petite presse.

CHAPITRE II

Le marquis d'Argenson (1694-1757). — Sa vie, ses travaux et ses idées. — Sa vraie place dans l'histoire politique du siècle. — Importance de ses Mémoires : première application de l'esprit philosophique aux matières d'État.

p.192 Barbier est un esprit judicieux, mais étroit ; d'Argenson, malgré ses pesanteurs et ses chimères, est une intelligence hardie et profonde ; l'un raconte ce qu'il voit et entend, il reflète la surface des choses du moment ; l'autre, capable d'une réflexion forte sur lui-même et d'une conception originale des matières d'État, se dégage du présent pour pénétrer l'avenir et nous communique à la fois l'impression que le dehors lui apporte et les vues que sa fécondité propre lui suggère. En passant de l'un à l'autre on touche aux deux extrêmes de l'esprit politique.

Les Mémoires de Barbier ne sont guère qu'un journal rapide et presque impersonnel, une œuvre de curiosité et d'amusement sérieux ; les Mémoires de d'Argenson ajoutent à la chronique des faits les confidences d'une pensée active et puissante. Ils ont donc un double caractère, un double objet, l'un intérieur et l'autre extérieur ; ils nous présentent ces deux spectacles : un grand esprit p.193 qui s'ouvre à nous, se laisse analyser par nous, et le monde contemporain observé et jugé par cet esprit.

En cela, ils sont l'image de l'intelligence même de d'Argenson qui, dans sa force confuse et sa capacité indéterminée, semble combiner deux éléments distincts et tenir d'une double nature. Ce bizarre génie, en effet, dans ses ambitions mêlées, n'obéit pas à une impulsion unique et ne poursuit pas un seul but ; il se déploie sur deux lignes parallèles, et le plus souvent il flotte dans l'entre-deux. Il y a en lui le rêveur spéculatif que certains élans portent jusqu'à la hauteur de Montesquieu et de Rousseau, et que des saillies moins heureuses égarent dans le voisinage de l'abbé de Saint-Pierre. D'autre part, ce théoricien aventureux, sublime extravagant, savant chimérique, veut être un homme politique, et il se croit tel. Il aspire au pouvoir, il s'y prépare, il y arrive, il le perd et le regrette, mais, jeune ou vieux, disgracié ou favori, il ne donne jamais sa démission. Candidat en permanence et penseur incorrigible, son ambition, méditative et affairée, s'excite tantôt par le travail solitaire, par l'examen philosophique des conditions du progrès, tantôt par la fréquentation des gens en place, par le maniement du détail et du personnel de la politique, sans en excepter l'attention donnée aux intrigues courantes et aux mille petits soins qui sont les ressorts cachés et nécessaires de toute candidature.

Une destinée exceptionnelle avait rassemblé en lui des avantages ordinairement séparés sous l'ancien régime : les ardeurs généreuses et les hautes facultés d'un philosophe, toutes ces puissances de l'âme et de la pensée qui abondaient alors dans les classes moyennes, et avec cela un rang, une *qualité* qui lui permettait de prétendre à p.194 tout dans le gouvernement. On eût dit qu'il était né pour servir de trait d'union entre ce monde nouveau, si énergique dans son ancienne impuissance, et ces classes supérieures si insouciantes dans leur frivolité bornée, si ennemies du travail qui pouvait les retremper et les rajeunir, si faibles dans leur domination vieillie. Il a les idées du tiers État avec les ressources et les moyens de succès d'un privilégié. Suivant le mot de Voltaire, il passe de la république de Platon dans les conseils du roi et les bureaux du ministère. C'est un Turgot de grande maison qui s'annonce, un peu prématurément, dès la première moitié du siècle ; il élabore, pendant la paix profonde du régime de Fleury, les audaces de pensée qui éclateront quinze ans plus tard dans les écrits des hommes de génie. S'il leur cède en talent, il les surpasse en fécondité inventive ; il va plus loin qu'eux dans la conception ou l'intuition du progrès politique ; sa vue est moins nette et moins sûre, mais il entrevoit plus de choses nouvelles, il perce plus avant, par la force de ses conjectures, dans les profondeurs de ces espaces où la chimère d'aujourd'hui n'est souvent qu'une enveloppe flottante qui cache la réalité du lendemain.

J'insisterai peu sur la vie du marquis d'Argenson ; elle a été souvent racontée, et nous n'avons plus affaire ici, comme dans les chapitres précédents, à un inconnu ; ce que nous demanderons surtout à ses Mémoires, c'est l'histoire de ses idées, c'est le vaste programme qui contient, et au delà, toute la philosophie politique du siècle, avant l'éclat de la littérature philosophique, avant les innovations célèbres des hommes d'État réformateurs [1].

---

[1] Un mot de bibliographie. — Les Mémoires de d'Argenson ont eu trois éditions très différentes : la 1re en 1825, la 2e en 1857, la 3e et la seule bonne, de 1859 à 1867. La 1re, publiée par l'arrière-petit-neveu de l'auteur, M. le marquis René d'Argenson, dans la collection des Mémoires relatifs à la Révolution française, n'est, à peu de chose près, que la reproduction de deux écrits politiques publiés et en partie remaniés en 1764, 1785 et 1787 par le marquis de Paulmy, fils de l'auteur, sous ces deux titres : *Considérations sur le gouvernement de la France*, et *Loisirs d'un ministre d'État*. Ces deux ouvrages, composés entre 1730 et 1740, et dont plusieurs copies avaient couru dès lors, ne reproduisaient en aucune façon le manuscrit des *Mémoires*. — En 1857, l'éditeur de 1825 donna chez Janet une nouvelle édition de ces Mémoires prétendus qu'il avait publiés trente-deux ans auparavant : cette édition était agrandie et comme transformée par de larges emprunts faits au manuscrit des Mémoires véritables, à tous les travaux encore inédits de d'Argenson, à une collection de lettres possédées par sa famille. Mais ce n'étaient là encore que des fragments du vrai texte. — En 1859, la Société de l'Histoire de France, par les soins de M. Rathery, a donné (chez madame veuve Jules Renouard, en 9 volumes) le manuscrit autographe et intégral, conservé au Louvre. Le titre du manuscrit est celui-ci : *Matériaux pour l'histoire des choses arrivées de mon temps*. Ce Journal commence en 1725 et finit à la mort de l'auteur, en 1757, avec une seule lacune qui porte sur les deux années de son ministère. M. Rathery a enrichi son Introduction et ses notes de très curieuses citations empruntées aux nombreuses théories politiques, économiques de d'Argenson, à tous ses papiers encore inédits.

Il y a dans le marquis d'Argenson deux traits de caractère qui me frappent tout d'abord et qui m'attirent : son âme est honnête et aimante ; il est de ceux qui, contrairement aux maximes anciennes et à la pratique de tous les temps, veulent porter dans la politique la probité et le sentiment. Cela n'a pas cessé, même aujourd'hui, d'être un beau rêve, comme chacun sait, mais combien le paradoxe n'était-il pas encore plus hasardé il y a cent cinquante ans ! Aujourd'hui, si la conduite reste machiavélique, la théorie est honnête ; le machiavélisme le plus décidé dans l'exécution rougit de lui-même et se condamne dans la discussion ; un premier progrès lui a imposé cette hypocrisie et cet aveu : autrefois il s'étalait avec impudence, il avait l'orgueil et l'autorité d'une doctrine applaudie ou du moins acceptée. En opposition avec les maximes de la fourberie régnante, d'Argenson établit ce principe : le plus habile politique, c'est l'honnête homme. « Le fondement de ma fortune a pour texte ces deux mots que j'ai déjà déclarés à plusieurs personnes : « *Il y a un métier à faire où il y a prodigieusement à gagner, c'est* « *d'être parfaitement honnête homme...* [1] » Il y revient à plusieurs reprises, comme sur une chose qui lui tient au cœur et qui est l'âme même de sa politique ; car la simplicité touchante de l'expression, la sincérité de l'accent écartent de l'esprit du lecteur l'ombre d'un

---

[1] T. I, 34, 114, 122, 180, 205, 224, 242, 355, 359 ; t. IV, 135, 137.
— Nous n'avons pas besoin de déclarer que nous suivons l'édition Rathery. Les emprunts faits à l'édition de 1859 seront spécialement indiqués.

doute : « J'aimerais à faire jouer à notre patrie le rôle d'un honnête homme, et je ne souhaite de pouvoir et d'habileté que pour cela. Quoi qu'on dise, la franchise produira toujours plus que l'habileté en affaires... [1] » En revendiquant pour la politique cette loyauté, d'Argenson remarque, non sans raison, qu'il reste fidèle aux traditions vraiment françaises ; il s'appuie des grands souvenirs de notre histoire, en les embellissant un peu ; il cite Henri IV, Louis XII, François Ier, les rois-chevaliers, qu'il oppose aux petits maîtres rusés et cyniques de la diplomatie nouvelle. Selon lui, cette immoralité raffinée qui a prévalu, est un mal exotique, une influence ultramontaine qui a corrompu la probité nationale ; c'est le jésuitisme ou l'italianisme : « Nos jeunes et vieux courtisans ne sont plus aujourd'hui que de petits jésuites... Ce détestable Mazarin doit être regardé comme ayant le premier planté en France la fourberie italienne, comme Noé a le premier planté la vigne au monde ; avant lui les $_{p.197}$ Français étaient Francs... Les jésuites qui élèvent notre jeunesse accréditent cette duplicité à la cour, mais notre terroir s'y refuse, et de braves princes, comme étaient Louis XII et Henri le Grand, de vrais rois français doivent toujours penser qu'ils élèveront mieux la grandeur nationale par la franchise que par la finesse [2]. » Je suis loin de nier les dangers de l'influence jésuitique ; mais les jésuites

---

[1] Édition Janet, t. I, XLV, LXXVIII.
[2] T. IV, 92, 136 ; t. VIII, 157. — Édition Janet, t. V, 254, 377.

ont de très habiles rivaux, même parmi leurs ennemis, et il n'est pas besoin que la société de Jésus fleurisse en France pour que l'*italianisme* y prospère.

D'Argenson, dans son passage aux affaires, ne démentit point ses maximes et ne se corrigea pas de ses belles illusions. La réalité n'eut pas le pouvoir de le désenchanter de l'idéal. Aussi Voltaire, qui le connaissait, a dit de lui : « C'est le meilleur citoyen qui ait tâté du ministère [1]. »

Comme son maître, l'abbé de Saint-Pierre, d'Argenson a la passion du bien public. Être utile aux hommes, voilà son ambition, on pourrait dire sa manie. Cet homme d'État, pour qui la morale et la politique ne font qu'un, « brûle d'amour, selon ses propres expressions, pour le bonheur de ses concitoyens [2]. » Je vaux peu, dit-il, mais toute ma valeur est là. C'est par le cœur, en effet, que son esprit est grand. Cet esprit, né pesant et confus, est dominé par une sorte d'exaltation morale que les desseins généreux excitent et qui produit les dévouements féconds ; par là il se dégage, s'élève et s'affermit, il monte, si je puis dire, dans la lumière, laissant au-dessous de lui les qualités frivoles et subalternes, les petits talents et les vains agréments dont le

---

[1] Lettre du 3 mai 1750. — Rousseau a dit de même : « Il avait conservé dans le ministère le cœur d'un citoyen et des vues droites et saines sur le gouvernement de son pays. » (Édit. Janet, t. IV, CXVII.) On l'appelait, à Versailles, « l'homme tout d'une pièce. » (Id., t. II, 267.)
[2] T. II, 22, 126.

vulgaire est ébloui. Tel est d'Argenson ; il y a en lui un foyer toujours brûlant qui épure et transforme cette nature d'apparence épaisse ; lui-même sentait bien, à travers ses défauts, ce qui faisait sa grandeur ; il le dit, non sans orgueil, dans ces analyses intimes et ces portraits personnels où, comme tous les auteurs de *Confessions,* il ne se calomnie pas : « J'ai de l'imagination, le cœur excellent, l'esprit moins bon que le cœur et la langue plus mauvaise que tout cela... J'aime mieux l'être que le paraître ; il me faut de l'élévation dans les objets pour m'inspirer la hardiesse nécessaire et surtout la suite et la constance dans l'impulsion [1]. » Autre mot caractéristique : « Je le dis toujours, qu'on me donne des bons cœurs et des esprits droits, je mènerai le monde [2]. » Mais c'est précisément là le difficile pour le politique honnête homme, de trouver « ces bons cœurs et ces esprits droits » dans ceux qui le servent et dans la nation qu'il gouverne. D'Argenson, comme tant d'autres, nourrissait cette illusion que le bien seul, par sa force propre, suffit à triompher de tout ce qui n'est pas lui ; et il nous donne ce singulier exemple de sa confiance naïve dans la puissance du mérite vertueux : « Si l'on connaissait ce que je vaux, certainement on me voudrait en place... ; avec de l'application et de l'intelligence, il est impossible qu'on ne soit pas recherché de degrés en degrés pour les premiers emplois, car

---

[1] T. IV, 88 ; t. I, 355.

[2] T. III, 253. — Édit. Janet, t. I, 217.

on a besoin de vous ¹. » Outre cet ₚ.₁₉₉ optimisme, une chose fit tort à son ambition : c'est qu'il n'était ambitieux qu'à demi. Il aimait le pouvoir en philosophe, comme une haute satisfaction d'esprit, comme un moyen de réaliser ce qu'il rêvait, tout prêt d'ailleurs à s'en détacher si le succès coûtait trop : « J'aime ma liberté et ma tranquillité, et je ne la veux jamais sacrifier qu'au bonheur de mes concitoyens. Mais quelle sottise de les sacrifier à des vues personnelles ! Immoler soi heureux à soi grand, quelle folie, quelle platitude ² ! » Avec de telles maximes, avec l'horreur « de la platitude, » le candidat trop sensé est d'avance à moitié vaincu.

Cette générosité naturelle, cette tendresse d'âme a inspiré à d'Argenson un sentiment qui est très rare dans l'ancienne politique et même dans la philosophie du XVIIIᵉ siècle : l'amour du peuple. On peut servir le peuple et travailler pour lui par principe, et sans l'armer ; dans notre philosophe ce n'est pas la raison seule, c'est le cœur qui parle en faveur des petits, et voici avec quelle touchante éloquence : « Les pauvres d'esprit et de biens, les pauvres, les malheureux sont ordinairement les seuls qui connaissent l'usage de leur cœur : ils sont reconnaissants, tendres, vous aiment, et je m'attendris aussi pour eux, si bien que je n'aime à vivre qu'avec eux pour aimer et pour être aimé, pour

---

[1] T. II, 126.
[2] T. I, 224.

leur faire du bien et pour en ressentir du plaisir bien autrement que du mien propre [1]. » Fénelon ni Vauvenargues n'ont pas mieux dit, et cette chaleur pénétrante avec laquelle d'Argenson exprime ses sympathies pour ceux ~p.200~ qui souffrent a passé dans sa politique : « Que le roi n'aime-t-il ses roturiers comme il aime tant *sa* noblesse ! Pauvres gens, accablés, opprimés, indéfendus ! Et ce sont eux qui nous nourrissent !... Un bon roi, comme Henri le Grand, engraissera les pauvres, comblera moins les riches : *Esurientes implevit bonis et divites dimisit inanes.* Égalité et frugalité, deux principales vertus dans l'État. L'égalité est la perfection politique [2]. » Nous touchons ici à ce qu'on appelle aujourd'hui les aspirations socialistes.

La philanthropie, qui reste l'honneur de nos sociétés modernes, malgré l'abus que les passions en ont fait, nous apparaît, grâce à ces belles âmes du XVIIIe siècle, dans ses origines les plus hautes et les plus pures. Remarquons-le bien : si d'Argenson a des conceptions d'une hardiesse singulière et des pressentiments qui nous étonnent, il les doit à cette sensibilité magnanime ; nature affectueuse et bonne, il a deviné le génie aimant des temps nouveaux et comme saisi la trace et la voie du progrès à venir ; il a justifié le célèbre axiome de Vauvenargues : c'est de ce fonds d'humanité qu'est sortie cette sagacité puissante,

---

[1] T. I, XXIII.

[2] T. VI, 181. — Édit. Janet, t. V, 119, 327.

cette ardeur inventive dont on pourra juger par quelques exemples.

D'Argenson est plutôt un économiste qu'un théoricien politique proprement dit ; le moindre coup d'œil jeté sur l'ensemble si varié de ses conceptions suffit à nous en convaincre. Non qu'il ait absolument négligé ce qui concerne la forme et le système du gouvernement ; mais sur ce point il est faible et vague, il a des aspirations parfois contradictoires plutôt que des idées claires et un p.201 plan arrêté. Sa force et sa verve se portent du côté des réformes sociales [1].

En bon gentilhomme, d'Argenson aimait la monarchie ; en bon philosophe, il aimait aussi la liberté : ce sont là deux passions qui, depuis ce temps jusqu'à nous, ont fait battre bien des cœurs ; pour avoir été obstinément malheureuses et presque désespérées, elles n'en sont pas moins dignes de respect. A cette époque de faciles espérances, où la raison même était crédule, le problème d'une monarchie libérale n'inquiétait aucun esprit élevé ; on était loin de prévoir la série des déceptions qu'un désir si légitime

---

[1] « Ah ! grande économie ! Tout le sort de l'État, tout son bien-être consiste en cela. Les grands ministères ne seront que les plus économes. Que M. de Sully était un grand homme ! Tout le grand de Henri IV ne vient que de l'esprit économique de Sully. Qu'il a bien intitulé ses Mémoires : *Économies royales !* » t. V, 119 (1747). — « J'aime cet homme (Sully), j'en suis devenu passionné ; j'ai fait encadrer son portrait, je l'ai placé devant mon bureau pour l'avoir continuellement sous les yeux et me rappeler ses traits, ses principes et sa conduite. » (Édit. Janet, t. I, 149.)

réservait à la France. En tête de ses *Considérations,* écrites vers 1732, d'Argenson avait placé cette épigraphe, qui, dans notre pays surtout, a le tort de n'exprimer qu'une contradiction, comme l'événement l'a démontré :

> Que dans le cours d'un règne florissant
> Rome soit toujours libre et César tout-puissant.

Ce même livre se terminait ainsi : « La liberté est l'appui du trône ; l'ordre rend légitime la liberté. » Combien de fois, après d'Argenson, devait-on répéter cette maxime, et faudra-t-il la répéter longtemps encore avant d'en faire une vérité.

Pour conclure cette alliance de l'ordre monarchique avec la liberté populaire, qui était le pivot de sa p.202 politique, d'Argenson avait imaginé un moyen que le XVIIIe siècle a peu goûté et que notre temps est en train de s'approprier : c'est la décentralisation. Il sentait vivement cette plaie de l'ancien régime que M. de Tocqueville a mise dans tout son jour, et que 89 devait aggraver : la manie des offices ou des emplois publics et les abus d'un pouvoir centralisé à outrance. Plus sage que la Révolution, au lieu d'enraciner et de développer ce vice, il voulait le détruire. Remarquons ici qu'en général d'Argenson est encore plus un homme de notre temps que du sien : ce devancier des philosophes non seulement leur a frayé la route, mais il s'est avancé plus loin qu'eux.

___

Il aimait peu les grandes assemblées et les institutions à la mode anglaise. Il avait les préventions de sa famille contre le Parlement et les préjugés de la noblesse contre la robe : « Les assemblées, disait-il, ont l'esprit petit, quoique composées de grands hommes. Leur sagesse vient de médiocrité et n'est point sagesse par le grand sens et par la prévoyance, mais parce qu'elle est exempte de folie [1]. » — Est-ce donc un si petit avantage, pour un gouvernement, que d'être « exempt de folie ! » Nous avons appris à ne point dédaigner ce mérite-là. Aux libertés bruyantes et apparentes il préférait les libertés modestes, mais effectives ; il avait un goût très vif pour les franchises locales, pour les assemblées provinciales et démocratiques ; l'exemple de la Hollande et de la Suisse le tentait. Il eût été, de nos jours, plutôt Américain qu'Anglais ; il avait, au plus haut degré, le patriotisme de clocher, l'esprit municipal et fédératif. Tel était donc son idéal : une république gouvernée par un roi, une démocratie libre, agissante et féconde, tenue en paix et en franchise par le pouvoir monarchique ; des États unis de France placés sous la sauvegarde séculaire de la couronne de saint Louis, à l'ombre du drapeau fleurdelisé [2]. Quelle richesse dans la nation, quelle félicité, quand ces communes, délivrées des privilégiés et

p.203

---

[1] T. IV, 69. — Vers la fin de sa vie, quand il entra décidément dans l'esprit d'opposition, il changea d'avis sur le Parlement et trouva que la robe avait du bon. (T. I, XLIV.)

[2] T. I, 374 ; t. II, 218 ; t. VI, 181.

des parasites, obéiront à des magistrats élus par elles et régleront elles-mêmes leurs affaires ! Plus de maltôtiers, plus d'officiers royaux, plus d'aristocratie inutile et ruineuse ; la liberté du travail, la concurrence des talents produira l'abondance et fondera l'égalité : « On ne sauvera notre pays qu'alors qu'un ministre sage et ferme abolira jusqu'à ce mot d'*emploi* et le supprimera de la langue française... Nous ne sommes, dans le vrai, qu'une fourmilière ou une ruche ; c'est l'égalité, c'est le travail assidu qui augmentent le capital de l'État... De nos jours, la France s'est métamorphosée de femme en araignée : grosse tête et longs bras maigres. Toute graisse, toute substance s'est portée à Paris. » A-t-on jamais dénoncé avec plus de force le mal chronique de notre pays, l'excès de centralisation [1] ?

Dès ce temps-là il recommandait un principe de gouvernement qui n'a pas fait fortune au XVIIIe siècle et qui n'est encore réhabilité qu'en paroles : « Pour mieux gouverner, il faudrait gouverner moins. Eh ! morbleu, laissez faire... Ah ! que tout irait mieux si on laissait faire la fourmilière [2] ! »

Comment d'Argenson avait-il garanti le pouvoir royal contre la turbulence des libertés populaires, et ces libertés contre les empiétements de l'autorité monarchique ? Avait-il fixé les limites, défini les attributions et marqué l'action collective et

---

[1] Édit. Janet, t. IV, 371 ; t. V, 296, 304, 306, 325. — Édit. Rathery, t. I, XLIV.
[2] Édit. Janet, t. V, 134, 193.

réciproque des agents, grands ou petits, du gouvernement ? Tout cela chez lui est vague et obscur. Son organisation politique a de bonnes parties, mais il y manque la maîtresse pièce.

Où il excelle, c'est dans le détail des réformes que l'administration et la société réclament ; là il montre un vrai génie d'invention, et l'on peut dire que toutes les idées appliquées de 1789 à 1800, celles même dont notre temps est fier, se trouvent signalées et recommandées par lui. Il tenait de son maître, l'abbé de Saint-Pierre, *la foi au progrès de la raison universelle.* Cette vue supérieure, aperçue déjà au XVIe siècle par le savant Bodin, et qui devait recevoir de Turgot tout son éclat, conduit et inspire d'Argenson dans ses découvertes ; cette croyance lumineuse et féconde est l'âme de sa politique [1]. Entre autres changements aujourd'hui accomplis, d'Argenson propose de remplacer les provinces par des départements, de substituer aux intendants des préfets, d'imposer l'uniformité des poids et mesures, d'établir des tribunaux de commerce, des conseils de prud'hommes, des justices de paix, des mairies dans les moindres villages, des comices agricoles, l'enseignement mutuel et gratuit ; il songe

---

[1] « C'est une grande vérité, selon moi, qu'a dite l'abbé de Saint-Pierre, et je ne sache pas qu'aucun écrivain métaphysicien ou politique s'en fût avisé avant lui : notre espoir sera dans le progrès de la raison universelle. » Édit. Janet, t. V, 307 (1750). — Bodin, en 1560, dans son ouvrage en latin, *Methodus ad facilem historiarum cognitionem,* avait touché à cette vérité toute moderne.

même à « embellir ~p.205~Paris en lui donnant le bois de Boulogne pour campagne, » et à créer des compagnies d'omnibus [1].

On a fait grand bruit, dans ces derniers temps, d'une idée qu'on jugeait neuve et hardie et qui se formulait, comme on sait, par la maxime suivante : « Le comble de l'habileté pour un chef d'empire, c'est de diriger le mouvement et de maîtriser la révolution en la faisant lui-même. » Ce raffinement politique, ainsi que beaucoup d'autres nouveautés du même genre, a une origine ancienne, et nous le trouvons daté de 1756 dans les papiers de d'Argenson : « Le roi aurait un beau rôle à jouer, ce serait de se mettre à la tête de l'opinion et d'opérer lui-même les réformes... Si Henri III fut obligé de se mettre à la tête de la Ligue, Louis XV devrait se mettre à la tête de la philosophie, de la justice et de la raison pour rétablir son pouvoir et son bonheur ; qu'il se constitue hardiment le chef des réformateurs de l'État pour conduire mieux qu'eux les réparations que demande la situation de la France [2]. » Très beau rôle, en effet, mais un peu fort pour un roi, ne fût-il pas un Louis XV ; c'est beaucoup exiger d'un prince, que de lui proposer d'être le plus grand révolutionnaire de son royaume. D'Argenson appartient à l'école très connue qu'on appelle le socialisme gouvernemental. Pour accomplir les améliorations qu'il rêve, il compte non sur un

---

[1] T. I, L-LIII. — Édit. Janet, t. V, 375, 376.

[2] T. IX, 222.

peuple libre, mais sur un maître intelligent. Il imagine je ne sais quelle incarnation de la raison et de la vertu dans la toute-puissance. « Il faudrait, dit-il, un roi qui joignît l'autorité absolue à la force de la raison [1]. » p.206 Nous connaissons cette chimère. Accorder tout à un homme à condition d'en espérer tout, est un marché de dupe dont on risque de se repentir.

Effrayé de voir l'antique royauté baisser chaque jour dans l'estime et l'affection des peuples, il eût voulu, pour la sauver, la rajeunir en liant sa fortune à celle des intérêts nouveaux et des idées en crédit. Vers 1755, on parla de lui confier l'éducation du jeune duc de Bourgogne, frère aîné de Louis XVI, qui mourut en 1761. Il écrivait à ce sujet : « Je voudrais qu'on apprît aux héritiers de la couronne à aimer Dieu, à se méfier des prêtres, à éloigner les évêques de la cour ; montrez-leur que la couronne ne les constitue qu'*agents de la nation*, pour solliciter son bien et son plus grand bien ; inspirez-leur de la tendresse pour les malheureux et peu d'égards pour les gens riches ; qu'ils n'ôtent rien à ceux-ci, mais qu'ils s'en tiennent à la simple justice... » On voit combien il entrait de sentiments libéraux et républicains dans son royalisme [2].

Après toutes les preuves que nous avons déjà de la hardiesse de son esprit, on ne sera pas étonné de rencontrer sous sa plume

---

[1] T. VII, 131 (1752).
[2] Édit. Janet, t. I, LXXX, XLVIII.

une parfaite théorie du libre échange : « Le commerce de toutes choses devrait être aussi libre que l'air... On ne manque jamais d'air, quoiqu'il entre et qu'il sorte, on ne manquerait jamais de blé si on avait la même confiance dans la liberté [1]. » Chez lui cette confiance abonde, il a l'idée la plus haute de nos ressources et de notre énergie ; il s'indigne des entraves dont une manie policière a enveloppé et garrotté le génie de la France : « Laisser faire, telle devrait être _{p.207} la devise de toute puissance publique depuis que le monde est civilisé. *L'autorité infecte de corruption et d'abus tout ce qu'elle touche* [2]. » Il est si persuadé de notre supériorité qu'il ne se contente pas de l'affirmer, il la célèbre, il la chante dans une sorte d'enthousiasme dont la naïveté fait sourire : « Le joli peuple que le Français pour la marine ! Auprès de lui les Anglais ne sont que des *polissons*... Pour ce métier les Français sont des lions et des singes à la fois. Quelle nation ! quels habitants ! Quel dommage que des sots gouvernent, excluant les honnêtes gens et de sens commun [3] !... " Le gouvernement « des sots » et l'exclusion « des honnêtes gens », deux grands maux que d'Argenson voyait, et dont il était loin de prévoir la durée opiniâtre, lui qui cependant était si bon prophète !

---

[1] T. I, 367, 376 ; t. IV, 455 ; t. VIII, 220.

[2] Édit. Janet, t. V, 364.

[3] T. I, XXXV, 308 ; t. III, 356.

Une fois lancée dans les espaces à la poursuite du mieux désirable et du progrès possible, son imagination aborde la région vaporeuse où flottent les rêves socialistes, sous la forme bénigne d'une pastorale humanitaire. Il manquerait quelque chose, ce semble, à la faculté divinatrice de d'Argenson si le phalanstère lui avait échappé : « Les princes ont des ménageries de bêtes curieuses ; que ne s'avisent-ils d'avoir dans leurs vastes parcs des ménageries d'hommes heureux ? Voici comment j'accommoderais le grand parc, comme vous diriez celui de Meudon. » Et il part de là pour décrire, avec la plume d'un Bernardin de Saint-Pierre, les maisons « enjolivées, propres, peintes au dehors, de jolie architecture rustique, les bestiaux gras et bien tenus, les familles heureuses et bien vêtues. » Il n'oublie pas p.208« les chalumeaux et les musettes pour former des danses et de jolies images champêtres. » C'est une esquisse de Watteau. Ne se risque-t-il pas jusqu'à dire que « le prince, après avoir consulté l'Académie des sciences, devrait régler la distribution de la journée entre ses sujets ? » — « Les cloches sonneraient les fonctions principales, ce qui serait admirable dans une ville comme Paris... Toute une ville aurait l'air de règle qu'a un couvent [1]. »

---

[1] T. I, XXX. — Il émet aussi cette opinion plus grave, que les « collatéraux ne devraient point être appelés aux successions par la loi. » T. III, 383.

Nous revenons au sérieux à propos des questions de paix et de guerre. Là je le trouve fidèle à son humeur philanthropique et débonnaire, mais avec bon sens. Pour me résumer d'un mot, sur tous ces points nos idées actuelles sont déjà les siennes. Il déclare que le temps des conquêtes est passé et « que nous devons cesser de mettre notre gloire dans la perte et le dommage des autres nations. » Aussi n'aime-t-il « qu'une politique bourgeoise où l'on vit bien avec ses voisins, où l'on travaille à perfectionner l'intérieur du royaume et à rendre les Français heureux. » Il ambitionnait pour la France le rôle d'un arbitre puissant et respecté, sans la permission de qui, selon le mot du grand Frédéric, il ne se tirerait pas en Europe un seul coup de canon. « Nos voisins ont tout à craindre de nous ; nous n'avons rien à craindre d'eux. La France est en état de donner la loi à toute l'Europe, mais une loi juste... [1] » Qu'est devenu le temps où un Français pouvait écrire ces derniers mots sans jactance ?

Une réflexion me frappe, qu'on croirait empruntée à nos livres et à nos journaux, et qui atteste une fois de plus la sagacité politique de d'Argenson : « Un gouvernement libéral, dit-il, est essentiellement pacifique, il enrichit le pays et rassure l'étranger ; le despotisme est conquérant par nécessité, ruineux pour le peuple et menaçant pour les voisins [2]. » Le parti de la paix en

---

[1] T. I, 235, 371 ; t. III, 438.
[2] T. VII, 23 ; t. III, 322.

France, devenu prépondérant par la guerre et victorieux par nos défaites, applique les idées de d'Argenson lorsqu'il propose la réduction de l'armée de ligne, l'institution d'une garde nationale active et permanente, qui comprenne dans ses cadres tous les citoyens et les soumette à des exercices réguliers. C'est sur ce pied formidable que d'Argenson entendait constituer les forces défensives d'un pays qui renonce aux guerres d'agrandissement [1].

A côté de ces maximes sensées, il en a de fières, et ce qui me plaît en lui c'est que sa philosophie humanitaire lui laisse le cœur d'un patriote. Il n'est pas de ceux qui croient s'acquitter du devoir national et du sentiment civique par une affection platonique pour le monde entier. Il avait conçu l'idée d'un livre sous ce titre : *Jusqu'où le cosmopolisme peut être admis chez un bon citoyen*. Aimer son pays, disait-il, « est une façon d'aimer qui suffit à remplir le cœur d'un citoyen pendant sa vie ; » chez lui, l'ardeur cosmopolite n'était qu'un rayonnement et comme un superflu de cet amour. Il flétrit la paix honteuse, la paix mendiée et précaire : « Il est des cas où un État doit s'ensevelir sous ses ruines plutôt que de rien céder [2]. » Pour constituer la France dans un État p.210 de grandeur inexpugnable, pour fonder sur une base ferme la politique de la paix, il voulait « la frontière du Rhin ». Il reproche au roi d'avoir laissé échapper une occasion facile de

---

[1] Édit. Janet, t. V, 380.

[2] T. IV, 279 ; t. II, 326, 332.

« remplir ce beau dessein », ce vœu séculaire, et toujours déçu, du patriotisme français [1].

Si remarquables que nous paraissent les vues qui viennent d'être résumées par nous, les conjectures de d'Argenson sur l'état futur du monde nous semblent encore plus étonnantes. Il demande l'affranchissement de l'Italie (et il fut sur le point d'y travailler efficacement par le traité de Turin en 1745) ; il prédit la chute de l'empire ottoman et le soulèvement des colonies anglaises de l'Amérique ; il conseille aux chrétiens d'Europe de repeupler et de civiliser à frais communs la Grèce, l'Asie, les côtes d'Afrique : « L'empire turc devient trop faible par son mauvais gouvernement et par l'impossibilité qu'il s'améliore... Quand sa chute arrivera, il faut que chacun en ait sa part, qu'on y établisse plusieurs États particuliers chrétiens, qui fassent refleurir l'ancienne Grèce, et le beau pays de ces belles îles de l'Archipel... [2] » Il désirait l'indépendance, mais non l'unité de l'Italie ; il n'entendait pas qu'on formât de ses débris régénérés un État compact et menaçant pour nos frontières. Sacrifier l'intérêt national à l'intérêt italien, imaginer de se servir de la France pour faire échec à sa puissance, c'est là une conception machiavélique qui n'a jamais pu entrer dans l'esprit d'un politique de race française. Excluant de la Péninsule l'Allemagne et la

---

[1] T. I, 29.

[2] T. I, 360, 362, 363, 367.

France, il donnait le nord à la Sardaigne, constituait le centre en république et laissait le reste au ~p.211~ royaume de Naples [1]. Ce projet, « le plus beau et le plus utile qu'on ait formé depuis cinq cents ans, » disait Voltaire, séduisit un moment Louis XV ; abandonné du roi et traversé par l'Espagne, il fit tomber le ministre qui le soutenait avec trop de chaleur.

Une de ses préoccupations était aussi de favoriser le morcellement de l'Allemagne ; dans cette vue il a tracé le plan de la confédération germanique telle que nous l'avons vue subsister de 1815 à 1866. « Deux lions se querelleront, disait-il, mais un lion ne dira mot à une armée de chats qui pourraient le détruire [2]. » On sait ce que coûtent les querelles des « lions [3]. »

Ses prédictions sur le nouveau monde méritent d'être citées : « Un grand événement à arriver sur la terre ronde, le voici : les Anglais ont dans l'Amérique septentrionale des domaines grands, forts, riches, bien policés... Je dis qu'un beau matin ces domaines

---

[1] T. I, XXXV.

[2] T. III, 322. — On peut lire dans Philippe de Commines des réflexions semblables. Avant d'être condamnée aussi sévèrement par les faits, la politique qui, pour notre malheur, a prévalu en France de 1859 à 1866, avait contre elle la tradition séculaire du bon sens français.

[3] D'Argenson et les plus clairvoyants de ses contemporains pressentaient déjà cette ambition secrète et cette idée fixe de la Prusse, *nous prendre l'Alsace et la Lorraine* : « M. de Bellisle m'a dit récemment (1743) à quoi tendaient ces gens-là : c'était à nous ôter la Lorraine et l'Alsace pour nous affaiblir. » t. IV. 56.

peuvent se séparer de l'Angleterre, se soulever et s'ériger en république indépendante... » Sa prophétie va plus loin ; elle promet à la future république une prospérité qui fera l'admiration du monde entier : « Qu'arrivera-t-il de là ? Y pense-t-on ? Un pays s'appropriant nos arts à mesure de leur perfectionnement, patience ! Un tel pays dans plusieurs siècles fera de grands progrès en peuplade et en politesse ; un _{p.212} tel pays en peu de temps se rendra maître de l'Amérique. Figurez-vous la Hollande transportée au milieu du nouveau monde ! Quel ravage y feraient ses forces en peu de temps !... Et vous verrez alors combien la terre sera belle ! Quelle culture ! quelle sûreté pour le commerce ! La navigation précipitera tous les peuples au-devant les uns des autres. Un jour viendra qu'on ira dans une ville peuplée et policée de la Californie, comme on va par le coche de Meaux [1]. »

Prévoir l'usage des *omnibus,* c'est quelque chose ; prédire l'invention des *ballons,* c'est encore mieux : « Voici une chose qu'on traitera de folie : je suis persuadé qu'une des premières fameuses découvertes à faire, et réservée peut-être à notre siècle, c'est de trouver l'art de voler en l'air [2]. » Il est rare qu'il ne sorte pas quelques saillies excentriques d'une verve aussi originale. Notre rêveur a payé tribut au démon du paradoxe. Croirait-on

---

[1] T. I, LV, LVI.
[2] T. I, LIV.

qu'il proscrit le mariage de sa république, et qu'il lui préfère le « concubinage » comme plus favorable à la propagation de l'espèce ? Cette même fin justifie et relève à ses yeux « l'adultère » ; la statistique en main, il lui décerne une couronne. « Pratiquant un tel amour, dit-il, je sens que je mords en pleine vertu. » C'est tout au plus s'il consent, « en attendant mieux, » à tolérer les unions légitimes, « bonnes pour la canaille, » pour les « gens grossiers » qui s'accoutument « à la chaîne » et s'endorment sous une contrainte qu'ils ne sentent pas. Ah ! si ce n'étaient « les femmes qui par esprit de corps soutiennent ces institutions et ces prohibitions, » comme les difficultés s'aplaniraient vite ! Le _{p.213} mal est qu'elles « y mettent des obstacles majestueux, *le tout pour faire valoir leurs coquilles* [1]. »

Que pensait-il des questions religieuses, si étroitement liées dès lors aux questions politiques ? D'Argenson était de la religion de Voltaire, mais avec plus de réserve et de gravité. Dans ce qu'il écrit à ce sujet on reconnaît le libre esprit du philosophe et le sérieux de l'homme d'État. Comme Saint-Évremond, il s'en tient à la morale, « au respect et à l'amour de la divinité, à la bienfaisance envers les hommes ; » mais il ajoute,— et ceci le sépare de Voltaire et des encyclopédistes, — que « sur le reste l'honnête homme doit s'abstenir d'approfondir et même de douter. » C'est une de ses maximes, « qu'il faut respecter en tout

---

[1] T. I, XXXV, XXXVII. — Édit. Janet, t. V, 187, 241.

la religion pratique dans laquelle on est né. » Il n'aimait ni les fanatiques, ni les esprits forts ; « la religion, disait-il, fait des sots, si l'on veut, mais l'irréligion (il veut dire l'athéisme) fait des scélérats. » Il proscrit les moines, les abbés fainéants, les hypocrites ambitieux qui pullulent dans les cours ; il redoute par-dessus tout l'influence des « dévots » sur les affaires : son grand principe, c'est celui que la philosophie française, depuis Montaigne jusqu'à Bayle et Voltaire, a défendu, et qui commençait à triompher dans l'opinion publique, avant de passer dans les lois : le principe de la tolérance. D'Argenson l'établit catégoriquement : « Dans tout bon gouvernement il doit exister liberté absolue de conscience. » Parlant un jour à Voltaire des querelles du jansénisme : « Monsieur, lui dit-il, il n'y a qu'un parti pour un bon citoyen toujours d'accord avec le bon chrétien, c'est celui du *tolérantisme*, p.214 destructeur de tout parti en France... Tout aujourd'hui va vers cet esprit de tolérance (1739). » Entre son interlocuteur et lui on saisit la différence : Voltaire, dans ses libertés, s'inquiétait moins de rester « d'accord avec les bons chrétiens [1]. »

Nous avons résumé les opinions du marquis d'Argenson et tracé, d'après ses Mémoires, un portrait fidèle de son esprit ; on a pu apprécier la hardiesse et la fertilité de son imagination

---

[1] T. I, XX, XXI, 371 ; t. II, 21, 22, 66, 281, 369 ; t. IV, 36 ; t. V, 332. — Edit. Janet, t. V, 160, 197, 254.

politique. Ici se pose une question : nous voyons bien ce que les philosophes et surtout les économistes, venus après lui, ont pu emprunter à ses travaux, dont plusieurs copies couraient dans le public dès le temps du cardinal de Fleury ; — mais lui-même ne doit-il rien à personne ? N'a-t-il pas eu des inspirateurs et des maîtres ? Les Mémoires, en racontant sa vie, nous permettent d'éclaircir ce point intéressant.

Ce n'était pas, à coup sûr, le célèbre lieutenant de police d'Argenson, père de notre philosophe, qui avait pu communiquer à celui-ci l'esprit méditatif et aventureux dont nous avons cité des preuves si frappantes. Il n'y a rien de moins ressemblant au moral que le père et le fils : l'un plein de feu dans le rêve, laborieux dans la chimère, mais gauche dans l'exécution ; l'autre, énergique et décidé, dominant la foule par une vigueur brusque et sans scrupules, capable, quand il le fallait, de ces coups de tête furieux qui rompent tous les obstacles, modèle accompli des séides violents qu'aimait tant l'ancienne politique et que la nouvelle n'a pas toujours dédaignés. Ses contemporains en parlent avec une p.215 admiration mêlée d'effroi [1]. Il est cependant facile d'observer dans l'auteur des Mémoires certaines impressions que la nature exubérante et nerveuse de son père y a

---

[1] Outre Saint-Simon, voir Barbier, t. I, 126. — *Mémoires de d'Argenson*, t. I, 1-30. — Édit. Janet, t. I, XIX-XXII. — *Notes de Marc-René d'Argenson* (Société des bibliophiles), p. 7, 20, 25, 27, 33, 41. — Voir aussi son Éloge, par Fontenelle.

marquées : d'abord la manie d'écrire, le goût du raisonnement verbeux et paperassier, héréditaire, paraît-il, dans la famille. Le père, le grand-père, ambassadeur à Venise, la grand' mère elle-même, ont laissé des volumes manuscrits sur la politique, l'histoire ou la dévotion [1].

D'Argenson tenait aussi de son père je ne sais quoi de lourd et de sensuel si étrangement amalgamé avec le sublime de ses théories. Les Mémoires du temps sont remplis des libertés de parole et d'action que se permettait le lieutenant de police, ce compatriote de Rabelais, transplanté de Touraine à Paris à trente-neuf ans, dans toute sa verdeur : notre philosophe n'était pas davantage un pur esprit, témoins ces parties carrées de jour et de nuit en tête à tête avec M. le duc et madame de Prie ; et l'on s'explique, par les bonnes fortunes de sa vie entière, les sentiments que nous avons cités de lui sur le mariage, la singulière façon qu'il préconise de « mordre en pleine vertu. » On l'accusa même, pendant son ministère, d'avoir livré à une maîtresse les secrets de la diplomatie. On se tromperait donc en le prenant pour un génie purement livresque, comme dirait Montaigne ; ce n'est point un anachorète de la pensée ; bien qu'il aime la solitude, c'est un vivant [2].

---

[1] *Mémoires*, t. I, 3.

[2] T. I, 1, 12, 19, 20. — Barbier, t. I, 42, 127.

Mais j'écarte ces récits de jeunesse et toute la partie la moins philosophique des Mémoires ; je me borne à signaler en passant ses aventures de collège, d'autant plus intéressantes que le souvenir de son condisciple Voltaire s'y trouve mêlé : j'arrive à l'histoire des origines de ses idées et du progrès de son esprit [1].

Le sérieux de la vie active commença pour lui de bonne heure, au milieu même de ces dissipations dont le souvenir ne déplaisait nullement à son âge mûr. Pourvu à vingt deux ans d'une charge de conseiller au Parlement de Paris, en 1716, nommé en 1720 conseiller d'État, intendant du Hainaut en résidence à Maubeuge, après quatre ans d'exercice et de zèle inventif dans cet emploi ingrat qui le ruinait et ne le menait à rien, il revint à Paris, demanda l'intendance de Lille, puis celle de Paris même, les manqua l'une et l'autre par l'effet de cette maladresse dans l'intrigue qui est un des traits de son caractère, et, se voyant ainsi traversé dès ses premiers pas, il se mit de lui-même en disponibilité pour la grandeur à venir de ses destinées, suivant cette maxime de son père, « qu'un homme ambitieux et haut préfère le rien au médiocre [2]. » Il se résigna « au rien » pour se tirer « du médiocre », et aller plus aisément à tout. L'ambition du marquis d'Argenson a de ces fiertés naïves

---

[1] T. I, 58 ; *id.,* 15-107. — Édit. Janet, t. IV, 362. — *Lettres de Voltaire* (édit. Lahure), t. XXVII, 125.

[2] T. I, 35-80.

d'espérance, de ces confiances intrépides qui sentent « le romain, » comme on disait alors, ou le personnage de théâtre, le politique à la Corneille. Cette situation de désintéressement calculé et de grande expectative, qu'il prit à l'âge de trente à trente-cinq ans, dura près de vingt années, jusqu'en 1744, p.217 époque de son ministère ; l'intervalle est doublement occupé et rempli : il se pousse auprès des ministres, surveille ses chances et les cultive, en même temps qu'il s'efforce, par un labeur persévérant, d'égaler son mérite à son ambition.

Vers 1725 il s'était produit, dans certaines régions du monde savant et distingué, un mouvement d'idées politiques, une émulation de sérieuses études et d'enquêtes approfondies sur les questions de droit public ou international, en un mot sur toute matière diplomatique ou administrative ; le cadre était large, les talents individuels concouraient librement à le remplir. Cette tentative fit bientôt assez de bruit pour mériter l'attention inquiète et la mauvaise humeur du gouvernement. C'est ce qu'on appelait *la conférence de l'Entresol*. Dès le temps de Louis XIV, si peu favorable pourtant aux nouveautés, même spéculatives, les papiers de l'abbé de Choisy nous apprennent qu'il s'était formé, en 1692, une petite académie de treize membres qui devaient s'assembler tous les mardis au Luxembourg chez cet abbé, avec un programme de discussion assez semblable à celui de l'Académie des sciences morales et politiques. Cela se soutint moins d'une année. La régence réveilla ces idées et leur rendit l'essor. Une nouvelle société reprit les plans abandonnés de l'abbé de Choisy ; elle fixa le lieu de ses séances chez l'abbé Alary, de l'Académie française, qui logeait à l'entresol de la maison du président Hénault, sur la place Vendôme. Cette conférence comptait une vingtaine de membres. Le réfugié Bolingbroke y propageait la liberté anglaise, dont il avait donné un avant-goût à Voltaire ; l'ambassadeur d'Angleterre y vint un jour parler deux heures sur l'utilité d'une entente cordiale : d'Argenson trouvait là des influences propices et le plus heureux climat pour faire éclore cette fécondité d'aspirations illimitées et de projets positifs qui s'agitaient confusément dans son esprit. Ses Mémoires nous donnent un aperçu des dissertations écrites dont la lecture remplissait les séances ; les sujets sont aussi variés que sérieux ; un mot en résume la tendance et le dessein : étudier le passé pour régler l'avenir. Le droit public français lui échut en partage ainsi que le soin d'extraire les nouvelles politiques de la *Gazette de Hollande* ; il composa pour la conférence les premières ébauches de ses *Considérations* sur le gouvernement français : bref, il s'y affermit dans sa vocation de philosophe, candidat au ministère.

Cette société, que Bolingbroke appelait un club et que d'Argenson appelle simplement « un café d'honnêtes gens, » avait pour président, pour doyen d'âge et de mérite, le vénérable abbé de Saint-Pierre, célèbre par ses écrits et par ses disgrâces politiques [1]. « Ce bon citoyen, dit d'Argenson, était celui qui nous fournissait le plus de lectures de son cru ; il nous prêtait ses Mémoires et sollicitait nos observations. Un M. de Plélo, depuis ambassadeur, nous lut une belle dissertation sur les diverses formes de gouvernement. » Les agréments d'une société « d'honnêtes gens » ne manquaient point à ces réunions ; l'air pédant ne s'y faisait nullement sentir ; on y trouvait, « l'hiver, de bons siéges, un bon feu et du thé ; dans la belle saison, les fenêtres s'ouvraient sur un joli p.219 jardin, on y prenait de la limonade et des liqueurs fraîches, ou bien l'on se transportait aux Tuileries et l'on discutait en se promenant. En tout temps les gazettes de France, de Hollande, et même les papiers anglais étaient entre nos mains. » Il eût été bien étonnant que le pouvoir ne prît pas ombrage de ces causeries ; le cardinal, ce rusé despote, témoigna d'abord aux « entresolistes » une feinte bienveillance, et les couvrit malgré eux de son patronage ; finalement il leur conseilla de s'abstenir [2]. Les réunions, qui se tenaient tous les samedis, de cinq heures du soir à huit heures, avaient duré sept ans, de 1724 à 1731. D'Argenson resta fidèle à l'esprit de cette société dispersée ; l'élan qu'elle avait imprimé à ses travaux ne se ralentit

---

[1] Né en 1658, l'abbé de Saint-Pierre mourut en 1742. Son premier ouvrage, le *Projet de paix perpétuelle,* parut en 1713. Sur son exclusion de l'Académie en 1718, voir Dangeau, XVII, 299-302.

[2] *Mémoires*, t. I, 92, 110, 144. — Édit. Janet, t. I, 68.

pas : il garda pour maître et pour ami l'abbé de Saint-Pierre, dont le ridicule immérité rejaillit sur lui-même.

L'Entresol, et surtout l'abbé de Saint-Pierre, voilà les principaux inspirateurs des théories de d'Argenson ; c'est de là qu'il procède, et par cette filiation directe et légitime il se rattache aux Fénelon, aux Vauban, aux Bois-Guilbert, aux Boulainvilliers. Continuant la tradition de philosophie politique qui s'était ranimée à la fin du règne de Louis XIV, il l'a transmise à son tour aux théoriciens éloquents du XVIIIe siècle [1]. Mais pendant ces vingt années de fermentation d'esprit, d'où sont sorties les hardiesses que l'on sait, le théoricien ne négligeait pas les intérêts de l'homme pratique : d'Argenson, nous l'avons dit, rêvait le progrès en général, et pour lui-même un portefeuille. L'école de ces rêveurs-là a prospéré.

Cette longue candidature se partage en deux périodes distinctes : dans l'une il est ministériel et dans l'autre opposant. De tout temps, en effet, il y a eu deux manières de se pousser au pouvoir : en s'insinuant ou en donnant l'assaut. D'Argenson usa des deux moyens, ne réussit dans aucun, et arriva, un beau jour, du côté où il y comptait le moins, c'est-à-dire un peu par son

---

[1] *Mémoires,* t. I, 102, 185. — Édit. Janet, t. IV, 139. — Les écrits politiques de Fénelon ont été composés de 1693 à 1714. Les écrits de Bois-Guilbert remontent à 1697 et 1706 ; *la Dîme royale,* de Vauban, est de 1706 ; *l'Histoire de l'ancien gouvernement de France,* par le comte de Boulainvilliers, est de 1727.

mérite, et surtout grâce au hasard. De 1731 à 1737, jusqu'à la chute du garde des sceaux Chauvelin, qui lui voulait du bien, d'Argenson est auprès des ministres sur un pied d'ami ou de disciple affectueux et d'utile auxiliaire ; on dirait un surnuméraire de grand avenir qui complète son instruction et ses titres en attendant une vacance. Après la disgrâce de Chauvelin, blessé des injustices du cardinal et de son manque de parole, il se tient à l'écart, il boude, il forme des vœux pour la mort du premier ministre et trempe dans les intrigues dirigées contre sa prépondérance.

Je n'insisterai pas sur les incidents qui ont marqué ce changement d'attitude. Il est naturel que d'Argenson se plaise à les décrire et qu'il tienne un journal exact des mécomptes de son ambition. Tout s'exagère aux regards de l'ambitieux dès qu'il s'agit du grand objet, et d'Argenson, malgré sa philosophie, ne diffère des ambitieux ordinaires qu'en un seul point : il est plus confiant, plus indiscret, plus bravement crédule et vaniteux, et pour tout dire, plus enfant. La partie très développée de ses Mémoires où ce stage est raconté forme un des chapitres les plus curieux d'analyse et d'observation morale qui se puissent écrire sur les faiblesses de l'homme p.221 politique. Ses affaires ont-elles bonne couleur, le voilà tout joyeux de recueillir les mots et les regards favorables qu'il a obtenus du roi, les éloges que le cardinal a faits de lui, les augures de réussite prochaine qui lui arrivent de la cour et de la domesticité des grands. Ce n'est pas lui qui résistera à la séduction de ces dehors flatteurs, ni qui essayera de voir le dessous du jeu : son cœur s'enfle et s'épanouit à ces présages heureux, il nage en pleine espérance, il sourit à cette conspiration aimable de bienveillance trompeuse, il marche d'un pied solide et enfonce avec conviction dans les pièges délicats que des mains invisibles ont semés sur son chemin. En attendant, ceux qui gouvernent savent tirer de sa capacité zélée tout ce qu'elle contient de connaissances acquises et de solides trésors ; il se prodigue en mémoires savants, en rapports écrits, il sert de bibliothèque et d'arsenal aux ministres : prêt et muni sur tous les points, nulle question n'est insoluble pour lui. On le voit dans les carrosses du cardinal et du garde des sceaux Chauvelin, il est admis à leur table ; ils le flattent de l'idée d'une ambassade à Londres, à Madrid, en Portugal, ou d'une intendance d'armée, ou d'une place de premier président, jusqu'au moment où, las d'être dupe, il tourne à l'opposition [1].

Entre d'Argenson et le cardinal la rupture était consommée, irréparable ; Fleury en était venu à ne pouvoir entendre prononcer son nom « sans d'épouvantables grimaces » : c'est, disait-il, le digne ami de Voltaire, et Voltaire est son digne ami. De son côté, le candidat évincé imputait à Fleury tous les maux de la France et p.222 jusqu'aux perturbations atmosphériques :

---

[1] *Mémoires*, t. I, 50-300.

« Tout va mal, tout va très mal et de pire en pire ; voici l'inclémence du ciel qui a grêlé un quart de la France, comme pour avertir de faire finir le ministère actuel. La récolte des blés est des plus mauvaises partout ; il semble que le ciel ait contribué à notre perte, tant que nous aurons à notre tête le détestable ministre qui nous gouverne si mal [1] ! »

C'est ici l'époque la plus fiévreuse, la moins noblement occupée de la vie de d'Argenson. Il est le jouet de toutes les hallucinations familières aux candidats surexcités ; il a une profondeur de naïveté ingénieuse à tourner dans le sens de ses désirs les événements les plus contraires. Non content de figurer (du moins il le croit) sur la liste d'un ministère en perspective dont le chef futur est l'exilé Chauvelin, il compose lui-même un cabinet où il se réserve l'un après l'autre tous les portefeuilles ; peu s'en faut qu'il ne se crée, dans sa fatuité ingénue, un rôle d'homme providentiel et qu'il ne s'érige lui-même en sauveur : « Je me suppose ici doué de qualités et de lumières acquises, propre à tirer ma patrie de grands maux, comme Moïse appelé à tirer la sienne de la captivité d'Égypte [2]. » Un caractère de son ambition c'est d'être à la fois impatiente et tenace : il se déclare

---

[1] T. III, 157, 219 (1739) ; t. II, 194, 196, 267, 310, 377 ; t. III, 254, 297, 325. — Édit. Janet, t. IV, 345-356. — *Mémoires du duc de Luynes,* t. IV, 20, 210.

[2] T. II, 218. — Sur ses rapports avec Chauvelin et sur ce personnage lui-même, voir t. II, 17, 103, 142, 233 ; t. IV, 9-15. — Barbier, t. III, 65, 71, 293, 376, 403. — *Mémoires de Walpole,* p. 343. — Luynes, *Mémoires,* t. IV, 380.

prêt à espérer, s'il le faut, jusqu'à l'âge de quatre-vingts ans. L'exemple du cardinal autorisait cette héroïque p.223 espérance. S'il eût vécu, il eût pu être appelé par Louis XVI avec Turgot : il aurait eu là, en effet, son vrai moment [1].

L'événement si longtemps attendu s'accomplit : le cardinal meurt en janvier 1743 ; mais les suites ne sont pas ce qu'on avait présumé. Le triomphe prédit des exilés se change en aggravation de peine, les combinaisons rêvées s'évanouissent, et d'Argenson n'est encore ministre que sur le papier de ses manuscrits [2]. Toutefois le crédit de son frère, les bonnes impressions données au roi par quelques amis sur son mérite, le souvenir des services rendus par son père sous la régence avançaient ses affaires, et le hasard aussi s'en mêlant, il put écrire, à la date du 18 novembre 1744, ces deux lignes sur son Journal : « Le roi m'a nommé ce soir ministre secrétaire d'État des affaires étrangères. » D'Argenson avait alors cinquante ans [3].

Son ministère, qui fut court, eut du moins la gloire d'appartenir à la plus belle époque du règne. Le traité de Turin et la réconciliation de Voltaire avec la cour en resteront, dans

---

[1] T. II, 218.

[2] *Mémoires,* t. IV, 49. — Barbier, t. III, 416, 420. — Luynes, t. IV, 407.

[3] T. IV, 117. —Édit. Janet, t. IV, 379, 388. — Luynes, t. VI, 157. — En 1733, d'Argenson avait été élu, à l'unanimité, membre de l'Académie des belles-lettres ; en 1740, le duc d'Orléans l'avait choisi pour son chancelier ; il faisait partie du conseil royal depuis le mois de mai 1744. (*Mémoires,* t. III, 194, 333 ; t. IV, 102.)

l'histoire, les deux traits caractéristiques [1]. D'Argenson ministre et Voltaire en crédit, au moment où la victoire de Fontenoi jetait sur nos armes un dernier éclat, c'était le gage et comme la figure visible d'une alliance entre l'esprit nouveau et l'antique royauté : mais ces alliances, passagères et stériles, n'ont p.224 jamais été en France que le prélude d'un déchirement.

Il avait formé le dessein d'écrire les Mémoires de son ministère en quatre volumes ; il en écrivit quatre chapitres. Comme dans les *Economies royales* de Sully, c'est un secrétaire qui est censé s'adresser à son maître et lui rappeler tout ce que celui-ci a dit, projeté ou exécuté. Le ministre tombé y explique sa chute, et naturellement l'attribue à d'honorables motifs. Ces motifs se réduisent à un seul, le manque d'habileté. Secrétaire d'État des affaires étrangères, d'Argenson était le moins diplomate des hommes. Il parut dans ce monde brillant de roués et de sceptiques avec les maximes du *Télémaque* et le langage d'un paysan du Danube. Il discrédita tout ensemble ses idées et sa personne. Philosophe à contre-temps, honnête homme sans prestige, il négligea trop (il l'avoue) l'art de plaire, et ne comprit pas assez la puissance du ridicule. Comme dirait Voltaire son ami, c'est un juste à qui la grâce a manqué. Ce vertueux maladroit tenait bien plus de J.-J. Rousseau que de l'historiographe gentilhomme de la chambre. Ses amis n'osèrent pas le défendre ;

---

[1] Edit. Janet, t. IV, 410 ; t. V, 5, 13, 20.

le public, d'abord favorable, l'abandonna ; les intrigues de ses ennemis l'achevèrent [1]. De bons juges pourtant surent démêler, sous ces dehors embarrassés, une capacité réelle, et apprécier la solidité d'un mérite qui se présentait mal. Écoutons le marquis de Valory, alors ambassadeur en Prusse, témoin compétent, non prévenu, et d'autant plus sûr qu'il observait les faits à distance : « Je dois à l'amitié qui nous liait, le marquis d'Argenson et moi, l'éloge de ce ministre ; mais je dois aussi à la vérité l'éloge de ses talents. Il n'y eut jamais p.225 un plus honnête homme, aimant plus le roi et sa patrie. Jamais aucun ministre n'a apporté, en venant en place, autant de connaissances et de théorie ; elles étaient le fruit d'une longue étude et de la plus grande application... Le marquis avait un grand sens et une bonne judiciaire ; mais peu au fait de la cour, il n'avait jamais pu acquérir cet esprit d'intrigue si nécessaire pour s'y maintenir. Il crut qu'en se renfermant dans les devoirs de sa place, dans un travail réglé et assidu, il pouvait se confier aux bontés que son maître lui marquait. Il avait un ennemi puissant dans le maréchal de Noailles, qui mit tout en usage pour jeter du ridicule sur sa personne. Le marquis d'Argenson est bien une preuve qu'un petit ridicule est plus nuisible à la cour que les plus grands vices. Peut-être, à la vérité, y a-t-il pu prêter par quelques réponses

---

[1] *Mémoires*, t. IV, 132, 185 ; t. V, 74, 84, 122. — Barbier, t. IV, 214. — Luynes, t. VI, 157 ; t. VII, 127 ; t. VIII, 80.

singulières qu'il fit à différents ministres étrangers, et par son peu d'usage de la cour ; mais il n'en est pas moins vrai qu'il fut capable de grandes idées générales, et que peu d'hommes ont apporté dans le ministère autant de lumières que lui [1]. » Voilà un jugement modéré, exact, complet, qu'on peut accepter.

Le style des Mémoires de d'Argenson ne dément pas cette espèce de trivialité provinciale dont les petits maîtres du temps se scandalisaient, et qui a donné si facilement prise aux moqueurs. Le mérite et le défaut de ce style c'est d'être tout personnel : lourd, négligé, souvent incorrect, il exprime fortement, et non sans bonheur, ce qu'il veut dire. D'Argenson écrit avec verve, il parle carrément et en prenant ses aises ; il est de l'école utilitaire p.226 en littérature. Il aime les mots succulents et qui emplissent la bouche, les expressions qui sentent le terroir ; il a la manie des proverbes, il les tire du fonds populaire de la vieille France, sans avoir peur des dialectes chers à Rabelais. Parlant des faveurs accordées à son père, il dira : « On lui donna encore *quelques drogues...* » Il dira d'un ministre un peu lourd et gauche, comme il était lui-même : « C'est *un bœuf dans une allée.* » Une duchesse ruinée « vend *ses pots à oille* ; » les courtisans du cardinal de Fleury sont « *des poilous et useurs de parquet* ; » le comte

---

[1] *Mémoires du marquis de Valory*, t. I, 271 (édit. do 1820). — Luynes, t. VIII, 340. — *Correspondance du maréchal de Noailles avec Louis XV* (par M. C. Rousset, 1865), t. II, 251, 276.

de Brossoré, grand gourmand, est « *un donneur de dîners et de crevailles.* » S'il s'agit de l'adhésion de l'Espagne, « l'Espagne *tope.* » Madame de Vintimille, maîtresse du roi, souffre d'un certain inconvénient : « C'est une bonne femme au fond, *mais puante de l'estomac.* » Ses Lettres sont dans le même goût : « On m'a fait des compliments *à tuer chien,* » — « je vous remercie de votre travail (il s'adresse à Voltaire) ; je sais bien que c'est *vous bouillir du lait* ; » — « la paix est comme *le chien de Jean de Nivelle,* qui s'enfuit quand on l'appelle. » — « On a beau être *parent des chiens, il faut toujours porter un bâton* » (c'est-à-dire prendre ses précautions, même contre ses amis) [1]. Ledran, le duc de Luynes et Noailles prétendent que ses conversations diplomatiques, à la grande surprise des ministres étrangers, étaient infectées de ces « expressions basses et peu convenables [2]. » — Le 10 janvier 1747, un

---

[1] *Mémoires, passim.* — Édit. Janet, t. V, 250.

[2] « Il n'avait dans ses expressions ni justesse ni noblesse, et cependant il paraissait viser à briller par des proverbes appliqués à tout propos. » (Manuscrits de Ledran.) Cela donna lieu à des satires dans le public, et l'une d'elles était intitulée : *Discours politique sur les affaires de la guerre et de la paix.* Dans ce discours, le ministre était censé dire : « Messieurs ne pouvait-on pas, l'année dernière, regarder la reine de Hongrie comme une biche aux abois ? Le roi d'Angleterre paraissait entre deux selles, etc... Nous pondions sur nos œufs ; le prince Edouard faisait florès et donnait du fil à retordre à nos ennemis. Mais tout à coup la chance a tourné ; et comment cela ?... La reine d'Espagne est un bâton... qu'on ne sait par quel bout prendre ; le roi de Sardaigne nous a.... du poivre, le roi Georges a remonté sur sa bête, le prétendant a fait Gille. Les Hollandais, qui nous donnent chaque jour quelque Godan, veulent nous faire avaler le goujon. Les avantages de nos armées en Flandre nous servent à peu près autant que de battre l'eau pour faire du beurre... » (Edit. Janet, t. I, 259.) — Cette pièce a été recueillie par d'Argenson lui-même, qui a mis en marge cette note : « Pièce ridicule

ordre du roi le remerciait assez sèchement et le renvoyait à ses rêveries, à ses proverbes, à son Journal [1].

Pendant les dix années qui séparent sa mort de sa disgrâce, d'Argenson, comme tous ceux qui aiment le pouvoir et qui l'ont perdu, vécut partagé entre le regret et l'espérance. Quel est le ministre dépossédé qui ait jamais souscrit à l'arrêt qui le frappe, sans en appeler de l'erreur du présent à la sagesse réparatrice de l'avenir ? L'ambition du marquis était de celles qui ne se résignent pas à mourir, mais qui gardent une foi vive dans une prochaine résurrection. Il ignorait ou voulait oublier ce trait de caractère du maître, déjà signalé par les clairvoyants : « Le roi ne revient jamais. »

L'étude, il est vrai, relevait son âme abattue et calmait ses cuisants chagrins ; mais l'étude elle-même avait cet inconvénient cruel de réveiller en lui l'idée du pouvoir perdu ; par toutes les routes où s'aventurait son imagination malade, il se voyait ramené vers l'objet fatal dont le désir caressait et ulcérait son cœur. Chaque p.228 dessein formé en vue d'une réforme utile ou d'un progrès possible excitait du fond de son âme cette exclamation intime : « Ah ! si j'étais le maître des moyens,

---

composée contre moi, à qui on attribue cette façon de m'exprimer, que je n'ai jamais connue. — Composé ainsi par ordre de M. de Maurepas. » (*Mémoires*, t. I, XIII.) Le marquis a beau s'en défendre ; on ne prête qu'aux riches.

[1] Voir une anecdote assez curieuse sur le ministère de d'Argenson dans les *Souvenirs d'un déporté,* par P. Villiers (1802).

c'est-à-dire si je redevenais ministre ! » Ces rêves entremêlés de vertueuses aspirations et de vœux personnels, il ne pouvait s'en détacher ; son esprit habitait avec mélancolie la région des nobles illusions. D'avance il se trace un plan de conduite pour le jour où il ressaisira la direction des affaires ; il écartera ceux-ci, il appellera ceux-là ; il rétablira l'ordre, l'économie, la loyauté dans le gouvernement ; il supprimera les abus, notamment le cabinet noir et l'amour du roi pour madame de Pompadour ! Quand ce beau jour arrivera, il sait le langage qu'il tiendra au roi, sa réponse est toute prête à la lettre de cachet qui lui apportera sa nomination [1]. Ses amis, qui connaissent le faible de ce cœur blessé, le flattent par des bruits vrais ou faux : « Le roi, dit-on, l'estime et le regrette ; le public parle en sa faveur ; il est encore en certains lieux l'espoir des bons citoyens. »

Agité de ces retours d'opinion et de ces décevantes promesses, s'obstinant contre l'évidence à prêter au roi des vertus cachées dont ses ambitions personnelles ont besoin, lui dédiant en secret, comme à un Titus incompris, ses projets les plus généreux, d'Argenson retombait par une pente inévitable dans une humeur misanthropique qu'irritaient des mécomptes sans fin [2]. Les dernières pages de ses Mémoires sont pleines des éclats de ce chagrin amer qui n'épargne ni son frère, ni son fils, et qui se

---

[1] T. V, 151-157, 401 ; t. VI, 271, 321 ; t. VII, 299 ; t. VIII, 138, 183 ; t. IX, 175, 223.
[2] Edit. Janet, t. V, 131.

déverse en injures sur ses rivaux triomphants. Il a beau choisir pour épigraphe ce vers très peu correct :

> Me fraus *expulsif*, expulsum mulcere Camœnæ.

Son fiel est plus fort que la douceur « des Muses. » Le comte d'Argenson, dont l'amitié lui avait été secourable et fidèle, n'est plus à ses yeux qu'un « hypocrite et un jésuite, » le marquis de Paulmy, son propre fils, est un génie « rétréci, » digne de son oncle ; quant aux ministres restés en place, il les appelle « jongleurs, farceurs, trompeurs et fagotins ; » il s'applaudit de leurs maladies, et cite leur mort comme un argument qui prouve une Providence [1].

Un an avant sa mort, en 1756, lorsque l'alliance avec l'Autriche, dont il était l'adversaire déclaré, fut conclue, il se résigna, et comprit que son rôle était fini. C'était le coup de grâce donné par la Fortune ennemie à ses persévérantes illusions [2].

L'ordinaire effet de l'ambition politique, lorsqu'elle envahit un grand esprit, c'est de le diminuer en le trompant. Comme beaucoup d'autres génies de haut essor, d'Argenson manqua de confiance en son propre mérite et se méprit sur les conditions de sa véritable grandeur ; il mettait sa gloire et dévorait son âme

---

[1] T. III, 127 ; t. V, 90, 213, 219, 271, 349 ; t. VI, 70, 135, 191, 247, 321 ; t. VIII, 22, 31, 281, 475 ; t. IX, 280. — Edit. Janet, t. I, 23, 41, 73, 89, 92 (Introduction) ; t. V, 25, 29, 43, 57, 60, 62. — Luynes, t. IV, 212 ; t. V, 90 ; t. VII, 328.

[2] T. IX, 280.

dans la poursuite d'un pouvoir éphémère et menacé, oubliant que les plus illustres tracasseries de ce monde et le maniement laborieux des choses humaines ne valent pas toujours, pour la renommée d'un homme, ni même pour le bien p.230 général, le travail solitaire et libre d'une intelligence supérieure. Les hardies spéculations de sa pensée qui, vers la fin, n'étaient plus pour lui qu'un passe-temps dédaigné, et qu'il eût si vite abandonnées pour le pouvoir, où volait son cœur, lui concilièrent de son vivant l'opinion des philosophes, chaque jour plus puissants sur l'esprit public ; peu d'années après sa mort elles le remirent en honneur auprès des générations nouvelles qui de toutes parts se convertissaient avec éclat à la philosophie. C'est par cette revanche légitime, par ces représailles inespérées de lui-même qu'il s'est relevé si fort au-dessus des adversaires dont l'insolente fortune le mortifiait, et qu'il a effacé tous les habiles de l'ancienne politique, les beaux esprits railleurs et intrigants de l'école de Maurepas.

Vers la fin de sa vie, d'Argenson aimait à abriter dans le repos des champs les illusions qui lui restaient encore et ses désenchantements déjà trop réels. Il y fuyait les nouvelles de la cour ; il y répétait, avec l'accent doux et triste de tous ceux que le monde a meurtris, l'éternel mot du sage : « quel bonheur que la tranquillité, la société de soi-même et l'étude ! » Sa retraite préférée était à Segrez, près Arpajon. Il nous a laissé de ce séjour quelques descriptions pleines d'un charme attendrissant, qui prouvent combien son âme, aussi aimante que celles de Vauvenargues et de Rousseau, s'était attachée à ces beaux lieux : « Rien ne ressemble aux Champs-Élysées, séjour des ombres heureuses, comme la maison de Segrez que je viens de louer. Il y a un jour doux et non brillant, comme celui des vues étendues sur de grandes rivières... Il y a des prairies et surtout des eaux courantes. Derrière la p.231 maison, au bas du rocher, est une futaie d'arbres, avec des ruisseaux qui coulent en nappes, cascades et bouillons d'eau qui vont nuit et jour.... Avec cela, on y vit heureux et sans bruit du monde [1]. » Il s'y était arrangé une manière de cabinet mobile qu'il roulait en plein air, « comme une cabane de berger. » — « Je me suis fait faire un cabinet-sofa dont l'utilité est de me tenir bien à l'abri des vents coulis, de l'air qui gèle les bras et les mains, d'être en une jolie retraite bien close... Je puis rouler mon cabinet dans mon jardin sur une terrasse où l'on jouit d'une belle vue ; je le démonte et le transporte à la ville, à la campagne... j'ai fait faire la cage par un menuisier de carrosse. Elle est sur roulettes, comme la demeure d'un berger ; la fenêtre à gauche, la porte à droite, le toit comme une impériale de carrosse à l'allemande... on y peut allonger les jambes, les appuyer horizontalement ou les porter à terre. Il y a des accoudoirs ; le dos est rembourré et je puis m'y tenir debout... le

---

[1] T. VI, 180, 497. — Édit. Janet, t. V, 245.

tout est doublé en velours vert. Le dehors est vernis en laque rouge. J'y suis si chaudement que je m'y puis passer de feu presque tout l'hiver. Une bougie allumée suffit pour chauffer le dedans [1]. » L'esprit inventif du marquis avait imaginé même sa chambre de travail, et il n'est pas étonnant qu'un ami du progrès positif et matériel ait mis dans son cabinet quelque chose de ce qu'on appelle aujourd'hui le confortable. C'est là qu'il méditait, lisait et commentait, étant de sa nature « grand extrayeur et notateur. » Il y a écrit ses Mémoires.

D'Argenson mourut à 63 ans, le 26 janvier 1757, p.232 assez subitement, d'un anthrax au cou. La mort le surprit, on peut le dire, la plume à la main. On a trouvé dans ses papiers une note écrite le 17 du même mois ; une autre, commencée le 18, est restée interrompue. « Mon père, a dit le marquis de Paulmy, a laissé ses papiers en bon ordre, au contraire de ses affaires. » C'est, en effet, une dernière particularité à signaler dans le portrait maintenant achevé de ce personnage : d'Argenson, comme la plupart des rêveurs politiques, en s'occupant des affaires de tous négligeait les siennes. « Je suis en quelque sorte, écrit-il, à l'aumône de ma paroisse ; si la cour me retirait ses pensions, ou si on me les payait mal, je serais sans pain… » Quand on les lui payait bien, elles s'élevaient à 22 000 livres, ce qui est une façon fort honnête « d'être à l'aumône », et ce qui lui permettait

---

[1] Édit. Janet, t. V, 237, 238.

d'ajouter sans mauvaise humeur : « Je me suis proposé, en me retirant, d'afficher la pauvreté, mais non la misère ; toutes les places dans ma maison deviennent uniques ; j'ai un beau suisse fort galonné, un valet de chambre, un seul laquais, un cocher, deux chevaux et une servante... Je me nourris d'un pot-au-feu et d'un poulet... Par là, je passerai dans ce siècle-ci pour un homme modéré, philosophe, attaché à mes devoirs, éclairé cependant et capable, plus digne des places que ceux qui y sont : ce rôle a sa beauté... [1] ». Oui, et plus d'un riche de nos jours, sans être philosophe, se contenterait à moins : ne plaignons pas trop le marquis de s'être vu réduit, par sa faute ou par celle des temps, à une « pauvreté » qui roulait carrosse.

p.233 Nous venons d'étudier scrupuleusement deux parties importantes des Mémoires de d'Argenson : c'est-à-dire, sa vie et ses idées. Il en reste une autre, qui n'offre pas moins d'intérêt ; ce sont les informations que le journal contient sur l'état des esprits pendant les trente années dont il fait la chronique. Réunissons donc ces documents à ceux que nous fournit Barbier, et avec ce double secours, répondons à la question qui résume l'histoire politique de ce temps-là : quels sont les caractères généraux de cette seconde époque du XVIIIe siècle ? Quels mouvements,

---

[1] Sur les affaires domestiques et sur les finances de d'Argenson, voir Introd., XXIII, 160, 179, 181, 325 ; t. IV, 28-32, 54, 102 ; t. V, 9, 222. — Edit. Janet, t. V, 397. — Luynes, t. XV, 36 ; t. XVII, 340.

quelles tendances avons-nous à signaler dans l'opinion publique, depuis la fin de la régence jusqu'à la veille de la guerre de sept ans ?

CHAPITRE III

Le roi Louis XV et son gouvernement jusqu'à l'époque de la guerre de sept ans, d'après le Journal de Barbier et les Mémoires du marquis d'Argenson. — Fleury, Noailles, le maréchal de Saxe. — Renseignements accessoires et confirmatifs : Lettres de Louis XV et du maréchal de Noailles. — Correspondance secrète inédite de Louis XV. — Journal de P. Narbonne.

p.234 En parlant de la modération des partis sous le gouvernement du cardinal de Fleury, d'Argenson a trouvé un mot forte juste : « on respectait, dit-il, l'espérance d'un autre règne [1]. » Ce mot peint d'un seul trait la période politique que nous allons observer : la nation se repose des agitations de la régence et attend, avec une confiance patiente, l'avénement réel, le règne effectif du successeur de Louis XIV. Cette espérance unanime éteint les souvenirs irritants, calme les souffrances présentes et suspend les ambitions ; on ajourne ses vœux et l'on se donne rendez-vous à ce moment qui ne saurait tarder où le jeune roi, sortant d'une longue enfance, paraîtra dans sa majesté virile, « comme un Titus ou un Henri IV, » et assurera ces destinées glorieuses et pacifiques dont la France nouvelle a le pressentiment.

---

[1] *Mémoires*, t. II, 100 (1739).

« Louis XV est chéri de son peuple, sans lui ~p.235~ avoir fait aucun bien, écrivait d'Argenson en 1743 ; regardons en cela nos Français comme le peuple le plus porté à l'amour des rois qui sera jamais : il pénètre leur caractère, il prend les intentions pour l'action [1]. » Ce siècle, qui devait finir par un régicide, a commencé, on peut le dire, par un acte de foi et d'amour envers l'ancienne royauté, par un pardon généreux des fautes commises, et si l'attentat reste sans excuse, il est juste de reconnaître et de signaler dans la haine qui éclate en 93 la colère d'un amour indignement trompé.

Ces vingt années d'un provisoire assez doux, que gouverne un vieillard pour le compte d'un enfant, sont celles qui répondent le moins à l'idée qu'on se forme généralement du XVIIIe siècle. Les maximes et les mœurs du règne de Louis XIV reprennent faveur ; l'esprit public, par dégoût de la licence, paraît rétrograder ; c'est, comme on dit, une réaction. Les passions religieuses ou civiles, que nourrit la politique intérieure, n'ont rien de révolutionnaire ; les crises du Parlement ne sont que les accès ordinaires d'une maladie chronique dont le traitement est connu [2]. La douceur de ce régime salutaire, la paix de cette convalescence sociale respirent dans les mémoires qui s'écrivent alors ; ils nous donnent l'impression d'un climat tempéré où nul éclair

---

[1] T. II, 44.

[2] Ce traitement est décrit, cette « mécanique » de l'ancien système est très bien expliquée par le cardinal Dubois (comte de Seilhac, t. II, 223) et par Mathieu Marais, t. III, 197.

précurseur n'annonce encore les prochains orages. Le ciel est bas et l'horizon fermé, mais le peuple vit content sous ce gouvernement sage qui lui ~p.236~ assure l'heure présente et lui laisse pour l'avenir une illusion.

Fleury entra sur la scène, comme le Géronte ou l'Ariste de l'ancienne comédie, lorsque les roués, les Turcarets et les Scapins avaient épuisé leur rôle [1]. Il recueillit tout d'abord cette sorte de popularité sérieuse qui ne manque jamais de fêter le retour du bon sens au lendemain d'une folie prolongée. Ce qui est plus difficile que d'être applaudi au début, il sut se faire estimer pendant vingt ans : les mémoires contemporains lui restent favorables, ou peu s'en faut, jusqu'à la fin ; d'Argenson même, à travers ses aigreurs, laisse échapper des éloges significatifs, et quant aux chroniqueurs qui n'ont pas l'ambition de gouverner après lui, sa mort leur inspire des craintes qui sont la plus belle et la plus rare des oraisons funèbres pour un premier ministre français. Certainement le cardinal de Fleury n'était pas un génie du premier ordre ; mais, outre que le génie accable parfois les nations qu'il gouverne, il y a place, en dehors d'une exceptionnelle supériorité de l'intelligence, pour de bonnes et

---

[1] Pour le portrait de M. le duc, de madame de Prie et pour l'histoire de leur gouvernement, nous renvoyons à Saint-Simon, à d'Argenson (t. I, 57), aux *Mémoires de Walpole* (par le comte de Baillon, p. 201-206), à Barbier (t. I, 345). On peut consulter aussi les *Mémoires du président Hénault* (p. 77-84), les *Lettres de mademoiselle Aïssé* (p. 101), et les *Mélanges de Bois-Jourdain* (t. III, 24).

solides qualités de gouvernement. Il eut un premier mérite, très politique : il vint à propos. Esprit sans éclat, il était aussi sans vanité. Incapable d'atteindre au grand, et fort clairvoyant sur lui-même comme sur les autres, il évita du moins ces bruyantes contrefaçons de la grandeur par lesquelles se masque et s'étourdit une impuissance $_{p.237}$ présomptueuse. Sans sortir de sa nature, sans forcer ses moyens, il accomplit à petit bruit le bien alors possible. Ami des temporisations, esprit de juste milieu, et d'une flexibilité rusée qui aurait eu son prix dans un cabinet constitutionnel, il cicatrisa, souvent en ne faisant rien, les imprudences de ceux qui avaient voulu trop faire. Il avait, dirions-nous aujourd'hui, fort peu d'idées ; mais comme en politique ce sont avant tout les circonstances qui décident du mérite des systèmes, au lendemain de la régence ce défaut se tournait en qualité. Dans le cours varié des choses humaines, il est bon que la médiocrité réparatrice succède à la pétulance aventureuse des hommes d'imagination. Tous ces conquérants du progrès ressemblent aux autres : leur gloire à la longue coûte et fatigue. La France, secouée et meurtrie, se remit volontiers en tutelle sous un pouvoir sénile dont l'âge lui garantissait la brièveté, et qui, par ses allures dissimulées, par sa bénignité hypocrite, offrait aux peuples un semblant de cet autre avantage qu'à certaines heures ils se prennent à désirer : l'absence de gouvernement. Ainsi en jugèrent les esprits sérieux en France et à l'étranger ; ils surent gré au cardinal de ses qualités négatives et de ses défauts bienfaisants.

Contenter les bourgeois de Paris n'a jamais été pour aucun ministre un succès facile ; or cette gloire peu vulgaire, le cardinal a su l'obtenir et la conserver. « Il est bon ménager, dit Barbier, les finances n'ont jamais été dans un meilleur état. Grâce à lui, le roi, qui a beaucoup d'argent, est maître et arbitre de l'Europe (1738)... C'est un sentiment général, sans exagération ni flatterie, que toute la France redoute sa mort comme une perte réelle, parce que le gouvernement est grand, p.238 sensé et doux. Tout l'étranger a une confiance et un respect sans réserve dans la parole et les opérations de ce ministre [1]. » En 1742, le langage du chroniqueur est le même, ce qui prouve que l'opinion publique n'a pas absolument changé : « à plus de quatre-vingt-dix ans il a une tête assez bonne pour faire de ce règne le plus beau et le plus grand de l'histoire de France [2]. » Et le ministre dont on parle ainsi à Paris gouverne depuis seize ans ! D'Argenson, avant de passer à l'opposition ambitieuse, l'appelait « un administrateur vertueux et dévoué à l'Etat ; » il l'a admiré pendant dix ans, et voici le portrait qu'il fait de lui en 1736 : « Nous avons en France un premier ministre qui possède une partie des vertus de M. de Sully ;... avec le temps on lui rendra justice, comme à Sully ;... ce

---

[1] T. II, 85, 179, 192, 338.
[2] T. III, 25, 76, 118, 124, 326. — *Duclos* (édit. Michaud). p. 625.

ministre semble né pour assurer le bonheur dont nous jouissons sans l'altérer, et c'est tout ce que nous pouvons désirer, car la France est à présent au point de pouvoir dire : *que les dieux ne m'ôtent rien, c'est tout ce que je leur demande* [1] ! » Même après la rupture, il se laisse aller à cet aveu : « Un ministre étranger me disait hier que l'on perdrait en France, par la mort du cardinal, un attrait de douceur et de modération qui avait valu à la France plus que deux armées, et cela est vrai [2]. » D'autres contemporains, moins intéressés que d'Argenson, moins attentifs que Barbier, des hommes du monde, comme le président Hénault, des femmes d'esprit, comme mademoiselle de Launay ou mademoiselle p.239 Aïssé, rendent au cardinal un témoignage d'autant plus précieux qu'il exprime et reflète sans y penser l'opinion commune [3]. On peut voir dans les lettres de Fleury, citées par le président, que l'habile cardinal avait cette force du véritable homme politique qui résiste aux entraînements de son parti et fait taire quand il le faut ses préférences personnelles. Selon le mot de Barbier, bien qu'il aimât les jésuites, « sa douceur ne répondait pas à leurs idées violentes : » ses écrits et ses notes prouvent qu il estimait à leur valeur les intrigants du parti

---

[1] Mémoires, t. II, 35. — Édit. Janet, t. I, 155.

[2] T. III, 57, 144, 280, 427 (1741).

[3] Hénault, p. 148, 151, 153. — *Lettres d'Aïssé*, p. 130. — *Lettres de mademoiselle de Launay*, t. II, 243.

moliniste [1]. L'opinion européenne s'accorde avec le sentiment français sur les heureux effets de sa sagesse : « il a relevé et guéri la France, dit Frédéric dans ses mémoires ; il a payé une partie des dettes de Louis XIV, il a remis l'ordre dans l'administration troublée par le régent et ses amis ; il a rendu au royaume une prospérité intérieure qu'il n'avait point connue depuis 1672 [2]. » Cette sagesse patiente, volontiers cauteleuse, allant des affaires de l'intérieur à celles du dehors, devenait une diplomatie dont la France sent aujourd'hui, par un contraste douloureux, la supériorité. Voltaire avait ses raisons pour ne pas aimer le cardinal, ce qui ne l'a pas empêché d'être juste envers le ministre qui l'exilait, mais qui agrandissait notre pays. Il écrit en 1738 à un prince d'Allemagne :

> Ce vieux madré de cardinal
> Qui vous escroqua la Lorraine....

Moins que jamais nous avons le droit de médire des diplomates qui gagnent des provinces et des financiers qui réduisent la dette publique [3].

---

[1] Voyez les fragments de lettres qui sont à la fin des Mémoires du président Hénault. Ces lettres sont adressées au cardinal de Tencin, ambassadeur de France à Rome, de 1739 à 1742. (p. 291-400.)

[2] Walpole, dans ses Mémoires, lui est très favorable, p. 91, 165, 169, 179, 238.

[3] Fleury disait de l'Allemagne : « Elle ne sent pas ses fers et craint ceux de la France. Le point de réunion pour tous, c'est la crainte de la France. » (Président Hénault, Lettres, p. 343, 351, 356.)

Comme beaucoup d'hommes de gouvernement, Fleury eut le tort de vivre et de gouverner trop longtemps. Défiant d'un regard ironique l'ardente jeunesse qui épiait sa fin, il mettait son orgueil à forcer la nature, à pousser à outrance le prodige qu'elle accomplissait en sa faveur ; il s'obstinait à mourir debout. Entré à propos, il ne sut pas sortir au beau moment. Il vit se retourner contre lui ce qui avait fait sa force, l'opportunité. Il lui arriva l'inévitable : des intérêts et des talents nouveaux se produisirent tout à coup dans cette Europe où sa prudence, contente de son lot et n'aspirant plus qu'à goûter en paix une gloire mitigée, soufflait sans relâche l'assoupissement universel. Cette brusque invasion de l'indocilité des choses humaines troubla et déconcerta insolemment sa vieillesse respectée. Il fit tout à contre-cœur et à contre-sens ; il fut trompé par les événements et joué par les hommes, double malheur dont les plus heureux et les plus habiles ne sont pas toujours garantis. Ses dernières années gâtèrent son œuvre au lieu de la couronner. Tandis qu'auparavant les avantages du système en cachaient les inconvénients, dès que le mal prit le dessus on ne vit plus autre chose.

Les informations récemment publiées sont donc toutes en faveur du cardinal, sauf ce dernier instant ; elles mettent dans son vrai jour une politique solide et sans faux prestige que notre siècle, infatué de nouveautés p.241 dont il expie l'erreur, a trop dédaignée. L'opinion contemporaine, mieux avisée, l'a comprise et soutenue ; le pouvoir et l'esprit public, dont le combat allait bientôt agiter et remplir le siècle, marchaient alors d'intelligence dans une voie de modération sensée, et le fruit de cet accord, qui n'est jamais impunément rompu, fut comme toujours un accroissement de ressources au dedans et de puissance au dehors [1].

Ces mêmes témoignages, sans relever entièrement Louis XV de l'arrêt qui l'a condamné, nous aident du moins à marquer plus nettement qu'on ne l'avait fait jusqu'ici la différence des deux époques de sa royale carrière : l'une, celle où nous sommes, pendant laquelle il est encore l'espoir et l'amour de son peuple ; l'autre, où il s'abaisse par degrés et précipite avec lui la royauté dans la révolution du mépris. Il ne s'agit pas de réhabiliter un roi justement condamné, mais de mieux pénétrer un caractère en partie mal connu. La sentence définitive restera sévère, mais les motifs du jugement seront plus clairement exprimés, et quelques restrictions en adouciront la rigueur. Les *Lettres de Louis XV au maréchal de Noailles*, publiées en 1864 par M. Camille Rousset, nous offrent le vivant commentaire des réflexions de Barbier et

---

[1] Ceux qui sont curieux d'anecdotes peuvent consulter, sur la biographie du cardinal Fleury, les *Mémoires de Luynes*, t. III, 120 ; t. V, 237 ; t. IX, 175, 234. — Les *Mélanges de Bois-Jourdain*, t. III, 75, 86. — Les *Mémoires de d'Argenson*, t. I, 113. On y trouve de curieux détails sur les deux grandes influences de la petite cour du cardinal : le valet de chambre Barjac, et l'abbé Couturier, supérieur de Saint-Sulpice.

de d'Argenson ; elles nous expliquent les incertitudes, les revirements de l'opinion publique longtemps abusée de quelques apparences et finalement jouée par l'impénétrable nullité du roi.

p.242 En recueillant ces indications nouvelles, dont la précision est sûre, il est permis d'ajouter quelques nuances à une figure historique souvent décrite, et de rafraîchir ce sombre portrait.

Louis XV n'était pas fatalement voué au mal et déshérité du bien. Sa nature molle et dissolue, qui devait aller si loin dans l'abaissement continu, ne manquait à l'origine ni de dignité, ni de bon sens, ni de distinction. Ce sol léger contenait des semences de probité et d'esprit, d'où pouvait sortir, sous une influence plus saine, un caractère d'honnête homme et de roi. Chez lui, rien n'accuse l'ascendant irrésistible de ces principes vicieux dont le développement souille et flétrit une destinée. Ce n'est point une âme marquée d'un sceau de réprobation et de disgrâce morale. La fatalité corruptrice est venue du dehors. Tous nos grands rois, Louis XIV, Henri IV, Charles V, avaient eu pour début et pour école l'adversité. Louis XV est l'élève du despotisme florissant. Ce qui l'a perdu, ce fut d'être tout ensemble si faible comme homme et si peu contesté comme roi ; ce fut l'incapacité absolue de la volonté jointe à l'absolu de la souveraine puissance. Contre des séductions qui pour le vaincre s'armaient de son pouvoir illimité, que pouvait-il, âme sans nerf, intelligence sans gouvernail, sinon flotter à la dérive au milieu des voluptés et s'y abîmer ? Louis XV et son successeur ont cédé tour à tour à l'une des deux influences suprêmes du XVIIIe siècle : le plaisir et l'idée. En cédant, ils ont livré, l'un, le prestige royal, l'autre, la monarchie et l'ancienne société. Ce sont les deux vaincus de ce siècle triomphant qu'ils auraient dû gouverner.

En 1743, au moment où la mort du cardinal, mettant p.243 fin à une tutelle inamovible, permet au roi d'être le maître, il se produit dans le caractère de Louis XV une crise heureuse et pleine de promesses. La lutte s'engage entre sa générosité native et ce monde amollissant qui le circonvient, qui le gagne, sans l'envahir encore. Il sort du huis-clos de sa minorité prolongée ; il écarte le nuage qui cachait aux regards des peuples la royauté nouvelle, il se montre avec les grâces de la jeunesse, avec le doux et joyeux éclat d'un avénement désiré. Tous les cœurs volent à lui ; l'odieux qui s'attache aux tyrans de passage qui ont abusé de l'interrègne se tourne en faveur de sa personne ; par une singulière fortune, l'héritier de Louis XIV cumule avec une autorité sans bornes la popularité qui le venge des ministres oppresseurs du peuple et des princes. « Nous avons donc un roi ! » Tel est, disent les mémoires du temps, le cri qui s'échappe de l'allégresse et de la confiance publiques. Louis XV semble le justifier. Il est assidu aux conseils, il étudie les hommes et les choses, il voit les abus, il veut les réformes ; il fait son royal métier, le travail a pour lui le piquant d'un plaisir inconnu. Il a des élans et des réparties dignes de sa race ; il regarde à la frontière, du côté de l'ennemi et du drapeau. « Laisserai-je ainsi manger mon pays ? » dit-il à ceux qui le retiennent. Quand le départ pour l'armée est fixé : « Quel temps superbe ! que je voudrais être plus vieux de quelques jours ! » On lui dit que sa maison n'est pas prête, qu'il faut attendre. « Je sais, répond-il, me passer d'équipages, et s'il le faut, l'épaule de mouton des sous-lieutenants d'infanterie me suffira [1]. »

Cependant, même en ce premier feu, même en cette saison d'activité, de courage et d'espérance, où l'horizon étroit du règne s'élève et s'élargit, la faiblesse originelle reparaît, et vient traverser cette impétuosité de bon augure. Déjà on voit agir sous la noble chaleur le dissolvant qui doit glacer et paralyser tout. Rien de ferme et de suivi ne soutient ces louables velléités ; ce sont les saillies d'un cœur bien né, mais la personnalité virile, maîtresse des autres et d'elle-même, ne s'affirme pas. Les plus graves résolutions sont ajournées par de subites défaillances, par des distractions faciles, par d'inexplicables oublis. Il est manifeste que Louis XV ne tient pas dans le sérieux, qu'il fuit la peine, et qu'il lui manque la vocation du grand. Il effleure le devoir et la gloire. Il dit comme Orosmane :

---

[1] *Correspondance de Louis XV et du maréchal de Noailles* (1742-1758), t. I, 108, 181, 213. — Comparer le texte de cette correspondance et celui des chroniqueurs : Barbier, t. II, 420, 504, 513, 517, 519, 528. — D'Argenson, t. IV, 50, 53. — Luynes, t. VII, 183.

> Je vais donner une heure aux soins de mon empire,

et une fois quitte de sa tâche princière, de son royal *pensum*, il se hâte vers le repos. Il a obéi à ses mentors ; sa conscience d'écolier ne lui reproche rien. Le roi qui s'annonçait s'est éclipsé [1].

L'insuffisance de Louis XV se reconnaît à un autre signe : l'absence de vues personnelles. Il n'a pas de système de gouvernement. Son unique principe, c'est l'imitation. Elevé dans le vide immense laissé par Louis XIV, son enfance silencieuse et solitaire avait reçu l'impression des lieux, des regrets, des souvenirs qui lui retraçaient la merveilleuse histoire du précédent p.245 règne. Il avait lentement recueilli ce visible et public testament de grandeur et respiré l'atmosphère récente de cette longue apothéose. Ce sentiment de vénération pour une puissante mémoire, le seul qui ait eu prise sur son âme débile, lui tint lieu de règle et d'invariable maxime. Il y attacha sa volonté flottante ; ce fut le seul ressort qui parut faire mouvoir le fantôme. Imiter Louis XIV, prendre ce qu'il peut de ce royal esprit, grandir sous l'ombre majestueuse de ce nom protecteur et s'y abriter, son ambition ne va pas au delà. Il a tellement besoin d'être soutenu, il existe si peu par lui-même, qu'il se cherche des appuis et dans le présent et dans le passé. Il n'est pas roi, il est

---

[1] *Correspondance de Louis XV,* etc., t. II, 9, 50. — D'Argenson, t. IV, 403. — Luynes, t. IV, 301.

d'après un roi [1]. Du reste, cette imitation, son plus louable effort, lui réussit pour un temps. Entouré de vieillards qui ont connu Louis XIV, de Nestors fanfarons, mais expérimentés, qui vantent sans cesse les combats de géants où leur bras s'est montré, il remet en honneur les anciennes coutumes, la vieille discipline et le vieil esprit ; il remonte peu à peu les ressorts de l'État, et avec cette vigueur d'emprunt il fait face à l'ennemi. Un semblant de grandeur se répand sur la cour efféminée et la nation engourdie. Nos armées trouvent à Fontenoy, à Raucoux, à Lawfeld, un regain de gloire. On signe en 1748 une paix infructueuse, mais honorable. L'éclat des fêtes de Versailles rejaillit de nouveau sur l'Europe étonnée ; le génie des lettres et des arts y paraît en courtisan sous les traits de Voltaire ; Jean-Jacques Rousseau y figure pour la musique d'un ballet : la philosophie, à cette heure, est incertaine, désarmée ou soumise ; la p.246 révolution ne gronde pas encore dans le lointain, et le cours du siècle peut changer [2].

---

[1] Correspondance de Louis XV, etc., t. I, 27, 28, 210 ; t. II, 52.

[2] Nous ne dirons rien de l'enthousiasme qui éclata en France à l'époque de la maladie du roi à Metz, en 1744. C'est un des lieux communs de l'histoire. On peut lire, à ce sujet, Luynes, t. III, 534-551 ; t. VI, 17, 43. — Quant au titre de *Bien-Aimé,* voici ce que raconte le duc de Luynes : « C'est M. l'abbé Josset qui, à Metz, dans un sermon devant la reine, avait donné ce nom au roi. » Ce prédicateur le rappela en prêchant en 1748 à Versailles : « J'ai été assez heureux, Sire, dans d'autres circonstances et en devenant l'interprète de la nation, d'être le premier à donner à Votre Majesté le titre de *Bien-Aimé.* Quel nouveau bonheur pour moi d'être le premier dans la chaire de vérité à vous féliciter sur ce grand œuvre de la paix que Votre Majesté vient de couronner si glorieusement ! » (T. IX, 117, novembre 1748.)

Plus tard, quand le royal personnage, s'amoindrissant de jour en jour, est devenu cet être ennuyé, avili, qui fait honte à la débauche même, toute pensée sérieuse n'a pas absolument disparu de son âme éteinte. Il est moins bas qu'on ne le suppose. Il se désintéresse moins qu'il ne semble des fautes de son gouvernement et des revers de la nation. Il suit d'un œil morne l'échiquier de la politique étrangère. Ce reste de souci élevé, qui survit et surnage dans le misérable abîme où Louis XV se noie de plus en plus, produit dans ce reste de roi des effets singuliers. Il se sait mal servi, il est mécontent de l'allure générale des affaires, mais il n'a pas la force d'imposer une idée, une volonté qui soit à lui. Que fait-il ? Il cède en apparence, et il se venge en conspirant contre ses propres ministres. Caractère pusillanime, il se réfugie dans la duplicité, il se réserve comme une souveraine prérogative le département de l'espionnage ; il a sa politique personnelle, ses moyens particuliers, ses affidés ; il se dérobe et s'embrouille dans un réseau de voies tortueuses et ténébreuses ; il a organisé tout un système de galeries souterraines qui aboutissent aux cabinets européens et qui éventent par des contre-mines la politique officielle. C'est là qu'il fait le roi. C'est par ces astuces et ces manéges que le successeur de Louis XIV intervient dans le règlement des plus graves intérêts de son temps ; c'est par ce canal qu'il y met la main. L'entretien de cette agence lui coûte dix mille livres par mois ; il y subvient avec les bénéfices de sa spéculation sur les grains, avec des lots gagnés et des dividendes réalisés. L'agio paye la délation. Il tremble d'être découvert ; il l'est à la fin, ce double jeu honteux est percé à jour. Châtié par la risée de l'Europe, le roi conspirateur n'a pas le courage de sauver ses complices de l'exil ou de la prison. Voilà où en est venu cet absolu pouvoir que Louis XV personnifie. Un despote qui peut briser les instruments de son règne et qui aime mieux leur faire opposition dans l'ombre ! L'homme en qui l'État monarchique est incarné se dépouillant de ce caractère presque surhumain, et sortant de sa nature d'exception pour organiser comme un particulier factieux une société secrète de politique étrangère contre l'État [1] ! Quelle est la conclusion de tout ceci ? c'est qu'il faut bien distinguer les époques dans l'histoire de Louis XV et ne pas les envelopper dans la rigueur confuse d'un blâme général. Qu'on l'applique aux événements ou qu'on l'applique aux personnes, la condamnation en masse ne saurait être un jugement.

A cette époque brillante du règne, la popularité de Louis XV se répand sur tout ce qui l'environne. Les plus chaleureuses démonstrations accueillent la famille royale à Paris ; le moindre événement qui intéresse la maison de France devient aussitôt un bonheur ou un deuil public [2]. Le lien qui unit l'antique dynastie à la nation a conservé sa force. Il n'est pas jusqu'aux

---

[1] *Correspondance secrète inédite de Louis XV*, par E. Boutade. 2 volumes, 1866.
[2] Luynes, t. VI, 17, 48. — Barbier, t. II, 109. — *Mém. de Walpole*, p. 341.

amours de Louis XV qui n'aient leur part de cette indulgence, j'allais dire de cette faveur de l'opinion. Paris en belle humeur se contente de sourire, au nom des quatre sœurs ; ce qu'on redoute le plus, c'est l'insensibilité du roi ; le futur amant de la Dubarry, le héros prédestiné du parc aux cerfs avait alors le renom malséant d'un Hippolyte ; on se félicite qu'il ait enfin trouvé ce qu'on appelait « un arrangement » et, qu'on nous passe le mot (il est du temps), « une décrotteuse [1]. » Cela lui formera, dit Barbier, « le génie et les sentiments. » Tout est pour le mieux : il est « homme de tout point ; » il devient « honnête homme [2]. » On espère même de l'amour un plus grand miracle, on veut qu'il fasse sentir à l'élève languissant du cardinal l'aiguillon de l'honneur et la passion du grand ; on veut qu'Armide fasse de son royal amant un autre Renaud. Les poètes disaient à la maîtresse en titre :

> Comme une autre Sorel, fais entendre à ton roi
> Que seul dans ses États il doit donner la loi [3].

On le précipitait dans la volupté, croyant l'envoyer à la gloire. La duchesse de Châteauroux, comme on sait, prit au sérieux ce vœu public ; elle complota dans l'intimité, avec le maréchal de Noailles, la transformation guerrière et politique du roi ; elle

---

[1] Lettres de lord Chesterfield à son fils, t. II, 24, 68.
[2] Barbier, t. III, 113, 153. — D'Argenson, t. II, 29, 307 ; t. III, 124. — Luynes, t. IV, 245.
[3] Mélanges de Bois-Jourdain, t. III, 216.

lui inspira un rôle : pareille à ces amantes des temps héroïques qui travaillaient de leurs mains à l'habit militaire du chevalier et le couvraient de son armure, elle lui arrangea son personnage, et revêtit sa faiblesse d'une vertu d'emprunt. Le bon maréchal, dans son désir de relever la France et le roi, s'appuyait d'une part sur l'épée du comte de Saxe, et d'autre part il appelait à son aide les yeux persuasifs de celle qu'il appelait en riant « madame la Ritournelle. » Ses lettres portent des traces fréquentes de leur louable conspiration.

Ce même public, qui demandait aux maîtresses du roi une intervention et qui leur souhaitait une influence, leur interdisait de gouverner et leur savait gré de ne pas se mêler de politique, seconde exigence en contradiction manifeste avec la première : mais le propre des volontés populaires est précisément de se contredire [1].

Ajoutons enfin que le cardinal de Fleury, en imposant à la cour la retenue et l'épargne, prévenait par cette utile sévérité les éclats fâcheux qu'on a vus depuis ; la meilleure excuse des maîtresses de Louis XV fut alors celle qui absout parfois, auprès du peuple, les favoris : je veux dire leur pauvreté [2].

---

[1] Sur les premières amours de Louis XV, lire : de Luynes, t. II, 180, 183, 195, 261, 292, 455 ; t. III, 66, 273, 279, 459, 471, 481 ; t. IV, 266 ; t. V, 96. — D'Argenson, t. II, 100 ; t. III, 20, 23. — Bois-Jourdain, t. II, 209, 216, 223.

[2] D'Argenson, t. II, 127, 211, 265.

Telle était, de 1743 à 1748, la situation politique de la royauté et la force morale dont elle disposait encore : dans tout le cours du XVIII⁰ siècle c'est là le point culminant de sa fortune. Cette époque, sur laquelle nous insistons à dessein, forme un point de partage entre le ~p.250~ régime ancien dont la vigueur éteinte semble se ranimer un moment pour expirer dans un dernier effort, et le régime nouveau qui désormais s'annonce victorieusement par les progrès irrésistibles de l'esprit d'opposition.

A ce moment, la faiblesse du roi reçut un secours que la fortune accorde quelquefois aux plus détestables princes, avant l'heure des expiations suprêmes, et qui explique leurs succès passagers, les faux semblants de leur sagesse d'emprunt. Lorsque l'appui du cardinal lui manqua, il vit venir à lui, pour étayer et masquer son insuffisance, l'habileté expérimentée du maréchal de Noailles et la vigueur du comte de Saxe. Ces deux hommes d'un mérite si différent continuent l'œuvre de Villars et de Fleury, ils secondent avec zèle l'effort patriotique où Louis XV s'unit à la nation, ils président à cette reprise de l'entrain guerrier, à ce retour rapide de la victoire. En toute grave affaire, ils sont les promoteurs ou les exécuteurs : l'un est le conseil, l'autre le bras.

Le maréchal de Noailles, comme le prouve la correspondance publiée par M. Camille Rousset, était un esprit pénétrant, avisé, d'une rare fertilité d'idées ou d'expédients et d'une sagesse un peu verbeuse. L'âge avait tempéré cette fougue d'imagination que les contemporains lui attribuent et qu'ils ont décrite avec une verve si expressive : en diminuant chez lui la vivacité de l'intelligence, les années en avaient accru la lucidité.

En 1743, à l'époque où commencent entre le roi et le maréchal ces relations si honorables pour tous deux et si utiles à la France, le maréchal avait soixante-cinq p.251 ans. Né en 1678, marié vingt ans après à la nièce de madame de Maintenon, lieutenant-général en 1706, il avait fait la guerre du temps du feu roi, il s'était signalé en Allemagne et en Espagne sous Villars, Tallard et Catinat. Ce fut précisément la qualité de contemporain du grand roi qui lui donna auprès de Louis XV crédit et ascendant. Louis XIV, un an avant sa mort, lui avait confié ses papiers les plus précieux et, dans le nombre, ses *Réflexions sur le métier de roi.* Pour s'ouvrir un accès jusqu'à son successeur, ce lui fut un talisman. Il commandait alors en Allemagne ; le roi, dans une suite de lettres confidentielles, et qui passaient par-dessus la tête des ministres, le consulta sur les intérêts du moment et sur l'essentiel de sa conduite. Aboli en apparence depuis la mort du cardinal, le ministère dirigeant subsistait, mais invisible ; c'était un ministère d'État par correspondance.

A faire l'éloge du passé, le vieux maréchal, le vieux courtisan trouvait doublement son compte. Aussi parle-t-il de verve et d'abondance. Il a sans cesse ces mots à la bouche : « Sire, du temps de votre auguste bisaïeul... » Il se complaît dans ces revues et ces effusions rétrospectives, il nage en plein courant de ses vénérables souvenirs ; il s'y noie de temps en temps, comme les vieillards ; c'est Théramène racontant à Hippolyte le règne de Thésée :

> Tu sais combien mon âme, attentive à ta voix,
> S'échauffait au récit de ses nobles exploits.

Tel est le fond de cette correspondance : une censure des abus présents, un panégyrique des coutumes anciennes ; une comparaison entre la mollesse ~p.252~ d'aujourd'hui et la vigueur d'autrefois ; un perpétuel discours au roi pour l'exhorter à rétablir les choses sur l'ancien pied, à faire revivre et refleurir l'esprit d'ordre qui animait l'administration de Louis XIV, à remettre en honneur « les vieilles manières de penser et d'agir ; » en un mot, à remonter les ressorts usés et la machine affaiblie. Citoyen sans cesser d'être courtisan, servant l'État sans s'oublier lui-même, capable d'un dévouement qui s'arrêtait en deçà du sacrifice et restait compatible avec l'intérêt personnel, Noailles avait ce courage tempéré d'adresse, cette fermeté insinuante qui hasarde à propos des vérités ingrates et dont le triomphe consiste à être utile sans déplaire, à remplir son devoir en gardant son crédit. Le doyen de nos hommes de guerre, le Caton de la discipline, signait ses lettres à la favorite : « *Le parrain de la trop aimable Ritournelle.* »

Au milieu de ses qualités utiles ou agréables, ce donneur de conseils avait un grave défaut : excellent dans la délibération, il était indécis et médiocre dans l'exécution. Malheureux comme général, il nous rendit cependant un signalé service ; il sut trouver dans les rangs secondaires de nos armées un gagneur de batailles. Il devina son génie méconnu, et, loin de le jalouser et de le traverser, il le défendit contre les petitesses ombrageuses de l'esprit de cour, il lui mit dans la main le bâton de maréchal et l'épée de la France. L'instinct et l'amour du grand, qu'il avait retenus du précédent règne, un certain tour bizarre dans l'imagination qui lui était commun avec Maurice de Saxe, rapprochèrent ces deux hommes et les mirent d'intelligence pour le bien de l'État et le service du roi.

Maurice de Saxe apportait à la France de 1745 les hautes qualités dont elle sentait le plus vivement l'absence. Esprit plein de sève et de ressort, il était sinon un caractère, du moins une nature, et son originalité s'accusait avec un puissant relief sur le fond stérile et effacé de la société contemporaine. Dans le siècle des agréments, il avait du génie. Lorsque la classe maîtresse tombait d'indolence et s'enfermait dans le vain bruit de ses plaisirs, lui, il aspirait à l'illimité, il rêvait l'impossible, il appuyait fièrement sur une indomptable vigueur l'audace de ses ambitions. Si le duc de Noailles conservait les maximes du temps de Louis XIV, l'ardent Maurice en ressuscitait les énergies éteintes ; Noailles en avait la sagesse, il en avait, lui, le magnanime. Le duc, en écrivant à Louis XV, a peint d'un mot cette virile supériorité qui s'élevait sur l'affaissement de tous : « Sire, je vois avec douleur que parmi les officiers généraux de vos armées *aucun ne se porte plus vers le grand* ; le comte de Saxe est le seul qui annonce les talents d'un général en chef, *c'est le seul qui vise au grand* [1]. »

Voilà bien, en effet, dans la politique comme à la guerre, le défaut capital et le vice organique du siècle : il n'atteint plus à la grandeur. Il n'en a plus même le sentiment. Le génie de la nation diminue de stature. Il est des sommets où le souffle lui fait défaut. On tourne avec grâce dans le cercle des mérites faciles. D'un moule uniforme il sort des esprits frétillants, sémillants, de jolis talents à facettes. Mais ce sol léger, cette p.254 terre meuble et aride, ce sable de manége ne nourrit plus rien de robuste. La France a perdu son tempérament héroïque. Un siècle après Rocroi, ce pays qui accablait l'Europe de sa puissance militaire a besoin qu'un étranger vienne rétablir l'honneur de ses armes et sauver son indépendance.

Maurice avait la rude écorce du soldat. Né et élevé dans l'aventure, il tenait de ses origines une impétuosité sauvage, je ne sais quoi de violent, d'étrange, de hérissé. Il y avait en lui du

---

[1] Il existe des Mémoires du maréchal de Saxe sous ce titre : *Lettres et Mémoires choisis parmi les papiers du maréchal* (5 vol. Paris, 1794). Ce sont des dépêches, des rapports militaires, des correspondances relatives aux faits de guerre, bref, un vrai journal militaire. On y peut lire, à la date du 18 octobre 1746, une curieuse lettre de Piron au maréchal, dans le goût de celles que Voiture écrivait au grand Condé.

Tartare. Une humeur inquiète, irrégulière comme sa naissance, semblait pousser à des destinées mystérieuses ce fils de roi, rapproché et exclu du trône, cette âme où bouillonnaient la passion, le génie, l'ambition, et qui tour à tour, suivant l'occurrence et les entraînements de la fortune, s'assouvissait, comme Charles XII, dans l'extraordinaire, se repliait dans les mortelles langueurs de l'oisiveté, dévorant le plaisir, le scandale, la honte, s'étourdissant de l'âcre saveur de ce poison, puis tout à coup s'élançait en rêveries guerrières et politiques, touchant d'un élan fiévreux un but sublime. Par certains traits de son organisation si complexe et d'un si terrible mélange, où le dieu et la bête luttent dans un perpétuel orage, Maurice fait songer tout à la fois au roi de Suède, à Vendôme et à Mirabeau.

Une moitié de sa vie se passa à chercher un trône dans les hasards des complications germaniques. Un instant il le tient ; il est élu en 1726 duc de Courlande ; on négocie pour lui la main d'une princesse. Attaqué par la Russie, contrecarré par la Pologne, il se roidit, il se barricade dans ses droits récents et s'acharne à disputer un titre en lambeaux ; il soutient une siége dans son palais p.255 comme le héros de Bender, et quand, délaissé, poursuivi, il a échappé à l'ennemi, franchi les déserts et recouvré en France sa sécurité, il ne renonce pas au désir de régner ; c'est un prince détrôné, mais qui n'abdique pas ; jusqu'à sa mort, le mirage d'une couronne hallucinera son ambition.

A Paris, où il se montre pour la première fois sous la régence, cette figure d'aventurier saxon excite la rumeur des salons et des coulisses d'opéra ; les petits-maîtres l'appellent le *Sanglier* : c'était le nom que la cour de Charles V avait donné à Duguesclin. La paix a fermé l'Allemagne à ses rêves ; il se calme, se discipline, se civilise ; il prend du service dans nos troupes, conquiert ses grades, et quand arrive, en 1741, « *le brouillamini général,* » la faveur du duc de Noailles, le péril de l'État et l'incapacité de nos généraux le portent au premier rang.

Vainqueur des Anglais, conquérant de la Belgique, comblé de dignités, de gouvernements et de pensions, proclamé par la voix de l'Europe le premier capitaine de son siècle, il put enfin, dans le domaine presque royal de Chambord, embrasser l'image de cette souveraineté si ardemment désirée. La munificence de Louis XV avait attaché à cette fastueuse récompense des prérogatives princières. Il avait un régiment de hulans pour sa garde, une artillerie enlevée à l'ennemi, une liste civile de plus de cent mille écus, un théâtre qui avait coûté six cent mille livres, 400 chevaux dans ses écuries, deux tables, l'une de quatre-vingts et l'autre de soixante couverts. En 1749, il traversa l'Allemagne avec un éclat inusité ; le roi de Prusse, l'accueillant à Sans-Souci, le traita sur le pied d'un égal.

p.256 Cette splendeur de l'aventurier saxon dura peu. Pour être réalisé, son rêve n'en fut pas moins éphémère. A la fin de novembre 1750, le bruit se répandit que Maurice était mort. Etait-ce la fièvre qui l'avait tué, ou l'épée du prince de Conti ? C'est ce qu'on ignore encore, même après les recherches du plus récent et du plus savant de ses historiens [1].

Tandis que ces personnages, placés sur le devant de la scène politique, y maintenaient une apparence de grandeur et ménageaient ainsi au patriotisme de la France des satisfactions d'orgueil utiles à la monarchie, un monde hostile, sans être irréconciliable encore, remuait dans le sein de la nation : des passions ardentes, opiniâtres, non séditieuses toutefois, fermentaient sourdement et n'attendaient que le moment d'éclater.

Le règne de Louis XIV, après avoir pacifié sous la puissance d'un despotisme glorieux les querelles du XVIe siècle, avait formé — nous l'avons dit — de sa corruption même un levain de nouvelles discordes. Une triple opposition, janséniste, parlementaire, philosophique, avait grandi dans le secret des cœurs, provoquée par les excès d'un gouvernement qui pendant un demi-siècle opprima le droit, la conscience et la pensée. La régence avait tout déchaîné, Fleury voulut tout assoupir ; mais

---

[1] M. Saint-René Taillandier a publié en 1865 (librairie académique de Didier) un travail neuf et complet sur le maréchal de Saxe. Ce livre, écrit sur des documents originaux empruntés à l'Allemagne, est remarquable par la précision vivante des détails, par la solidité de l'érudition et l'agrément du récit. C'est une œuvre définitive.

l'ardeur contenue par sa fermeté habile gagnait insensiblement une société que travaillaient la propagande occulte des *Nouvelles ecclésiastiques,* le fanatisme véhément des *constitutionnaires,* le ~p.257~ gallicanisme ombrageux des parlements et l'activité du génie voltairien.

C'est dans cet intervalle de trente ans que le véritable esprit du XVIIIe siècle se prépare et se fortifie : il sort de ce repos apparent avec un redoublement de vigueur et d'ambition, prêt à engager contre l'ancien régime un combat décisif. Nous allons considérer cet autre aspect, moins brillant, mais plus instructif, des commencements du règne de Louis XV : il importe d'éclaircir, à l'aide des indications fournies par les contemporains eux-mêmes, l'histoire intime d'un temps qui est l'époque la plus confuse et la moins connue du XVIIIe siècle [1].

---

[1] Voici quelques Mémoires ou Chroniques de peu d'importance qui se rapportent encore à cette première moitié du siècle : nous nous bornons à les signaler, parce qu'on n'y trouve aucun renseignement de quelque valeur : 1° *Journal des règnes de Louis XIV et Louis XV (1701-1744),* par Pierre Narbonne, 1 volume, publié en 1800 par J.-A. Le Roy. — Narbonne, ancien huissier, fut le premier commissaire de police de Versailles. Malgré sa fonction, il a su peu de chose d'intéressant. Versailles était un bon poste d'observation, mais au château, et non dans la ville. Quant à la chronique populaire, elle n'est possible qu'à Paris. Narbonne était donc en dehors des conditions du genre. Aussi n'a-t-il fait que glaner des anecdotes ou particularités qui n'apprennent absolument rien à ceux qui ont lu Saint-Simon, Dangeau, la Palatine, Marais et Barbier. — 2° *Chronique de la cour et de Paris en* 1732 (publiée par la *Revue rétrospective,* 2e série, t. V, VI, VII). Cette chronique, de 150 pages environ, est un recueil de faits divers ou de nouvelles à la main, qui a perdu tout son attrait depuis la publication du Journal de Barbier. Le style en est vif, et l'on y trouve quelques menus faits d'un

---

détail assez piquant. — 3° *Chronique de l'année* 1742 (*Revue rétrospective,* 1re série, t. IV et V). L'auteur est une *mouche* de police, et ses bulletins étaient distribués aux ministres. Il y est parfois question de Voltaire. Ces quelques pages sont d'une lecture agréable, mais sans profit pour le philosophe ou l'historien.

CHAPITRE IV

> L'opposition sous Louis XV (1724-1756) ; ses formes diverses, son ardeur et sa puissance. — Parlementaires et jansénistes. — Importance politique du jansénisme à cette époque. — Le parti des philosophes et son influence naissante. — Commencements de la propagande encyclopédique. — Premiers signes de l'esprit révolutionnaire ; apparition de l'idée républicaine. — Nombreux présages d'une crise inévitable. — Accord de Barbier et de d'Argenson sur tous ces points.

p.258 Si l'on interroge, soit un ami, soit un ennemi de la Révolution, et si on lui demande : qui a fait 89 ? sans hésiter il répondra : ce sont les philosophes. Affirmation non pas fausse, assurément, mais trop absolue. En lettrés que nous sommes, nous attachons à l'action de la philosophie militante une importance exagérée ; séduits par l'éclat de cette longue insurrection de la pensée française qui a suscité les tribuns après avoir inspiré les écrivains, nous lui rapportons en tout événement l'honneur de la réussite ; nous abolissons en idée tout ce qui lui est étranger, et sa main seule nous apparaît dans l'œuvre des destructions nécessaires. Il faut résister à ce préjugé qui, suivant les temps, se tourne en grief ou en éloge ; les philosophes n'ont pas droit à une part si large dans le mérite ou la responsabilité de l'événement en admettant qu'ils aient été les p.259 ouvriers les plus énergiques des changements accomplis, ils n'en sont ni les seuls ni les plus anciens promoteurs. Un ami de la marquise de Créquy lui disait au lendemain de la catastrophe : « On a tort d'imputer aux encyclopédistes la chute de l'ancien régime ; la vieille maison est tombée d'elle-même, mais ils ont fourni des matériaux pour en bâtir une autre. Ils ne sont pas plus coupables de sa chute que ne l'est d'un incendie la carrière où l'on prend des pierres pour reconstruire l'édifice brûlé [1]. » C'était, peut-être, oublier un peu vite que les encyclopédistes avaient travaillé à mettre le feu à la maison.

Sans adopter ce paradoxe apologétique, cette exagération en sens contraire, nous nous proposons de distinguer ici, dans l'effort combiné d'où la révolution est sortie, les agents nombreux et très divers qui, s'accordant sans le vouloir, s'entr'aidant quelquefois par leurs rivalités mêmes et leurs dissidences, ont concouru à produire l'événement. Attribuer à chacun sa part, assigner à chacun son heure, en nous réglant sur les évolutions caractéristiques de l'opinion contemporaine, tel est l'objet précis de ce chapitre : il en résultera, nous l'espérons, une connaissance plus exacte des impulsions lointaines du vaste mouvement qui a tout emporté.

---

[1] Sénac de Meilhan, Du gouvernement, des mœurs et des conditions en France avant la

I

L'opposition parlementaire et janséniste.

p.260 Il y a dans l'histoire que nous essayons d'écrire, un fait considérable, aujourd'hui trop méconnu : c'est l'action politique du jansénisme pendant la première moitié du XVIIIe siècle, c'est l'existence d'une puissante opposition, antérieure à la propagande littéraire des philosophes, opposition purement française d'origine, qui, sans rien prendre aux Anglais ni aux livres, a créé d'une part le milieu ardent où les ferments nouveaux devaient plus tard éclater, et de l'autre a posé le principe générateur de 1789 en plaçant la volonté du peuple au-dessus de la volonté du roi. On peut voir dans les mémoires du temps comme cette opposition remuait Paris bien avant *l'Esprit des lois* et *le Contrat social*, quels beaux dévoûments elle a suscités, quels caractères intrépides, et d'une fermeté qui n'a rien de moderne, elle a mis en lumière ! Selon l'expression énergique du marquis d'Argenson, témoin si compétent, elle rédigeait, dès le milieu du siècle, les cahiers des États généraux. Sous deux formes distinctes, un même esprit animait ce grand parti de la résistance : l'opposant de ce temps-là était janséniste en religion et parlementaire en politique ; il vivait d'une double haine, la haine de Rome et la haine de Versailles, noms qui résumaient et

---

Révolution (1795), p. 141, 142.

symbolisaient à ses yeux tous les abus du despotisme, clérical ou séculier, monarchique ou ultramontain. Ces deux antipathies mêlées et confondues, ces deux p.261 éléments de colère et de révolte, pour ainsi dire forgés ensemble, donnaient à l'opposition une trempe inflexible, une ardente ténacité. Le jansénisme y mettait, pour son compte, l'âpreté sombre, la rancune immortelle, l'entêtement puritain, et, ce qui nous manque trop aujourd'hui, le courage du sacrifice, le mépris hautain de la souffrance. La fusion des deux partis réfractaires se montre bien dans la fameuse maxime qui était l'âme du mouvement et le drapeau du combat : « La nation est au-dessus des rois, comme l'Église universelle est au-dessus du pape. » Or, qu'est-ce que cela, sinon le régime des assemblées préféré au pouvoir irresponsable d'un seul ? Qu'est-ce encore, sinon la volonté de protéger par des règles fixes et de solides barrières la vie, les biens, l'honneur, la conscience et les droits des citoyens, l'intérêt public et la sûreté de l'État contre les violences, les vices et les corruptions qui naissent fatalement de l'arbitraire ? Il y avait donc au fond de la querelle janséniste une question politique qui en sécularisait le caractère et en transformait l'importance. L'air de cloître et d'école, l'humeur morose et tracassière de la doctrine disparaissaient sous l'influence magique de la passion ; restait la flamme intérieure, le sentiment jaloux de la dignité personnelle, et dans la crise des persécutions le prestige du martyre : tout cela prêtait à l'opinion janséniste une sorte de grandeur exaltée qui lui gagnait les masses. Pas plus que le Parisien d'aujourd'hui, le bourgeois d'il y a cent ans n'avait un goût très vif pour la casuistique. Il passait par-dessus ces insipides subtilités et jugeait des combattants par le cœur ; se mêlant aux controverses sans en entendre la langue, il y entrait d'enthousiasme et par emportement. N'est-il pas curieux cependant de voir le XVIIIe siècle débuter en théologien dans la voie d'opposition à outrance qui doit le conduire à l'athéisme ?

Représentons-nous le Paris de Louis XV au lendemain de la régence, ce Paris où la barbarie perce encore sous le brillant d'une politesse récente, où l'on pend « à la croix du Trahoir, » où il y a un pilori et un carcan, où l'on fleurdelise publiquement les mal famés et les suspects, « où l'on vole partout dès que la nuit est arrivée, où l'on ne rencontre plus personne dès sept heures du soir ; » — cette grande ville si superstitieuse malgré les esprits forts, si attachée à ses habitudes bourgeoises malgré les exemples de haute corruption donnés par la cour : — un feu latent, inextinguible, y circule, et la moindre étincelle partie de Versailles ou du Vatican provoque une explosion. « La bonne ville de Paris, dit Barbier, est janséniste de la tête aux pieds [1]. » Ce ne sont pas seulement les bourgeois, les magistrats, les avocats, les professeurs, les rangs élevés du tiers état qui sont gagnés et envahis : « Tout le gros de Paris, hommes, femmes, petits-enfants,

---

[1] T. II, 202 (1731).

tient pour cette doctrine, sans savoir la matière, sans rien entendre à ces distinctions et interprétations, par haine contre Rome et les jésuites ; tout ce monde est entêté comme un diable. Les femmes, femmelettes et jusqu'aux femmes de chambre s'y feraient hacher [1]. » De ce milieu ardent, orageux, partent les violences, les injures, les éclats de haine implacables, les traits sanglants ou ridicules, la tragi-comédie des fureurs de parti. Les mémoires abondent p.263 en particularités grotesques. On couvre de boue les mandements épiscopaux collés sur les murs. Un savetier insulte un prédicateur. Deux prêtres à la grand'messe s'excommunient, l'invective à la bouche. Un vicaire rompt publiquement avec son curé, détache ses habits sacerdotaux et quitte l'assemblée des fidèles [2]. « Ce parti s'est grossi des honnêtes gens du royaume qui détestent la persécution et l'injustice. M. de Ferriol est occupé de cela au point de ne pas dormir [3]. » Il en est d'autres que la préoccupation fanatique prive d'appétit. Le cardinal de Noailles, chef du jansénisme, avait faibli sur un point de la doctrine : « L'alarme est au camp, dit Barbier ; j'en connais qui n'ont pas dîné le jour de la nouvelle [4]. »

---

[1] Barbier, t. II, 21, 29, 40, 51, 103, 179 (1728). — D'Argenson, t. II, 49, 71 ; t. III, 213 (1739).

[2] Barbier, t. II, 55, 56, 71, 83 (4729).

[3] Lettres d'Aïssé, L. XVII ; L. X (1727). — Barbier, t. II, 103.

[4] T. II, 42 (1728). — *Lettres du chancelier d'Aguesseau*, t. I, 219-322 ; t. II, 179, 288, 313.

De là une habitude de divisions et de querelles dont on ne s'est plus défait, un acharnement de haine qui, s'attachant au clergé supérieur, réputé moliniste et courtisan, n'a plus lâché sa proie. L'odieux qui pesait dès lors sur une partie considérable de l'Église, est exprimé en 1738 avec une singulière amertume par d'Argenson : « Le patronage des ultramontains est devenu un rang tout aussi méprisé aujourd'hui et même davantage que celui de bourreau. Quels gens que ces chefs d'ultramontanisme ! Un archevêque d'Embrun, le fléau des honnêtes gens, simoniaque, incestueux, mauvais citoyen, déshonoré et honni partout. Son nom sonne à la patrie comme celui de Ravaillac. Nulles mœurs, l'intérêt est partout, l'hypocrisie ₚ.₂₆₄ tourmente les pauvres sujets du roi. On va tout droit à un schisme [1]. » A la cour, « où le jansénisme est en horreur, » on se roidit, on s'emporte contre les audaces de cette puissance d'opinion qu'on voit grandir : *janséniste* y est synonyme de *factieux* ; ce terme, dans la langue politique du XVIIIe siècle, précède et appelle celui de *républicain*, qui, vers 1750, commence à le remplacer [2].

Tout cela nous aide à comprendre l'agitation qui s'emparait des esprits dans les occasions solennelles où le Parlement, gardien du droit national, faisait échec sur une question de

---

[1] T. II, 49, 71, 105, 162, 297. — Barbier, t. II, 75, 149 (1731). — *Chronique de la cour* (1732), p. 27, 98.

[2] Barbier, t. IV, 505.

finances ou de théologie, aux empiètements ultramontains et à l'arbitraire ministériel. Nous sentons facilement quelle force donnait à la résistance légale l'adhésion impétueuse du peuple de Paris. Ouvrez les chroniques du XVIIIe siècle, vous verrez se ranimer le vieux forum parisien, avec ses multitudes, ses tribuns, ses chefs de parti : tout y reprend vie et couleur, le jeu des passions s'y déploie dans son originalité saisissante ; une précision pleine de verve nous rend sensibles jusque dans les moindres détails cette mêlée d'opinions, cette fronde bizarre des colères dévotes et des récriminations bourgeoises, la rumeur des couvents, des collèges, des boutiques et des cafés, l'énergique bigarrure de la vieille liberté que nous supposons trop volontiers timide et sans moyens d'action. Nous qui avons connu et subi tant de tyrannies déguisées, tant de libéraux imposteurs, des défaillances périodiques et des violences tour à tour applaudies, nous ₚ.₂₆₅ appartient-il de regarder d'un œil dédaigneux les essais incorrects de cette liberté incomplète dont nos luttes plus régulières n'ont pas toujours égalé la force et la sincérité ?

Voici, par exemple, une difficulté grave qui surgit en 1728, en 1730, en 1732, en 1733, — car dans cette irritation passée à l'état chronique les embarras renaissent et s'aggravent sans cesse ; le Parlement, maltraité par la cour, opprimé par un lit de justice et soutenu par l'opinion, a décidé une démission en masse. Les neuf chambres assemblées, — 308 magistrats, — ont signé, à l'exception de quelques membres ; les tribunaux inférieurs, le Châtelet, la Cour des aides, le corps entier des avocats cèdent au torrent : « Si quelque pacifique voulait ouvrir la bouche, les plus échauffés l'arrêtaient sur-le-champ en lui disant : « Monsieur, ne signez pas, il ne tient qu'à vous de vous déshonorer. Nous ne fraterniserons jamais avec vous. » Cela fait, « toutes les chambres sont sorties en même temps. Les magistrats marchaient deux à deux, les yeux baissés, passant au milieu d'un monde infini dont le palais était plein. Dans le chemin le public disait : *Voilà de vrais Romains, les pères de la patrie !* Ceux qui ont vu cette marche disaient qu'elle avait quelque chose d'auguste et qui transportait. Un homme bien mis cria tout haut dans la salle : Vive le Parlement [1] ! »

---

[1] Barbier, t. II, 24, 30, 32, 103, 110, 139, 161, 295, 302, 334, 347, 416, 521 ; t. III, 39. — Journal de Narbonne, p. 221, 205, 489. — Le duc de Luynes, t. IX, 415, nous donne quelques détails sur la composition du Parlement. Il comprenait trois chambres et 447 membres, dont 308 magistrats. On y comptait 30 officiers subalternes et 30 officiers du roi, tenant le parquet. — Barbier nous fait connaître le prix des charges de magistrature à cette époque. Le prix était très variable. En 1730, une charge de conseiller au Parlement de Paris valait 40 000 livres. Quatre-vingts ans auparavant, on avait payé 150 000 livres un siège à la grand'chambre. En 1733, les charges remontèrent à 60 000 livres. En 1751 elles retombèrent à 34 000 livres. Les querelles du Parlement avec la cour et le clergé étaient la cause de ces variations. — En 1730, un siège au Châtelet valait 30 000 livres ; en 1751 il ne valait plus que 5 000 livres. — A la cour des comptes, un office de conseiller coûtait 150 000 livres ; une place d'auditeur 70 000 livres. Les charges étaient de 45 000 livres à la cour des aides. La place de conseiller au Parlement rapportait environ 7 ou 8 000 livres dans la grand'chambre ; les épices ne dépassaient guère 3 000 livres dans les enquêtes. (Barbier, t. II, 144, 385 ; t. V, 78, 79, 80.)

p.266 L'éloquence, pas plus que le courage et la popularité, ne faisait défaut à cette opposition parlementaire. Les contemporains nous décrivent avec admiration le talent oratoire de deux conseillers de grand'chambre, en qui Paris saluait « le Démosthènes et le Cicéron français : » l'un, l'abbé Pucelle, remarquable par la noble expression de sa figure, par un regard qui lançait l'éclair, par des gestes imposants et une parole véhémente ; l'autre, plus insinuant et plus flexible, versé dans l'art de circonvenir l'adversaire et d'arriver à son but par des tours inattendus ; c'était l'abbé Menguy. On prenait note de leurs discours, on en distribuait des copies sous le manteau, et quand l'un ou l'autre traversait les salles du palais et les rues voisines, assiégées d'une foule ardente, on battait des mains, on leur jetait des couronnes, « on faisait des cris d'applaudissement ; rien de plus glorieux et de plus flatteur, » ajoute Barbier, qui, lui aussi sans doute, a plus d'une fois applaudi [1].

Le résultat pratique, immédiat, ne répondait pas toujours à ces démonstrations bruyantes ; cette belle chaleur tombait devant les décisions du pouvoir, appuyées par la force, ce qui arrive assez souvent à p.267 l'enthousiasme français, même au XIXᵉ siècle. On brisait la résistance par des lettres de cachet, on la fatiguait par l'exil, on l'amollissait par la corruption ; la légèreté du caractère

---

[1] Barbier, t. II, 367. — Luynes, t. I, 337. Le duc cite quelques fragments de ces discours. — Journal de Narbonne, p. 278. — *Mémoires du président Hénault,* p. 402-404.

national faisait le reste : mais ces victoires, même alors, étaient désastreuses, car ce n'est pas sans péril qu'un gouvernement, placé en face d'une opposition solidement constituée, lui fournit l'occasion de s'exciter et de s'enhardir, de remuer ses masses et de faire sentir la puissance du nombre. Le bruit, en France, est toujours par lui-même un résultat. Aussi, qu'arrivait-il ? Cet état exalté, cette atmosphère inflammatoire où vivaient les esprits, en tournant tout en aigreur, leur donna une humeur factieuse et belliqueuse, un insatiable besoin d'émotions, et ce que nous appelons un tempérament révolutionnaire. Des nuées de mécontents, magistrats persécutés, officiers dépossédés de leurs emplois ou lésés dans leurs intérêts, plaideurs ruinés par les interruptions de la justice, satiriques et pamphlétaires de tous les états, discoureurs de cafés, de salons, de places publiques, harcelèrent le pouvoir par de continuelles escarmouches, et inondèrent Paris des productions de leur verve anonyme. Outre son corps de bataille et ses masses compactes, l'opposition eut désormais ses troupes légères [1].

On s'en aperçut, lorsque les premiers symptômes de l'affaiblissement du cardinal provoquèrent une crise aggravée par les embarras de la guerre d'Allemagne, en 1742 et 1743. Paris se trouva peuplé de frondeurs et d'alarmistes ; l'ennemi y compta de nombreux partisans, joyeux de nos défaites et

---

[1] Barbier, t. II, 83, 289. — Bois-Jourdain, *Mélanges*, t. III, 70, 75, 153.

redoutant nos succès : ~p.268~ on vit se produire cet effet scandaleux de nos querelles intestines, — l'alliance morale des adversaires du gouvernement avec l'envahisseur du pays, la trahison des vœux secrets appelant l'étranger au secours d'un égoïsme impie et de criminelles espérances. Nos chroniqueurs s'étonnent d'une telle impudence et leur loyauté s'en afflige : « Il y a dans Paris, disent Barbier et d'Argenson, beaucoup de gens malintentionnés qu'on appelle Autrichiens. On peut remarquer que sur dix personnes les trois quarts sont disposées à mal parler de nos entreprises et à saisir les mauvaises nouvelles. Tout le monde lit les gazettes de Hollande, d'Utrecht et de Cologne qui sont autrichiennes [1]. » Le gouvernement sévit, il supprime les *nouvelles à la main,* fait des arrestations dans les cafés, sur les places publiques, et envoie les frondeurs à la Bastille : vaines rigueurs qui surexcitent l'opposition, au lieu de l'abattre. « Dès qu'un frondeur est puni, on accuse la cour de tyrannie et d'inhumanité [2]. »

Reconnaissons à ces traits l'existence d'une opposition active et hardie, qui met à profit les fautes du pouvoir absolu et nous

---

[1] Barbier, t. III, 325, 360, 518, 553 (1742) ; t. IV, 40 (1745). — D'Argenson, t. IV, 97. — Narbonne, p. 531. — *Revue rétrospective,* chronique de 1721, t. V, 63, 269, 270.

[2] *Revue rétrospective,* t. V, 53. — Dans cette même chronique on lit, à la date du 25 octobre 1742, le faits-divers que voici : « Tous les passants et surtout les étrangers s'arrêtent pour lire une enseigne élevée dans la rue Saint-Antoine, qui annonce la boutique par ces mots : *A l'Empereur des Français.* Elle a paru singulière et occasionne beaucoup de raisonnements. » t. V, 55.

offre, dès cette époque lointaine, une image frappante de nos libertés et de nos agitations modernes. Sans contredit, une France nouvelle apparaît, qui a rompu avec les traditions d'obéissance p.269 passive et de muette résignation imposées, jusqu'à la fin, par la main de fer de Louis XIV : nous sommes en présence d'une opinion fiévreuse, prompte à la colère et à l'enthousiasme, encore fidèle au prince, respectueuse pour la royauté, mais exigeante et tracassière pour le gouvernement, à peine intimidée par la Bastille en attendant qu'elle ose la prendre et la détruire.

Toutefois, n'exagérons rien : il s'en fallait, à la date où nous sommes, que la situation fût sans ressources ; une volonté sage et décidée pouvait encore tout redresser, tout raffermir. Nous l'avons dit plus haut, un sentiment général d'espérance, excité par la jeunesse du roi et bientôt confirmé par sa bonne conduite à l'armée, dominait ces impressions fâcheuses. Aucune doctrine radicale ne sapait les bases essentielles du pouvoir ; l'opposition que nous avons décrite ne menaçait dans le gouvernement que les abus du despotisme : les partisans déjà nombreux du progrès politique attendaient, pour marcher en avant, le signal et le mot d'ordre de Louis XV, — la France était prête à se rajeunir et à se transformer avec la royauté. Que ce soit donc là le résumé des observations qui précèdent. Dans la première moitié du XVIIIe siècle, les agitations parlementaires sont souvent bruyantes et passionnées, mais elles ne présentent aucun caractère menaçant et subversif. Aux jours de crise, l'orage trouble les surfaces sans descendre jusqu'aux profondeurs. Les masses populaires gardent leur foi au principe monarchique. L'opposition reste conservatrice ; elle est, comme nous disons, constitutionnelle et dynastique ; mais avouons-le, l'action, chez elle, est moins modérée que la théorie, et ses p.270 emportements impriment déjà à l'esprit public des allures révolutionnaires [1].

Pendant ce temps, que faisait la philosophie ? Fort peu de bruit encore, et son personnage, en politique surtout, était assez modeste. Elle voyageait avec Voltaire et Montesquieu, étudiait la Hollande et l'Angleterre ; elle s'insinuait au théâtre et n'entrait pas à l'Académie, ou n'y pénétrait que difficilement, en prodiguant les désaveux. Ses plus grandes hardiesses se glissaient dans des livres anonymes et subreptices ; elle commençait à courir les hasards de l'apostolat en fuyant le martyre. Mal vue du pouvoir, en faveur auprès des honnêtes gens, elle donnait le ton aux conversations et à la littérature ; elle inspirait la haine du fanatisme et jetait le ridicule à pleines mains sur les querelles religieuses qui passionnaient le gros du public. Insaisissable, elle était partout. L'organisation, l'autorité, le nombre, l'ambition systématique et le dessein conquérant lui manquaient encore, ou

---

[1] Barbier, t. II, 371 ; t. III, 246. — D'Argenson, t. II, 145, 149, 310 ; t. III, 92, 172, 272, 431.

du moins ne lui avaient pas donné la consistance et la force qui ont paru plus tard. Elle n'avait pas encore rallié son armée sous un drapeau déployé à ciel ouvert par des chefs accrédités. Le gouvernement la réprimait sans la craindre ; certainement il ne comptait pas avec elle. La libre pensée était une influence et n'était pas encore une puissance. Les mémoires, si prolixes sur les affaires du Parlement et du jansénisme, ne disent presque rien des philosophes. Ce qui séduit l'opinion dans Voltaire, c'est le poète : sa philosophie et sa politique passent pour un travers d'esprit, pour l'effet d'une humeur bizarre et qui ne se gouverne pas. Ses démêlés avec la police, ses querelles avec les gens de lettres amusent le public et le passionnent très peu. Le sérieux, chez lui, paraît une légèreté. Évitons une illusion assez commune et gardons-nous de transfigurer sous l'éclat de ses dernières années l'histoire de ses commencements. Voltaire alors n'a rien d'un triomphateur ; ses partisans sont rares, son génie est contesté, son caractère injurié. Ceux qui admirent chez lui l'écrivain font profession de mépriser l'homme. Loin de maîtriser l'opinion, il est en lutte avec elle ; il lui arrache des applaudissements mêlés de sifflets, il dispute à des adversaires acharnés et nombreux une gloire tout en lambeaux. On s'est étonné du mot de Saint-Simon. « Voltaire est une espèce de personnage dans un certain monde. » Ce mot qui, selon toute apparence, a été dit dans la première moitié du siècle, est assez vrai si on veut bien le lire à sa date et ne pas anticiper sur les succès à venir [1].

Tel est le second trait distinctif de cette époque du siècle : le peu d'action que la philosophie exerce sur un mouvement politique qui est avant tout parlementaire et janséniste. Il existe dès lors un esprit philosophique très répandu, il n'y a pas encore un parti des philosophes. Cet esprit subtil et hardi qui, s'insinuant partout, formait comme l'atmosphère du siècle, est caractérisé avec justesse dans une lettre peu connue que le P. Castel adressait en 1734 à Montesquieu au sujet des derniers chapitres de son livre sur *la Grandeur et la Décadence des Romains* : « Un grand nombre de beaux esprits et de gens de monde aimeront assez à voir traiter de haut en bas ce qu'ils appellent la prétraille monastique et fronder même un peu l'ordre ecclésiastique, papes et évêques. C'est tout à fait le goût d'aujourd'hui. Il est pourtant vrai que les personnes d'un certain ordre ne se permettent ces insultes et ces hauteurs que dans les conversations et que tout ce qui en transpire dans le public ne vient que de petits auteurs ténébreux et anonymes, la plupart jeunes et licencieux. Une

---

[1] Sur Voltaire, voir Barbier, t. II, 97, 159 ; t. III, 431 ; t. IV, 42, 146, 148, 279 ; t. V, 336. — Luynes, t. IV, 292, 459, 469 ; t. V, 292 ; t. VI, 469, 483 ; t. VII, 293 ; t. X, 338. Le pieux duc ne lui est pas très défavorable, ce qui prouve qu'il le craignait peu. — Voir aussi Chronique de 1742 (*Revue rétrospective,* t. IV, 457, 461 ; t. V, 240, 258, 387. L'écrivain de police qui rédige ces bulletins s'exprime ainsi : « Ce poète n'est pas aimé. Il paraît qu'il est décrié généralement. »

personne de votre nom, de votre rang, et, si votre modestie le permet, de votre mérite, se doit de grands égards à elle-même [1]. »

Nous touchons cependant au moment définitif où la philosophie, prenant l'essor, va emporter dans les libres espaces de la spéculation pure les questions que débattait l'obstination étroite des partis, et les transformer en les élevant. Tout ce qui a précédé n'est qu'un prélude ; voici l'heure des revendications sérieuses et des attaques poussées à outrance ; c'est le vrai XVIIIe siècle qui va paraître dans sa puissante originalité. Barbier et d'Argenson, par l'abondance de leurs informations, nous permettent de marquer avec la dernière précision les causes et les progrès de cette révolution morale. Elle s'accomplit dans l'intervalle qui sépare la paix d'Aix-la-Chapelle de la guerre de sept ans. Ces huit années (1748-1757) contiennent en germe tout ce qui a éclaté _{p.273} depuis. A partir de cette époque la grande lutte s'engage sur le terrain même où elle s'achèvera. La limite des querelles d'ancien régime est franchie ; ce sont les principes de 89 qui entrent en discussion.

Comment l'opposition, de constitutionnelle qu'elle était, est-elle devenue révolutionnaire ? A quels signes se révèle l'influence exercée par la philosophie sur la politique ? La

---

[1] Charles Nisard, *Mémoires et Correspondances historiques et littéraires* (1858), p. 49, 50. — Le P. Castel, savant jésuite de Montpellier, est l'auteur du *Traité de la pesanteur universelle*, publié en 1724, et du *Clavecin oculaire*.

réponse à cette double question résumera l'histoire du changement profond qui, en si peu d'années, a renouvelé la face de l'ancienne France.

II

Première apparition de l'esprit révolutionnaire et de l'opinion républicaine.

Deux causes, au milieu du XVIIIe siècle, ont suscité l'esprit révolutionnaire : d'une part, la querelle janséniste et parlementaire, envenimée par sa durée même ; d'autre part, le sentiment de mépris provoqué par l'incapacité honteuse de ce roi qui avait été si longtemps l'amour et l'espoir de la France. Plus l'opinion avait été loyale dans sa confiance patiente, plus sa déception fut amère. On attendait du nouveau roi le remède à tous les maux dont on souffrait, et c'était ce même roi qui mettait le comble aux désordres de son royaume. Le réformateur espéré se révélait comme le pire des abus de l'ancien régime ! La foi monarchique avait jusque-là servi de frein aux passions ardentes que nous avons décrites ; ce frein ôté, ou du moins fort relâché, la violence des partis se donna libre carrière. D'Argenson constate qu'en 1748 Louis XV, au sortir de la guerre, avait encore tout son prestige ; l'avenir était à lui, s'il avait su le maîtriser : « On est parvenu à son but, écrit à cette date notre observateur, on a affaibli ses ennemis et entamé la grandeur de la maison d'Autriche. On a la paix enfin. Que le roi voie toujours en grand, qu'il fasse de bons choix, qu'il mette l'emplâtre à l'ulcère et son règne sera très glorieux [1]. » Ainsi s'exprimait un ministre disgracié, qui avait cependant ses raisons d'être mécontent et pessimiste, puisqu'il venait de perdre son portefeuille. Quelques années suffisent, en éclairant d'un jour scandaleux l'indignité du roi, pour le précipiter de cette situation dominante et le perdre dans l'estime des peuples. On verra combien la chute fut rapide et à quelles audaces spéculatives et pratiques s'emporta l'hostilité croissante des esprits.

Première nouveauté menaçante dans la lutte du Parlement contre la couronne : l'opposition renonce aux expédients et s'arme d'un principe. La question est posée entre le droit du peuple et celui du roi. On déchire le voile qui couvrait le mystère de l'État, on dissipe le vague dont s'enveloppaient à dessein les prétentions des deux partis : une précision toute moderne tranche dans le vif ces interminables difficultés et pousse le conflit à l'extrême pour en finir. « La France est-elle une monarchie tempérée et représentative ou un gouvernement à la turque ? Vivons-nous sous la loi d'un maître absolu, ou sommes-nous régis par un pouvoir limité et contrôlé [2] ? » Voilà en quels termes, d'une netteté catégorique, est soulevé le

---

[1] T. V, 224 (1748).
[2] D'Argenson, t. IV, 141.

problème dont la solution réglera ~p.275~ les destinées politiques du pays. Passant de la théorie à l'action et s'autorisant d'une décision des anciens États généraux, le Parlement de Paris travaille à constituer, en face du pouvoir, une représentation permanente des libertés nationales : une ligue se forme entre tous les Parlements de France qui se considèrent comme « les classes », comme les groupes d'une assemblée unique, comme les membres solidaires d'un corps indivisible. En cas de violence et de coup d'État, la démission en masse de tous les magistrats du royaume, « la suspension générale de la justice en France » opposera la protestation solennelle du droit aux entreprises du despotisme [1]. D'où est sortie l'idée de cette ligue parlementaire ? D'Argenson nous l'apprend : c'est des méditations de l'exil et des enseignements de la persécution. « Les parlementaires exilés par la cour, écrit-il en 1753, vivent fort unis entre eux et forment des espèces de communautés de savants. Tous se sont mis à étudier le droit public dans ses sources, et ils en confèrent comme dans les académies. Ce danger est plus grand qu'on ne croit. Si jamais la nation française trouve jour à leur marquer sa confiance, voilà un sénat national tout prêt à bien gouverner. *Dans l'esprit public et par leurs études s'établit l'opinion que la nation est au-dessus des rois comme l'Eglise universelle est au-dessus du pape.* Et de là présagez

---

[1] D'Argenson, t. VIII, 153.

quels changements en peuvent arriver dans tous les gouvernements [1] ! »

Voilà donc un point bien établi : le principe fondamental de la Révolution est sorti des luttes politiques du XVIIIe siècle et non des spéculations de la philosophie. p.276 Ici se marque le trait d'union entre l'ancienne France et la nouvelle, entre le libéralisme du passé et celui de l'avenir : à défaut de charte écrite et de texte positif, garantissant le droit national, il y avait comme une constitution vivante, profondément entrée dans l'âme de l'ancienne France, et l'idée mère des constitutions modernes est née de ce sentiment ineffaçable de la liberté française.

La royauté poussée à bout est contrainte, par la logique même du combat, d'écarter les tempéraments qui mitigeaient l'absolu du pouvoir et entretenaient aux yeux des peuples l'illusion d'une demi-liberté. Elle traite d'usurpation le droit national et, s'avouant intraitable, se proclame un pur despotisme. De part et d'autre la situation est tranchée, chacun se roidit dans la rigueur de ses prétentions ; sur l'essence même de l'autorité il y a conflit. Il est curieux de lire pendant ces dix années (1748-1758) les déclarations opposées par la cour aux remontrances des Parlements. Le langage du roi est plein de hauteur et de menace ; mais ce ton de majesté offensée couvre mal une inquiétude

---

[1] D'Argenson, t. VIII, 153.

secrète, une profonde blessure. Le pouvoir se sent atteint par les coups qu'on lui porte ; sa vivacité accuse l'irritation de sa faiblesse : « Je suis votre maître, répond Louis XV aux députés, je veux être obéi. Je connais tous les droits que je tiens de Dieu. Il n'appartient à aucun de mes sujets d'en limiter ou décider l'étendue [1]. »

L'entourage, on le pense bien, aigrit les soupçons du maître et enchérit sur ses ressentiments. On répète les mots vifs échappés dans l'intimité royale des petits p.277 cabinets : « Le roi voyant cet arrêté des Parlements, s'est écrié : « On voudrait donc que je misse ma couronne à leurs pieds ! Il faut qu'il n'y ait plus de roi s'il subsiste encore en France un Parlement comme celui de Paris [2]. » Les écrivains gagés par le ministère composent des brochures où il démontrent que le langage du Parlement est emprunté aux pamphlets les plus séditieux et aux plus mauvais jours du XVIe siècle. La *Gazette de France* insère, sous la forme d'un moderne *communiqué*, les affirmations de la thèse absolutiste : « L'universalité, la plénitude et l'indivisibilité du pouvoir existent dans la personne du roi ; le droit de la nation n'existe pas hors de l'autorité du roi ; lorsque le roi use d'un pouvoir absolu, ce n'est pas là une voie irrégulière ; l'idée d'un seul Parlement général et national n'est qu'une chimère

---

[1] Barbier, t. VI, 114 ; t. VII, 274, 300 (1755).

[2] Barbier, t. VI, 158 (1757). — D'Argenson, t. IX, 370, 377.

révolutionnaire. Le roi veut être servi et obéi ¹. » De cette fermentation de la cour sort naturellement, dès 1752, l'idée chère à tous les despotismes en souffrance, l'idée et l'expédient d'un coup d'État : « Le roi a conçu une haine épouvantable contre le Parlement et n'en voit aucun membre sans frémir. On se conduit au désir de sabrer les récalcitrants plus que jamais. L'on fait de ceci une affaire de haut entêtement. Malheur à qui entête ainsi nos princes ² ! »

Nous avons vu poindre, même sous le cardinal de Fleury, des essais d'ovation publique et de manifestations populaires aux abords du Parlement. Aujourd'hui c'est bien autre chose : l'ardeur ne se ralentit plus, il y a autour de l'opposition un parti de _{p.278} l'enthousiasme et de l'applaudissement. On porte des couronnes aux magistrats ; « on claque des mains comme quand Jeliotte chante à l'Opéra » ; on « encadre dans un verre avec une bordure dorée » leurs arrêts les plus hardis ³. La « Chambre royale » de 1753, ébauche timide du Parlement Maupeou, abdique et s'évanouit sous les sifflets. « Les peuples, dit d'Argenson, sont devenus grands amateurs des Parlements ; ils ne voient qu'en eux le remède aux vexations qu'ils essuient d'un

---

[1] Barbier, t. VI, 150-153 (1759).

[2] D'Argenson, t. VII, 77, 143 ; t. VIII, 315.

[3] D'Argenson, t. VII, 453 (1752). — Barbier, t. V, 229, 237 (1755).

autre côté. Tout ceci annonce quelque révolte qui couve sous la cendre [1]. »

Ce qui est plus grave que ces démonstrations et ces clameurs, c'est le travail qui se fait dans les esprits surexcités. Une doctrine antimonarchique gagne sourdement et s'insinue ; ce n'est plus seulement la passion qui prend feu, c'est la raison qui se révolte. Un schisme commence entre l'esprit français et la royauté. Jamais les inconvénients attachés au gouvernement d'un seul ne s'étaient trahis avec un aussi fâcheux éclat ; jamais on n'avait porté avec plus d'impatience le poids de la chaîne qui lie les destinées d'un peuple à celles d'un homme, qui l'humilie et le dégrade dans la personne d'un représentant indigne. On songe à délivrer la France du retour trop fréquent de ces chances désastreuses ; l'idée vient de briser cette fatalité séculaire. D'Argenson, très attentif à ces mouvements de l'esprit public, a bien noté, à. sa date précise, la naissance de l'*opinion républicaine* : « Voilà, écrit-il en 1752, les inconvénients de la monarchie ; la conduite des peuples y dépend trop des misères de l'humanité. La mauvaise issue de notre gouvernement monarchique absolu achève de persuader en France, et par toute l'Europe, que c'est la plus mauvaise de toutes les espèces de gouvernement. Je n'entends que philosophes dire, comme persuadés, que l'anarchie même est préférable. Cependant l'opinion chemine,

---

[1] T. IX, 370 (1756).

monte et grandit, ce qui pourrait commencer une révolution nationale [1]. »

Un peu plus loin, il revient et insiste sur ces conjectures : « Que prononcera-t-on, dit-il, sur cette question dans l'avenir, à savoir si le despotisme augmentera ou diminuera en France ? Quant à moi, je tiens pour l'avénement du second article et *même du républicanisme.* J'ai vu de mes jours diminuer le respect et l'amour du peuple pour la royauté. Louis XV n'a su gouverner, ni en tyran, ni en bon chef de république ; or, ici, quand on ne prend ni l'un ni l'autre rôle, malheur à l'autorité royale [2]. »

La hardiesse des mots suit celle des choses. On voit paraître et s'accréditer des expressions politiques que la France n'avait jamais connues ou qu'elle avait désapprises depuis deux siècles. « Les noms d'*État* ou de *Nation,* qui ne se prononçaient jamais sous Louis XIV p.280 et dont on n'avait pas seulement l'idée, »

---

[1] T. VII, 118, 294.

[2] T. VII, 242. — La même année, lord Chesterfield, frappé de ces présages, exprimait dans ses Lettres une réflexion qui reproduit la pensée et jusqu'aux termes de d'Argenson : « Les remontrances du Parlement tendent à ce que nous appelons ici *les principes de la Révolution.* Enfin, ce que j'ai jamais rencontré dans l'histoire de symptômes avant-coureurs des grands changements existe et s'augmente de jour en jour en France. Je ne sais pas comment l'oint du Seigneur, son vice-gérant sur la terre, qui tient de lui son droit et ne doit rendre ses comptes qu'à lui seul, dira ou fera devant ces premiers symptômes de raison et de bon sens qui se manifestent en France, mais ce que je pourrais bien prédire, c'est qu'avant la fin de ce siècle le métier de roi et de prêtre déchoira de plus de moitié. La nation française raisonne librement, ce qu'elle n'avait point fait encore en matière de religion et de gouvernement. » (*Lettres,* t. II, 261, 358, édit. de 1842.)

remplissent les dissertations et les brochures : celui de *républicain* y figure déjà, à côté de *parlementaire* et de *janséniste* [1]. Le goût de la discussion, la vogue des journaux pénètrent jusque dans les provinces ; l'éducation du pays se fait, et d'Argenson lui-même, ce fervent ami du progrès, se sent pousser en avant par la toute-puissante influence qui transforme les esprits : « Moi, écrit-il en 1754, moi qui ai toujours médité et travaillé sur ces matières, j'avais autrefois ma conviction et ma conscience tout autrement tournées qu'aujourd'hui [2]. »

Ne perdons pas de vue ce que nous avons observé au début de cette époque : les passions s'y allument à un double foyer, le fanatisme religieux y surexcite l'animosité politique. Dans ces années orageuses, 1750, 1752, 1754, l'affaire des biens du clergé entamée par le contrôleur général Machault, la querelle célèbre des billets de confession, portèrent au plus haut point la fureur des deux partis qui déchiraient alors l'Église et la société civile. Si

---

[1] Barbier, t. V, 211, 229, 237, 253. — « Ceux du parti janséniste ou un peu républicains ont tourné la tête au Parlement sur la hauteur et l'indépendance. » (1752.)

[2] T. VIII, 315 (1754). — « Il y a cinquante ans, le public n'était aucunement curieux de nouvelles d'État. Aujourd'hui chacun lit sa *Gazette de Paris,* même dans les provinces. On raisonne à tort et à travers sur la politique, mais on s'en occupe. » (Edit. Janet, t. I, 137.) — Dès 1747 d'Argenson écrivait ce curieux passage : « Quelqu'un osera-t-il proposer d'avancer de quelques pas *vers le gouvernement républicain ?* Je n'y vois aucune aptitude dans les peuples ; la noblesse, les seigneurs, les tribunaux accoutumés à la servitude n'y ont jamais tourné leurs pensées, et leur esprit en est fort éloigné. Cependant ces idées viennent et l'habitude chemine promptement chez les Français. » t. V, 142.

les mémoires n'ajoutent rien d'essentiel à l'histoire de ces tristes discordes, ils nous retracent, avec une vivacité que l'histoire n'a pas, l'exaspération p.281 des esprits et la haine qui se déclare à Paris contre l'épiscopat ultramontain.

Quarante ans avant 1793, il est facile de prévoir les excès sacrilèges du délire révolutionnaire ; ils sont prédits en toutes lettres par les sages de ce temps-là. Encore une fois, nous sommes trop enclins à croire aujourd'hui que dans la révolution tout est l'œuvre de la philosophie, que c'est elle seule qui a détruit en France la monarchie et le catholicisme. Rien n'est moins fondé ; elle a trouvé ces dispositions révolutionnaires nées et formées dans les esprits, elle n'a pas nui sans doute à leur développement, mais loin de les créer, elle s'en est aidée elle-même et s'y est appuyée d'abord ; avant de leur donner plus d'audace et d'énergie, elle a dû à leur impulsion la facilité de ses premiers succès. D'Argenson exprimait ce sentiment, dès 1753, en termes nets et précis : « On ne saurait, dit-il, attribuer la perte de la religion en France à la philosophie anglaise qui n'a gagné à Paris qu'une centaine de philosophes, mais à la haine contre les prêtres qui va au dernier excès. A peine osent-ils se montrer dans les rues sans être hués. Tous les esprits se tournent au mécontentement et à la désobéissance, et tout chemine à une grande révolution dans la religion ainsi que dans le gouvernement. Et ce sera bien autre chose que cette réforme grossière mêlée de superstition et de liberté qui nous arriva d'Allemagne au XVIe siècle ! Comme notre nation et notre siècle sont bien autrement éclairés, on ira jusqu'où l'on doit aller ; on bannira tout prêtre, tout sacerdoce, toute révélation, tout mystère. On prétend que si cette révolution est pour arriver à Paris, elle commencera par le déchirement de quelques prêtres, même par celui de l'archevêque de Paris. Tout ~p.282~ conspire à nous donner l'horreur des prêtres et leur règne est fini. Ceux qui paraissent dans les rues en habit long ont à craindre pour leur vie. La plupart se cachent et paraissent peu. On n'ose plus parler pour le clergé dans les bonnes compagnies ; on est honni et regardé comme des familiers de l'Inquisition... Les prêtres ont remarqué cette année (1753) une diminution de plus d'un tiers dans le nombre des communiants. Le collège des jésuites devient désert ; cent vingt pensionnaires ont été retirés à ces moines si tarés... On a observé aussi, pendant le carnaval à Paris, que jamais on n'avait vu tant de masques au bal contrefaisant les habits ecclésiastiques, en évêques, abbés, moines, religieuses... Enfin la haine contre le sacerdoce et l'épiscopat est portée au dernier excès [1]. »

Barbier, moins pénétrant, a vu cependant très clair aussi, et dès 1751 il prédit de mauvais jours au catholicisme : « Il est à craindre que cela ne finisse sérieusement. On pourrait voir un

---

[1] T. VIII, 24, 35, 242, 289, 309, 343 ; t. IX, 217 (1753-1755).

jour une révolution dans ce pays-ci pour embrasser la religion protestante [1]. »

Voilà donc ce mot de « révolution » qui abonde sous la plume des contemporains, et pour un temps illimité prend possession de notre histoire. Désormais, l'idée sinistre d'une catastrophe nécessaire, d'une péripétie tragique, obsède les imaginations françaises ; la vie politique de notre pays sort des conditions d'un développement normal pour entrer dans les brusques mouvements et dans l'horreur mystérieuse d'un drame. L'événement final, qui déjà s'entrevoit et se dessine à travers le sombre avenir, s'annonce sous une double p.283 face et promet tout ce qu'il tiendra ; la même haine enveloppe les deux pouvoirs, le même désir de vengeance et de destruction les poursuit ; le gouvernement, en dépit de quelques tentatives mal soutenues pour se rapprocher du jansénisme et pour se colorer d'une apparence de fausse popularité, embrasse la querelle d'un clergé détesté qu'il est impuissant à défendre et qui lui-même a cessé d'être une force [2]. Entraîné par le parti de la cour, plus influent que les ministres, le pouvoir royal, au lieu de séculariser sa propre cause, se livre au péril d'une solidarité dont les conséquences sont ainsi prévues par d'Argenson en 1754 : « Avec

---

[1] T. IV, 390, 406, 471 ; t. V, 3, 227 ; t. VI, 526. — Luynes, t. XII, 288.
[2] D'Argenson, t. VI, 277, 287, 313, 380 ; t. VII, 433, 235 ; t. VIII, 349. — Barbier, t. VI, 84, 158. — Luynes, t. IX, 423.

la réforme dans la religion viendra celle dans le gouvernement. La tyrannie profane s'est mariée à la tyrannie ecclésiastique... L'on cesse de se tromper et de surfaire sur ces deux gouvernements ; l'on voit les choses comme elles sont et comme elles doivent être [1]. »

Nous sommes donc fondés à le dire, et tout ce qui précède l'a démontré : longtemps avant que l'esprit philosophique eût pénétré la masse de la nation, et lorsque, suivant le mot de d'Argenson, « l'esprit anglais n'avait gagné tout au plus qu'une centaine de têtes à Paris, » une opposition déjà révolutionnaire s'était formée contre l'Eglise au sein même du catholicisme, et contre la royauté dans la bourgeoisie parlementaire [2]. Alors on vit se produire, dans le feu de p.284 l'attaque, une de ces évolutions qui ont si souvent réussi chez nous : derrière l'opposition bourgeoise et janséniste, opposition aveugle, inconséquente, dépassant le but par la violence des moyens, travaillant à une catastrophe qu'elle ne voulait pas et qui devait l'emporter, — un parti nouveau se

---

[1] T. VIII, 289, 309 ; t. VI, 104, 179. — Lord Chesterfield (1752) : « Quand l'ignorance sur laquelle est appuyée la foi aveugle aux deux puissances royale et papale n'existera plus, le vice-régent de Dieu et le vicaire du Christ ne seront obéis et crus qu'autant que ce que l'un ordonnera et l'autre dira sera conforme à la raison et à la liberté. » (T. II, 261.)

[2] La reine Marie-Leczinska, si peu mêlée à la politique, s'inquiétait, dès 1751, de la chaleur et de l'opiniâtreté des esprits. Elle écrivait au duc de Luynes : « Moi qui ne sais rien, je sais que le Parlement fait encore des remontrances aujourd'hui. Tout cela m'attriste ; que Dieu ait pitié de nous ! Brûlez ma lettre. » (*Mémoires de Luynes*, t. XI, 23 ; t. X, 207, 295 ; t. XII, 133, 212 ; t. XIII, 340, 320.)

leva, plus logique et plus résolu que l'ancien, tour à tour l'allié ou l'ennemi du premier, favorisé par celui-ci lors même qu'il en était combattu, hardi et souple, dominateur et opprimé tout ensemble, puissant par la science, par le sarcasme, par l'éclat tout français du talent, par le prestige de l'exemple étranger. On le vit bientôt séduire l'opinion, gagner le cœur et la pensée du siècle, enlever l'influence et la popularité aux chefs du mouvement religieux et politique qu'il faisait semblant de suivre tout en se moquant d'eux. Portant la lutte sur un terrain nouveau qui déconcertait les amis et les adversaires, changeait les conditions et la gravité du combat, il ouvrit des perspectives libres comme l'esprit humain, il fit briller des espérances vastes comme l'avenir. C'était l'opposition radicale et philosophique qui grandissait à l'abri de l'opposition constitutionnelle, pour la déborder ensuite, pour la vaincre et la détruire par la violence de leur commune victoire.

Recueillons les indications curieuses que nous fournissent les Mémoires sur le moment où la philosophie, dont nous connaissons les progrès silencieux, se $_{p.285}$ transforme en parti militant et intervient avec puissance dans le mouvement agité des affaires humaines.

III

La propagande philosophique. — Pressentiments d'une crise prochaine.

En 1748, Barbier signale la vogue extraordinaire et significative d'un ouvrage publié sous ce titre : *les Mœurs*. L'auteur, fort inconnu aujourd'hui, était un avocat de Paris, nommé Toussaint, « homme de beaucoup d'esprit, disent les mémoires de Luynes, et grand ami de M. Diderot. » C'est lui, en effet, qui eut avec Diderot la première idée de l'Encyclopédie. Son livre, condamné par le Parlement, devint tout à coup si célèbre « qu'il n'y avait personne dans un certain monde, homme ou femme se piquant un peu de quelque sorte d'esprit, qui ne voulût le voir. On s'abordait aux promenades en se disant : *Avez-vous lu les Mœurs* [1] ? Qu'était-ce donc que ce livre ? La profession de foi d'un déiste. Avec bien des ménagements et bien des réticences, on y opposait la religion naturelle aux religions particulières, on y insinuait l'inutilité d'une révélation, on y conseillait la tolérance et la suppression de la peine de mort. C'étaient les témérités à la mode ; cela fit fureur, l'année même où paraissait *l'Esprit des Lois*.

L'année suivante, on prend d'un seul coup de filet, nous dit d'Argenson, « une quantité de beaux esprits, de savants, de professeurs de l'Université, accusés p.286 d'avoir frondé contre le ministère, ou d'avoir écrit pour le déisme et contre les mœurs ; on les met à la Bastille ; on voudrait donner des bornes à la

---

[1] Barbier, t. IV, 301-308. — Luynes, t. XI, 369. — *Mémoires de Diderot,* t. I, 22.

licence qui est devenue très grande et faire taire les mauvais discours des cafés, des promenades, tous les libelles indécents qui courent Paris [1]. » Un mois après, nouvelles rigueurs : « On a emprisonné M. Diderot, homme d'esprit et de belles-lettres, selon Barbier, auteur d'un livre, *Thérèse la philosophe,* qui est charmant, très bien écrit, et où se trouvent des conversations sur la religion naturelle, de la dernière force et très dangereuses [2]. » La Bastille regorge, elle déverse son trop plein à Vincennes. « Cela devient une inquisition, ajoute d'Argenson, c'est l'inquisition française qui commence, et l'on crie contre mon frère qu'on en nomme l'introducteur [3]. » Nous sommes donc au début.

Remarquons ici deux choses. Pour la première fois on nous signale, non pas l'existence, mais le débordement des écrits « licencieux. » Les philosophes, depuis la mort de Fleury, ont vu croître leur nombre et leur importance ; ils ne forment pas encore un parti organisé, mais leurs rangs grossissent ; le pouvoir s'émeut de ces progrès, il sévit, c'est la première persécution. A cette époque, l'opinion publique est divisée à leur sujet ; les uns blâment la sévérité du ministère, d'autres l'approuvent : « on dit que c'est bien fait de déraciner la licence d'écrire contre Dieu,

---

[1] T. VI, 10, 15 (1749).

[2] T. IV, 378.

[3] T. VI, 81 (août 1749).

contre le roi et contre les mœurs [1]. » Du reste, on s'accorde à louer le talent des écrivains persécutés ; on ne leur conteste pas la supériorité du génie, et s'ils n'ont pas encore la puissance, ils ont déjà la gloire. Les premiers témoignages sont en ce sens ; Barbier se montre aussi favorable que d'Argenson. Il dit de Montesquieu : « Ses livres ont été condamnés comme opposés à la croyance catholique, mais ils n'en sont pas moins des chefs-d'œuvre. » L'abbé de Prades lui-même est « un garçon de beaucoup de mérite et d'éducation ; » l'abbé Morellet, « un homme supérieur [2]. » A-t-on déjà un sentiment très net de la gravité des questions débattues ? Prévoit-on les suites de la lutte qui s'engage ? Cela est douteux. D'Argenson, au début, semble craindre que cet élan du libre esprit ne soit arrêté par l'inquisition naissante ; en 1749, ce mouvement lui semble facile à maîtriser : « on l'étouffera, dit-il, sous la main des jésuites [3]. »

Quelques années plus tard, l'alarme a passé dans le camp des adversaires de la philosophie. Le clergé fulmine dans ses mandements et ses sermons, le Parlement dans ses remontrances, le roi dans ses édits. L'ancien régime tout entier, gouvernement

---

[1] D'Argenson, t. VI, 10, 15 (1749).

[2] Barbier, t. V, 146-152 (1752) ; t. VI, 122 (1757) ; t. VII, 257. — Luynes, t. XI, 369, 385 ; t. XIX[?], 36 ; t. VI, 249, 333 ; t. VIII, 118, 439. — Quand Voltaire quitte Paris pour Berlin et Ferney. Barbier dit ce mot : « Il est quelquefois dangereux d'éloigner les gens d'esprit. » (T. V. 168).

[3] T. VI, 81, 311 ; t. VII, 30, 57, 68, 93.

et opposition, se sent menacé par l'esprit nouveau. J'emprunterai à cette éloquence de la peur quelques lignes où le premier président du Parlement, dénonçant au roi, en 1752, la rapidité contagieuse des influences philosophiques, retrace avec une certaine force les circonstances qui en ont favorisé le développement. C'est une page de ~p.288~ l'histoire morale de ce temps-là : « L'impiété s'est servie des dissensions qui régnaient entre les ministres de la religion pour attaquer la religion même. Quel avantage n'a-t-elle pas tiré de ces tristes querelles !... Elle a jugé que c'était le moment de produire son malheureux système de l'incrédulité. Ce système a fait des progrès qui n'ont été que trop rapides. L'on s'est vu inondé d'une foule d'écrits infectés de ces détestables doctrines, et pour comble de malheur, elles se sont glissées insensiblement jusque dans les écoles destinées à former par état les défenseurs de la foi et de la religion [1]. » Le clergé, faisant écho à ces plaintes, insistait habilement sur la solidarité de l'Église et de l'État, montrant que la question religieuse et la question politique étaient liées par un nœud indissoluble : « Observons en particulier, disaient les prédicateurs, si depuis l'affaiblissement de la foi parmi nous il ne s'est pas glissé dans les esprits et dans les livres une multitude de principes qui portent à la désobéissance, à la rébellion même

---

[1] Barbier, t. VI, 197, 198.

contre le souverain et contre les lois [1]. » Satisfaction est donnée aux terreurs qui ont dicté ces réquisitoires par l'édit royal de 1757 : les auteurs, imprimeurs et colporteurs d'ouvrages tendant à attaquer la religion et l'autorité royale y sont menacés de la peine de mort, « attendu la licence effrénée des écrits qui se répandent dans le royaume. » Notons ici un progrès de cette « licence effrénée. » En 1748, la grande hardiesse, c'est le déisme ; en 1758, la doctrine dénoncée et poursuivie est le matérialisme. « On ne saurait se dissimuler, dit l'arrêt de 1759 condamnant au feu le livre de *l'Esprit* p.289 et sept volumes de *l'Encyclopédie,* qu'il n'y ait un projet conçu, une société formée pour soutenir le matérialisme, pour détruire la religion, pour inspirer l'indépendance et nourrir la corruption des mœurs. » — « Le matérialisme, c'est là le grand grief, » écrit Barbier à la même époque [2].

Sur cette agitation qui remue la société française dans ses profondeurs, d'Argenson, selon sa coutume, jette un regard pénétrant et lumineux ; il ne tarde pas à comprendre les plus lointaines conséquences du changement qui est en train de s'accomplir. « Le peuple de France n'est pas seulement déchaîné contre la royauté ; la philosophie et presque tous les gens d'étude et de bel esprit se déchaînent contre notre sainte religion. La religion révélée est secouée de toutes parts, et ce qui anime

---

[1] Barbier, t. VI, 491 (1757). — D'Argenson, t. VII, 93 (1752).

[2] T. VI, 523 ; t. V,169 ; t. VII, 121, 126, 128, 139, 141, 249.

davantage les incrédules ce sont les efforts que font les dévots pour obliger à croire. Il font des livres qu'on ne lit guère ; *on ne dispute plus, on se rit de tout, et l'on persiste dans le matérialisme.* Les dévots se fâchent, injurient, et voudraient établir une inquisition sur les écrits et sur les discours ; ils poussent les choses avec injustice et fanatisme, ce qui fait plus de mal que de bien. Ce vent d'antimonarchisme et d'antirévélation nous souffle d'Angleterre, et comme le Français enchérit toujours sur les étrangers, il va plus loin et plus effrontément dans ces carrières d'effronterie [1]. »

Pendant que l'esprit révolutionnaire se répandait avec la rapidité de l'orage ou de l'incendie dans cette p.290 atmosphère troublée que la philosophie commençait à enflammer, quelle était la politique du gouvernement ? Barbier et d'Argenson nous répondent : il désespérait par son irrésolution et son insuffisance ceux qui s'obstinaient encore à croire en lui. Désuni, méprisé, ayant conscience de son impopularité et de sa faiblesse, il flottait au gré de ses passions ou de ses frayeurs, et se laissait gouverner par l'agitation qu'il ne pouvait contenir ; attaqué par les jansénistes, les parlementaires et les philosophes, pour rompre l'effort de ces trois puissances qui, divisées sur le reste, se coalisaient contre lui, il essayait le misérable expédient d'un jeu de bascule, ressource banale de la faiblesse et de la duplicité aux

---

[1] T. VII, 51, 95, 110, 122, 457 (1751) ; t. VIII, 291. — Édit. Janet, t. V, 232, 137.

abois. Il allait des jésuites aux jansénistes, trahissant tour à tour les vaincus sans gagner les victorieux ; frappant des coups de force contre le Parlement, pour mollir ensuite et céder tout ; d'une sévérité implacable et d'une tolérance inattendue à l'égard des philosophes ; mêlant toutes les conduites, pratiquant les maximes les plus contraires, sans recueillir les avantages d'aucune ; semant le désordre et l'incertitude, ébauchant les idées et les projets et n'achevant rien ; brisant par ses caprices les ressorts de l'État, donnant en spectacle à la nation le pire scandale qui puisse déshonorer la politique, je veux dire ce composé de deux maux extrêmes, aggravés l'un par l'autre, — la tyrannie anarchique, le despotisme en dissolution. Comme l'écrivait d'Argenson en 1752 avec une rare énergie : « tout se dispute, tout se permet et se défend successivement dans notre faible gouvernement [1]. »

Contre cette faiblesse scandaleuse, qui n'échappe à la crainte que par l'effronterie qu'elle porte dans le désordre et l'immoralité, le mépris public épuise toutes les formes de la satire, pamphlets, brochures, placards outrageants, allusions politiques en plein théâtre : la police n'ose plus sévir contre ceux qui parlent mal du gouvernement dans les cafés ou aux promenades, « parce qu'il faudrait arrêter tout le monde. » C'est

---

[1] T. V, 301 ; t. VII, 81, 91 ; t. VIII, 110 ; t. VI, 446. — Barbier, t. V, 264, 279, 288. — Luynes, t. XVI, 290 (1757).

« un fanatisme de haine, » disent les mémoires, « une fermentation qu'on n'avait pas vue depuis les guerres civiles. » Le peuple n'aime plus les rois qu'il a tant aimés, ajoute avec mélancolie le royaliste d'Argenson ; « les têtes s'échauffent et se tournent d'une manière qui fait tout craindre [1]. »

Et ce n'est pas le roi seul ou ses honteuses intimités que cet acharnement punit et poursuit ; la haine s'étend à la classe entière des privilégiés, à ce qui fut longtemps l'honneur et la force de l'ancien régime. Un sombre désespoir aigrit le peuple sur les abus dont il est le témoin impuissant, sur les infamies de cynique débauche, de concussions effrontées et d'insolent népotisme qui déshonorent et perdent la France. Il s'attache à l'idée que des maux si profonds, si invétérés, des plaies sans cesse élargies et envenimées, exigent pour se guérir un remède violent. Les fureurs et, si je puis dire, les poignards de la guerre civile percent déjà sous les expressions de rage concentrée et sinistre par lesquelles nos chroniqueurs essayent de traduire le sentiment public ; les mots implacables et sanglants partent de leur plume dès qu'ils touchent à la cour, à la noblesse, à « l'ulcère » et à la corruption du règne. « La cour, la cour ! Là est tout le mal. La cour est le tombeau de la nation, sérail, cabales, intrigues où se joue le sort de la France. *O poveretta Francia !* Tout est pillé par les

---

[1] D'Argenson, t. VI, 330, 473 ; t. VII, 2, 19, 50, 168, 276 ; t. VIII, 79. — Barbier, t. VI, 416. — Luynes, t. X, 99, 416 : t. XII, 462 ; t. XIII, 478, 443 (1752-1756).

grands et la noblesse ; la noblesse est la rouille du gouvernement... Un vent de folie, de prodigalité, d'impôts, de ruine et de révolte souffle partout en France, et nos ennemis en profiteront bientôt [1]. »

C'est sans doute aux clartés de pareils avertissements que d'Argenson, dont nous connaissons l'extraordinaire sagacité, écrivait quarante ans avant 1789 une prophétie de la Révolution qui veut être citée, même après tant d'autres passages expressifs, comme le couronnement le plus vrai et le plus éloquent de ce chapitre : « Il nous souffle un vent philosophique de gouvernement libre et antimonarchique ; cela passe dans les esprits, et il peut se faire que ce gouvernement soit déjà dans les têtes pour l'exécuter à la première occasion. Peut-être la révolution se fera-t-elle avec moins de contestation qu'on ne pense, cela se ferait par acclamation (la nuit du 4 août !)... Tous les ordres sont mécontents à la fois ; toutes les matières sont combustibles, une émeute peut faire passer à la révolte, et la révolte à une totale révolution où l'on élirait de véritables tribuns du peuple, des comices, des communes, et où le roi et les ministres seraient privés de leur excessif pouvoir de nuire. Le gouvernement monarchique absolu est excellent sous un bon roi ;

---

[1] D'Argenson, t. VI, 124, 321 ; t. VII, 46, 67, 90, 144, 153, 211, 267, 297, 322, 391, 398 (1751-1753).

mais qui nous garantira que nous aurons toujours des Henri IV ? L'expérience et la nature nous prouvent au contraire que nous aurons dix méchants rois contre un bon... Et qu'on ne dise pas qu'il n'y a plus d'hommes pour accomplir ces grands changements ! Toute la nation prendrait feu, et s'il en résultait la nécessité d'assembler les États généraux du royaume, ces États ne s'assembleraient pas en vain ; qu'on y prenne garde ! Il seraient fort sérieux : *quod Deus avertat !* La statue est dans le bloc de marbre, les plus petits compagnons y deviendraient bons [1]. » D'Argenson ne se trompait guère que sur un point ; il croyait évidemment la révolution plus proche qu'elle ne l'était en effet : c'est le don et en même temps l'erreur des vues trop fortes de supprimer la distance.

Au milieu de ces troubles, sur les degrés d'un trône ébranlé, naissaient alors trois princes destinés, comme les rois tragiques, à disputer leur vie et leur couronne aux émeutes, à l'exil, à l'échafaud. Nos chroniqueurs remarquent, en inscrivant leur

---

[1] T. VI, 320, 465 ; t. VII, 23. — A propos de l'Angleterre, dont le marquis d'Argenson a signalé plus haut l'influence, remarquons qu'à cette époque on connaissait beaucoup plus ses écrivains que les usages de son Parlement. Le comte de Gisors, voyageant en Angleterre en 1754, croyait que le Parlement anglais ressemblait à celui de Paris, et il avoue son erreur. Diderot, en 1760, étant au Grandval, chez le baron d'Holbach, et causant avec le P. Hoop sur la politique, fait cent questions à celui-ci sur le Parlement anglais. Ces questions, l'étonnement avec lequel il décrit dans ses lettres les tribunes, les sténographes et tout l'appareil parlementaire, prouve combien peu il était au courant des usages anglais. » (*Le Comte de Gisors* ; par M. C. Rousset, 1868. — *Correspondance de Diderot*, t. I, 4.44.)

naissance, avec quelle froideur hostile, contrairement à l'esprit de l'ancien peuple français, elle fut accueillie : mais nul ne pouvait supposer, au début des orages qui devaient agiter ces royales existences, jusqu'à quel point les présages funestes seraient confirmés, et les plus noires imaginations restaient assurément beaucoup au-dessous des tristes réalités que l'avenir tenait en réserve.

p.294 La nation, cependant, riche et industrieuse sous un gouvernement obéré, aussi forte que le pouvoir était affaibli, déployait en tous sens l'ambition du mieux et cette ardeur de progrès qui la tourmentait en politique. A cette même époque se rapportent, disent les Mémoires, certains changements introduits dans les mœurs publiques et comme un renouvellement de la face visible de notre moderne civilisation. L'abondance générale, en élevant les conditions, mêlait de plus en plus les rangs ; une brillante égalité, créée par le plaisir, soutenue par l'esprit, mettait de pair l'écrivain et le financier, le bourgeois et le gentilhomme. Paris s'embellissait ; les prestiges d'un art nouveau effaçaient le caractère de grandeur sévère que lui avait imprimé la magnificence du XVIIe siècle ; une élégance agréable et commode commençait à s'étaler sur le fond encore subsistant de la vieille cité du moyen âge ; l'étranger et la province affluaient ; les boulevards intérieurs, déjà pleins de bruit et d'éclat, donnaient le spectacle d'un caravansérail ouvert au monde entier.

Le monde équivoque, ce qu'on appelle aujourd'hui le demi-monde, sortant de la bassesse où l'avait confiné longtemps le mépris public, rivalisait de faste impudent et de luxe corrupteur avec la plus fière aristocratie ; cordons bleus et femmes de qualité applaudissaient à cette splendeur de la débauche qui n'avait jamais été portée si loin, et lui enviaient ces progrès [1]. Paris, en un mot, se transformait, comme l'esprit français lui-même. Foyer agrandi des arts, des idées et des talents, arbitre suprême du goût, promoteur des réputations, centre européen des influences irrésistibles, vraie capitale de ce pouvoir nouveau, la mode et l'opinion, il régnait sur la France, sur la civilisation même, il éclipsait Versailles, il devenait le Versailles de la nation.

C'est donc, en résumé, l'un des plus curieux moments de l'histoire du XVIIIe siècle, que cet intervalle de près de dix années, placé entre deux grandes guerres, et sur lequel nous avons cru devoir insister. C'est le point où se forment les entraînements de passions et de doctrines qui emportent la France dans la voie hardie qu'elle n'a cessé de tenir depuis lors, avec gloire et non sans péril. De là part et s'élance, selon l'expression de Diderot, le char enflammé des idées modernes, destiné à faire le tour du monde et à précipiter plus d'une fois ceux qui le conduisent. Les quinze ou vingt années suivantes, jusqu'à la fin du règne, ne

---

[1] Barbier, t. VII, 245, 248. — D'Argenson, t. VII, 82 ; t. VIII, 279.

feront que développer et confirmer les promesses d'un tel commencement.

CHAPITRE V

Un courtisan au XVI‍^e siècle. — Le Dangeau du règne de Louis XV. Mémoires du duc de Luynes (1735-1758). — La reine et ses amis. — La société du dauphin. — Les honnêtes gens à la cour au temps de madame de Pompadour : leurs vertus stériles et leurs regrets impuissants. Importance politique de l'étiquette sous l'ancien régime.

p.296 Pendant qu'à Paris le combat s'engageait avec une croissante animosité entre la couronne et le parlement, entre la philosophie et l'Église, que se passait-il à Versailles ? Quels soucis élevés, quelles graves pensées occupaient les courtisans ? Les Mémoires du duc de Luynes, écrits vers le milieu du siècle, nous l'apprennent ; ils nous permettent de placer en regard de l'agitation passionnée que nous décrivions tout à l'heure, la frivolité cérémonieuse, la discrétion étudiée, la nullité solennelle qui continuaient de régner à la cour et qui plus que jamais étaient l'âme d'une royauté dont la vraie grandeur s'évanouissait. Nous allons entrer, en compagnie du duc de Luynes, dans un monde bien différent de celui où d'Argenson rêvait avec profondeur, et de celui aussi où l'avocat Barbier prenait des notes et rédigeait sa pesante et diffuse chronique [1].

p.297 On ne peut mieux définir le mérite du duc de Luynes et l'utilité de ses Mémoires qu'en disant de lui : c'est le Dangeau du règne de Louis XV. Ce seul mot le peint tout entier. Il est de cette famille de chroniqueurs que l'ombre de leur pensée effraye et qui ont peur d'avoir de l'esprit. Si l'on veut mesurer la distance que met entre les hommes la force du caractère ou de l'imagination, que l'on compare ces dix-sept volumes aux Mémoires de Saint-Simon ! Pendant vingt-trois ans, de 1735 à 1758, le duc de Luynes a tenu registre de ce qui se faisait ou se disait à Versailles, et il a tellement craint le son de sa voix, le bruit de sa plume, que c'est à peine si, dans ce recueil énorme, on rencontre à la dérobée l'indice d'une opinion, l'ébauche timide d'un jugement sur la politique. De quoi donc sont formés ces Mémoires ? De tous les riens importants qui remplissaient l'existence pompeusement vide et l'oisiveté affairée du courtisan. C'est une immensité de détails infiniment petits ; c'est l'histoire du lever et du coucher, la chronique des dîners, des soupers, des présentations et des révérences ; on y voit paraître, dans l'ordre consacré, les voyages, les chasses, les sermons, les messes, les cavagnoles ; tout est noté à son heure, et décrit dans la mesure qui convient. Le duc a le

---

[1] Les Mémoires du duc de Luynes forment dix-sept volumes. Ils ont été publiés de 1860 à 1865 par MM. L. Dussieux et E. Soulié.

génie des bienséances, le culte de l'étiquette, la science de l'à-propos ; dans cet art des arrangements délicats, il déploie une vigilance d'attention, une profondeur de sérieux, une abondance de scrupules qui font de lui un homme unique, un incomparable grand-maître des cérémonies de l'ancien régime.

Veut-on voir, non plus sur la scène, dans la gloire des rôles publics, mais dans l'état simple et l'habitude p.298 ordinaire de chaque jour, ce modèle d'une perfection disparue, dont l'idée nous échappe, le grand seigneur de cour, le talon rouge accompli, jaloux de ses moindres prérogatives, rompu à la pratique des devoirs les plus gênants, possédant à fond la casuistique des usages, docile aux règles les plus compliquées, calculant les gestes à faire, les heures à observer, les paroles à dire, les regards à mesurer, les silences à garder, les saluts à régler, les révérences à cadencer, et, malgré la contrainte permanente et le souci intérieur, conservant l'air aisé, familier avec noblesse, le grand air obséquieux, hautain et caressant, l'air de cour en un mot ; — c'est là, dans ces mémoires aristocratiques, qu'il faut chercher le type d'une race fameuse qui n'est plus qu'un souvenir.

Le duc de Luynes, né en 1695, c'est-à-dire un an après d'Argenson et six ans après Barbier, était de la génération de Voltaire et du brillant maréchal de Richelieu ; il ne ressemblait guère plus au second qu'au premier, et, pour des contemporains, il est impossible d'être aussi peu du même temps. Petit-fils du duc de Chevreuse, par son père, et de Dangeau par sa mère, il semble tenir de l'un un fond de vertu solide, avec cette douceur réservée et ces habitudes mystérieuses qu'entretenaient à la fois les scrupules de la dévotion et la prudence du courtisan ; l'autre, sans doute, lui avait transmis et communiqué le goût de l'observation minutieuse, le respect des apparences, cette manie de compiler et de rédiger à huis clos qui fait les chroniqueurs. On dirait des vocations d'annalistes et d'érudits, des esprits de bénédictins égarés à la cour et tournés aux choses du cérémonial et de l'étiquette. Élevé par le duc ~p.299~ de Chevreuse, qui mit sur lui comme une empreinte de distinction accomplie et de politesse savante, il parut devant Louis XIV dans les cinq dernières années du règne : « J'eus l'honneur, dit-il, de faire pendant cinq ans ma cour au feu roi. » Les exemples du pieux duc le préservèrent de la contagion de la régence et de tous les entraînements du siècle nouveau. Il y avait, entre l'esprit du règne qui s'achevait alors et les instincts les plus profonds de son âme honnête et timorée, une secrète harmonie qui résista aux séductions dont la France presque entière subissait l'empire ; dès sa jeunesse, comme dirait Saint-Simon, il était « tout vieille cour, » et il demeura tel jusqu'à la fin, gardant fidèlement les traditions de 1710 dans la cour dissolue de Louis XV, au milieu des adorateurs de madame de Pompadour et des lecteurs de l'*Encyclopédie*. Le duc de Luynes, au XVIIIe siècle, ne sera pas un opposant, mais bien plutôt un étranger, un survivant de l'époque où madame de Maintenon présidait, né pour être le courtisan d'un règne dont le duc de Bourgogne emporta l'espérance.

On l'avait marié à quinze ans avec une femme « belle et vertueuse » qui eut en dot 80 000 livres de rente, autant en héritage un an après ; il la perdit presque subitement en 1720, et épousa en 1733 la veuve du marquis de Charost, la fille du président Brulart, tante de madame du Deffant. Il avait trente-sept ans, elle en avait quarante-huit [1].

Sa vie publique est fort courte. Elle se réduit à une campagne de quelques mois, en 1719, sur les frontières p.300 d'Espagne, où il commandait un régiment de cavalerie. En 1723, il prit rang comme duc et pair ; en 1732 il céda son régiment à son fils, le duc de Chevreuse ; nommé en 1748 chevalier des ordres du roi, il obtint en 1754 les grandes entrées. Ses désirs étaient comblés, sa carrière d'exploits et d'honneurs était remplie. Et si nous ajoutons qu'en cette même année 1748 il avait reçu à son château de Dampierre la visite du roi, marque de faveur très particulière qu'il n'a garde d'oublier dans son Journal, nous aurons épuisé le sujet. L'éducation qu'on lui avait donnée, et, pour ainsi dire, l'air qu'on respirait dans la pieuse maison des Luynes et des Chevreuse, développait admirablement les vertus de la vie privée, les mérites de la vie chrétienne mais cet esprit de règle et de

---

[1] Sur ce second mariage on lit une curieuse anecdote dans la Chronique de 1732-1733, publiée par la *Revue rétrospective,* 2ᵉ série, t. V, 38.

scrupule à outrance, ce zèle de la perfection intérieure tournait au préjudice des fortes qualités qui font les grands hommes et les citoyens utiles au pays. S'il en faut juger par les Mémoires, le duc de Luynes avait une intelligence facile et prompte, un bon sens clairvoyant, sans véritable élévation. C'est une sagacité amie des petites choses, qui s'exerce dans les détails, qui y trouve sa joie et son triomphe, — une sorte de finesse particulière aux esprits médiocres. Natures estimables, heureusement tempérées, défendues de tout excès fâcheux, mais où l'on cherche en vain la source des sentiments magnanimes et l'ambition de la grandeur. Rentré parmi les siens, vivant en lui-même, il s'occupa d'études variées, s'appliquant surtout aux pratiques de dévotion [1] ; il lut avec goût les Mémoires du siècle p.301 précédent, commenta le journal de Dangeau, où il prit l'idée de le continuer. En 1735, madame de Luynes ayant été nommée dame d'honneur de la reine, il la suivit à la cour, et se trouva désormais placé à un excellent point de vue d'observation, qui n'était plus le seul, ni même le plus important, comme au temps de Dangeau et de Saint-Simon, mais qui convenait merveilleusement aux

---

[1] Saint-Simon lui écrivait en 1734 : « Je vous félicite sur l'énormité des maigres, l'effrénement des fêtes et la masse accablante que cela forme. Je vous y souhaite un estomac. Vous êtes, mon cher duc, trop détaché et trop rasé (retiré) les soirs pour oser vous souhaiter autre chose. » — Il y a dans l'esprit du duc de Luynes quelque chose d'exténué et de « rasé » qui se sent de cette vie monacale.

dispositions intimes de l'observateur. Que restait-il à Versailles, surtout après la mort du cardinal de Fleury, sinon de pompeuses apparences et un simulacre de grandeur ? Dans ce désert d'hommes, pour quiconque répugnait au spectacle de l'intrigue, il n'y avait plus à observer qu'un déploiement de rôles brillants et de vains dehors, une représentation théâtrale de la royauté. Le duc reconnut bien vite son véritable champ d'étude et d'analyse ; l'espèce de génie qui était en lui s'éveilla en présence de ces frivolités solennelles ; il s'attacha à décrire le jeu concerté des personnages de cour et cette mécanique savante dont l'appareil pouvait encore faire illusion.

Madame du Deffant a tracé de la duchesse de Luynes, sa tante, un portrait délicat où l'on entrevoit les désagréments d'une vertu trop raisonnable, dont le plus grand défaut peut être de n'en avoir aucun. Le président Hénault, qui abonde aussi en éloges, semble indiquer une certaine sécheresse de cœur, quelque chose d'ingrat et de triste au fond, qu'on estime et qui séduit peu [1].

Ce qu'il y avait de solide et d'exclusif dans ces qualités gagna au duc et à la duchesse la bienveillance de la reine, humiliée et solitaire. Elle les appelait « ses honnêtes gens, » comme dit madame Campan ; elle les établit dans son amitié et dans sa vie ; la mort seule put rompre des liens formés par une

---

[1] Madame du Deffant, Correspondance inédite (1809), t. II, 192. — Mémoires du président Hénault, t. I, 25.

sympathie naturelle et rendus chaque jour plus étroits par une longue épreuve de confiance réciproque et d'affection. En effet, leur caractère doux, sensé, insinuant, leur parfaite discrétion, ennemie des médisances et des malices de cour, le savoir facile, la mémoire ornée du duc de Luynes agréaient à l'esprit sage, pieux, modéré et mortifié, mais pourtant aimable et fin de Marie Leczinska. Elle porta l'attachement pour eux jusqu'à se rendre presque chaque soir dans leur appartement ; elle y soupait, ou du moins y causait ; elle les visitait dans leurs maladies ; le duc a remarqué qu'en 1747 la reine soupa cent quatre-vingt-dix-huit fois chez lui, sans compter les fréquents séjours qu'elle faisait à Dampierre [1].

On a inséré dans l'édition des Mémoires plusieurs lettres de la reine à ses amis ; elles sont simples, ordinairement très courtes, et d'une familiarité enjouée qui ne manque ni de vivacité ni de piquant. On y sent courir une pointe légère qui s'aiguiserait aisément, si la charité chrétienne ne l'émoussait à dessein. C'est ce que le président Hénault, l'un des intimes de cette petite société, a très finement exprimé en décrivant les réunions qui se tenaient chez la reine ou chez le duc de Luynes : « Les personnes qui ont l'honneur d'y être p.303 admises se réduisent à cinq ou six au plus,.. les conversations, d'où la médisance est bannie et où il n'est jamais question des intrigues de la cour, encore moins de la

---

[1] *Mémoires de Luynes,* t. VII, 189 ; t. VI, 31, 463 ; t. IX, 173 ; t. XI, 494.

politique, sont cependant on ne peut plus gaies. La reine rit volontiers ; personne n'entend si bien la plaisanterie ; son ironie est douce ; personne ne sent si vivement les ridicules, et bien en prend, à ceux qui en ont, que la charité la retienne ; ils ne s'en relèveraient pas... Elle est sur la religion d'une sévérité très importante dans le siècle où nous sommes ; elle pardonne tout, elle excuse tout, hors ce qui pourrait y donner quelque atteinte [1]. » Les surnoms familiers qui avaient cours parmi les habitués du cercle de la reine témoignent de la simplicité affectueuse, on pourrait dire de la bonhomie aimable, presque inattendue pour nous en pareil lieu, qui donnait le ton à ces conversations. Madame de Villars s'y appelait *Papète*, la duchesse de Luynes, *la Poule* ; le comte d'Argenson n'y était connu que sous le nom de *Cadet*. [2] Le teint des joues de Moncrif était le

---

[1] Mémoires du président Hénault, 217-218. — Luynes, t. XVI, 109, 420, 424.

[2] Nous trouvons dans les *Mémoires d'Argenson* (édit. Janet, 1857) quelques extraits des lettres de Marie Leczinska adressées à « Cadet » :

« Rien n'est si aimable que *Cadet*. C'est sa faute quand il ne l'est pas... Adieu, *Cadet*. Je finis, car j'ai beaucoup à écrire... Si l'on mettait les saints dans le calendrier de leur vivant, je serais ravie d'y voir *saint Cadet*... Faites-moi donc le plaisir, *beau Cadet*, de m'écrire des bulletins qui ressemblent plus à une lettre... Je n'ai pas reçu encore un mot de vous depuis Fribourg ; je me fâcherai tout de bon jusqu'à donner mauvais visage à Moncrif... Adieu, *Moncrif* a très bon visage... » — Ces billets sont de 1744 et 1745 (t. IV, 392, 404). — Voici un autre exemple qui prouve que le langage de la cour n'était pas toujours celui de l'étiquette : « Il fut question, il y a quelque temps, des physionomies chez le roi. L'on fut longtemps à trouver la ressemblance du roi. Madame de Lauraguais nomma le cheval ; pour M. d'Argenson (Cadet), un veau qui tète ; M. de Saint-Florentin, un cochon de lait ; M. le contrôleur général, un hérisson ; M. de Maurepas, un chat qui file ; M. le cardinal de Tencin,

sujet d'une invariable plaisanterie. « Moncrif a bon teint » signifiait dans la bouche de la reine « je suis contente, tout va bien¹. » Voici mes soirées, écrit la reine à la duchesse de Luynes : je vais chez Papète, et quand elle a mal à la tête je joue un triste piquet... Etre vis-à-vis madame de Luynes, dans le délicieux fauteuil, occupée de vous (elle écrit au duc), il est impossible de ne vous le pas dire. Je m'en vais boire à votre santé.... Enfin, pour mieux exprimer ce que je sens, ce qui n'est qu'une chimère dans l'opéra est une réalité pour moi, c'est que l'univers sans mes amis est un désert pour moi. » Un jour, qu'elle s'était rendue malade : « J'avais mérité tout cela ; mais que faire quand on s'ennuie ? Il faut bien se donner des indigestions ; cela fait toujours de l'occupation². » Le nom du président Hénault revient souvent dans la correspondance de la reine avec le duc et la duchesse. Ce Philinte d'excellente compagnie s'était mis sur un fort bon pied auprès de Marie Leczinska, grâce à la douceur de son commerce, à son esprit orné et plein d'agrément. Elle l'appelait Ovide, par allusion à la facilité de son humeur et à la galanterie qu'il avait naturellement dans l'esprit. « Vous avez le président à présent, écrivait-elle au duc en 1748, j'en suis ravie, car la solitude à la

---

une autruche ; M. Amelot, un barbet ; M. le cardinal de Rohan, une poule qui couve ; M. le duc de Gesvres, une chèvre, etc. » (Chronique de 1742, *Revue rétrospective,* 2ᵉ série, t. V, 271.)

¹ Luynes, t. IX, 186.
² Luynes, t. I, 39, 42 ; t. IX, 222, 246.

campagne donne des vapeurs et notre président vaut mieux tout seul que si la maison était remplie. » Et comme le roi avait visité Dampierre où était alors le président : « A l'égard du pauvre Ovide, je crois que la présence de César l'a ~p.305~ pétrifié, puisque vous ne m'en dites rien [1]. » Cette auguste familiarité exerça sur le président un charme irrésistible ; il se convertit et abjura, avec ses anciennes erreurs, ses amitiés philosophiques ; il ne fut plus seulement fameux « par ses soupers et par sa chronologie », comme avait dit Voltaire, il le devint aussi par son retour aux bons principes. Il sut se ranger à propos, en homme bien élevé et dont l'unique étude est de plaire : la conversion de Philinte ne pouvait être qu'un miracle du savoir-vivre [2].

La société du duc et de la duchesse de Luynes rayonnait au delà du cercle un peu étroit de ces illustres amitiés ; leur maison, dit ce même président, « était le rendez-vous de tout ce qu'il y avait de grande et de meilleure compagnie. » On y voyait, parmi les personnages de marque, le cardinal de Rohan, l'évêque de Blois, Caumartin, M. et madame de Sully, le cardinal de Polignac, madame d'Uzès, l'abbé de Bussi, évêque de Luçon. N'oublions pas non plus Saint-Simon, dont les rapports avec le duc remontaient aux premières années du siècle et à la petite cour du

---

[1] Luynes, t. I, 35, 36 ; t. VIII, 384 ; t. IX, 212 ; t. X, 153, 154.
[2] Luynes, t. XI, 386 ; t. V, 444. — *Mémoires du président Hénault,* p. 187, 189, 190, 217-220.

duc de Bourgogne. Il est fait quelquefois mention de lui dans les Mémoires et l'on y trouve quelques lettres de sa main : « M. de Saint-Simon est l'homme du monde le plus incapable d'entendre les affaires d'intérêt, quoique cependant il soit extrêmement instruit sur toutes autres matières ; il a beaucoup d'esprit et est très bon ami ; mais comme c'est un caractère vif, impétueux et même excessif, il est aussi excessif dans son amitié. » Notons _{p.306} ce trait : « Il est extrêmement énergique dans ses expressions ; il est sujet à prévention [1]. » Le duc de Luynes, comme on le voit, connaissait bien son ami, et il n'est pas surprenant que l'esprit de Saint-Simon lui ait fait peur.

Dans le tableau si varié de la cour sous Louis XV, où l'harmonie extérieure maintenue par l'étiquette couvrait des divisions profondes, nous apercevons, à côté du monde particulier de la reine, un groupe plus jeune et moins réservé, mais attaché aux mêmes principes, nourri dans les mêmes sentiments, avec cette différence qu'il représentait l'espoir des idées dont la reine figurait la défaite et la résignation. C'était la société du dauphin et de Mesdames de France, fort animée contre l'influence des cabinets du roi, contre l'ascendant des favorites, hostile aux nouveautés philosophiques qui triomphaient à Paris et s'insinuaient même à Versailles, amie du clergé auquel, à défaut d'un appui présent et efficace, elle

---

[1] T. III, 137 ; t IV, 445 ; t. XIV, 146, 147.

semblait promettre l'avenir. De la société de la reine à celle de ses enfants l'accès était facile et de plain-pied pour un homme du caractère de notre duc ; son frère, d'ailleurs, le cardinal de Luynes, était entré fort avant dans la confiance du dauphin. Ce prince en mourant voulut être enterré à Sens, dont le cardinal était archevêque, et celui-ci se constitua le fidèle gardien de son tombeau.

Lorsqu'on a franchi le milieu du siècle et quitté cette première moitié si rapprochée de l'ancienne France par la date comme par l'esprit, la société des amis de la reine en peu d'années s'éclaircit et s'éteint. Le duc de p.307 Luynes meurt en 1758, âgé de 63 ans ; la duchesse le suit en 1763, elle avait 79 ans ; la reine, qui était née en 1703, meurt en 1768. Le dauphin était mort en 1765, le roi Stanislas en 1766. Le président atteignit 1770 et le cardinal disparut le dernier, mais encore à temps, en 1788, à la veille des orages, quand les éclats précurseurs commençaient à gronder, et sur le seuil menaçant d'un monde nouveau dont la confuse perspective effrayait les plus hardis. Qu'auraient-ils fait, ou plutôt qu'auraient-ils pensé, dans leur inaction chagrine, en voyant de jour en jour la victoire se déclarer contre leurs affections, leurs croyances et leurs privilèges, ces honnêtes mais trop timides partisans de l'ordre ancien, qui n'apportaient à ce qu'ils aimaient d'autre renfort et d'autre lustre que l'inutilité de leurs vertus ? Ils sont morts à l'heure opportune ces solitaires, à demi disgraciés, d'une cour pleine de scandales, spectateurs attristés et impuissants de hontes qu'ils condamnaient et d'une agitation qu'ils détestaient ; ils ont entrevu pourtant la Révolution à travers l'inquiétude de leurs pressentiments, qui paraissent en plus d'un endroit à la fin des Mémoires.

Il est facile de conjecturer, d'après ce qui précède, quels peuvent être les caractères dominants de ces Mémoires écrits sous l'influence des opinions accréditées dans la société de la reine Marie Leczinska et de ses amis : mais il faut des exemples précis et nombreux pour nous aider à comprendre jusqu'à quel point les détails dont ils sont remplis, la pensée qui les inspire, semblent, à des lecteurs du XIXe siècle, étranges et surannés. Ces dix-sept volumes ont le malheur de n'être plus aujourd'hui qu'une sorte de curiosité archéologique, étalant les p.308 débris d'un monde tellement effacé et aboli que les plus savants d'entre nous ont peine à en ressaisir l'idée. Rien de ce qui pouvait leur donner de l'importance n'est resté debout ; les événements ont trompé la plus chère espérance de l'auteur et ruiné son dessein. Que voulait, en effet, le duc de Luynes ? Recueillir des indications pour l'histoire de son temps ? Oui, dans une certaine mesure. Mais son principal objet, son ambition véritable était de laisser un monument, ou, si l'on aime mieux, un code des lois et des usages de la vie de cour, un recueil de précédents faisant autorité. Se pouvait-il douter que la cour, les courtisans, le trône, le monarque, cet ensemble imposant de splendeurs et d'élégances dont il décrit si exactement les ressorts cachés, étaient à la veille de disparaître ? Est-ce sa faute si, en moins d'un demi-siècle, la postérité la plus prochaine n'a plus accueilli qu'avec un étonnement mêlé de dédain la science délicate des bienséances solennelles où il était passé maître et docteur ? Les anecdotes qu'il a semées dans ses dissertations, les faits historiques qu'il a notés, tout cela pour lui n'était qu'un accessoire, et ce qui le prouve bien, c'est que de son vivant il prêtait ses Mémoires aux courtisans dans l'embarras. Par un raffinement de prudence et de discrétion, il avait pris soin d'en écrire une copie séparée sous le titre d'*Extraordinaire* ; il y insérait ses réflexions personnelles sur les hommes et sur les choses, et la gardait pour lui seul [1].

Suivons le duc à Versailles, entrons avec lui dans ce labyrinthe de formalités et d'usages qu'on appelait l'étiquette ; les plus expérimentés s'y égaraient, mais notre guide incomparable en connaît les moindres détours. Donnons-nous le spectacle de la gêne pompeuse qui, faisant de la vie de cour un art très compliqué, élevait pour ainsi dire une barrière entre le trône et

---

[1] Ce Supplément, ou *Petit Journal,* commence à l'année 1747. Toutes les années ne sont pas rédigées sous cette double forme. — Outre ses Mémoires, le duc avait composé un Journal historique très abrégé, de 1715 à 1757, pour faire suite à la Chronologie du président Hénault. La partie la plus curieuse de ce Journal est celle qui va de 1715 à 1735 ; elle sera, dit-on, publiée. — *Mémoires du président Hénault,* p. 193.

le reste du monde. Dans les idées de l'ancienne France, elle était pour la majesté royale tout à la fois un ornement et un rempart. Que faut-il donc entendre précisément par l'étiquette ?

L'œil le moins exercé y découvre sans peine deux parties principales, l'une toute d'apparence, l'autre plus cachée et vraiment épineuse. Il y a d'abord le détail descriptif des cérémonies, depuis la réception des ambassadeurs jusqu'à la présentation de la chemise au lever du roi. Mais ce n'est là, on le comprend bien, que le côté visible et familier à tous, et, si je puis dire, la partie exotérique de la doctrine. Le moindre courtisan, s'il a respiré pendant un an l'air de Versailles, en sait long sur tous ces points ; il peut narrer, avec la fécondité d'un Scudéry, ce qu'il a cent fois regardé ou pratiqué lui-même. Le difficile, le fin du fin, c'est de connaître la loi qui règle les mouvements, qui ajuste les pièces et maintient l'harmonie de l'ensemble : juger le dehors n'est rien, il faut, comme en toute matière profonde, savoir le comment et le pourquoi, et, selon le mot des philosophes, surprendre la cause sous le phénomène. Mettre en branle cette vivante machine de Marly, qui s'appelait la cour, n'était pas, qu'on le croie bien, une petite affaire : l'acte le plus simple d'une personne royale, le plus vulgaire incident d'une existence auguste exigeait un p.310 concours de figurants presque aussi savamment dressés qu'un chœur d'opéra. La seule maison civile du roi comptait, dit M. Raudot, quatorze cents officiers, et celle de la reine en comptait quatre cent cinquante [1], tous possesseurs de charges, fastueuses ou ridicules, achetées à haut prix, tous enflés de l'honneur de vivre à la cour, et d'autant plus jaloux de leur prérogative et du bout de rôle qui leur était assigné, qu'ils sentaient mieux combien l'importance personnelle de chacun des acteurs s'évanouissait dans la grandeur du spectacle. De là, des empiétements fréquents, une éternelle dispute sur la borne précise qui séparait les droits limitrophes ; de là un froissement de vanités furieuses, une âpre émulation de tous ces inutiles à se tirer de leur pompeux néant, à courir après un air d'importance et un semblant d'utilité, à se donner à eux-mêmes l'illusion flatteuse d'être ou de paraître quelque chose. Un mot, dans la langue du pays, exprimait ce conflit habituel de prétentions, ces misères de la domesticité royale : on appelait cela des *difficultés*. La science de l'étiquette avait donc pour objet principal de débrouiller cet enchevêtrement de fonctions parasites, de statuer au contentieux sur ces grandes affaires de l'amour-propre, et d'interposer l'autorité de la tradition dans une matière à procès où l'humeur des *comtesses de Pimbesche* pouvait si aisément se donner carrière. Or, cette science, notre duc la possède dans sa plénitude, et il l'applique avec un discernement qui n'est jamais en défaut. Au moindre cas douteux il accourt, arbitre infaillible,

---

[1] Raudot, *La France avant* 1789, p. 18. — Chéruel, *Dictionnaire des institutions,* etc., t. II, 714.

docteur en cette casuistique de cour, muni d'une sentence fondée sur d'irrécusables p.311 précédents. L'érudition des Chevreuse et des Dangeau abonde et surabonde en lui ; elle fait son étude, sa joie et son orgueil ; dès qu'un incident la sollicite, elle déborde, et l'on dirait que l'âme et la pensée du narrateur nagent avec délices dans ce flot de détails, au sein de ces richesses descriptives qui coulent d'une source intarissable. Il se fait à lui-même, et pour sa propre satisfaction, des récits officiels de toutes les cérémonies qu'il a vues, comme pour se prendre à témoin des fautes commises ou des règles observées ; ou comme s'il voulait se donner le spectacle et faire à huis clos le dénombrement des trésors de son savoir admirable. Non content d'énumérer les circonstances, de relater ce qui s'est accompli, il va plus loin, il songe à ce qui aurait pu être ; il combine des plans, il imagine des programmes ; il dit pourquoi telle circonstance venant à changer, la face de la scène changerait aussitôt, et les mêmes ressorts, sous une autre impulsion, joueraient différemment.

Tenez-vous à savoir de quelle façon on recevait chez le roi un ambassadeur ou une ambassadrice, par quelle série de saluts et de révérences la cérémonie devait passer et se développer ? comment, dans l'échiquier des allées et des venues, chaque pièce avait son rang, son moment et son mouvement déterminés ? Le duc vous l'expliquera [1]. Voici qu'une indisposition subite oblige le roi à coucher dans son cabinet au lieu de coucher dans sa chambre ; Sa Majesté demande un bouillon : croyez-vous que « le service du bouillon » soit le même dans le cabinet que dans la chambre ? Consultez le duc, il dissipera votre erreur [2]. La reine va communier ; quoi de plus simple, direz-vous, et qui se dispense plus aisément de l'étiquette ! Encore une fois éclairez votre ignorance ; il y a là une symétrie de tabourets, de carreaux et de tapis à observer ; il y a des rangs à distribuer, des prétentions à concilier entre les assistants titrés qui ont le droit de tenir les

---

[1] « Madame de Luynes a fait une révérence à la reine et ensuite aux dames du cercle, et est allée recevoir madame Zéno (femme de l'ambassadeur de Venise) hors de la porte de la chambre de la reine. Elles se sont saluées, complimentées et baisées. Elles sont ensuite entrées chez la reine, madame de Luynes marchant devant et à droite, madame l'ambassadrice ensuite, et après elle M. de Sainctot (l'introducteur). Madame de Luynes se rangeant, madame Zéno a fait en entrant une révérence à la reine, une seconde au milieu de la chambre, une troisième auprès de la reine, a baisé le bas de la robe de S. M., et lui a fait une quatrième révérence et un compliment fort court... Quelques minutes après, le roi est arrivé par un salon qui sert de cabinet à la reine. Madame Zéno s'est levée ainsi que toutes les dames. Elle a fait deux ou trois révérences pendant lesquelles le roi s'est avancé après l'avoir saluée en entrant, l'a baisée d'un côté seulement... Madame Zéno a fait une autre révérence. Le roi est retourné chez lui par le même chemin. Madame l'ambassadrice a fait les trois mêmes révérences qu'en entrant, excepté qu'après la deuxième elle en a fait une aux dames, ensuite la troisième à la porte, etc. » (T. I, 55.)

[2] « Le soir, à sept heures, S. M. a mangé une croûte dans du bouillon dans ledit cabinet. Tout s'est passé comme s'il eût mangé dans sa chambre, excepté que, lorsque c'est dans sa chambre, tout le monde entre en même temps que la table, et qu'aujourd'hui il n'y a eu que *les entrées* qui sont entrées avec la table ; ensuite on a fermé la porte ; un moment après on l'a ouverte, et tout le monde est entré. » (T. I, 431.)

quatre coins de la nappe [1]. De même pour les vêpres du roi ; elles ne se chantent pas sans règle et au hasard ; l'office divin a ses variantes prévues : « Quand le roi entend les vêpres en haut, on chante l'office en bas, et il est en bas quand on chante l'office en haut [2]. » Il faut habiter la cour pour connaître, comme dit Boileau, la valeur des mots, pour sentir, comme dit La Bruyère, la nuance qui distingue les prétendus synonymes. Un courtisan ne confondra jamais le « grand pot royal » et le « petit pot royal », et ce n'est point notre duc qui, dans ses récits de gala, p.313 écrira sans différence, « festin royal » et « banquet royal » : une telle impropriété d'expression serait une faute énorme qu'il ne peut commettre [3]. Quels sont les voyages où l'on sert le roi et la reine «, en vaisselle de vermeille, et les dames avec des assiettes plates ? » Quels sont ceux où le roi et la reine sont servis « en vaisselle d'or, les princesses avec des assiettes de vermeil contournées, et les dames avec des assiettes de vermeil ovées ? » Grande question, et qu'il faut résoudre si l'on veut être des Marly, des Compiègne et des Fontainebleau [4]. Le duc n'a pas assez vécu pour être témoin

---

[1] T. II, 89 ; t. III, 176.

[2] T. II, 164.

[3] « Le mardi, le roi n'alla point à la chasse, et il y eut ce qu'on appelle le *pot royal,* mais seulement le *petit pot royal...* C'est un déjeuner que l'on met sur plusieurs tables de quadrille et de piquet, qui se prolonge quelquefois trois et quatre heures. Lorsque c'est le *grand pot royal,* il n'y a point de liste, etc. » (T. II, 177 ; t. III, 8.)

[4] T. III, 139.

du scandaleux oubli de l'étiquette qui a signalé le règne de Louis XVI et préludé à la Révolution ; mais il observait avec douleur, dès le milieu du siècle, l'affaiblissement des usages les plus respectables : « les révérences, » en particulier, perdaient chaque jour de leur grâce imposante et de leur sérieux profond. Il le déplore, et oppose à la simplicité expéditive des jeunes courtisans les manières solennelles de l'ancienne cour : « Il y a encore un usage de respect qui paraît s'oublier tous les jours ; c'est les révérences des hommes au roi et à la reine, aux arrivées, départs et remercîments. Ces révérences se faisaient par une inclination profonde en portant la main jusqu'à terre. Quelques anciens courtisans la pratiquent encore ;... c'était aussi une marque de respect que les révérences que les dames faisaient au lit du roi en passant par sa chambre à coucher [1]. »

p.314 Où le duc est incomparable, c'est dans la solution des difficultés et l'apaisement des conflits. Nul cas ne l'embarrasse, il possède à fond la loi, il est muni d'autorités et de précédents, il a réponse à tout. Il prononce en dernier ressort. Voici, par exemple, la brigade des aumôniers du roi, le grand aumônier, le premier aumônier, les aumôniers de quartier : qui a le droit de dire le *benedicite* et les *grâces* ? Qui recevra ou rendra le chapeau du roi ? Souvent il arrive qu'ils disent tous à la fois et tout haut les mêmes prières, chacun voulant sauvegarder son droit. Notre duc connaît

---

[1] T. II, 290.

mieux qu'eux-mêmes les attributions et les limites de leurs charges. C'est lui qui pèse dans ses balances les prétentions opposées, avec un scrupule délicat et la plus minutieuse érudition. Pareil débat s'élève entre les officiers de la bouche : Est-ce le sous-gouverneur qui donnera à boire à Mgr le dauphin ? Ne serait-ce pas plutôt le droit des officiers du gobelet ? Non, répond le duc ; les apparences sont ici trompeuses ; le « gobelet » a été condamné récemment dans ses prétentions [1]. L'ordinaire inconvénient de ces disputes entre des officiers trop zélés est de laisser en souffrance l'office disputé ; pour avoir trop de serviteurs, le roi n'est plus du tout servi. Témoin la querelle des valets de chambre tapissiers et des gens du garde-meuble : le lit, les siéges et les canapés de l'appartement royal restent couverts de poussière, sous prétexte que la charge de les épousseter est contestée aux valets par le garde-meuble et au garde-meuble par les valets. Affaire grave et litigieuse entre toutes que celle des « entrées ! » Mais qu'est-ce donc que les entrées ? Prêtons l'oreille au duc, car il s'agit de la plus haute ambition du courtisan, les « entrées » n'étant rien moins que les marques publiques et les degrés visibles de la faveur [2].

---

[1] T. I, 125, 106, 303.

[2] « Les entrées chez le roi sont les familières, les grandes entrées, les premières entrées et les entrées de la chambre. Les entrées familières sont dans le moment que le roi est éveillé et lorsqu'il est encore dans son lit... Les grandes entrées, qui sont celles des premiers gentilshommes de la chambre, sont lorsque le roi vient de se lever. Les premières entrées

Le duc n'est pas seulement d'une précision lumineuse sur les cas obscurs et les questions débattues ; il embrasse dans sa compétence le formulaire des usages royaux et la diplomatie des bienséances officielles. Il nous dira dans quelle occasion le roi, en écrivant, termine par *sa sainte et digne garde,* ou simplement par *sa sainte garde* : « Il n'y a que ceux que le roi traite de cousin à qui il ajoute le mot *digne* ; pour les autres il n'y a que *sa sainte garde* [1]. » Les Mémoires abondent en remarques de cette finesse.

Il faut noter aussi, comme un élément essentiel du recueil, les mille incidents de l'existence royale qui faisaient l'entretien et toute la politique du courtisan, les fugitifs indices d'augustes amours, tout ce qui transpirait de l'histoire intime des petits cabinets, tout ce qui exerçait la sagacité des habiles et précipitait les révolutions de la faveur ou de la disgrâce. Quel visage le roi a-t-il fait à la maîtresse en titre ? Le crédit de madame de Mailly ou de madame de Châteauroux est-il baissé ? Un astre nouveau commence-t-il à poindre à l'horizon ? Ces précieux secrets que le courtisan cherchait à lire dans les regards du prince ou demandait à des confidences subalternes, le duc est fort loin de les dédaigner. Il étudie avec un soin vigilant le ciel de Versailles ; mais ce qui le distingue de la plupart des observateurs

---

sont lorsqu'il est levé et qu'il a sa robe de chambre. L'entrée de la chambre est lorsque le roi est dans son fauteuil vis-à-vis de sa toilette, et ensuite entrent les courtisans. » (T. I, 262.)

[1] T.III, 313.

contemporains, c'est qu'il y portait une curiosité désintéressée ; il n'avait point à craindre d'orages ni d'écueils pour sa tranquille fortune, et s'il épie le soleil levant, il ne s'empresse pas d'y courir : « On s'aperçoit depuis huit ou dix jours, *et plus particulièrement depuis deux ou trois,* que le roi ne pense plus de la même façon pour madame de Mailly, et que ce changement vient d'un goût nouveau et paraît très décidé pour madame de La Tournelle. Cependant les dîners et les soupers continuent comme à l'ordinaire, mais fort tristement, et il y a eu beaucoup de larmes répandues par madame de Mailly [1]. » Cette observation est du samedi 3 novembre 1742 ; date à remarquer pour les historiens. Voilà, au regard de la postérité, le côté politique et sérieux des Mémoires du duc de Luynes.

Comme Dangeau, il prend un plaisir infini à enregistrer les faits et gestes de la famille royale, sans se demander si ce qui pique sa curiosité complaisante aura le même attrait, vingt ans après, pour des lecteurs plus difficiles : « Il y a quelques jours que M. le dauphin s'est fait peser. Il pesait soixante-dix livres. Le fils de M. le prince de Montauban, qui n'a que quatre ou cinq mois de moins, pesait trente-cinq livres, et M. le duc de Penthièvre, qui a environ quatre ans de plus, ne pèse que cinquante-cinq livres [2]. » Quel prince que Mgr le p.317 dauphin, et de quelle

---

[1] T. IV, 265 ; t. III, 272, 274.

[2] T. I, 68 (1736). — Le dauphin avait sept ans.

magnifique espérance ! Comme il révèle de bonne heure sa supériorité ! Il faut au plus tôt en instruire l'univers. — « Aujourd'hui (année 1746) le roi s'est pesé et madame de Pompadour aussi. Elle ne pèse que cent onze livres ; le roi, qui pesait en 1737 cent soixante-cinq livres, en pèse actuellement cent quatre-vingt-cinq [1] ; M. le dauphin en pesait cent quarante-cinq l'année passée ; il ne s'est pas encore pesé cette année, mais il pèse sûrement bien près de deux cents, si ce n'est pas davantage [2]. » Le prince tenait ses promesses de 1736. Il avait alors dix-sept ans.

Autres détails non moins essentiels : « La reine a pris médecine jeudi par précaution ; le lendemain, la ville envoya un échevin savoir de ses nouvelles ; c'est un usage qui s'observe toujours. » — « La reine s'est baignée avant-hier chez le roi. » — « Le roi a soupé hier au grand couvert. » — « Le roi a donné à la reine pour étrennes une fort belle tabatière. » Telle dame a quêté à telle fête ; tel évêque a officié ; tel prédicateur a fait le sermon, et son compliment était bon ou médiocre. « Le roi a dit un mot à la reine, ce qui a été fort remarqué. » — « La reine s'est fait arracher une dent la nuit du 13 au 14. Hier Caperon vint pour arracher une dent à M. le dauphin, mais ce n'est qu'une dent de lait. » —

---

[1] Le roi avait trente-sept ans.
[2] T. VII, 294.

« Avant-hier, une dent arrachée fut un événement à la cour [1]. » Que ces événements retentissent donc, grâce au chroniqueur, dans la plus lointaine postérité !

S'il décrit une fête, il n'oublie pas de prendre note des billets d'invitation. Voici la copie authentique du billet p.318 qui fut adressé aux courtisans invités à dîner avec le roi à l'hôtel de ville en novembre 1744 : « M. le duc de Fleury (premier gentilhomme de la chambre) a l'honneur de faire dire à M. le duc de Chevreuse qu'il a celui de dîner, demain dimanche 15 novembre, avec le roi à l'Hôtel de ville, à une heure et demie. » — Autre billet invitant les dames de la cour au bal donné par le roi en 1745 : « Madame, M. le duc de Richelieu a reçu ordre du roi de vous avertir de sa part qu'il y aura bal à Versailles mercredi 24 février 1745, à cinq heures du soir. Sa Majesté compte que vous voudrez bien vous y trouver. Les dames qui dansent seront coiffées en grandes boucles [2]. »

S'il est d'un Marly, il nous donne la distribution exacte des appartements du château avec le nom des occupants : il a compté cent cinquante-trois appartements ; on peut être sûr du total ; le duc ne saurait errer en si grave matière. Outre les courtisans logés, il y a ceux qui viennent faire leur cour et qui ne séjournent pas. Ce sont les *polissons*. « L'on n'a refusé aucun de ceux qui ont

---

[1] T. IX, 1 ; t. XV, 242 ; t. II, 85.
[2] T. VI, 302, 149.

demandé permission de venir faire leur cour ici. Il y en a qui couchent au village, d'autres retournent à Paris ou à Versailles ; c'est ce qu'on appelle les *polissons* ou *salonistes*. On comptait, il y a quelques jours, qu'ils étaient plus de cent [1]. » Bien entendu que le duc ne va pas à Marly en « polisson. »

Mais, direz-vous, est-ce là tout ce que renferment ses dix-sept volumes ? Garde-t-il un silence absolu sur les affaires publiques ? La France et l'Europe n'existent p.319 donc pas pour lui ? Reconnaissons qu'on trouve dans ses Mémoires quelques détails, peu importants, mais assez précis, sur le mouvement de nos flottes et de nos armées : il a des correspondants en Allemagne, à Brest, à Toulon ; il tient de bonne source un certain nombre de petits faits qui ne sont pas inutiles à l'historien. On peut s'aider de ses renseignements pour débrouiller des points obscurs et pour fixer exactement la chronologie des opérations militaires. Le duc est de ces hommes qui, en toute rencontre, aiment à savoir et à dire l'heure au juste, et, qui écrivent une montre à la main.

En 1743, il commence à hasarder quelques mots sur l'opposition du Parlement, parce que la reine, malgré sa résignation et sa solitude, s'en préoccupe. Mais les embarras de l'intérieur et les difficultés du dehors obscurcissent à peine de

---

[1] T. VI, 287 ; t. III, 387 (1741). — Voir aussi Barbier, t. IV, 499.

quelques nuages passagers l'humeur légère des courtisans. L'intérêt, pour eux, n'était pas de ce côté-là ; notre duc, l'un des plus sérieux esprits de ce monde frivole, en fait la remarque : « Madame de La Tournelle aura-t-elle quatre chevaux à son carrosse, ou bien en aura-t-elle six ? » Grande affaire, et c'est la seule qui divise et agite Versailles pendant la guerre de 1744. Un peu plus tard, au milieu des troubles du jansénisme et du Parlement, la sérénité de cet heureux pays demeure inaltérable : « On dit que les esprits s'échauffent, et cela fait bien moins ici, je vous le jure, qu'une vole manquée, tant on est soigneux du bien public. C'est l'âge d'or que ce pays-ci ; vous croiriez qu'il n'y a jamais eu de Parlements en France [1]. »

Le duc n'a pas cette insouciance ; mais la prudence le retient, et son respect pour le roi lui interdit les réflexions indiscrètes. A cet égard, voici sa maxime : « Il faut écrire ce qu'on voit et ne faire ni pronostics, ni porter de jugement. » Faisant allusion à certains mots du roi entendus et rapportés dans une affaire délicate, il ajoute ce trait, qui le peint : « On en a parlé presque publiquement partout à Paris, et Versailles, *où ordinairement on parle peu,* n'a pas été absolument exempt de quelques discours sur cette matière. Cependant, comme de pareils propos ne sont utiles qu'à déplaire, et d'ailleurs ne

---

[1] T. XIII, 19 (1753) ; t. V, 58.

peuvent servir de rien, les plus sages ont gardé le silence [1]. » Notez ici la différence entre Versailles et Paris. Paris dit tout, même ce qu'il ignore ; Versailles ne dit rien, même lorsqu'il sait. Le duc, on s'en aperçoit bien, écrit à Versailles.

Lorsqu'il lui arrive de toucher à ce qui brûle, il a de ces façons rapides et atténuées de s'exprimer qui sont le style du courtisan : « Les esprits sont encore bien éloignés de la soumission que le roi demande ; — « la conduite du Parlement devient plus singulière de jour en jour. » A propos de M. de Prie, dont il annonce la mort en 1751 : « On prétend qu'il avait des moments d'absence où il oubliait qu'il eût eu une première femme : *c'est peut-être ce qu'il y aurait eu de mieux* [2]. » Ce n'est donc pas lui qui fera une chronique légère.

Inutile de dire que s'il parle du roi c'est pour louer sa douceur, son humanité, sa présence d'esprit, ces qualités vagues, ressource ordinaire des panégyristes embarrassés ; il y entremêle quelques-uns de ces aimables p.321 défauts, qui achèvent l'honnête homme, par exemple la timidité. S'il effleure le point délicat des rapports du roi et de la reine, il glisse avec la réserve significative d'un témoin peu désireux de mettre le doigt entre l'arbre et l'écorce : « Le roi dit hier à la reine : M. de Mailly est mort. — Et quel Mailly ? dit la reine (comme il ne venait jamais à la cour, la

---

[1] T. VI, 167 ; t. XV, 328.
[2] T. XI, 128, 207 ; t. XII, 133.

reine savait à peine s'il existait). — Le véritable, répondit le roi. — Cette réponse m'a paru digne d'être marquée [1]. » Pourtant, à mesure que les temps deviennent difficiles et que la faiblesse du pouvoir éclate, même à des yeux prévenus, le duc courtisan prend des libertés dans son Journal ; il y insinue des regrets étouffés, des plaintes amorties qui laissent deviner tout ce qui pouvait se produire de critiques parmi les familiers de la reine, dans ce monde de mécontents respectueux, contenus par les bienséances et par la dévotion, mais assez éclairés pour comprendre que le vaisseau courait aux écueils sous la conduite d'un pilote aussi peu sûr : « Plus on connaît le roi, dit le duc, plus on est affligé qu'il ne veuille pas déclarer ses volontés... Il serait bien à désirer qu'il marquât une volonté plus effective ; ce qui serait le seul moyen d'en finir [2]. »

Les travers, pour ne pas dire les ridicules du dauphin, sont touchés d'une main très amie : « M. le dauphin ne paraît pas prendre plus de goût aux amusements qu'il n'en a pris *jusqu'à présent*... Ce qu'il aime par-dessus tout, c'est de se coucher de bonne heure... M. le dauphin a un goût très vif pour madame la dauphine... Dimanche dernier, le roi lui demanda ce qu'il comptait faire pour son amusement des jours gras : « De me coucher à dix heures au lieu que je ne me couche ordinairement

---

[1] T. IX, 220 (1748).
[2] T. XIII, 430 ; t. XVI, 290 (1757).

qu'à onze. » — On a peine à comprendre que l'on puisse penser ainsi à l'âge de M. le dauphin. » Malgré ses sentiments dévots, il blâme la piété immodérée du dauphin : « M. le dauphin continue à marquer beaucoup de piété. On lui reproche d'en faire des démonstrations extérieures un peu trop grandes, comme par exemple de se prosterner presque jusqu'à terre au moment de l'élévation à la messe ou de la bénédiction au salut... Madame la dauphine lui demanda un jour de ne pas adorer le saint sacrement comme un moine [1]. » Si peu voltairien que fût le duc, il sentait bien qu'on était loin des temps où les rois de France se rendaient populaires en chantant au lutrin.

Voici maintenant qui s'adresse à madame la dauphine, et c'est un nouvel exemple des réticences expressives où la timidité du duc de Luynes paraît comme une demi-hardiesse, si on la compare au style approbateur de Dangeau : «... Malheureusement pour elle, madame la dauphine a de l'humeur. On prétend qu'il y a aussi de la hauteur. Je ne porte aucun jugement ; je trouve toujours à plaindre les personnes qui ont de l'humeur, et je me contente de rapporter les faits [2]. »

Le duc de Luynes a donc une opinion sur les personnes et sur les choses ; s'il ne la déclare pas, on l'entrevoit. C'est, nous l'avons déjà dit, l'opinion accréditée dans la société de la reine, où l'on

---

[1] T. VII, 91 ; t. IX, 180.
[2] T. XVI, 294.

aime le clergé de toute la haine que l'on porte aux parlementaires et aux philosophes. Ces honnêtes gens, héritiers de l'esprit de ~p.323~ madame de Maintenon, nourrissaient le désir de voir un jour le Parlement abaissé, la philosophie réduite au silence et les maîtresses congédiées. Le duc soutient les évêques dans leur opposition aux projets réformateurs du contrôleur général Machault ; il fait ressortir la libéralité de l'Église qui, de 1700 à 1749, a donné au roi 260 millions ; il défend l'archevêque de Paris, même contre les ministres qui l'exilent à Conflans ; il recueille toutes les pièces favorables au clergé ultramontain et aux jésuites dans les affaires du jansénisme ; bref, il est « clérical. » Nous trouvons dans ses Mémoires l'écho modéré des sentiments qu'excitait autour de lui l'Encyclopédie naissante : «... C'est ce qui fait que les gens sensés et attachés à la religion sont justement prévenus contre un livre nouveau, dont le deuxième tome vient de paraître ; c'est l'*Encyclopédie*, dictionnaire fait par MM. d'Alembert et Diderot. Cet ouvrage pourrait être d'une utilité infinie par les détails immenses qu'il contient... Mais il est malheureux que tant de perfections soient accompagnées de principes qui tendent au déisme et même au matérialisme ; ces sentiments n'ont que trop de partisans aujourd'hui [1]. » Il n'oublie pas de relever les traits d'édification que la cour lui fournit, hélas ! en bien petit nombre : « Le roi paraît prier Dieu avec beaucoup

---

[1] T. XI, 385 (1752) ; t. X, 3.

de dévotion, et madame de Pompadour continue à entendre la messe tous les jours [1]. » Il faut être bien curieux d'exemples de piété pour aller les emprunter à madame de Pompadour !

Ajouterai-je qu'il se rencontre aussi chez lui quelques renseignements instructifs sur la constitution de p.324 l'ancien régime, et en particulier sur les financiers, les magistrats et l'armée ? Si l'on veut connaître quels étaient les appointements des officiers il y a un siècle, les voici tels que les avait réglés l'ordonnance royale de 1757. Les capitaines du corps des grenadiers de France recevaient 180 livres par mois ; les lieutenants 60 livres, les sous-lieutenants 40 livres ; dans les autres corps, les capitaines recevaient 160 livres, ou 140, ou 120, suivant l'arme à laquelle ils appartenaient ; les lieutenants 50 livres, et les sous-lieutenants 34 livres. Un règlement publié à la même époque nous donne une idée du luxe qui avait envahi les camps. On fut obligé de prescrire la qualité et le nombre des mets : « Il n'y aura qu'un seul service composé d'entrées, rôts et entremets. Les entremets ne seront que de viandes salées, grosse pâtisserie, poisson suivant les lieux, œufs et légumes ; le dessert se composera de fromages, de fruits cuits ou crus, de confitures ; le tout sans cristaux et porcelaines... [2]. »

---

[1] T. XVI, 283 (1757).

[2] T. XV, 454, 397. — Autres détails sur les finances : « En 1757, le revenu public était de 283 560 000 livres, et le déficit annuel de 160 000 000 (t. XVI, 49, 53). — Sous Henri IV, dit

Parfois, mais bien rarement, il échappe à notre duc certaines anecdotes qu'on est tout surpris de lui entendre conter ; telle est celle-ci, sur La Fare et la duchesse de Bourgogne : « On sait que personne n'avait plus que cette princesse le don de plaire quand elle voulait, et même le ton de galanterie ; une grande représentation, l'air noble, de beaux yeux, parlant avec agrément et cherchant à dire des choses obligeantes. Étant dans la galerie de Versailles, elle aperçut dans le nombre des courtisans M. de La Fare, qui la regardait avec grande attention et parlait tout bas à un de ses amis... Elle voulut absolument savoir ce qu'il avait dit, et il fallut bien obéir. La Fare était un homme de plaisirs : « Je disais donc, Madame, lui dit-il, que si vous étiez une fille de l'Opéra, j'y mettrais jusqu'à mon dernier sol. » Quelque temps après, madame la duchesse de Bourgogne retrouva La Fare ; elle l'appela et lui dit : « La Fare, j'entre à l'Opéra la semaine prochaine [1]. » Pourquoi le duc n'est-il pas ou ne veut-il pas se montrer plus riche en pareils souvenirs ?

Ses Mémoires ont, à notre gré, un défaut capital : trop réservés pour être intéressants, trop particuliers pour être utiles, ils ne

---

encore le duc, il y avait 150 millions d'argent monnayé en France ; l'intérêt fut réglé au denier 16 (6 fr. 5 sols p. 100) ; sous Richelieu il y en avait pour 300 millions, on mit l'intérêt au denier 18 (5 1/2 p. 100) ; sous Colbert il en fut constaté 500 millions, et l'intérêt fut mis au denier 20 (5 p. 100). En 1755, on évaluait l'argent en circulation à 1 600 millions. » (T. XIV, 178.).

[1] T. V, 169.

nous offrent ni l'attrait, ni l'instruction. Répétons-le : ils se sont trompés d'adresse, et ce n'est pas en vue de nous servir ou de nous plaire qu'ils ont été composés ; la Révolution a dispersé le public d'élite sur lequel l'auteur tenait son regard attaché en les écrivant. L'étiquette était pour le duc une religion, il y croyait d'une foi absolue ; il croyait pareillement à la durée immortelle de la race des courtisans. Cette double foi lui a inspiré l'ambition de s'ériger en conseiller fidèle des courtisans à venir. Excusons son erreur, car il ne s'est trompé qu'en un point : l'avenir a produit, il produira toujours, et plus que jamais peut-être, des courtisans, quel qu'en soit le langage et l'habit ; mais entre ceux d'aujourd'hui et ceux d'autrefois il y a une différence, et le duc ne l'a pas prévue ; c'est que les modernes courtisans se passent fort bien de l'étiquette.

p.326 Quand on a parcouru ces dix-sept volumes, surchargés de tant d'inutilités et comme remplis de la poussière d'un monde évanoui, il est une réflexion dont on a peine à se défendre : Voilà donc, se dit-on, à quel point s'étaient affaiblis, à quel degré de médiocrité impuissante était tombés, dans la partie honnête des races aristocratiques, le grand cœur et le grand esprit qui, si longtemps, avaient soutenu et justifié leurs privilèges ! Voilà quels pensers magnanimes ces nobles races opposaient à l'invasion des nouveautés vengeresses qui les menaçaient et les débordaient de tous côtés ! Considérez, vers le milieu du siècle, cette société destinée à périr : vous avez à choisir entre la corruption et l'épuisement ; vous n'échappez au spectacle de l'activité perverse et du scandale bruyant que pour rencontrer des vertus effacées, une oisive résignation, une probité sans vigueur et sans génie !

TROISIÈME ÉPOQUE

DE LA GUERRE DE SEPT ANS A LA MORT DE LOUIS XV
1756-1774

AFFAIBLISSEMENT DU POUVOIR ET PROGRÈS CROISSANT DE L'ESPRIT NOUVEAU

CHAPITRE PREMIER

La France au lendemain de Rosbach, d'après des documents inédits : I. Correspondance particulière manuscrite de Bernis et de Choiseul (1757-1758), archives des Affaires étrangères. — II. Correspondance diplomatique des mêmes personnages (1757-1758), manuscrits de la Bibliothèque nationale, n° 7134. — III. Lettres de Soubise, de Richelieu, de Clermont et de Bellisle à Choiseul, même date, manuscrits de la Bibliothèque nationale, n° 7137. — IV. Etat manuscrit des forces de l'armée française avant la guerre de sept ans, Bibliothèque Mazarine, n° 2798. — V. Correspondance imprimée de Pâris-Duverney avec le comte de Saint-Germain, lieutenant général, commandant l'arrière garde à Rosbach.

p.327 Trois faits principaux signalent cette époque et la caractérisent : le règne des favorites, la suppression du Parlement par le coup d'État du chancelier Maupeou, et les victorieux progrès de l'opinion philosophique ralliée et disciplinée sous le drapeau de l'Encyclopédie.

Suivant notre méthode, nous demanderons à des témoignages contemporains, presque tous inédits, un aperçu vrai de l'état moral de la France, l'expression sincère du sentiment public, pendant cet intervalle de dix-huit années qui a vu s'accomplir au fond des âmes p.328 la révolution que 1789 a fait passer dans les institutions. Retraçons d'abord la honteuse décadence où était tombé le pouvoir, sous le gouvernement des maîtresses, à l'époque des désastres de la guerre de sept ans. Ces souvenirs déjà lointains qu'on pouvait croire effacés par trente années de gloire, nos récents malheurs, les ranimant tout à coup, viennent de leur rendre une triste actualité.

Malgré certaines apparences, il serait injuste de placer sur la même ligne, en les enveloppant dans une comparaison superficielle, les journées néfastes de la guerre de sept ans et les terribles batailles où notre pays vient de succomber. L'armée française de 1870, écrasée sous le nombre, n'a point mérité l'injure d'être mise en parallèle avec les soldats de Soubise, qui lâchaient pied sans tirer un coup de fusil. De son camp de Rosbach, Frédéric écrivait ce billet à l'envoyé de Hanovre près la cour de Vienne : « L'armée de France a eu l'air de m'attaquer le 5 de ce mois, mais elle ne m'a pas fait cet honneur, s'étant enfuie, sans que je la puisse joindre, dès la première décharge de mes troupes. » C'est d'un tout autre style, on en conviendra, que l'empereur Guillaume rédigeait ses bulletins ; les sanglantes victoires dont il remerciait Dieu n'autorisaient pas ce ton d'impertinence et d'ironie. Il y a cependant entre la guerre de sept ans et celle de 1870 des rapports frappants ; mais ces ressemblances sont politiques plutôt que militaires : en 1757, comme en 1870, il faut demander à la politique l'explication de nos désastres, le secret de la fatalité qui s'attache à nos drapeaux. Alors, comme de nos jours, les fautes commises dans les conseils du cabinet s'expient sur les ₚ.₃₂₉ champs de bataille ; c'est à Paris, c'est à Versailles que se préparent ces déroutes inouïes dont le scandale étonne l'Europe : de là partent les influences dissolvantes, les germes corrupteurs, la contagion du désordre, de l'imprévoyance, de l'indiscipline, qui énerve le cœur de la France et paralyse son bras. En 1757, la France a des armées mal pourvues, mal commandées et partout défaites, parce qu'elle a un mauvais gouvernement.

Et qui parle ainsi ? qui dénonce avec cette précision accusatrice le principe d'affaiblissement et de ruine ? Ce sont les agents mêmes du pouvoir, honteux du rôle qu'ils jouent, indignés des légèretés coupables d'une politique aventureuse, qu'ils refusent de servir plus longtemps. Dépêches officielles et correspondances privées peignent au vif cet état chronique d'anarchie dans le despotisme, ce néant de l'autorité dans un gouvernement absolu, la sottise prétentieuse et brouillonne « des petits esprits qui veulent tâter des grandes choses, » leur agitation éperdue à l'heure des dangers imprévus, leurs folles terreurs sous le coup des catastrophes provoquées par leur témérité. Toutes les plaies d'un pouvoir en dissolution sont là, signalées par des témoins d'autant plus dignes de foi qu'ils ont leur part des faiblesses communes et sont atteints eux-mêmes du mal qu'ils décrivent. — Peut-être ne sera-t-il pas inutile d'insister sur ce grand exemple des défaillances et des aberrations de la politique française, en étudiant à la lumière de documents irrécusables, trop négligés des historiens, les aspects les plus intéressants d'une situation qui a l'inconvénient grave de se reproduire assez souvent chez nous.

I

p.330 A l'époque où commence la plus importante des correspondances que nous allons examiner, l'abbé de Bernis, l'un des promoteurs de l'alliance autrichienne, rédacteur principal du double traité de 1756, entre au conseil et prend le département des affaires étrangères ; le comte de Stainville, futur duc de Choiseul, est désigné pour l'ambassade de Vienne. Des rapports plus étroits que les relations officielles unissaient nos deux personnages : engagés l'un et l'autre dans le parti de madame de Pompadour, intéressés à sa gloire, dévoués à sa fortune, la conformité des vues, l'accord des ambitions, la convenance naturelle de deux esprits bien faits, avaient formé entre le ministre et l'ambassadeur un de ces liens d'honneur et d'amitié qui ne résistent jamais longtemps aux infidélités de la politique. Il s'établit donc, en ce moment rapide de bonne intelligence et de réciproque loyauté, un double échange de communications entre Bernis et Choiseul : ce que le ministre ne saurait dire à l'ambassadeur dans ses dépêches, il le confie à l'ami dans ses lettres secrètes et lui ouvre son cœur.

Ces lettres particulières, rassemblées en un beau volume manuscrit, sont aux archives réservées des affaires étrangères ; nous devons, cette fois encore, à la bienveillance du directeur des archives, M. P. Faugère, d'avoir pu les consulter. Elles devancent de six mois la correspondance officielle, dont on trouvera les copies avec quelques lacunes aux manuscrits de la Bibliothèque nationale. La première lettre est datée du 20 janvier 1757 : Choiseul est en Italie, sur le point de revenir à Paris, où l'on songe à lui pour un grand poste diplomatique ; Bernis le rassure au sujet de la crise intérieure qui, après l'attentat de Damiens, a failli perdre la marquise et ses amis. C'est d'un ton fort dégagé, fort peu ecclésiastique, que l'abbé-ministre parle du confesseur de Sa Majesté et des efforts tentés contre la favorite par les pieux défenseurs des bons principes. « Je vous crois à Parme, mon cher comte, et je prie M. de Rochechouart de vous rendre cette lettre. Le roi a été assassiné, et la cour n'a vu dans cet affreux événement qu'un moment favorable de chasser notre amie. Toutes les intrigues ont été déployées auprès du confesseur. Il y a une tribu à la cour qui attend toujours l'extrême onction pour tâcher d'augmenter son crédit. Pourquoi faut-il que la dévotion soit si séparée de la vertu ? Notre amie ne peut plus scandaliser que les sots et les fripons. Il est de notoriété publique que l'amitié depuis cinq ans a pris la place de la galanterie. C'est une vraie cagoterie de remonter dans le passé pour noircir l'innocence de la liaison actuelle. Que d'ingrats j'ai vus, mon cher comte, et combien notre siècle est corrompu ! Il n'y a peut-être jamais eu beaucoup plus de vertu dans le monde, mais il y avait plus d'honneur. Venez promptement ici. Je crois nécessaire que vous soyez envoyé à la cour de Vienne pour étayer une besogne qu'il est si avantageux de suivre et qu'il serait si dangereux d'abandonner. Vous trouverez dans le conseil un ami de plus, qui connaît tout ce que vous valez et qui se fait un plaisir de le dire. » Décidé par ces nouvelles favorables, Choiseul embrasse avec ardeur la cause qui triomphe et s'attache plus résolument que jamais au char de la marquise, dont l'heureuse étoile a dissipé tant d'orages.

L'été suivant, il partait pour Vienne, chargé d'une double mission. Diplomate et militaire, il devait tout ensemble veiller sur l'alliance et concerter les mouvements de nos troupes avec ceux des armées autrichiennes. Il est dès lors comme un point central où les informations politiques et les faits de guerre aboutissent également ; c'est ce qui nous explique pourquoi nous avons une centaine de lettres adressées par les généraux français à Choiseul pendant les quinze mois de son ambassade. « Je vous envoie vos derniers sacrements, lui écrit Bernis le 5 août en lui expédiant ses instructions ; c'est à regret que je vous vois partir, mais c'est pour le bien de l'État et pour le vôtre. Au surplus, je vous recommande une seule chose, *c'est de ne pas vous lasser d'avoir envie de plaire* ; sur tout le reste, je suivrais volontiers vos conseils. Comptez éternellement, mon cher comte, sur mon tendre attachement pour vous. » A son arrivée, les choses ont tout d'abord un air riant et facile : les armées françaises se répandent en Allemagne sans obstacle, et des succès d'avant-garde remportés sur un ennemi très inférieur en nombre semblent promettre une campagne aussi rapide que décisive. Jusque-là, Bernis a raison : un ministre, à Vienne comme à Paris, suffit à tout avec l'art de plaire. Le début des deux correspondances est rempli des félicitations échangées entre la cour de France et la cour impériale : Louis XV comble de prévenances *sa bonne amie l'impératrice* ; Marie-Thérèse prodigue les démonstrations flatteuses au roi et à la favorite. Ce sont p.333 les derniers beaux jours de l'alliance ; l'ambassadeur nouveau-venu épuise en quelques semaines les douceurs d'une prospérité qui va finir. Il écrit au roi le 25 août : « Après m'avoir parlé plusieurs fois de Votre Majesté avec le plus vif intérêt, l'impératrice m'a demandé des nouvelles des personnes que vous honorez, sire, de votre confiance, et m'a témoigné nommément pour madame de Pompadour beaucoup d'amitié et d'estime. » C'est au milieu de l'illusion générale et de ces effusions d'une politique en belle humeur que vient éclater, comme un coup de tonnerre, la nouvelle du désastre de Rosbach, qui, déchirant tous les voiles, mettant à nu les vices profonds de notre état militaire aggravés par l'impuissance du gouvernement, accomplit dans les esprits et dans les affaires une révolution.

Parmi les documents dont nous avons entrepris l'examen, on trouve d'assez nombreuses relations de la bataille du 5 novembre 1757. Tous ces récits, d'accord sur le fond des choses et curieux aujourd'hui par la vivacité de l'impression récente, attribuent aux troupes de l'empire une large part dans la honte de cette journée. L'histoire semble l'oublier : Rosbach n'est qu'à moitié un désastre français. Nous avions alors deux armées en Allemagne : l'une, « la grande armée, » forte de 185 bataillons et de 181 escadrons, opérait en Hanovre sous les ordres du *vainqueur de Mahon* ; elle avait remporté la victoire d'Hastembeck, que Bernis appelle « une plate victoire, » et conclu la triste convention de Closter-Seven. Un corps de 30 000 hommes, joint à 30 000 impériaux, manœuvrait en Saxe sur la Sala ; les Parisiens, nous dit Barbier, appelaient cette p.334 armée combinée l'armée des *tonneliers,* parce qu'on la destinait à raffermir *les cercles*. C'est elle qui, poussant une pointe du côté de Leipzig, rencontra Frédéric à Rosbach. Elle avait pour général en chef, non pas le prince de Soubise, mais un Saxon, le prince d'Hildburghausen, dont nos lettres font un portrait qui n'a rien d'héroïque : usé par l'âge et les infirmités, dormant jusqu'à midi, ne montant jamais à cheval, « avançant quand les Prussiens reculaient, reculant quand ils avançaient, » d'un caractère ombrageux et tracassier, désolant les troupes par ses variations continuelles et les officiers par son humeur, ce Saxon avait pour unique soin d'assurer aux impériaux le pas sur les Français, l'avantage dans les campements et la préférence dans les distributions. Avec une finesse toute germanique, il imaginait des projets téméraires, bien sûr qu'ils seraient écartés par le conseil ; mais il en gardait l'honneur dans ses propos et ses lettres, en rejetant sur la timidité des alliés l'avortement de ces conceptions brillantes. Ajoutez la mauvaise qualité des troupes de l'empire, sorte de landwehr sans consistance qui marchait à regret contre le roi de Prusse, en déclarant tout haut qu'elle mettrait bas les armes à la première affaire. « Ne vous flattez pas, Monsieur, écrivait Soubise à Choiseul dès le mois de septembre, que les troupes de l'empire osent ou veuillent combattre le roi de Prusse ; leurs généraux ne cachent pas l'opinion qu'ils en ont et ils en parlent publiquement. La plupart des soldats sont malintentionnés, le reste meurt de peur ; le tout ensemble est si mal composé et si mal approvisionné que l'on ne peut former aucune espèce de projet ni exécuter aucune opération. Comment marcher à l'ennemi avec de telles troupes, qui n'ont jamais fait la guerre et qui n'ont été exercées qu'à monter la garde ? Je ne parle pas de leur indiscipline. J'aimerais beaucoup mieux combattre avec les Français seuls que d'être abandonné au milieu d'une bataille. »

Soubise, qui commandait le corps français sous la direction supérieure du prince d'Hildhurghausen, n'était pas un général plus incapable que Richelieu ou Clermont. Brave de sa personne, aimable surtout et d'une politesse accomplie, il mettait sa gloire, en présence du hargneux Saxon, dans un esprit de douceur patiente, sachant bien que ses bonnes amies, la marquise et l'impératrice, lui sauraient un gré particulier d'avoir sauvé les difficultés de « celte fâcheuse compagnie, » et que c'était là un sûr moyen de leur faire sa cour. On l'avait choisi, non pour ses talents, mais pour son aménité. Formé au grand art de plaire, où Bernis et Choiseul étaient maîtres, il écrivait ses rapports militaires en style de Philinte, s'étudiait à présenter des apparences agréables, et, soit flatterie, soit ignorance, trouvait le moyen de peindre en beau le délabrement de son armée. Aussi est-il fort étonné d'être battu ; il ne sait comment cela a pu se faire : ses soldats allaient au feu « de si bonne grâce ! » Ce pauvre général, enveloppé et culbuté en un clin d'œil par un ennemi imprévu, il ne réussit pas même à nous donner une idée un peu nette d'une bataille qui a duré moins d'une heure ; en revanche, les euphémismes abondent sous sa plume pour excuser la panique de ses troupes ; il ne peut se résoudre à dire la vérité qui afflige. « Quel malheur, Monsieur, écrit-il à Choiseul dans le premier étourdissement de la défaite, quel malheur ! et à quoi peut-on se fier ? Ardeur, bonne volonté, bonne disposition, j'ose le dire, étaient de notre côté ; en une demi-heure, les manœuvres du roi de Prusse ont fait plier cavalerie et infanterie ; tout s'est retiré sans fuir, mais sans jamais retourner la tête... L'infanterie, malgré la déroute de la cavalerie, s'avançait de très bonne grâce ; elle marcha sans tirer un coup de fusil jusqu'à cinquante pas des ennemis, et dans le moment où j'avais les plus grandes espérances les têtes tournèrent, on tira en l'air et on se retira. Il faut convenir que la contenance des ennemis fut très fière ; je n'y remarquai pas le moindre ébranlement. Depuis ce moment, la ligne des Prussiens s'avança toujours en faisant feu et sans se rompre ; nos brigades de la gauche reculaient sans fuir, mais, excepté quelques instants où l'on trouvait moyen de les arrêter, l'inclination pour la retraite dominait et l'emportait. Je ne parle point de l'infanterie des cercles, je ne m'en souviens que pour m'affliger du moment où j'ai eu le malheur de la joindre... L'artillerie et les équipages sont en sûreté, nos traîneurs rejoignent et j'apprends que de tous côtés les fuyards se rallient. Pendant la nuit, presque toute l'infanterie s'était dispersée. Nous commençons à nous ranimer, les propos reviennent sur le bon ton. Vous savez qu'avec les têtes françaises il y a de grandes ressources. Je me représente le tableau de la cour en apprenant cette triste nouvelle ; mon cœur en est pénétré. »

En regard de cette description adoucie, plaçons quelques lignes d'une crudité toute militaire que nous empruntons à la correspondance du comte de Saint-Germain avec

Pâris-Duverney. Saint-Germain, habile officier qui se lassa bientôt de servir sous de pareils p.337 chefs, commandait l'arrière-garde à Rosbach et couvrit la retraite ; il écrit le 11 novembre au « grand-vivrier, » comme on disait alors, à celui que le maréchal de Noailles appelait *le général des farines,* et que le comte de Saxe, bon juge de ses talents administratifs et stratégiques, préférait à tous les maréchaux de France réunis : « Je conduis une bande de voleurs, d'assassins à rouer, qui lâcheraient pied sans tirer un coup de fusil et qui sont toujours prêts à se révolter. Jamais il n'y a rien eu d'égal ; jamais armée n'a plus mal fait. Le roi a la plus mauvaise infanterie qui soit sous le ciel et la plus indisciplinée. Il n'y a plus moyen de servir avec de pareilles troupes. La terre a été couverte de nos soldats fugitifs à quarante lieues à la ronde ; ils ont pillé, tué, violé, saccagé et commis toutes les horreurs possibles. Notre nation n'a plus l'esprit militaire et le sentiment d'honneur est anéanti. On ne peut conduire nos troupes qu'en tremblant, et l'on ne doit s'attendre qu'à des malheurs. » — Tous ceux qui en France avaient gardé, dans la mollesse du siècle, un cœur viril et fier ressentirent douloureusement la blessure faite à l'honneur national ; le vieux maréchal de Bellisle, ministre de la guerre à soixante-quatorze ans, essayait de rassembler nos débris et d'inspirer son âme énergique à ce grand corps abattu ; il confia à Choiseul ses tristesses et ses colères. « Je ne suis pas surpris, Monsieur, que vous ayez le cœur navré de l'affaire du 5. Je n'oserais faire par écrit toutes les réflexions dont cette matière est susceptible. Contre tous les principes du métier et, du bon sens, on a enfourné l'armée dans un fond et à mi-côte, laissant ce même ennemi maître de la hauteur, sur laquelle nous n'avions pas seulement le moindre petit détachement pour observer les mouvements du roi de Prusse, en sorte que toute notre armée était encore en marche et en colonnes lorsque toute la cavalerie prussienne a débouché en bataille sur notre tête, et que l'infanterie ennemie a paru sur la hauteur avec une nombreuse artillerie, à laquelle la nôtre, qui était dans le fond ou à mi-côte, n'a pu faire aucun mal... Je ne me consolerai jamais que des troupes du roi, que j'ai vues penser si longtemps noblement et agir avec autant de vigueur et de courage, aient perdu si promptement leur réputation et soient devenues le mépris de l'Europe. »

Le contre-coup de Rosbach ne frappa sur personne à Versailles aussi rudement que sur Bernis. Ce galant abbé, créature d'une favorite, n'était pas entièrement dépourvu des qualités qui auraient pu justifier son élévation. Supérieur à sa renommée et à ses origines politiques, d'un caractère plus honorable que sa fortune, il avait des talents que n'expriment pas suffisamment les surnoms un peu lestes dont l'a gratifié Voltaire. Esprit sensé, conciliant, médiateur écouté dans les querelles du parlement et de l'Église, honnête homme au fond, très désireux de marcher d'accord avec l'opinion, il gouverna sans peine les affaires diplomatiques pendant la période des succès militaires ; mais il n'avait à aucun degré les vertus des temps difficiles. Bernis était né pour le genre fleuri en politique comme en littérature. Sa peur fut si forte qu'elle lui donna le courage de blesser le sentiment du roi et la vanité de la marquise : jeté hors de ses mesures, démentant les principes de toute sa vie, il osa déplaire, et se perdit en effet par cette audace. C'est ici que se marque la différence ~p.339~ essentielle des deux correspondances. Dans les mois qui suivent la bataille, en novembre et décembre, le style officiel de Bernis conserve un semblant de fermeté ; selon le mot de Soubise, il est sur le bon ton. Le ministre écrit dans sa dépêche du 14 novembre : « Malgré cette disgrâce que le roi ressent en père de ses sujets et en fidèle allié, notre courage et notre constance ne feront que redoubler ; Leurs Majestés impériales nous en ont donné l'exemple, et nous sommes résolus de le suivre. » L'impératrice « avait prié le roi en grâce de ne savoir pas mauvais gré à M. de Soubise de l'affaire du 5 ; » Bernis répond le 22 : « Le malheur arrivé, loin d'ébranler le courage du roi, n'aura d'autre effet sur lui que de redoubler ses efforts pour le réparer. Quant à M. de Soubise personnellement, l'intérêt que l'impératrice-reine a pris à son malheur lui servirait de justification auprès de Sa Majesté, si l'on pouvait en rejeter le blâme sur lui ; mais le roi est persuadé qu'il a fait ce qu'il a pu dans cette occasion : aussi Sa Majesté n'a rien diminué de son estime et de sa confiance en lui, et vous pouvez assurer l'impératrice-reine que ce sentiment, joint à la recommandation de Sa Majesté impériale, a déterminé le roi à continuer pour toujours à M. le prince de Soubise le commandement du corps de réserve de la grande armée avec état-major. »

Que disait Bernis, aux mêmes dates, dans ses confidences à Choiseul ? Voici ses lettres particulières du 14 et du 22 novembre ; on peut comparer ce langage plaintif et abattu à la vigueur des dépêches officielles qui partaient par le même courrier. « Jugez, mon cher comte, dans quel état nous sommes ! Jugez de la situation de notre amie et du déchaînement de Paris. Le public est injuste, mais il est comme cela ; il ne faut pas s'acharner contre le public. Il faudrait un gouvernement, et il n'y en a pas plus que par le passé. Les malheurs affligent et ne corrigent pas. J'en suis aux jérémiades auxquelles on est accoutumé et qui ne font plus de sensation. Sensible et, si j'ose le dire, sensé comme je suis, je meurs sur la roue, et mon martyre est inutile à l'État. On n'a vu dans la bataille perdue que le seul M. de Soubise ; notre amie lui a donné les plus fortes preuves d'amitié, et le roi aussi. J'ai trop bonne opinion de M. de Soubise pour craindre que ma franchise me brouille avec lui dans les conseils que je lui ai donnés de résigner le commandement : qui n'a plus qu'un moment à vivre n'a plus rien à dissimuler. Au reste, il m'a passé mille fois par la tête de planter là un champ de bataille où l'on se bat si mal ; mais l'honneur et la reconnaissance me font une loi d'y mourir ou le premier ou le dernier, ainsi que le sort l'ordonnera. Soyez sûr que j'ai toute ma tête, mais elle m'est fort inutile, puisqu'il n'y a plus de ministres ni de ministère. » — Le 29 novembre, le 13 décembre, Bernis redouble ses « jérémiades » et s'exalte dans son découragement. « Le public ne s'accoutume point à la honte de cette bataille ; où en serions-nous aujourd'hui, si je n'avais pas fait rentrer le parlement ? Il faudrait mettre la clé sous la porte. Il faut trancher net et avertir nos alliés de faire la paix. Je n'épargne pas la vérité, et je suis toute la journée à la bouche du canon... On ne meurt pas de douleur, mon cher comte, puisque je ne suis pas mort depuis ces derniers événements. J'ai parlé avec la plus grande force à Dieu et à ses saints : j'excite un peu d'élévation dans le pouls, et puis la léthargie recommence ; on ouvre de grands yeux tristes, et tout est dit. Si je pouvais éviter le déshonneur qu'il y a de déserter le jour de la bataille, je m'enfermerais à mon abbaye. Le grand malheur, c'est que ce sont les hommes qui mènent les affaires, *et nous n'avons ni généraux ni ministres*. Je trouve cette phrase si bonne et si juste que je veux bien qu'on me comprenne dans la catégorie, si l'on veut. Il me semble être le ministre des affaires étrangères des Limbes. Voyez, mon cher comte, si vous pouvez plus que moi exciter le principe de vie qui s'éteint chez nous ; pour moi, j'ai rué tous mes grands coups, et je vais prendre le parti d'être en apoplexie comme les autres sur le sentiment, sans cesser de faire mon devoir en bon citoyen et en honnête homme. Dieu veuille nous envoyer une volonté quelconque, ou quelqu'un qui en ait pour nous ! Je serai son valet de chambre, si l'on veut, et de bien bon cœur. »

Telle est, dès ce moment, la véritable pensée de Bernis : sauver la France en faisant la paix ; ou, si l'on s'obstine à la guerre, rompre avec ce parti de la démence en quittant le pouvoir. Son style ne changera pas plus que son opinion ; il est devenu un homme à idée fixe. Les motifs de cette résolution, il les trouve partout : l'armée et le gouvernement les lui fournissent à l'envi. Pendant un an jusqu'au jour où il disparaîtra de la scène en décembre 1758, nous le verrons, dans la détresse et la confusion de l'État, démontrer avec les preuves les plus fortes, avec l'énergie du désespoir, la nécessité d'en finir ; mais ceux qui aiment la précision en ces matières feront sagement de contrôler les apparences officielles des dépêches par la sincérité de la correspondance privée. « Regardez ces lettres particulières, disait-il à Choiseul, comme la loi et les prophètes, car c'est *le vrai fond du sac,* et prenez garde qu'on ne connaisse à Vienne notre correspondance. » Examinons avec lui ce qu'il appelle « les horreurs d'une décomposition totale ; » apprenons de ce témoin peu suspect à quel degré de défaillance militaire et politique peuvent tomber, entre les mains de certains hommes, les nations les plus puissantes.

Ce n'était pas le nombre qui faisait défaut à l'armée française de 1757 ; elle avait de ce côté-là une supériorité marquée sur l'ennemi. Un état manuscrit des forces militaires de la France, conservé à la bibliothèque Mazarine, porte à 230 000 hommes le total de nos troupes de terre sur le pied de paix en 1752 : l'infanterie de ligne, formant 236 bataillons, 121 régiments, tant nationaux qu'étrangers, figure dans ce total pour 130 000 hommes, les 84 régiments de cavalerie pour 27 000 hommes, la maison du roi compte 10 000 hommes, les 400 bataillons de milice représentent 52 000 hommes. En 1757, les deux tiers de ces forces, 150 000 Français environ,. passèrent le Rhin sous d'Estrées et Soubise, allant donner la main aux troupes de l'empire, de l'Autriche, de la Suède et de la Russie, qui cernaient Frédéric ; celui-ci, avec 150 000 Prussiens, tenait tête à 400 000 coalisés, et l'événement a bien prouvé, contrairement au préjugé si populaire aujourd'hui, que le nombre ne décide pas toujours de la victoire, qu'à la guerre comme partout la qualité l'emporte sur la quantité. Les causes les plus actives de destruction, les pires fléaux qui puissent sévir sur une armée en campagne, désolaient nos troupes, et semblaient réunis pour énerver et accabler le soldat. Première cause de faiblesse, on avait mal débuté. « On n'était pas prêt, » c'est Bernis qui le dit, et il s'était trouvé des hommes compétents pour affirmer qu'on l'était ; « nous avons été forcés de commencer sans être préparés, les contrôleurs-généraux n'ont pas su nous dire qu'ils ne seraient pas en état de fournir ; on s'est embarqué témérairement. » L'armée partit sans vivres, sans tentes, sans vêtements. « Elle est sur les dents, écrivait Bernis dès le mois d'octobre avant les désastres ; elle n'a ni subsistances, ni souliers ; la moitié n'est pas habillée, une partie de la cavalerie est sans bottes... Les troupes ont commis des maraudes exécrables et des actions iniques ; le principe de tout cela est l'excès de la misère dans laquelle se sont trouvés les officiers, qui envoyaient leurs soldats au pillage pour acheter d'eux le pain et la viande à meilleur marché, moyennant quoi vous sentez qu'il n'était plus question de compter sur eux pour retenir et punir les soldats, et vous voyez d'un coup d'œil les conséquences que cela entraîne par la facilité avec laquelle notre nation se porte vite du commencement à l'excès de tout. » Les lettres imprimées du comte de Saint-Germain ne sont pas moins précises ni d'une vérité moins poignante. « La misère du soldat est si grande qu'elle fait saigner le cœur ; il passe ses jours dans un état abject et méprisé, il vit comme un chien enchaîné que l'on destine au combat... Cette guerre ne peut avoir qu'une fin malheureuse ; nos armées seront chassées avec des vessies. » Qu'on se figure maintenant à la tête de ces soldats, qui volent pour subsister, des généraux « d'une avarice sordide, d'une âpreté insatiable, » qui pillent pour s'enrichir, exploitent la guerre comme une affaire et avilissent par leurs « infamies » le commandement, compromis par leur insuffisance. L'armée s'était détruite par son désordre même, presque sans coup férir ;

l'hiver, les maladies, une bataille perdue, une retraite précipitée, l'achevèrent. Abandonnant 20 000 malades et la moitié de son artillerie, elle repassa le Rhin « dans un délabrement inexprimable, » que peint d'un trait ce mot du prince de Clermont, le vaincu de Crevelt : « Nous n'avons plus que le souffle d'une armée. »

On a tout dit sur l'incapacité des généraux de la guerre de Sept ans ; déjà en 1742, pendant la guerre de la succession d'Autriche, le maréchal de Noailles avait signalé au roi l'abaissement des vertus et des talents militaires dans la noblesse, et comme une diminution de l'âme héroïque de la France. Ce fut bien pis quinze ans plus tard, quand une politique d'étourdis jeta sur les champs de bataille ces générations abâtardies par les plaisirs de Paris et les intrigues de cour. Les lettres des Richelieu, des Clermont, des Soubise, ne réhabilitent en aucune façon ces tristes héros ; elles semblent partir de la même main, tant elles expriment des idées du même ordre, et trahissent des caractères de la même trempe. Verbeuses et plates, noyées dans les récriminations et les apologies, uniquement occupées du *qu'en dira-t-on* de Versailles, pas une conception un peu militaire ne s'y fait jour, pas un élan du cœur ou de l'esprit ne vient animer et relever ce bavardage monotone ; un rien déconcerte, agite à l'aventure les pauvres têtes de nos généraux grands seigneurs ; la moindre difficulté les met aux champs, ils n'ont de verve que pour se plaindre et accuser les autres ; le temps se passe en explications, en atermoiements ; ils soupirent p.345 tous après la fin de la campagne, atteints de la nostalgie de leurs quartiers d'hiver. Bernis, qui avait cependant quelques bonnes raisons pour excuser la médiocrité en faveur, ne peut retenir son indignation et son dégoût. « Tous nos généraux demandent à revenir, ce sont les petites-maisons ouvertes. Dieu nous préserve des têtes légères dans le maniement des grandes affaires, et Dieu préserve les conseils des rois des petits esprits qui ne sentent pas la disproportion qu'il y a entre leur rétrécissement et l'étude des grands objets ! Nous sommes, mon cher comte, dans une vraie pétaudière. » L'invariable bulletin des « reculades » et des déroutes le fait bondir. « En vérité, notre haut militaire est incroyable !... Mon Dieu, que nous avons de plats généraux ! mon Dieu, que notre nation est aplatie ! Et qu'on fait peu d'attention la décadence du courage et de l'honneur en France ! » Des généraux, le mal avait gagné les rangs secondaires et descendait jusqu'aux derniers degrés du commandement. Bernis, Saint-Germain, Bellisle, d'accord en cela comme en tout, reprochent à l'officier sa paresse et son ignorance. « Il ne sait rien et ne s'applique à rien. Dans cent régiments, on ne trouverait pas six bons lieutenants-colonels. Nous ne savons plus faire la guerre, nulle nation n'est moins militaire que la nôtre, il n'y en a pas une qui ait moins travaillé sur la tactique. Nous n'avons pas même une bonne carte des Vosges. On dirait que chez nous tout est en démence… Nos officiers ne valent rien, ils sont indignes de servir. Tous soupirent après le repos, l'oisiveté et l'argent. Il faut refondre le militaire pour en tirer parti. » Les bons sujets, épars dans cette décadence, opprimés sous le privilège, végètent ou quittent l'armée, « Nos meilleurs p.346 officiers, n'ayant point de protection à la cour et voyant qu'il n'y a aucun avancement pour eux à espérer, ne peuvent supporter d'être commandés par des blancs-becs… Comment de jeunes colonels, la plupart avec des mœurs de grisette, rappelleront-ils dans le militaire les sentiments d'honneur et de fermeté qui font la force des armées ? Ignorance, frivolité, négligence, pusillanimité, sont substituées aux vertus mâles et héroïques. Il y a ici un dégoût qui ne se peut rendre. Il faut refondre la cloche. »

Autre fait significatif, qui donne à ce tableau une couleur moderne : la fermentation politique, si ardente à Paris, avait envahi les camps. Attaquée par toutes les contagions à la fois, l'armée, cette image fidèle du pays, reproduisait avec la licence des mœurs la discorde de l'esprit public. Les cabales de l'intérieur s'agitaient sous le drapeau : on frondait le gouvernement qu'on servait si mal, on blâmait tout haut une guerre qu'on était chargé de conduire, on se vengeait d'avoir été battu en faisant de l'opposition. Nos généraux de cour, humiliés de la tutelle que leur impose la cour, accablés de plans tout faits, de combinaisons décidées en conseil des ministres, se révoltent contre leurs mentors. « Vous m'avouerez, Monsieur, écrit Richelieu en décembre 1757, que le carafon de neige dans lequel je suis à la glace n'est pas un état favorable pour me faire admirer l'effort du génie politique qui m'y a conduit. Les bureaux gouvernent et les bureaux perdront la France… » Attentif à cette anarchie qui nous épuise, Frédéric remplit Paris et l'armée de ses espions ; on sent sa main dans nos fautes et nos embarras au dedans comme au dehors. Les soupçons de trahison se répandent ; Choiseul à p.347 Vienne, Bernis à Versailles, l'avocat Barbier à Paris, les accueillent également. « Je ne doute pas, écrit Choiseul, que le roi de Prusse ne soit informé très exactement des différents sentiments de nos généraux et des ordres qu'ils reçoivent ; ce sont ces connaissances qui engagent ce prince à remuer avec succès 24 000 hommes vis-à-vis de plus de 120 000 de nos troupes. » Bernis lui répond : « Tout sert ici le roi de Prusse, et tout y trahit le roi. Nos généraux les plus huppés sont intérieurement ennemis de la besogne, ils rient dans leur barbe de la déconfiture qu'ils ont occasionnée. Notre armée est pleine de divisions, de tracasseries, de mauvaise volonté et de dégoût. » Ces mêmes bruits couraient dans les rues de Paris, et Barbier les note dans sa chronique après la journée de Crevelt, en juin 1758. « On soupçonne que nous avons été trahis par quelques officiers-généraux, parmi lesquels il y a de la fermentation et bien des mécontents du gouvernement. L'armée est divisée en partis, ce qui est la suite de l'indépendance qui a gagné depuis un temps tous les esprits dans ce pays-ci. » Voilà ce qu'avaient fait de l'armée française, de ses traditions, de sa discipline et de sa gloire, la politique des petits cabinets, la nullité d'un roi, la toute-puissance d'une femme, cinquante ans après Louis XIV.

Bernis eut le mérite, dans le trouble général, de voir nettement que la politique, qui avait gâté les affaires, était aussi ce qui empêchait de les rétablir. Son découragement venait de sa clairvoyance au moins autant que de sa faiblesse. A côté de lui, le maréchal de Bellisle, se roidissant contre les obstacles, préparait la revanche avec un zèle digne d'un meilleur succès : il réformait p.348 les abus les plus criants, épurait les cadres, comblait les vides, augmentait la solde des officiers et de la troupe, incapable toutefois de donner du talent et de la vigueur aux généraux. Persuadé qu'une nation se relève bien plus en cultivant son génie propre et ses qualités natives qu'en se pliant gauchement à copier l'étranger, il combattait l'engouement qui régnait alors en France pour les institutions militaires de la Prusse ; il essayait de réveiller l'âme et l'intelligence du pays, espérant ramener la fortune sous le drapeau français avec les vertus qui la méritent. « J'ai pensé tout comme vous, écrit-il à Choiseul, contre l'école que MM. de Broglie et leurs adhérents ont introduite dans notre infanterie ; rien n'est plus contraire au génie et à l'esprit de la nation que toutes ces cadences prussiennes... Ne prenons des Prussiens que leur discipline et leur subordination. Que le général et les autres officiers commencent par donner l'exemple du désintéressement, et vous verrez, Monsieur, régner un tout autre esprit dans nos troupes ; nous serons craints, respectés et chéris autant que nous sommes actuellement détestés et que nous serons bientôt méprisés. » Cruellement frappé à Crevelt par la mort du comte de Gisors son fils, il s'arrachait à son désespoir, et usait un reste de vie, disputé à la souffrance, dans la noble tâche de reconstituer la puissance militaire du royaume. « Je crois que je suis sans exception le plus malheureux homme qui existe sur terre, et je ne sais pas comment j'ai encore la force de m'occuper d'autre chose que de ma douleur. Je ne suis pas surpris qu'avec le poison que j'ai dans le cœur mon sang soit devenu du sel et du vinaigre. Il en est résulté un érysipèle sur toute ma tête, sur toute une partie du visage et p.349 tout l'œil droit avec la fièvre. Mon corps est nécessairement affaibli, mais ma tête et l'âme qui y réside ne l'est pas. Je suis aussi vif que si je n'avais que trente ans... Je ne dors point, je mets en œuvre tous les moyens possibles pour trouver les remèdes et réparer les fautes. » Admirons le fier langage et l'âme indomptable de ce vieillard ; mais il faut reconnaître que le sentiment de Bernis, moins héroïque, était plus sage, plus conforme à nos intérêts et à l'état vrai des affaires : comme il arrive souvent, la raison était du côté des opinions modestes. Choiseul, autre partisan de la guerre à outrance, faisait valoir auprès de Bernis les motifs généreux et spécieux dont il est si aisé de se duper soi-même ou d'éblouir autrui. A tout le brillant des espérances de Bellisle et de Choiseul, Bernis opposait cette réponse invariable : « Ce n'est pas l'état des affaires qui m'effraie, c'est l'incapacité de ceux qui les conduisent ; ce ne sont pas les malheurs qui m'accablent, c'est la certitude que les vrais moyens d'y remédier ne seront jamais employés. Le remède n'existe que dans un meilleur gouvernement : accordez-moi cette condition, et je serai d'avis de continuer la guerre ; mais c'est là précisément ce qui nous manque et ce que personne ne peut nous donner, je veux dire un gouvernement. » — Pourquoi donc Bernis jugeait-il impossible cette condition, qu'à bon droit il déclarait nécessaire ?

II

La journée de Rosbach commençait une série de désastres qui ne finit qu'avec la guerre en 1763 ; or, ce « fantôme de pouvoir, » comme l'appelle Bernis, ce p.350 gouvernement « des petits esprits et des têtes étroites, » dont il était membre lui-même, mais un membre contrit et repentant, loin de se ranimer dans son chef, de s'éclairer par l'expérience, de prendre la consistance, l'unité, l'esprit de suite et de décision que les événements exigeaient de lui, s'enfonçait dans sa routine indolente, dans son désordre incurable, et, selon l'expression de ces correspondances, « semblait vouloir périr en laissant tout aller sous soi. »

L'adversité frappe sur la France à coups redoublés : nos flottes et notre commerce sont détruits en même temps que nos armées sont en déroute ; les Anglais descendent à Saint-Malo et à Rochefort au moment où les Prussiens passent le Rhin ; Louisbourg tombe quelques mois après, le Canada est perdu, la chute du crédit met le trésor à sec, — comme l'écrivait madame Du Deffand au président Hénault, « la France est madame Job. » Que fait le gouvernement dans la crise politique, militaire et financière où ses fautes l'ont précipité ? Menacé d'une invasion, d'une banqueroute et d'une révolte, par quelles mesures essaie-t-il de conjurer tous ces dangers ? C'est ce que nous apprend une lettre de Bernis à la date du 6 juin 1758. « Mon cher comte, cette lettre est bien pour vous seul, et vous devez la brûler. Nous touchons au dernier période de la décadence. La tête tourne à Montmartel et au contrôleur général. Ils ne trouvent plus un écu. La honte de notre armée est au comble. Les ennemis ont passé le Rhin à Emeric, à six lieues de M. le comte de Clermont, et ont construit un pont sans qu'on s'en soit douté... Vous verrez par mon dernier mémoire lu au conseil si j'ai dissimulé la vérité. J'ai cassé toutes les vitres, j'ai dit les choses les plus fortes ; qu'est-ce que p.351 tout cela a produit ? Une légère secousse, et puis on s'est enfoncé dans sa léthargie ordinaire. La résolution que j'ai fait prendre au roi au dernier conseil *est la voix du cygne mourant*. Je sais que je n'aurai plus de force, si le roi n'en a pas ou n'en donne pas. Il n'y a plus d'autorité, et les têtes se sont démontées. Conservez la vôtre, et plaignez un ami qui le sera jusqu'à la mort. » Les malheurs ont beau s'aggraver, aucun n'a prise sur ces âmes débiles qui échappent au sérieux par leur faiblesse même. « Nous vivons comme des enfants ; nous secouons les oreilles quand il fait mauvais temps, et nous rions au premier rayon de soleil. Ce sont des volontés d'enfant qui dirigent les principes de notre gouvernement. On attend de l'argent comme de la rosée du ciel, sans le chercher où il est, sans frapper les grands coups qui le font circuler, sans émouvoir la nation qui le jetterait par les fenêtres pour le service du roi, si l'on savait la remuer... J'achèterais la paix du continent par un bras ou une jambe, si elle se faisait d'ici à trois mois. Il vaudrait mieux ramer la galère que d'être chargé d'affaires dans un temps où l'on laisse tout faire également à tout le monde. Le roi n'est nullement inquiet de nos inquiétudes ni embarrassé de nos embarras. Il n'y a pas d'exemple qu'on joue si gros jeu avec la même indifférence qu'on jouerait une partie de quadrille. »

Bernis ne se contente pas de gémir et de présager des catastrophes. On peut distinguer deux parties dans sa correspondance privée : l'une, écrite sous l'impression immédiate des faits, dans la première frayeur d'une imagination ombrageuse, est tout à la plainte et aux noirs pressentiments. « Monsieur l'abbé, votre tête s'échauffe, » lui disait ironiquement madame de Pompadour. L'abbé avait en effet la sensibilité fiévreuse de l'homme de lettres ; son esprit juste manquait de sang-froid. A côté de cette partie tragique et éplorée, où le ministre, pris de vertige, ne songe qu'à se démettre et ne parle que de mourir, on voit se dégager du milieu des lamentations un dessein médité, œuvre des heures plus calmes, qui fait honneur à la sagacité de Bernis et à sa bonne foi. Il songe d'abord à créer un gouvernement, c'est-à-dire une volonté dirigeante, en faisant nommer un ministre principal, un chef du cabinet ; il se propose lui-même, naïvement, sans insister ; il propose Bellisle, et finit par indiquer Choiseul. « Nous avons besoin d'un débrouilleur général ; il faut un maître ici, j'en désire un, et je n'ai garde de désirer que ce soit moi. » Pitt gouvernait alors l'Angleterre et dominait le roi par l'ascendant du caractère et du génie, fortifié de l'adhésion publique : ce vigoureux exemple avait frappé Bernis, qui feint même d'en redouter les conséquences pour la royauté anglaise. « M. Pitt, écrivait-il à Choiseul, gouverne son pays avec les principes et peut-être les vues de Cromwell. » Sans rêver un pareil rôle, sans le souhaiter à personne, il admirait cette impétueuse énergie si contraire à notre mollesse, et l'enviait. Tel est son dégoût du chaos où le despotisme énervé a plongé la France, qu'il en devient républicain, par souvenir classique et regret tout platonique, bien entendu. « Quand la république romaine était dans l'embarras, elle nommait un dictateur. Nous ne sommes pas la république romaine, mon cher comte, et nous aurions grand besoin de l'être. » Malheureusement pour les projets de Bernis et ses réminiscences, le gouvernement de Versailles était dans cette situation désespérée, moins rare qu'on ne croit en politique, où p.353 le préjugé contre un remède nécessaire est si fort qu'on préfère le mal à l'unique chance de guérir. L'idée d'un premier ministre, « épouvantail » du roi, de la favorite et de l'entourage, fut écartée sans discussion.

Toute espérance de mieux conduire la guerre ayant disparu, il ne restait plus qu'à faire la paix. Avant de poser officiellement la question, Bernis s'en ouvrit à Choiseul. « On ne fait pas la guerre sans généraux ni avec des troupes mal disciplinées, lui écrivait-il le 18 décembre 1757 ; mettez bien cela dans un coin de votre tête. Prenons garde de nous perdre les uns par les autres. Charité bien ordonnée commence par soi-même, je ne conseillerai jamais au roi de hasarder sa couronne pour l'alliance. Mon avis serait donc de faire la paix et de conclure une trêve sur terre et sur mer. Quand je saurai ce que le roi pense de cette idée, que le bon sens, la raison et la nécessité me présentent, je vous la détaillerai. En attendant, tâchez de faire sentir à M. de Kaunitz deux choses également vraies, c'est que le roi n'abandonnera pas l'impératrice, mais qu'il ne faut pas que le roi se perde avec elle. Nos fautes respectives ont fait d'un grand projet, qui les premiers jours de septembre était infaillible, un casse-cou et une ruine assurée. C'est un beau rêve qu'il serait dangereux de continuer, mais qu'il sera peut-être possible de reprendre un jour avec de meilleurs acteurs et des plans militaires mieux combinés. Je vous ouvre mon cœur, mon cher comte, parce que vous avez de l'âme et de l'esprit. Tout ce que je vous dis dans cette lettre n'est que ma seule façon de penser ; elle vous mettra à portée de m'éclairer sur celle de la cour de Vienne, et je prendrai ensuite les ordres du roi. » Bientôt le moment vint d'aborder le roi ; l'Autriche, en ce mois de décembre 1757, avait eu sa journée de Rosbach à Lissa. Bernis trouva Louis XV inébranlable sur l'alliance, prêt à tout risquer plutôt que de la rompre, sans éloignement d'ailleurs pour la paix, à la condition que l'impératrice y consentit. Autorisé, sous cette réserve, Bernis informa l'ambassadeur et lui développa ses raisons, aussi nombreuses que solides, dans les dépêches du mois de janvier 1758. « Nous avons affaire à un prince qui joint à tous ses talents militaires les ressources d'une administration éclairée, d'une décision prompte, et tous les moyens que la vigilance, l'adresse, la ruse et la connaissance profonde des hommes et des cabinets lui fournissent. Ce n'est que par des moyens égaux qu'on peut espérer d'en venir à bout. Le courage qui fait désirer à l'impératrice d'essayer encore dans la campagne prochaine de vaincre son ennemi n'est-il point aveugle ? qu'a-t-elle à espérer de plus cette année que l'année passée ? Ce sont les hommes qui mènent les affaires. Le roi de Prusse sera toujours le même, et les ministres et les généraux qui lui sont opposés lui seront toujours également inférieurs. »

L'Autriche répugnait à la paix : les avantages de l'alliance la dédommageaient amplement des pertes de la guerre. Elle sentait bien que le gouvernement français, même sous Louis XV, ne serait pas toujours disposé à sacrifier ses armées, sa marine, ses colonies et ses finances aux desseins ambitieux de la cour de Vienne, et que ce prodige d'aberration politique ne se renouvellerait pas de longtemps. Elle répondit aux propositions de Bernis par une promesse de consentir à la paix, si la prochaine campagne n'était pas plus heureuse, se réservant de contreminer et de détruire l'homme suspect qui était ~p.355~ resté trop bon Français pour se montrer bon Autrichien. Une explication eut lieu le 28 février 1758 entre Bernis et le comte de Kaunitz : celui-ci, usant d'une exagération calculée, feignit de croire à l'hostilité du ministre, déplora la rupture imminente d'une alliance réputée si solide, et se plaignit ouvertement de l'abandon où la France menaçait de laisser ses amis ; en même temps il essayait de regagner par des flatteries le cœur de l'abbé, dont on savait la faiblesse. « Notre bonne étoile nous avait donné en vous, Monsieur l'abbé-comte, un ministre fait pour les temps dans lesquels la Providence lui a confié la direction des affaires, éclairé, capable de voir dans le grand, au-dessus des anciens lieux communs et préjugés, et sachant apprécier les choses ni plus ni moins qu'elles ne valent ; en un mot, tel qu'il nous le fallait. » A ces manéges d'une fausse bonhomie, Bernis n'opposa qu'un aveu plein de sincérité qu'il appelle sa *confession générale*. Il y reprenait en détail les raisons contenues dans ses dépêches à Choiseul, insistait avec intention sur les embarras financiers de la France, point délicat et particulièrement sensible à l'Autriche, qui ne se soutenait que par nos subsides. « Je trahirais le roi, l'État et nos alliés, si je parlais un langage plus obscur et plus équivoque. » Un commentaire, écrit pour Choiseul, accompagnait cette dépêche ; le ministre y fait preuve d'un intelligence politique supérieure à celle qu'on lui attribue généralement. « La cour de Vienne, qui avait une si grande idée des ressources de la France, doit être bien étonnée de la voir si vite abattue ; mais il est presque aussi aisé, avec de meilleurs principes, de remettre la France sur le bon pied qu'il est facile d'y introduire et d'y entretenir le désordre et la confusion. Ainsi nos amis et nos ennemis feront toujours de faux calculs quand ils nous croiront plus redoutables ou moins à craindre que nous ne sommes. » L'année 1758 se passa dans ces incertitudes, que la guerre ne contribuait pas à éclairer ni à fixer.

Se défiant à la fois de l'Autriche et du roi, Bernis, l'homme des transactions, avait imaginé un moyen terme qui, supposant la durée de la guerre et de l'alliance, sauvegardait du moins l'intérêt national en rendant à la France la libre disposition de ses forces contre l'Angleterre. Il s'agissait de revenir au premier traité de 1756 et au contingent stipulé de 24 000 hommes ; on devait former ce corps auxiliaire avec les régiments suisses et allemands à la solde du roi, ou remplacer le secours armé par un nouveau subside. Bernis roula ce projet dans sa tête pendant tout l'été de 1758, le révélant à Choiseul par échappées. « C'est un coup de partie, lui disait-il ; depuis que j'ai ainsi fixé mes idées, je suis tranquille, et ma tête est nette. Au bout du compte, si l'État périt, ce ne sera pas ma faute, mais je veux au moins mourir comme le chevalier sans peur et sans reproche. Soyons nobles, mais ne soyons pas dupes. Sommes-nous donc obligés à porter seuls le poids du chaud et du jour ? On paraît vouloir à Vienne tirer de nous la quintessence sans s'embarrasser de ce que nous deviendrons. On nous regarde comme des créanciers ruinés dont il faut tirer le dernier écu avant la banqueroute. L'État, vos amis, tout exige que nous sortions du précipice où nous descendons à pas de géant. Veut-on attendre que le soulèvement de la France rompe avec éclat l'alliance ? »

La campagne finie, quand il fallut régler l'avenir $_{p.357}$ et se décider, Bernis tenta un effort à Vienne et fit passer à Choiseul la copie d'une convention rédigée sur les bases que nous venons d'indiquer. « Il est temps de rompre la glace, lui écrivait-il le 23 septembre ; il faut perdre l'idée de partager la peau d'un ours qui a su mieux se défendre qu'on n'a su l'attaquer. Je vous entasse toutes mes idées et je vous les donne à digérer pour en faire un chyle convenable aux estomacs des Autrichiens. Renonçons aux grandes aventures, notre gouvernement n'est pas fait pour cela.

Ce sera bien assez de conserver son existence, et cela doit nous suffire. Je vous avoue que je n'étais pas né pour vivre dans ce siècle, et que je n'aurais jamais cru tout ce que je vois. Madame de Pompadour me dit quelquefois de me dissiper et de ne pas faire du noir. C'est comme si l'on disait à un homme qui a la fièvre ardente de n'avoir pas soif. » Les dépêches les plus pressantes accompagnaient les déclarations de la correspondance particulière. « Depuis le passage du Rhin et la descente des Anglais à Saint-Malo, le crédit et la confiance sont tombés à un point à effrayer. Avec 100 millions d'effets, le contrôleur général est à la veille tous les jours de manquer. Nos places frontières ne sont pas pourvues, nous n'avons plus d'armées, l'autorité languit, et le nerf intérieur est entièrement relâché. Les fondements du royaume sont ébranlés de toutes parts. Notre marine est détruite, les Anglais se promènent sur nos côtes et les brûlent ; le commerce maritime, qui faisait entrer 200 millions par an, n'existe plus ; nous avons à craindre la perte totale de nos colonies, et nous serons réduits au rang des secondes puissances de l'Europe. Au bout du compte, le roi n'est que l'usufruitier de son royaume, il a des enfants, et les peuples doivent être comptés dans ce nombre. Levez le bandeau de l'orgueil, faites comprendre qu'il vaut mieux exister quand on est grande puissance que de se laisser détruire. On se relève de ses faiblesses, on profite de ses fautes, et on se gouverne mieux. » Ce langage alarmant, tenu à Vienne pour excessif, avait le grand défaut de n'exprimer que l'opinion d'un ministre sans autorité ; aussi ne pouvait-il prévaloir contre les intérêts qui poussaient à la guerre. Bien loin de convaincre la cour impériale, il ne persuada pas même l'ambassadeur chargé de le soutenir et de l'expliquer : Choiseul connaissait par les aveux indiscrets de la correspondance privée le peu de crédit que les idées de l'abbé obtenaient à Versailles ; ces confidences d'un ami trop sincère avertissaient l'ambitieux diplomate de désobéir aux ordres du ministre.

C'est alors que Bernis, à bout de ressources et n'osant pas rompre brusquement le lien de solidarité qui l'attachait à des fautes irréparables, à des malheurs sans remède, céda aux accès d'un désespoir dont il faut lui pardonner les défaillances en considération de sa sincérité et de son patriotisme. Obsédé de visions lugubres, il se crut perdu, déshonoré à jamais, écrasé sous les ruines de l'État et sous la malédiction publique. L'idée de l'abîme entr'ouvert ne cessa de hanter son imagination blessée. Ses lettres à Choiseul ne sont plus qu'un long cri de détresse. « Notre amie dit que ma tête s'échauffe ; je ne vois noir que parce que je vois bien. Son sort est affreux. Paris la déteste et l'accuse de tout. Je tremble pour l'impératrice. Je vois une révolution affreuse dans le monde politique. Toutes les parties sont anéanties ou décomposées ; ceci ressemble à la fin du monde... Je meurs dix fois par jour ; je passe des nuits affreuses et des jours tristes.

On pille le roi partout, l'ignorance et la friponnerie sont dans tous les marchés. La marine et la guerre est un gouffre ; tout ce qui est plume y vole par une longue habitude. Nous dépensons un argent énorme, et l'on ne sait jamais à quoi il a été employé, ou du moins il n'en résulte rien d'utile. Un miracle seul peut nous tirer du bourbier où nous barbotons. Notre système se découd par tous les bouts. » Ce pauvre homme, qui avait encore près d'un demi-siècle à vivre, *il fait son testament.* « J'ai brûlé mes papiers, je vais faire mon testament, et puis je mourrai de chagrin et de honte jusqu'à ce qu'on me dise de m'en aller. On attend que tout périsse pour raccommoder quelque chose. Donnez-nous la paix à quelque prix que ce soit. »

Les rumeurs de Paris, l'orage soulevé contre son nom, achevaient de troubler sa tête et lui portaient au cerveau. Bernis n'est point un politique de la vieille école, sourd aux clameurs du peuple, insensible à sa misère ; il a vécu avec des philosophes et respiré l'air du siècle ; ministre d'un roi absolu, il aime la popularité et se pique de libéralisme. Quel supplice de se voir exécré comme un partisan de la guerre à outrance, lui si pacifique ! Les esprits sont montés à ce point qu'il craint d'être attaqué dans les rues de Paris avec madame de Pompadour. « On me menace par des lettres anonymes d'être bientôt déchiré par le peuple, et, quoique je ne croie guère à de pareilles menaces, il est certain que les malheurs prochains qu'on peut prévoir pourraient aisément les réaliser. La nation est indignée plus que jamais de la guerre. On aime ici le roi de Prusse à la folie, parce qu'on aime toujours ceux qui font bien leurs affaires. p.360 On déteste la cour de Vienne, parce qu'on la regarde comme la sangsue de l'État. La nation est énervée par le luxe, gâtée par la faiblesse du gouvernement, dégoûtée même de la licence dans laquelle on la laisse vivre. Si les choses en viennent à une certaine extrémité, soyez sûr, mon cher comte, que vos amis seront culbutés et déchirés. » Sa santé ne résista pas à cette vie d'angoisses, tout défaillit à la fois dans le malheureux abbé : ce « resplendissant visage, » qui avait fait sa première gloire, perdit ses grâces et son éclat. « J'ai des coliques d'estomac, des obstructions au foie et des étourdissements continuels. Il y a dix mois que je ne dors plus. Mon visage est comme celui d'un lépreux, parce que la bile s'est portée à la peau. » Pour le coup, notre épicurien n'y tint plus ; les derniers scrupules qui l'arrêtaient s'évanouirent. Maudissant les grandeurs dont il était le prisonnier et la victime, il résolut de reconquérir à tout prix son repos, sa liberté, sa bonne mine et sa belle humeur.

Choiseul pouvait le sauver en prenant sa place. Dès le 1er août, Bernis le supplie de l'accepter, et nous présente cet exemple rare d'un ministre disant à son subordonné : voici mon portefeuille, vous en êtes plus digne que moi. Tel est, en effet, l'exact résumé des lettres qu'il lui écrit pour vaincre un semblant de résistance.

« Vous avez du nerf, et vous en donnerez plus que moi. Votre caractère s'affecte moins, vous tenez plus ferme contre les orages. Vous seriez plus propre que moi aux affaires étrangères ; vous auriez plus de moyens pour faire frapper de grands coups par notre amie. Je vous parle comme je pense, répondez de même et franchement. » En attendant la réponse, il se tourne vers madame de _{p.361} Pompadour et s'efforce de la gagner à l'idée de ce changement. « Il ne tient qu'à vous, Madame, que M. le duc de Choiseul ait ici une place. Il mettra une activité dans la guerre qui n'y est pas ; il en mettra dans la marine et dans la finance. Vous me ferez vivre trente ans de plus ; je ne sécherai plus sur pied. Vous aurez deux amis unis auprès de vous et l'ami intime de M. de Soubise. Vous ferez le bonheur des trois, et le roi en sera mieux servi. En un mot, M. le duc de Choiseul a un grand avantage sur moi, c'est de connaître la cour impériale, et c'est elle seule qui m'embarrasse. J'ai la tête frappée de notre état, et j'ai besoin du secours du duc de Choiseul pour nous en tirer. »

Madame de Pompadour hésite ; Louis XV voit de mauvais œil cette intrigue, et entend maintenir Choiseul au poste important qu'il occupe ; Bernis, revenant à la charge, accable de mémoires pathétiques et d'observations suppliantes le roi et madame de Pompadour. Ingénieux à se rendre impossible, il étale ses infirmités, il fait valoir son insuffisance, s'excuse de ses ambitions passées comme d'une faute involontaire, et pousse jusqu'aux dernières limites de l'humilité et de l'abaissement la passion de n'être plus ministre. On jugera de son style mortifié par l'extrait suivant, qui est du 4 octobre 1758. « Je vous envoie, Madame, le mémoire que vous m'avez demandé pour le roi. Vous pouvez le regarder comme mon testament ; il n'y a pas un mot que je ne pense. On me connaîtra quelque jour, et on me rendra justice. Jamais homme n'a été plus attaché au roi et à l'État que je le suis. J'ai fait trop vite une grande fortune, voilà mon malheur. Vous savez combien de temps vous m'avez persécuté pour sortir de mon obscurité. Ce $_{p.362}$ n'est pas ma faute si je suis arrivé aux honneurs. Je ne désire que le bonheur du roi et la gloire de la nation, mourir au bout de cela ou vivre tranquille avec mes dindons. Voilà tous mes vœux, mais réellement je n'en puis plus. » Deux jours après, nouvelles plaintes, nouvelles instances ; on attendait pour lui en ce moment-là le chapeau de cardinal, il offre d'y renoncer ; il dépêchera, s'il le faut, un courrier à Rome pour arrêter le chapeau, ou donnera sa parole au roi de ne pas l'accepter. « Je vous avertis, Madame, et je vous prie d'avertir le roi que je ne puis plus lui répondre de mon travail. J'ai des coliques d'estomac affreuses ; j'ai la tête perpétuellement ébranlée et obscurcie. Il y a un an que je souffre le martyre. Que le roi prenne un parti ; je n'ai plus la force, ni la santé, ni le courage de soutenir le poids des affaires. Je vois où nous allons, je ne veux pas me déshonorer. » Ce même jour, 6 octobre, il priait madame de Pompadour de remettre au roi un longue lettre qui contenait sa démission, et rassemblait pour une tentative suprême les moyens déjà connus de cette singulière cause, plaidée avec une si étrange éloquence, et bien digne de figurer à titre d'exception dans l'histoire des ambitions politiques. Nous en détacherons quelques passages. « Le bien de vos affaires, sire, m'occupe uniquement, j'oserais même dire qu'il m'affecte trop. J'ai l'esprit frappé des suites de cette guerre. Le manque de parole pour les engagements pris et les subsides promis m'a déshonoré et décrédité, j'en ai le cœur flétri. Avec de l'honneur, sire, il est impossible à un gentilhomme de vivre dans cette situation : mon esprit se trouble, souvent même je suis incapable du moindre travail ; je passe mes nuits dans des souffrances et des agitations auxquelles il m'est impossible de résister plus longtemps. J'ai le foie attaqué, je suis menacé tous les jours d'une colique hépathique... Les qualités du duc de Choiseul lui donnent des titres particuliers à la confiance de Votre Majesté : il est militaire en même temps qu'il est politique, il peut donner des plans à la guerre ou rectifier ceux qui sont proposés. Vos affaires ont besoin d'activité, de nerf, de résolution. Les pierres mêmes s'élèvent contre l'administration de la marine... Questionnez vos ministres et décidez promptement, car la chandelle brûle par tous les bouts. »

Le 9 octobre, Louis XV fit une réponse qu'on a recueillie avec les lettres de Bernis ; il s'y explique, non sans fermeté, sur le système pacifique de l'abbé et sur sa démission. « Je suis fâché, Monsieur l'abbé-comte, que les affaires dont je vous charge affectent votre santé au point de ne pouvoir plus soutenir le poids du travail. Certainement personne ne désire plus la paix que moi, mais je veux une paix solide et point déshonorante ; j'y sacrifie de bon cœur tous mes intérêts, mais non ceux de mes alliés. Travaillez en conséquence de ce que je vous dis, mais ne précipitons rien pour ne pas achever de tout perdre en abandonnant nos alliés si vilainement. C'est à la paix qu'il faudra faire des retranchements sur toutes les sortes de dépenses, et principalement aux déprédations de la marine et de la guerre, ce qui est impossible au milieu d'une guerre comme celle-ci. Contentons-nous de diminuer les abus sans aller tout bouleverser, comme cela sera nécessaire à la paix. Je consens à regret que vous remettiez les affaires étrangères entre les mains du duc de Choiseul, que je pense être le seul en ce moment qui y soit propre, ne ₚ.₃₆₄ voulant absolument pas changer le système que j'ai adopté, ni même qu'on m'en parle. Écrivez-lui que j'ai accepté votre proposition, qu'il en prévienne l'impératrice, et qu'il voie avec cette princesse les personnes qui lui seraient les plus agréables pour le remplacer soit dans le premier, soit dans le second ordre ; cela doit plaire à l'impératrice et la convaincre de mes sentiments, qu'elle a fait naître si heureusement. » Bernis se hâta d'envoyer à Choiseul, avec une copie de cette lettre du roi, des lettres de rappel qu'on trouvera dans la correspondance diplomatique. Il lui écrivait plus familièrement pour l'engager à presser son retour : « Je suis excédé de la platitude de notre temps. Je vous attends comme le messie... Mon caractère me porte tout naturellement à vivre tranquille ; je suis parvenu à la plus grande fortune par la force et le bonheur des circonstances, mais la vie privée me convient plus qu'à tout autre. *Ou faire de grandes choses ou planter mes choux,* voilà ma devise, et je n'en prendrai point d'autre. Je vous promets *amitié et union,* c'est ma profession de foi. Le grand point est que vous êtes agréable au roi... Quant à moi, je suis à vous corps et âme. »

Le jour même où Bernis recevait du roi la lettre qui acceptait sa démission, on lui apprenait de Rome qu'il était cardinal. Cette coïncidence résulte des dates précises que nous fournit sa correspondance. La démission de Bernis est du 6 octobre, la réponse du roi est du 9 ; or Bernis écrivait le 11 à Choiseul : « Je suis cardinal depuis deux jours, Monsieur le duc, et j'en ai appris hier la nouvelle. Le roi a témoigné une véritable joie de ma promotion. Cela a été marqué et remarqué. p.365 *Votre affaire et la mienne sont finies.* » Malgré les soucis de la politique et les malheurs de la guerre, le ministre et l'ambassadeur n'avaient pas négligé le soin de leurs intérêts personnels. Les deux amis s'entr'aidaient : Bernis à Versailles demandait le titre de duc pour Choiseul, et Choiseul à Vienne réclamait l'appui de la cour impériale pour le chapeau de Bernis. Pendant tout l'été de 1758,

Bernis, à travers ses frayeurs et ses crises nerveuses, poursuit le succès de l'une et l'autre promotion ; il stimule le zèle de Choiseul, lui promet le sien, et lui écrit : « Je serai bientôt cardinal de votre façon, et vous serez certainement duc. » Au mois d'août, quand la promesse du pape est déclarée, l'abbé-comte « met aux pieds de Leurs Majestés impériales son hommage et sa parfaite reconnaissance. » Choiseul, plus avancé, est déjà duc à cette époque, comme nous l'indique ce billet de félicitation que lui écrit Bernis le 26 août. « C'est avec la plus grande joie, Monsieur le duc, que je vous appelle ainsi. Vous n'en doutez pas ; le fond de mon cœur vous est réellement connu. »

Qu'un détachement absolu du pouvoir est chose malaisée, paraît-il, même à ceux qui l'ont pris en dégoût ! Bernis, en quittant le ministère, semblait briser sa chaîne ; nous l'avons vu implorer la pitié du roi pour obtenir de n'être plus rien, et demander pardon d'avoir consenti à devenir quelque chose : voilà que, à peine délivré et ragaillardi par le sentiment de cette délivrance, oubliant tous les scandales de sa faiblesse, il essaie de retenir ce qu'il a rejeté. Laissant à Choiseul le département qu'il venait d'abandonner, le nouveau cardinal espérait rester au conseil dans la position commode d'un ministre sans portefeuille, c'est-à-dire sans travail ni responsabilité. Il nourrissait l'illusion de garder les honneurs en se débarrassant des affaires. Sa facile imagination avait formé là-dessus comme un roman de sentimentalité politique : Choiseul et lui, unis par une amitié inaltérable, auraient échangé leurs vues, mis en commun leurs ressources, partagé leurs talents, leur crédit et leurs succès. « Nous ne serons, disaient-ils, qu'une tête dans un bonnet. » Le cardinal offrait de conduire le clergé et le parlement, de tenir la feuille des bénéfices ; il se composait un rôle selon son cœur : agréable et de belle apparence. Ses dernières lettres à madame de Pompadour nous le montrent en instance pour avoir *les grandes entrées* et un logement honnête à Versailles ; il s'évertue maintenant à se donner du relief, à faire figure. « Les sots du parlement, du clergé et les ministres étrangers attendent à juger par mon logement de ma faveur ou de ma disgrâce. » — La lettre de cachet du 13 décembre 1758, qui l'exilait dans l'abbaye de Vic-sur-Aisne, coupa court à sa vaine agitation : cette mesure un peu brusque, mais facile à comprendre après ce que nous savons, rendait à la vie privée, dont il n'aurait jamais dû sortir, ce démissionnaire attardé qui s'était précipité du pouvoir et qui ne savait pas en descendre.

Désabusé de ses illusions vaniteuses, Bernis supporta dignement le coup imprévu qui le rappelait à lui-même. Dans l'émotion de sa disgrâce, il fit paraître, comme on disait alors, les sentiments d'un honnête homme : il n'accusa pas Choiseul et sut garder une reconnaissance fidèle à son ancienne protectrice. Tous ses mérites reprirent le dessus, dès qu'il fut revenu à son naturel et p.367 dépouillé du personnage d'emprunt qui l'écrasait. Voici en quels termes il répondit à la lettre de cachet du 13 décembre : « Sire, je vais exécuter avec le plus grand respect et la plus grande soumission les ordres de Votre Majesté. J'ai brûlé toutes les lettres dans lesquelles Votre Majesté entrait dans des détails qui marquaient sa confiance. Mes étourdissements m'avaient fait prendre toutes les précautions qu'on prend à la mort. » Le même jour, il écrivait à madame de Pompadour : « Je crois devoir, madame, à notre ancienne amitié et aux obligations que je vous ai de nouvelles assurances de ma reconnaissance. On les interprétera comme on voudra ; il me suffit de remplir vis-à-vis de vous un devoir essentiel... Le roi n'aura jamais de serviteur plus soumis, ni plus fidèle, ni vous d'ami plus reconnaissant. » Trois jours après, il s'adresse de nouveau à la marquise et au roi pour confirmer ses premières déclarations. « Votre réponse, madame, m'a un peu consolé. Vous ne m'avez point abandonné... Je vous adresse une lettre de soumission pour le roi. Je lui demande d'ôter à mon exil ce qui peut me présenter à l'Europe comme un criminel d'État. » — « Sire, j'avais cru devoir me justifier auprès de Votre Majesté dans une lettre assez longue que je supprime par respect. J'aime mieux avouer que j'ai tort, parce que, malgré mes bonnes intentions, j'ai eu le malheur de vous déplaire. J'avoue, sire, aussi franchement que je suis un mauvais courtisan... Je ne guérirai jamais de la douleur d'avoir perdu vos bontés ; j'y avais pris une confiance si aveugle qu'elle m'a empêché de croire que je pusse vous déplaire en vous suppliant d'accepter ma démission. » Le lendemain, il s'expliquait avec Choiseul lui-même en termes pleins de simplicité et de délicatesse : on nous permettra de citer encore cette lettre qui clôt l'incident de la disgrâce de Bernis. « Madame de Pompadour, monsieur le duc, a dû vous dire la façon dont j'ai pensé sur votre compte au premier moment de ma disgrâce. J'aurais voulu, pour éviter les jugements téméraires, que les circonstances qui l'ont précédée eussent pu l'annoncer au public ; au reste, nous nous sommes donné réciproquement les plus grandes marques de confiance et d'amitié, nous ne saurions donc nous soupçonner l'un l'autre sans une grande témérité. Je ne juge pas comme le peuple, et je n'ai jamais soupçonné mes amis. Il faut que, puisqu'ils n'ont pu empêcher ma disgrâce, il ne leur ait pas été permis de s'y opposer. Les instances que j'ai faites pour vous remettre ma place m'ont perdu. J'ai prouvé par là, d'une manière bien funeste pour moi, la confiance que j'avais en vous. Je vous remercie des nouvelles marques d'amitié et d'intérêt que vous voulez bien me donner. »

Nous l'avons déjà dit, et cette correspondance entière en fournit la preuve, il y avait dans Bernis, sous les dehors du courtisan, un fonds de sagesse et de probité, mais il lui manquait les vertus et les talents de la vie publique. La grandeur fait défaut à son caractère. On a pu juger, par nos citations, du style de ses lettres ; ce langage facile et prolixe porte la marque d'un esprit assez peu élevé et sans énergie. Bernis n'a d'imagination que dans la plainte, toutes ses vivacités lui viennent d'un seul sentiment, la peur. Les expressions triviales, fort à la mode parmi les grands seigneurs du XVIIIᵉ siècle, sont fréquentes sous sa plume. il dira d'une princesse : « L'infante fait fort bien, *elle ne se laisse pas mettre le* ₚ.₃₆₉ *grappin.* » Qu'il parle de guerre ou de politique, c'est avec le même sans-façon : « Si nous traitons *ric à ric*, écrit-il à Choiseul à propos des chicanes autrichiennes, *si nous tirons au court bâton,* tout sera perdu avec le plus beau jeu du monde... Pourvu que M. le maréchal de Richelieu et son armée ne se laisse pas *écaniller.* » Paroles, actions et sentiments, tout est à l'unisson. Voici encore un trait qui ne rehausse guère le personnage. Bernis, en résignant le pouvoir, a trop de souci de la question d'argent. Sa lettre du 12 octobre à madame de Pompadour nous met au courant de ses affaires personnelles et de ses exigences. « En quittant mon département, je quitte 60 000 livres de rente. J'ai remis ma place de conseiller d'État. Voici ce qui me reste : Saint-Médard, qui rapporte 30 000 livres net, Trois-Fontaines, qui m'en rapporte 50 000 net, mais dont je ne toucherai les revenus que dans un an ; La Charité, 16 000. Le roi sait que la portion congrue d'un cardinal est de 50 000 écus de rente. Ainsi il s'en faudra de 50 000 livres au moins que j'aie ce qui est nécessaire pour soutenir la dignité de mon état. Une abbaye régulière, sans rien conter au roi, me donnera de quoi vivre selon mon état. En attendant, je dois 200 000 livres à M. de Montmartel, et je vais lui en devoir 300 000 pour la dépense que va m'occasionner le camérier du pape. » L'usage a beau les autoriser et même les perpétuer, tous ces règlements de compte n'ont pas fort grand air au regard de l'histoire.

Les relations de Bernis et de Choiseul ne cessèrent pas en 1758 avec le ministère de l'abbé ; leur correspondance dura jusqu'en 1770, mais pendant ces douze années elle se borne à quelques lettres fort courtes p.370 et sans importance. Les unes sont datées de Vic-sur-Aisne, Bernis y donne des nouvelles de sa santé : « On l'a mis au lait d'ânesse et aux bouillons de tortue. » Il y exprime son espoir dans la clémence du roi : « Le roi est bon, il ne voudra pas que je sois prisonnier toute ma vie. » D'autres billets sont écrits d'Alby, les derniers viennent de Rome, celui-ci, par exemple, où Bernis annonce son arrivée et note en style négligé ses impressions. « Les Romains et les Romaines me paraissent assez plats, assez maussades, et sont mal élevés. Le matériel me plaît ici plus que le moral, mais il n'y a pas un homme ! et l'ignorance est aussi générale que la corruption ! » En 1770, la roue de fortune a tourné : Bernis, relevé de sa disgrâce, est rentré dans les hauts emplois, le triomphant Choiseul est exilé. Le cardinal-ambassadeur a-t-il rompu tout commerce avec son ancien ami et successeur à dater de ce moment-là ? ou bien a-t-il fait, comme tant d'autres, — du moins par lettre, — le pèlerinage de Chanteloup ? Nous l'ignorons.

A parler juste, leur vraie correspondance, la seule qui intéresse la postérité, avait pris fin le 13 décembre 1758. Nous l'avons analysée, non seulement parce qu'elle est fort peu connue, mais parce qu'elle nous a semblé répandre une vive lumière sur une époque historique qui a des droits particuliers à l'attention de ce temps-ci. Nous avons vu reluire à chaque page cette vérité, dont la France vient de faire une si rude expérience, qu'un gouvernement atteint de faiblesse et de malaise commet une insigne folie en courant chercher au dehors, dans le risque des aventures, la force qui lui manque. La guerre ne soutient pas les pouvoirs caducs, p.371 et n'a jamais arrêté sur le penchant de l'abîme ceux qui s'y précipitent : œuvre de science, de labeur patient et d'habileté consommée, elle demande aux peuples les plus robustes tout leur génie avec toutes leurs vertus ; quel succès peut-elle promettre à ceux qui n'apportent dans ces redoutables épreuves que leur débilité capricieuse et la fatuité de leur ignorance ? C'est l'énergie de l'intérieur qui crée la puissance qu'on voit éclater dans la gloire et la fumée des champs de bataille. La victoire exige et suppose cette vigueur même qu'on se flatte de lui emprunter. La France, en 1757, avait des généraux et des armées bien peu dignes d'elle ; mais les ministres étaient encore au-dessous des généraux. Les aveux de Bernis ont mis à nu la profonde misère de ce gouvernement : apathie dans le maître, anarchie dans les conseils, incapacité et friponnerie dans l'administration, révolte sourde des intérêts égoïstes et des passions politiques, partout un nombre tel d'abus invétérés qu'ils défient les plus hardis réformateurs.

Le cabinet de Versailles n'est pas seul coupable ; l'opinion publique a sa part de responsabilité dans les défaites et l'abaissement de la France. Sans doute, on ne saurait s'étonner que Paris désapprouve, après l'avoir approuvée, une guerre si follement conduite : il a bien le droit de s'indigner en voyant tant de scandales étaler leur impunité ; son tort est d'étouffer le patriotisme sous les rancunes de l'esprit de parti, et de pavoiser son opposition avec les couleurs de la Prusse. « L'enthousiasme des protestants d'Allemagne pour le roi de Prusse ne me surprend pas, écrivait Bellisle ; mais je suis toujours en colère quand je vois les mêmes effets et le même esprit dans la moitié de ce qui habite Paris. Nous p.372 grossissons nos pertes, et nous disons plus de mal de nous-mêmes que nos ennemis n'osent le faire. » Comptons cet égarement de l'esprit public parmi les plus tristes symptômes de la situation que nous avons décrite.

On a pu remarquer, en parcourant cette même correspondance, combien étaient précaires les ressources du trésor en ce temps-là, combien difficiles et désespérés ses appels au crédit, avec la banqueroute sans cesse en perspective ; pareil à un débiteur suspect, le pouvoir est à la merci d'un Turcaret. Toutes les semaines, il faut que le ministre des affaires étrangères, Bernis, pour remplir des engagements publics, pour payer les subsides promis, sollicite le financier Montmartel, qu'il *l'amadoue* (c'est son mot), qu'il gagne les bonnes grâces de sa femme. « Tous les jours nous sommes à la veille de la banqueroute. Nous sommes dépendants de Montmartel au point qu'il nous forcera toujours la main. J'ai satisfait sa vanité, je le cultive, je l'encourage. Il craint de risquer sa fortune ; sa femme l'obsède et le noircit, et moi je suis obligé d'aller lui remettre la tête et de perdre vingt-quatre heures par semaine pour l'amadouer et lui demander, comme pour l'amour de Dieu, l'argent du roi. il faut jouer le même rôle vis-à-vis de son frère, sans quoi tout est perdu... Si l'État ne périt pas de cette affaire-ci, il y aura une belle chandelle à offrir à Dieu. »

A cette pénurie honteuse, comparons la richesse actuelle de la France et la merveille de son crédit en Europe. Il y a donc plus d'un trait qui nous est favorable dans ces parallèles qu'on est tenté parfois d'établir entre nos malheurs récents et les époques néfastes de notre histoire ; la supériorité des temps modernes, bien qu'entamée sur certains points, se manifeste par des preuves irrécusables ; c'est à nous de rester fidèles aux principes d'ordre, de loyauté, d'union, de sage gouvernement, qui nous ont donné ces avantages, et de nous attacher aux qualités sérieuses et fortes qui seules peuvent les maintenir et les développer [1].

---

[1] On peut consulter encore, sur l'époque que nous venons d'étudier, d'autres documents qui se rattachent à notre sujet, mais qui sont depuis trop longtemps connus, ou trop peu sûrs, pour entrer dans ce livre. Tels sont : les *Mémoires de Duclos* sur la guerre de Sept ans, et les *Mémoires de madame du Hausset,* où se trouvent d'intéressants détails, souvent cités, sur l'intérieur des petits cabinets et sur le gouvernement des favorites. Les *Lettres authentiques de madame de Pompadour*, publiées en 1822 par la Société des bibliophiles (t. VI des *Mélanges*), peuvent certainement piquer la curiosité des érudits, mais ces rares et courts billets n'offrent rien de solide à l'historien. D'autres recueils épistolaires plus volumineux, publiés sous le nom de la marquise, sont apocryphes, ainsi que les prétendues lettres de madame du Barry. Nous passons également sous silence les *Mémoires attribués à Choiseul, au duc d'Aiguillon, à l'abbé Terra,* recueils anonymes de morceaux détachés, sans valeur ni authenticité, et sans aucun rapport avec le genre des Mémoires. Les *Mémoires du comte de Saint-Germain* ne méritent pas le même dédain : ils contiennent de bons chapitres sur les vices de l'ancienne organisation militaire, et les historiens spéciaux peuvent en tirer parti. La *Correspondance imprimée* de Pâris-Duverney avec le maréchal de Richelieu, comprenant les faits relatifs à l'expédition contre Minorque et à la campagne de Hanovre, est écourtée, décousue, et ne nous semble pas absolument authentique. — L'importance de ces témoignages très mêlés nous a paru s'effacer devant les pièces inédites et les documents manuscrits qui forment la substance de ce chapitre.

CHAPITRE II

Le mouvement des esprits à la fin du règne de Louis XV. — Mémoires de Bachaumont (1762-1771). Caractère politique et intérêt varié de ce journal. — Les nouvellistes au XVIIIe siècle ; le salon de madame Doublet. — Opinions de Bachaumont en matière politique et philosophique. — Informations contenues dans la partie du journal rédigée par lui-même. — De quelques fragments manuscrits des Mémoires de Bachaumont.

p.374 Qu'on ne s'étonne pas de nous voir mettre au rang des mémoires politiques le journal d'un épicurien et d'un lettré tel que Bachaumont [1]. Ce rang se justifie par deux motifs. Bachaumont n'était pas seulement un amateur de littérature, attentif à signaler les œuvres nouvelles, prompt à juger les talents ou à se faire l'écho des jugements d'autrui ; il était encore moins un critique de profession, comme La Harpe, Grimm et Diderot ; son regard exercé et libre ne se fixait à lui-même aucune limite bien déterminée. Il observait le mouvement général de l'opinion vers le milieu du XVIIIe siècle, et sa curiosité délicate, habile à cueillir la fleur de toute chose agréable et récente, se portait sur

---

[1] L'édition complète des *Mémoires de Bachaumont* renferme 36 volumes. Mais les cinq premiers seulement (1762-1771) ont été rédigés par lui ; le reste est l'ouvre de ses continuateurs. Nous y reviendrons en temps et lieu. — Nous suivons la 1re édition, Londres, John Adamsohn, 1777.

la politique, la religion, le monde, le théâtre comme sur les livres et la philosophie, n'oubliant rien de ce p.375 qui pouvait l'instruire ou l'égayer, aussi souple, aussi mobile que cet insaisissable esprit français qui avait alors toutes les audaces avec toutes les grâces, et se jouait si élégamment en des sujets si sérieux. Le trait particulier de Bachaumont, auteur de mémoires, est de ne rien exclure. Il a pour matière cette variété fugitive et sans cesse renouvelée d'événements, de bruits, de bons mots, d'anecdotes, qui excite la verve des causeries parisiennes et lui fournit un aliment inépuisable. Si la littérature domine dans ses souvenirs, n'est-il pas d'un temps où elle régnait partout ? La vraie et durable politique était alors dans les livres : c'est celle-là principalement dont Bachaumont décrit l'influence. Il se trouve donc que les *Mémoires secrets de la république des lettres,* comme l'éditeur les appelle, sont aussi les mémoires de toute la république, — de celle qui inspire les gens d'esprit et plaît aux honnêtes gens.

Le dessein général de ces mémoires, et l'on peut dire l'idée politique qui y préside, nous est clairement indiquée par la préface même. Cette préface, il est vrai, n'est pas de Bachaumont ; elle est de Mairobert, son premier continuateur, son ami et, peut-être, son fils. Selon Mairobert, la « révolution » qui s'accomplissait dans l'esprit humain et qui éclatait en symptômes significatifs avait frappé l'attention intelligente de Bachaumont ; il s'était proposé d'en marquer les caractères, d'en recueillir les circonstances et les détails, et d'accumuler des matériaux pour une histoire exacte de ce grand événement. Or, il lui avait semblé que l'expulsion des jésuites en 1762 formait une époque décisive et comme un point culminant dans cette histoire ; c'était, en effet, le premier avantage considérable ~p.376~ remporté par les efforts unis des philosophes, des parlementaires et des jansénistes : une large brèche avait dès lors porté l'ennemi dans les boulevards avancés qui défendaient l'ancien régime ; l'Église avait perdu sa Bastille, et ce premier rempart abattu ouvrait la voie à de nouveaux assauts, à de plus terribles renversements. Ainsi pensait Bachaumont ; cette opinion lui avait mis la plume à la main, et grâce à lui, l'esprit de la philosophie, le souffle déjà sensible de la révolution naissante pénétrait jusque dans la chronique [1].

On nous dispensera de recommencer ici la notice que MM. de Goncourt ont écrite sur Bachaumont, d'après les papiers inédits que possède la bibliothèque de l'Arsenal : cette biographie est aussi courte que spirituelle [2]. Mais s'il nous reste peu de chose à dire de l'auteur, nous avons quelques mots à ajouter sur les origines et sur la rédaction de son journal. Ce nous est, d'ailleurs, une occasion de mettre en lumière un côté particulier de

---

[1] Cette préface est de 1777, date de la publication des premiers volumes. Bachaumont était mort depuis six ans.

[2] Portraits intimes du XVIIIe siècle.

l'histoire secrète du XVIIIᵉ siècle, déjà indiqué par nous : la propagation des nouvelles imprimées ou manuscrites et l'industrie florissante des nouvellistes. Avec Bachaumont, nous touchons à la limite, parfois assez vague, où le genre libre de la chronique personnelle et des mémoires confine au journalisme proprement dit. Nous indiquerons cette limite et ces affinités, sans vouloir insister ni passer au delà.

Louis-Petit de Bachaumont, né en 1690, d'un père épicurien qui mourut jeune et d'une mère qui fit parler d'elle, fut dirigé, dans ses premiers goûts et dans p.377 son insouciante jeunesse, par un grand-père fort riche, pourvu d'une charge de médecin à la cour. Mais l'événement principal de sa vie, le seul qu'il importe de rappeler, est sa liaison avec madame Doublet de Persan, liaison semblable à ces attachements commencés par la tendresse et continués par l'habitude, que le XVIIIᵉ siècle qualifiait de « respectables » et dont il offre de si nombreux exemples. Bachaumont, qui tenait de son père une vive et joyeuse paresse, et de son aïeul les moyens de satisfaire ce penchant, s'abandonna aux douces inclinations de la nature, aux loisirs privilégiés que lui créait le sort. Il vécut entouré d'amis, épicuriens comme lui, distrait par les arts, par les plaisirs de l'esprit, par le mouvement et le bruit de l'opinion publique, délicieusement occupé à regarder, à rêver et à rire, jouissant du temps, de lui-même et des autres, et n'ayant d'autre emploi dans le monde que d'être, comme on l'a dit, « le maître des cérémonies » de ce fameux salon de madame Doublet, trop connu pour qu'il soit nécessaire d'en parler longuement ici. L'ancien régime, malgré quelques orages superficiels, abritait dans une paix profonde, dans une sécurité inaltérable ces existences voluptueuses et presque séculaires, que la sagesse enveloppait d'une demi-obscurité pour en mieux assurer le bonheur : les gens d'esprit qui ont conspiré sa ruine, ont été, convenons-en, très ingrats et assez malavisés. On ne peut guère donner à Bachaumont le nom de philosophe en un siècle où ce nom avait pris une acception si belliqueuse ; il n'eut de la philosophie que les qualités négatives et le scepticisme indolent ; contemporain de Voltaire et de J.-J. Rousseau, témoin de l'éclat de leurs rapides conquêtes, il demeura l'élève pacifique de l'épicurien Chaulieu. La nombreuse famille des esprits forts, que la fin du règne de Louis XIV transmit à l'âge suivant, nous semble se partager vers l'époque de la régence en deux branches distinctes : le rameau vigoureux, la branche aînée, nourrie de sève anglaise, cultivée et fécondée par la science, se déploie avec la puissance que l'on sait ; elle porte la fière génération des vrais philosophes ; la branche cadette, sans élan et sans ambition, stérilisée par sa spirituelle paresse, se contente de fournir un public aux travaux de ses aînés ; elle jouit du spectacle de leurs efforts et de leurs périls ; elle voit avant tout dans ces beaux combats d'éloquence et de raillerie agressive un objet piquant de curiosité, une source d'émotions et comme un coup de théâtre destiné à renouveler la face mobile des choses humaines. En 1716, le vieux Chaulieu écrivant à Voltaire, son pétulant commensal dans les soupers du Temple, lui adressait ce vers qui se trompait singulièrement d'adresse :

> Et bornez au plaisir votre philosophie.

Bachaumont et ses amis ont retenu ce conseil et pratiqué cette maxime.

Vers quelle époque a-t-on commencé à rédiger sous forme de gazette et à répandre au dehors les nouvelles recueillies et discutées dans la maison de madame Doublet ? On ne saurait le dire avec une entière précision. On sait seulement que madame Doublet reçut pendant soixante ans la meilleure compagnie de Paris et qu'elle occupa, pendant près de quarante ans (1731-1771), un appartement dans le couvent des Filles-Saint-Thomas, sans en sortir jamais. « Là, présidait du matin au soir, $_{p.379}$ Bachaumont, coiffé de la perruque à longue chevelure inventée par le duc de Nevers : là siégeait l'abbé Legendre, frère de madame Doublet, celui sur qui Piron a fait cette chanson :

> Vive notre vénérable abbé,
> Qui siége à table mieux qu'au jubé,

l'abbé de Voisenon, les deux Lacurne de Sainte-Palaye, les abbés Chauvelin et Xaupi, les Falconet, les Mairan, les Mirabaud, tous paroissiens, arrivant à la même heure, s'asseyant dans le même fauteuil, chacun au-dessous de son portrait. Sur une table, deux grands registres étaient ouverts qui recevaient de chaque survenant, l'un le positif, l'autre le douteux, l'un la vérité absolue, l'autre la vérité relative [1]. » A la fin de la semaine, le valet de chambre, secrétaire de madame Doublet, rédigeait un extrait du meilleur registre ; cela formait une espèce de journal manuscrit dont il débitait des copies sous le titre de *Nouvelles à la main.*

Il s'en fallait, d'ailleurs, que cette feuille volante et manuscrite fût la première et la seule qui courût alors la ville. Rien de plus ancien en France que la vogue, publique ou clandestine, des *Nouvelles à la main*. On les voit paraître toutes les fois qu'il y a des partis à servir, une police à tromper, des foules curieuses et surexcitées à satisfaire. Elles pullulèrent sous la Fronde, dans la chaude saison qui vit éclore les mazarinades ; elles mirent le feu aux esprits pendant les guerres civiles du XVIe siècle. La terreur de Louis XIV les abolit presque ; La Bruyère, cependant, y fait encore allusion dans le premier chapitre des *Caractères* [2]. La régence les ranima, et l'ombrageuse politique du cardinal de Fleury se contenta de les surveiller, sans les proscrire. Selon toute

---

[1] De Goncourt, Notice. — Voir aussi, sur les *paroissiens* de madame Doublet, *Mémoires de Bachaumont,* t. XIV, 188, et t. XIX, 254. — Sur Bachaumont et madame Doublet, t. V, 304, 311.

[2] « Un ouvrage satirique ou qui contient des faits, qui est donné en feuilles sous le manteau, aux conditions d'être rendu de même, s'il est médiocre, passe pour merveilleux ; l'impression est l'écueil. » (Chap. I, *Ouvrages de l'esprit.*)

apparence, les auteurs de mémoires, Barbier, Marais, Buvat ont largement emprunté à ces publications anonymes qui, leur apportant un surcroît d'informations, les aidaient à donner du corps et de la substance à leur journal personnel. En 1728, un certain Dubreuil ouvrit, rue Taranne, un bureau de *Nouvelles à la main* ; l'abonnement était fixé à six livres par mois pour quatre pages in-4° manuscrites, et à douze livres pour huit pages. On en possède quatre années (1728-1731) : ce recueil est insignifiant. En 1741, l'abbé Prévost fut accusé d'être l'auteur d'une chronique scandaleuse qui se colportait dans Paris. En 1752, on distribua le prospectus d'un courrier parisien manuscrit qui faisait état de remplacer les *Nouvelles à la main*, « rejetées, disait-il, sur les provinces par la satiété de la capitale. » Le gouvernement, que ces feuilles légères piquaient et importunaient (de quoi ne se pique pas un gouvernement ?) essaya de les ruiner par la concurrence. C'était là une adresse toute moderne. Il inspira donc ou toléra des *Nouvelles,* revues et approuvées par le lieutenant de police : on les distribuait dans les cafés et à domicile, deux fois la semaine, pour le prix de 40 sols par mois. Cet essai de petite presse officieuse ne semble pas avoir réussi ; le public s'obstinait à préférer les nouvelles moins autorisées, au risque d'en être la dupe, et l'on dut recourir aux mesures de rigueur, plus redoutables pour les journalistes que la concurrence gouvernementale. On supprima les feuilles, on mit les auteurs à la Bastille, ce qui fit le succès des gazettes étrangères, notamment de la *Gazette de Cologne,* fort recherchée à Paris en ce temps-là [1].

La société réunie chez madame Doublet eut le mérite de ressentir vivement et de satisfaire avec esprit cette curiosité passionnée, ce goût de la vie publique qui est l'un des caractères dominants du XVIIIe siècle. Le journal hebdomadaire de « la paroisse » se répandit sans doute vers la fin du ministère de Fleury, à l'époque de la guerre d'Allemagne, ou peut-être plus tôt, en 1731 et 1732, par exemple, lors des troubles jansénistes et de l'effervescence parlementaire. Des copies de cette feuille s'expédiaient à des abonnés de province. La bibliothèque nationale en possède plusieurs volumes manuscrits qui commencent en 1745 et finissent en 1752 ; ils sont adressés *à madame de Souscarrière, au château de Breuillepont, par Vernon, à Pacy.* Ils n'offrent rien de piquant [2]. On a trouvé dans les papiers de Bachaumont un projet de prospectus, rédigé en 1740, qui semble annoncer une publication plus régulière et plus soignée que celle de la feuille extraite des registres de madame Doublet par le valet de chambre-secrétaire. Ce dessein, pour le moment, n'eut pas de suite, mais on y peut voir l'idée première des mémoires que Bachaumont écrivit en 1762 et qui portent

---

[1] Hatin, *Histoire de la presse,* t. IV, 454, 459, 499, 501. — Barbier, *Mémoires,* t. III, 451, 518, 553.

[2] Manuscrits, fonds français, n° 13701-13712.

aujourd'hui son nom [1]. L'extrait des registres continua p.382 de circuler sous la forme que nous avons dite jusqu'à la dispersion des « paroissiens ; » mais ce ne fut pas sans attirer à la dame quelques ennuis. Un espion, le chevalier de Mouhy, qui faisait figure dans la basse littérature du temps, s'était glissé parmi les habitués du « salon ; » il révélait les secrets de la paroisse à la police [2]. On a des lettres du comte d'Argenson et du duc de Choiseul où des menaces très significatives sont exprimées, et madame Doublet a dû recevoir du ministère plus d'un avertissement. Tout porte à croire que sa prudence en conjura l'effet [3].

---

[1] « Un écrivain connu entreprend de donner deux fois chaque semaine une feuille de nouvelles manuscrites. Ce ne sera point un recueil de petits faits secs et peu intéressants, comme les feuilles qui se débitent depuis quelques années. Avec les événements publics que fournit ce qu'on appelle le cours des affaires on se propose de rapporter toutes les aventures journalières de Paris et des capitales de l'Europe, et d'y joindre quelques réflexions sans malignité, néanmoins sans partialité… Un recueil suivi de ces feuilles formera proprement l'histoire de notre temps. » (De Goncourt.)

[2] Extrait du rapport de l'espion au lieutenant de police : « Il est très vrai que la maison de madame Doublet est depuis longtemps un bureau de nouvelles, et ce n'est pas la seule : ses gens en écrivent, et en tirent bon parti. Je n'ai pu savoir le nom d'un grand et gros domestique, visage plein, perruque ronde, habit brun, qui, tous les matins, va recueillir dans les maisons, de la part de sa maîtresse, ce qu'il y a de neuf. Il serait difficile de savoir les noms de ceux qui vont dans cette maison ; ce sont tous des frondeurs… Ces bulletins sont bons, parce que c'est le résultat de tout ce qui s'est dit dans les meilleures maisons de Paris, ils s'envoient en province pour 12, 9 et 6 francs par mois. » (Hatin, *Histoire de la presse,* t. IV, 465-468.)

[3] Hatin, t. IV, 465-468.

Telle est l'origine des mémoires de Bachaumont. On aperçoit aisément le rapport qui existe entre ce journal et celui qui sortait du salon de madame Doublet. Les mémoires sont l'œuvre personnelle de Bachaumont ; il y a mis son esprit, son goût, son style ; mais, sans contredit, il en a pris les éléments principaux dans le meilleur des deux registres [1]. La forme était à lui, le fond appartenait à la « paroisse. » C'est en 1777 seulement que Pidansat de Mairobert eut l'idée de publier l'œuvre de Bachaumont et de la continuer. A-t-il donné le manuscrit entier ? Pourquoi l'auteur, qui depuis si longtemps s'occupait de *Nouvelles,* a-t-il commencé si tard son journal particulier ?

La bibliothèque Mazarine possède douze volumes inédits de *Nouvelles à la main,* dont une bonne partie, sinon le tout, a pour auteur ce même Pidansat de Mairobert [2]. Le recueil commence en 1762, comme le journal de Bachaumont, et finit en 1779, à la mort de Vairobert : cinq années manquent, de 1767 à 1772 [3]. Évidemment ces feuilles manuscrites ont servi à Mairobert, à Bachaumont peut-être, pour composer les Mémoires imprimés :

---

[1] On voit dans le tome IV des *Mémoires* que Bachaumont, en racontant le voyage du roi de Danemark à Paris, s'est aidé d'un journal écrit par des curieux sur le séjour de ce prince en France. (p. 146, année 1768.)

[2] Manuscrits, n° 2803.

[3] En revanche, pour certaines années, pour 1774 par exemple, il y a un double recueil de nouvelles. — Quelques feuilles portent encore l'adresse des abonnés : « *A M. Dubec, rue Saint-Honoré,* vis-à-vis *la rue Dufour.* »

il faut toutefois remarquer qu'elles sont très inférieures aux Mémoires, et cette infériorité est surtout frappante quand on les compare aux volumes rédigés par Bachaumont lui-même. Beaucoup d'articles sont communs au journal et aux *Nouvelles à la main* ; cela pourrait faire l'objet d'un examen intéressant, si l'on voulait entrer dans le détail. En général, notre impression est que ces feuilles n'ajoutent rien de bien curieux ni de bien utile aux recueils que nous possédons sur cette même époque.

Revenons aux Mémoires imprimés, qui gagneraient peu, selon nous, à recevoir ce supplément diffus de petits faits et d'anecdotes. Les 36 volumes, connus sous le nom de *Journal de Bachaumont,* sont dus à p.384 trois rédacteurs différents qui se succèdent de 1762 à 1787. La part de Bachaumont est de cinq volumes ; Mairobert, mort en 1779, en a composé dix ; le prolixe avocat, Mouffle d'Angerville, a fourni le reste. Le changement de rédaction se sent, d'ailleurs, à la différence des styles.

Pidansat de Mairobert, Champenois transplanté de bonne heure à Paris, élevé dès sa première jeunesse chez madame Doublet, laissait volontiers croire et dire qu'il était né des amours de cette dame avec Bachaumont. C'était l'enfant gâté de la maison et l'un des plus zélés collaborateurs du journal hebdomadaire et manuscrit. Personnage vif et souple, intrigant hardi, parleur caustique, oracle des foyers de la Comédie, courtisan des lieutenants de police, Sartines, Albert et Lenoir, habile à changer de masque et à se faufiler chez les grands, il nous figure assez bien un élève, un imitateur, un diminutif de Beaumarchais. Remuant comme son modèle, il lui manquait la verve étincelante, le turbulent génie du grand charlatan. Il fut censeur royal, secrétaire des commandements de Philippe Égalité ; il obtint le titre de secrétaire du roi. Compromis en 1779 dans les affaires du marquis de Brunoy, blâmé par arrêt du Parlement, il alla chez un baigneur, s'ouvrit les veines dans le bain avec un rasoir et s'acheva d'un coup de pistolet [1].

Mouffle d'Angerville, auteur bien connu d'une *Vie privée de Louis XV,* mourut en 1794. Il reprit le journal en 1779 au 15e volume, il y mit une préface où il promettait d'insister davantage sur la politique et de rétablir les suppressions que la crainte de la censure avait imposées à ses deux prédécesseurs sous les ministères de Choiseul et de Maupeou. Cette dernière partie, diffuse et surchargée, est la moins bonne. Le succès de la collection fut néanmoins très grand ; les éditeurs, avec une industrie qu'on croirait plus récente, ont soin de le faire sonner très haut par de fréquentes « réclames » insérées dans le texte, et qu'ils ont l'air d'emprunter à de prétendues *Nouvelles à la main* du même temps [2].

---

[1] Mémoires, t. XIV, 108.

[2] *Mémoires*, 4 juillet 1777 ; 28 juillet 1777 ; 13 novembre 1778. — Id., t. XV au XXVI.

Examinons séparément, pour aujourd'hui, l'œuvre personnelle de Bachaumont : elle s'applique à la période qui nous occupe ; elle est de beaucoup la plus sérieuse et la mieux écrite, la plus digne, en un mot, de notre attention.

Les *Mémoires secrets* ont la forme d'une chronique ; ils se composent de *faits divers* choisis avec goût, écrits d'un style simple et concis que relèvent de temps en temps un mot piquant, une pensée fine. Tout y porte la marque d'un observateur instruit et d'un homme de bonne compagnie. La solidité du sens, la justesse de l'expression donnent du prix aux moindres fragments.

L'esprit qui anime l'ensemble et qui en fait l'unité est l'esprit même du XVIIIe siècle, avec sa foi dans le progrès et sans l'aigreur de ses préjugés ou de ses ressentiments. Simple spectateur de la grande lutte engagée, Bachaumont, quoique sa raison incline d'un côté, garde entre les combattants une impartialité qui lui est facile, car elle ne lui coûte aucun sacrifice d'amour-propre ; outre que l'épicurisme, principe de ses opinions, unique mobile de sa conduite, le mène à l'équité par l'indifférence. On est parfois surpris de la sévérité de ses jugements sur Voltaire. Il le critique souvent, il ne le flatte jamais, il est sans complaisances et sans faiblesse pour le plus ardent défenseur d'une cause qui est la sienne. C'est que Bachaumont, amateur de philosophie plutôt que philosophe, libre de tout engagement avec le bataillon des encyclopédistes, était de l'opinion de Voltaire sans être de son parti ; il admirait son génie, son dévouement aux intérêts de l'humanité, mais il n'entendait en aucune façon excuser ses vivacités ni épouser ses querelles. Il ne prenait pas le mot d'ordre à Ferney. Trop vieux lui-même pour vénérer le patriarche dont il a vu grandir au milieu des aventures et des orages la gloire tant combattue, il est de ceux qui depuis longtemps connaissent les côtés faibles de l'idole et les petitesses du grand homme. Jusqu'à la fin il conserve les impressions défavorables qui pendant la première moitié du siècle ont troublé la renommée de Voltaire et qui ont disparu dans l'enthousiasme des générations nouvelles.

Les Mémoires s'ouvrent par l'annonce d'une satire en vers que l'infatigable moqueur a lancée de Ferney [1]. C'était l'actualité littéraire du 1er janvier 1762. On peut voir de quel ton dégagé Bachaumont l'apprécie en l'annonçant : « Cette satire dure et pesante n'a point assez de sel pour faire plaisir au commun des lecteurs qui ne se soucient que médiocrement des passions et des rancunes de M. de Voltaire. » Il ne traite p.387 pas mieux l'*Histoire générale* ou l'*Essai sur les meurs* : « Les presses gémissent sans interruption pour le compte du philosophe de Ferney. Quand l'âge ne lui aurait rien ôté du brillant du style et de l'agrément des réflexions, il n'est pas possible qu'il ait la profondeur et

---

[1] Les Chevaux et les Anes, ou Étrennes aux sots.

surtout l'exactitude sur laquelle est fondée la véracité, première qualité d'un historien. Un ton d'ironie perpétuelle dépare l'histoire et n'est pas digne de sa majesté. » En revanche, la lettre à Élie de Beaumont sur les Sirven obtient de lui une approbation sans réserve : « Elle est écrite avec cette onction, ce pathétique qui coulent si naturellement de la plume de ce grand écrivain, lorsqu'il prêche l'humanité et défend les droits de l'innocence opprimée [1]. »

Bachaumont a un mérite comme critique : il juge bien et tout de suite ; il exprime dès le premier jour, sur les ouvrages les plus controversés, l'opinion qui prévaudra. Voici ce qu'il écrivait en juin 1762, sur l'*Émile* de Rousseau, qui venait de paraître : « Le livre de Rousseau fait très grand bruit. Il est singulier, écrit fortement et pensé de même ; du reste impossible dans l'exécution. La partie judicieuse est d'emprunt ; le fond est une contradiction, puisque l'auteur qui veut faire un traité d'éducation détruit toute société. Mais p.388 par un talent rare, il a le secret d'enchaîner son lecteur et il l'empêche de voir le vide de

---

[1] T. III, 212. — Voici d'autres jugements de Bachaumont sur Voltaire. Ils nous semblent parfois excessifs : « Le *Dictionnaire philosophique* (1764) est un réchauffé de tout ce qu'on a écrit contre la religion. Cet ouvrage fait encore plus d'honneur à sa mémoire qu'à son jugement. » (T. II, 105.) — Le tic ricaneur de Voltaire, très sensible dans les dernières années, ne plaisait pas aux contemporains autant que nous pourrions le croire : « Malgré les prétentions de M. de Voltaire à rire et à faire rire, les gens sensés ne voient plus en lui qu'un malade attaqué d'une affection mélancolique, d'une maladie triste qui le ramène toujours aux mêmes idées : *delirium circa unum et idem objectum.* » (T. III. 237.)

l'ouvrage. Son éloquence mâle, rapide et brûlante porte de l'intérêt dans les moindres détails. L'amertume sublime qui coule de sa plume lui gagne les cœurs. On pardonne tout à qui sait émouvoir [1]. » Que pourrions-nous ajouter d'essentiel à ce jugement rendu en 1762 ? C'est ainsi qu'après bien des discussions, nous revenons, sur bien des points et sans le savoir, en littérature comme en politique, aux opinions sensées et équitables qui n'ont pas plus manqué au XVIIIe siècle qu'à celui-ci, et qui n'obtenaient alors comme aujourd'hui qu'un succès d'estime.

Non seulement Bachaumont ose critiquer les puissances philosophiques du jour, mais il a le courage de louer ceux qu'elles oppriment. Il reconnaît un mérite d'harmonie d'ailleurs très médiocre aux *Poésies sacrées* de Lefranc de Pompignan. Il a un mot de regret, « à l'ultramontanisme près, » pour le Journal de Trévoux. Il fait cas de l'érudition et de l'esprit que déploie dans la controverse historique l'abbé Guenée. N'allez pas toutefois le croire dévot ; vous seriez détrompé par des passages décisifs, tels que ceux-ci : « l'*Encyclopédie* s'imprime actuellement, et l'on espère voir finir ce monument immortel de l'esprit humain. » — « M. Racine, dernier du nom, fils du grand Racine, est mort hier d'une fièvre maligne. Il ne faisait plus rien comme homme de

---

[1] T. I, 107.

lettres ; il était abruti par le vin et la dévotion [1]. » On a pu saisir, dans tous ces exemples, le tour _{p.389} d'esprit et les habitudes de rédaction qui caractérisent ce journal : l'auteur annonce un fait ou un livre par un court exposé, où il glisse un mot qui exprime son opinion et prépare celle du lecteur.

Dans ce tableau plein de contrastes qui reproduit fidèlement, par cette variété et ce désordre même, la mouvante image de la vie publique au milieu du XVIIIe siècle, il nous est facile de reconnaître et de grouper les traits les plus saillants. Il y a les incidents curieux de la polémique littéraire et de l'agitation politique, les succès bruyants, les persécutions retentissantes, les nombreux symptômes de fermentation qui éclatent au théâtre, à l'académie, partout où le public est rassemblé, et qui attestent avec force l'ascendant d'un pouvoir nouveau : il y a enfin le menu détail des anecdotes, et, tranchant sur le tout, ce mélange du sérieux et du plaisant qui est l'originalité de l'esprit français.

Nous suivrons cet ordre, en essayant de faire comprendre l'intérêt particulier que présentent ces Mémoires dont la richesse confuse échappe à une exacte analyse.

Nous ne dirons rien de l'événement considérable qui, en 1762, à l'époque où commence le Journal, passionnait les esprits en

---

[1] T. I, 197, 211 (1763). — A propos d'une réfutation de l'*Émile* de Rousseau : « Pour sentir la platitude et l'ineptie du critique, il suffit de dire qu'il appuie ses arguments sur l'Écriture sainte. Louons son zèle et souhaitons-lui du talent. » (T. I, 121).

France et en Europe. L'expulsion des jésuites, réclamée depuis longtemps par une portion notable du public, rêvée par Saint-Simon et Noailles sous Louis XIV, arrachée enfin sous Louis XV, par un effort victorieux de l'opposition, a été trop souvent décrite, dans ses causes et dans ses phases diverses, pour qu'il y ait lieu d'y revenir ici [1]. Bachaumont, sans $_{p.390}$ approfondir l'affaire, s'attache à noter l'effet produit, « la joie excessive et presque indécente » de la bourgeoisie et du peuple, les placards injurieux, les chansons, les pasquinades, les parodies à la mode, toute cette partie comique et vulgaire des manifestations de l'opinion [2]. Il mêle à ces détails quelques vues sérieuses qui lui sont propres ou qu'il emprunte aux meilleurs écrits du temps, sur la nécessité de constituer une éducation nationale et séculière. Il adopte l'idée « d'établir un plan uniforme d'études au moyen d'une affiliation entre les différents collèges des universités du royaume, » c'est-à-dire de substituer à l'Université de Paris l'Université de France [3].

Mais à ce point de la crise, les vrais événements, les actes décisifs, ce sont les livres. L'armée encyclopédiste, solidement organisée, est entrée en ligne, elle se déploie avec vigueur et

---

[1] Voir en particulier le *Journal* de Barbier, qui a suivi la marche du procès au Parlement : t. VI, 434, 442 ; t. VII, 133, 222, 355, 359, 362, 393, 409 ; t. VIII, 39, 64.

[2] T. I, 66, 90, 127, 140. — V. dans madame du Hausset l'*Histoire abrégée de l'expulsion des jésuites,* par Sénac de Meilhan, p. 247.

[3] T. I, 50, 113, 142, 171 ; t. II, 115.

s'avance avec ensemble sur un terrain mollement défendu. Les livres d'opposition politique ou religieuse pullulent, par une éclosion féconde, dans cette atmosphère d'orage. On jugerait mal de la puissance du mouvement et de la chaleur de l'attaque si l'on ne considérait que les seuls ouvrages que la victoire a rendus fameux. Combien d'autres écrits, maintenant oubliés, pamphlets, brochures, lettres, dissertations, venaient faire leur bruit dans la mêlée, à côté des plus retentissants, et jeter une lueur d'un jour dans la fournaise qui les a dévorés ! On les voit se succéder sans interruption, comme des flèches aiguës ou des torches rapides, et partir de tous les points de l'horizon enflammé. Les Mémoires de Bachaumont, remplis d'indications précises, notant à l'heure juste le bruit et l'éclat de toutes ces apparitions, reproduisent à nos yeux, avec ses vraies couleurs, cette perspective animée ; on croit en lisant respirer l'air de ce champ de bataille, et il résulte de ces courtes notices, nombreuses et menaçantes comme les symptômes qu'elles accusent, une peinture pleine de force dans sa simplicité.

Voici d'abord les écrits politiques ou économiques groupés autour du *Contrat social* (1762), depuis *l'Ami des lois* et *la Politique naturelle* jusqu'au *Traité sur l'exportation des grains*. Ce n'est pas un observateur aussi intelligent, aussi bien placé que l'est Bachaumont, qui se méprendra sur la portée de ces écrits ou sur les conséquences « de cette fureur de raisonner en matière de finance et de gouvernement. » Malgré « bien du fatras, » ces livres, dit-il, contiennent des vues « profondes, philosophiques, conformes au vœu général de la nation, et très propres à relever l'État. » Il ajoute, avec Barbier, qui termine alors son journal : « Tout le public a ces livres entre les mains ; le peuple même s'en occupe et souhaite l'exécution des projets annoncés [1]. » De l'ensemble un peu confus des « vues profondes) dont parle Bachaumont se dégagent peu à peu les futurs principes de 89 et même ceux de 93 : « L'insurrection est le plus saint des devoirs, » déclare l'un de ces livres ; « les rois ne sont que les mandataires de la nation, répond un autre ; toutes les vieilles maximes de droit divin, d'obéissance passive doivent faire place à des appuis solides et durables, tels que l'amour de l'ordre et le sentiment de la nécessité d'un gouvernement parmi les hommes [2]. » La province rivalise avec Paris dans cette belle ardeur pour le progrès ; l'Académie de Caen, en 1765, propose « d'accorder aux laboureurs des distinctions honorifiques, sans leur ôter la simplicité, qui est la base essentielle de cet état utile et respectable [3]. » Voilà l'idée première des concours agricoles.

La politique passe de l'Académie dans l'Église et monte en chaire avec certains prédicateurs. Il en est qui « oublient le signe

---

[1] T. VIII, 77 (1763).

[2] T. VI, 39.

[3] T. III, 80.

de la croix, » qui suppriment toute prière, et font du sermon un discours moral et philosophique. C'est ce qu'on appelait en 1764 « prêcher à la grecque [1]. » D'autres, imitant tout ensemble la hardiesse des philosophes et la liberté des Pères de l'Église, tonnent devant la cour contre les scandales des. courtisans, et n'épargnent pas la royauté : « Un jour, que l'abbé de Beauvais, prêchant dans la chapelle royale, avait censuré avec force la vie honteuse des vieillards libertins, le roi, apostrophant le maréchal de Richelieu après le sermon : « Eh bien, duc de Richelieu, il me semble que le prédicateur a jeté bien des pierres dans votre jardin ! — Oui, Sire, répond ce vieux renard, et il en est même rejailli quelque chose jusque dans le parc de Versailles [2]. » Certains mandements s'aventurent sur le terrain du socialisme, comme nous dirions aujourd'hui ; l'évêque d'Alais divise la société en deux classes, « l'une qui a tout et l'autre qui n'a rien, » et se demande p.393 pourquoi un si énorme privilège est justifié par si peu de vertus ; son zèle chrétien pose ainsi devant Dieu le redoutable problème dont la solution, cherchée par la raison seule, agite et épuise la France depuis un siècle.

Dans la double attaque qui menace l'existence de l'ancien régime, le principal effort se porte contre l'Église : sous les gouvernements despotiques c'est toujours le côté le moins

---

[1] T. II, 51.
[2] T. VI, 356, 368 ; t. VII, 183, 184.

défendu. Par là s'avance et fait brèche ; le terrible « patriarche » avec le gros de son armée ; on reconnaît, au retentissement des coups, l'ascendant de sa présence et de son infatigable animosité. Les seuls écrits de Voltaire égalent en nombre le reste des publications antireligieuses de ce temps-là ; il n'est pas une semaine où son nom, signalé par une tentative nouvelle, ne figure dans la chronique. On croit voir passer devant soi le mouvement impétueux de la bataille, ce rapide entraînement de l'opinion qui obéit à un seul homme et tient en échec tous les pouvoirs de la société. « Ce singulier homme, écrit Bachaumont en 1765, toujours avide de renommée, a la manie de vouloir faire tomber une religion ; c'est une sorte de gloire nouvelle dont il a une soif inextinguible. On s'arrache ses productions avec une fureur épidémique. Ses amis frappent de concert avec lui l'édifice et ne peuvent que l'ébranler fortement [1]. » Une anecdote, recueillie dans les *Mémoires secrets,* nous montre l'effet produit sur les esprits, et particulièrement sur la jeunesse, par la prodigieuse fécondité de Voltaire. Sa gloire, si longtemps traversée dans son essor, monte par degrés à un point extraordinaire d'éclat et d'universalité : « Il s'est trouvé à la poste ₚ.₃₉₄ une lettre ayant pour suscription : — « Au prince des poètes, phénomène perpétuel de gloire, philosophe des nations, Mercure de l'Europe, orateur de la patrie, promoteur des citoyens, historien des rois, panégyriste

---

[1] T. II, 136, 192, 274 ; t. III, 214 ; t. IV, 93, 311 ; t. V, 89.

des héros, aristarque des zoïles, arbitre du goût, peintre en tout genre, le même à tout âge, protecteur des arts, bienfaiteur des talents, admirateur du génie, fléau des persécuteurs, ennemi des fanatiques, défenseur des opprimés, père des orphelins, modèle des riches, appui des indigents, exemple immortel des sublimes vertus. » — Cette lettre, tout considéré, a été rendue à M. de Voltaire, quoiqu'elle ne portât pas son nom, comme au seul à qui toutes ces qualités puissent convenir [1]. »

Avec quelle ardeur Voltaire est secondé ! Quelle profusion de livres, de brochures, de pamphlets, suscités par son exemple, enflammés de sa passion ! Bachaumont signale en quelques mots très nets les caractères de cette littérature belliqueuse et les tendances principales de ce mouvement agressif [2]. Dans la foule des écrits qui attirent son attention nous remarquons une *Vie de Jésus,* publiée en 1770, et ainsi annoncée par les *Mémoires secrets* : « Il a paru dernièrement une *Vie de Jésus,* ou Histoire critique de la vie de Jésus-Christ. On sent que le critique a fondu adroitement dans son livre la substance d'une quantité d'autres ouvrages sur le même sujet, mais que leur érudition ou les langues savantes dans lesquels ils sont écrits mettaient hors de portée du commun des lecteurs. Il résulte de son ouvrage que

---

[1] 1769. — t. V, 1. « On a découvert que l'auteur de la suscription emphatique était un certain abbé de Launay. » (*Id.* p. 24.)

[2] T. III, 112, 376 ; t. IV, 87, 125, 13, 251 ; t. VI. 259, 262.

Jésus n'était qu'un artisan enthousiaste, mélancolique, et jongleur maladroit, sorti d'un chantier pour séduire des hommes de sa classe. L'auteur fait voir aussi comment le christianisme s'est établi ; il rend raison de ses progrès rapides, qu'il ne faut point, suivant lui, attribuer à un miracle, mais à des causes naturelles. En calculant la durée des extravagances humaines qui ont leur période, il prétend que l'erreur finira tôt ou tard. Mais qu'y substituer ? la Raison [1]. »

A côté de ces attaques variées à l'infini, nous apercevons dans les *Mémoires secrets* les faibles traces d'une résistance timide, étouffée sous la clameur publique et tuée aussitôt par le ridicule. Bachaumont cite quelques passages des sermons et des mandements réactionnaires de ce temps-là : il n'est pas sans intérêt de les relire après un siècle révolu. Nous sommes moins sévères aujourd'hui, moins injustes qu'on ne l'était alors pour les défenseurs inhabiles d'une cause politique ou tout n'était pas si mauvais, mais qui trop souvent avaient le tort, impardonnable en France, de parler sans esprit, sans éloquence, surtout hors de saison, le langage du bon sens. « On tympanise les mandements, un bon mot réfute un sermon, nous dit le chroniqueur, et si le

---

[1] T. V, 209. — En 1771 paraît un Examen critique de la vie et des ouvrages de S. Paul. (T. V, 251.)

Parlement s'en mêle, on s'applaudit des honneurs de la brûlure [1]. »

Un fait singulier, c'est l'importance croissante de tout ce qui touche aux goûts, aux libertés, et même aux plaisirs du public assemblé. Le théâtre, l'Académie, les salons, tout ce qui est foyer d'opinions, centre et point p.396 d'appui de la libre pensée ou de la libre parole, devient pour le pouvoir un continuel sujet de souci et d'alarmes. Les questions de politique intérieure surgissent au moindre incident, sous les prétextes les plus légers en apparence. On tient des conseils de cabinet à propos d'une tragédie ; la mutinerie d'un danseur ou d'un comédien est une affaire d'État. « L'autorité en général ménage beaucoup les histrions, » dit Bachaumont [2]. La fièvre est partout. L'esprit d'opposition, comme un air embrasé, a pénétré la vie entière. Qu'est-ce qu'une tragédie, en ce temps-là ? Un pamphlet versifié. Qu'est-ce qu'un discours académique ? Une harangue de tribun écrite avec élégance. Très vif pour les libertés qu'il a conquises ou qu'il espère, le public n'est pas moins délicat quand il s'agit de ses divertissements. Encore à demi esclave, il a déjà l'humeur d'un souverain. Il s'impatiente d'être assis à l'étroit dans la salle de la Comédie et d'étouffer à l'Opéra ; les laideurs du vieux Paris le révoltent ; « il s'indigne qu'on travaille si lentement à satisfaire

---

[1] T. II, 192 ; t. IV, 34, 236 ; t. VI, 176. — V. aussi Barbier, t. VIII, 90.
[2] T. III, 343 (1767) ; t. VI, 178.

ses goûts, à remplir ses vœux [1]. » On oublie trop, à son gré, de lui embellir sa capitale. De là le rôle nouveau et l'orgueil immodéré « de la gent comique, de la nation lyrique, » de tous ces artistes, chanteurs, danseurs, « histrions, » employés aux menus plaisirs du peuple-roi. Ils se sentent nécessaires. Interprètes des idées qui règnent, complaisants des passions, auxiliaires des talents, ils servent dans le sérieux et dans la bagatelle. Bachaumont se trompe en les traitant « d'histrions ; » c'est un anachronisme. L'engouement parisien les a métamorphosés en personnages. Au besoin, p.397 il se font chefs d'opposition, ils arborent une manière de drapeau qui émeut l'opinion ; ils montent au Capitole dans les bras de la foule, grisés de ses applaudissements. La Clairon, en 1765, ose tenir tête à la reine de France : enfermée au Fort-l'Évêque, tout Paris, à pied et en carrosse, vient lui faire sa cour ; c'est une fureur, « une fermentation étonnante dans Paris, » dit Bachaumont ; « depuis longtemps matière aussi grave n'a été agitée à Versailles ; le ministère en est divisé. » Entourée d'une « affluence prodigieuse » de visiteurs et d'adorateurs, la « divine Clairon, » mise au séquestre, donne des « soupers nombreux et magnifiques ; elle tient dans sa prison l'état le plus brillant. » Ainsi débute par les comédiens la série des ovations et

---

[1] T. I, 319 (1763).

des grands triomphes que va dorénavant décerner à ses favoris cette puissance née d'hier, la popularité [1].

Les bons mots, les saillies rapides et légères de la plaisanterie française ont également tourné à la politique et mis leur verve au service de l'opposition. Le despotisme impatienté a beau se hérisser et se roidir, une nuée d'assaillants invisibles l'enveloppe et le harcèle ; plus il sévit contre les défenseurs de la liberté, parlementaires et philosophes, plus il est en butte aux attaques de cette fronde insaisissable. La petite guerre redouble quand la grande guerre devient impossible. Les ministres du coup d'État de 1771, Maupeou et l'abbé Terray, en font la désagréable expérience [2]. Le clergé aussi l'apprend à ses dépens, lui qui a toujours un faible pour les succès du despotisme ; pendant qu'il chante des *Te Deum* en l'honneur de la triste victoire remportée sur le Parlement, mille anecdotes scandaleuses, et qui probablement ne sont pas toutes mensongères, livrent à la malignité publique le secret de ses corruptions intimes ; il sort

---

[1] T. II, 185, 212 ; t. III, 343 ; t. VI, 178.

[2] « On continue les quolibets sur M. l'abbé Terray. On dit que le roi va payer toutes ses dettes parce qu'il a trouvé un trésor *enterré* (en Terray). — Ou dit que M. l'abbé Terray est sans *foi*, qu'il nous *ôte l'espérance* et nous réduit à la *charité*. — Il y a dans Paris une petite rue, près la place des Victoires, qu'on appelle la rue *Vide-Gousset* ; un de ces jours on a trouvé ce nom effacé et l'on y avait substitué *rue Terray*. — Le jour de l'ouverture de l'Opéra, comme on étouffait dans le parterre, quelqu'un s'écria : « Ah où est notre cher abbé Terray ? que n'est-il ici pour nous réduire de moitié. » — T. V, 52, 76, 85, 93, 232, 235 ; t. VI, 134.

doublement diffamé de cette imprudente promiscuité avec un pouvoir odieux et une cour déshonorée [1].

Le luxe immodéré de Paris, l'opulence et les débordements des plus célèbres courtisanes [2], les curiosités de l'esprit d'invention, les nouveautés du progrès sous les formes les plus diverses, tout ce qui occupe, amuse, excite, même pour un seul jour, une société spirituelle et passionnée vient prendre place dans la chronique, y mettre une nuance particulière, et contribuer ainsi à la variété du coup d'œil, à la richesse de l'ensemble [3]. Le Paris que Bachaumont nous décrit, ce Paris

---

[1] T. V, 73.

[2] T. III, 337 ; t. IV, 17, 131, 153 ; t. VI, 287 ; t. II, 203, 163. — De toutes les anecdotes que conte Bachaumont sur ce sujet délicat je ne citerai que celle-ci : « Mademoiselle du Miré de l'Opéra vient d'enterrer son amant. Les philosophes de Paris qui rient de tout lui ont fait l'épitaphe suivante qu'on suppose gravée en musique sur son tombeau : *mi, ré, la, mi, la*. (T. II, 104.) — Pour le reste, je renvoie aux passages indiqués ci-dessus.

[3] Inventions citées par Bachaumont : « Une machine à feu pour le transport des voitures. Essayée pour l'artillerie en 1770, reprise en 1773 et adaptée à un bateau. » C'est la première *idée des chemins de fer et des bateaux à vapeur*. (T. V, 227 ; t. VI, 380.) — Invention des *salons de lecture* : « Le nommé Grangé, libraire, ouvre incessamment (30 décembre 1762), ce qu'il appelle une *salle littéraire*. Pour *trois sols par séance* on aura la liberté de lire plusieurs heures de suite toutes les nouveautés. Cela rappellerait les lieux délicieux d'Athènes, connus sous le nom de lycée, de portique, etc., si le ton mercenaire ne gâtait ces beaux établissements. » (T. I, 184.) — Les *ombrelles* : « Une compagnie vient de former un établissement (1768) digne de la ville de Sybaris ; elle a obtenu un privilège exclusif pour avoir des parasols et en fournir à ceux qui craindraient d'être incommodés du soleil pendant la traversée du Pont-Neuf. Il y aura des bureaux à chaque extrémité de ce pont où les voluptueux petits-maîtres qui ne voudront pas gâter leur teint se pourvoiront de cette utile machine. Il la rendront au bureau de l'autre côté, moyennant deux liards par personne. Ce

ardent et frivole, capable des plus hardis desseins, animé des sentiments les plus fiers, livré en même temps aux caprices de la mode, aux entraînements du plaisir, — le Paris de 1770, couvrant un fond cynique et corrompu sous une apparence séduisante, a déjà pour nous, hommes du XIXe siècle, un aspect moderne et comme un air familier. Celui qui a lu les *Mémoires secrets* peut se dire qu'il a vécu pendant quelques heures de la vie intime du siècle de Voltaire et de Louis XV, et qu'il a ressaisi, dans un miroir sincère, la vraie image de cette société incomparable. Société heureuse, en effet, ornée de tous les dons, comblée de tous les privilèges à la fois, notre pays n'en reverra jamais ni les splendeurs ni les félicités évanouies : elle jouissait encore de la stabilité que l'ancienne constitution lui assurait, et sur cette base immuable, qu'il était si facile de ne pas ruiner absolument, elle appuyait des grandeurs idéales, des générosités enivrantes, des espérances illimitées dont elle a connu un peu tard la chimère et le danger.

---

projet a commencé à s'exécuter lundi dernier... Tant d'industrie prouve à quel point l'argent est devenu un besoin indispensable et comment on se tourmente en tous sens pour en acquérir. » (T. IV, 357.)

CHAPITRE III

>Les Jansénistes et les Parlementaires dans les dernières années du XVIIIe siècle. — Le sentiment religieux à Paris, dans les beaux temps de Voltaire et de l'*Encyclopédie*. — Mémoires manuscrits de Siméon-Prosper Hardy ; sa vie et ses opinions. — Le royalisme constitutionnel avant 1789. — Mémoires manuscrits sur le coup d'État de 1771 par Regnaud, ancien avocat et procureur au Parlement de Paris. —Bibliothèque nationale, nos 2886 et 13733.

p.400 Malgré le rapide progrès des doctrines philosophiques, l'esprit conservateur de l'ancienne France tenait bon, surtout dans le tiers état, contre les influences si vivement décrites par Bachaumont, et ce serait une grave erreur de s'imaginer que la grande majorité des bourgeois de Paris étaient dès lors gagnés et convertis aux idées nouvelles. Beaucoup d'entre eux restaient fidèles aux maximes de l'opposition parlementaire et janséniste dont nous avons plus haut signalé la puissance : en religion et en politique ils n'allaient pas au delà des libertés de l'Église gallicane et des garanties constitutionnelles revendiquées par le Parlement. Nous rencontrons à cette époque un sérieux témoin de ces dispositions générales sur lesquelles des observateurs superficiels sont sujets à se méprendre : c'est l'auteur d'un journal manuscrit en huit volumes in-folio, qui commence en 1764 et finit en 1789. Au moment où p.401 Barbier, en 1763, quitte la plume du chroniqueur, Hardy la reprend ; il continue l'œuvre entreprise sous la régence par Buvat et Marais, poursuivie par Barbier sous Louis XV, et ferme la série des représentants de l'opinion parisienne entre Louis XIV et la Révolution. Grâce à lui, l'importante lacune que les Mémoires imprimés laissaient dans l'histoire du siècle est comblée ; — mais qu'est-ce donc que ce nouveau-venu, tiré pour la première fois de son obscurité profonde et introduit par nous dans l'histoire politique de notre pays ?

I

En suivant, à partir de la Seine, la rue Saint-Jacques, dont nous ne voyons plus que des tronçons épars et comme des échantillons, on rencontrait, à main gauche, au coin de la rue des Noyers, supprimée, elle aussi, presque entièrement, la chapelle de Saint-Yves. Fondée au XIVe siècle en l'honneur d'un avocat breton, de celui-là même qu'avait rendu fameux ce singulier panégyrique : *Advocatus et non latro, res miranda populo,* elle était le rendez-vous des plaideurs échappés aux griffes de la chicane ; ils suspendaient à la voûte les sacs de leurs procès, comme les boiteux guéris, dit un historien, suspendent leurs béquilles au sanctuaire d'une madone. Le boulevard Saint-Germain passe aujourd'hui sur l'emplacement qu'elle occupait. La chapelle, au

XVIIIᵉ siècle, faisait face à une librairie d'apparence modeste, mais d'excellent renom, riche en livres sérieux, heureusement située dans le voisinage des grandes écoles, à ~p.402~ deux pas de la Sorbonne et du collège de France, au cœur même de ce quartier studieux et religieux, où les collèges, les couvents, les églises abondaient, où les gens de loi se mêlaient aux écoliers et aux moines. C'est au fond de cette maison, au milieu des rayons couverts de livres et sur le comptoir même de sa boutique, que Siméon-Prosper Hardy écrivit pendant vingt-cinq ans l'histoire contemporaine ; c'est de là que ses Mémoires ont passé aux manuscrits de la Bibliothèque nationale.

Il faut un peu modifier nos idées sur la librairie moderne pour apprécier au juste ce qu'était, il y a cent ans, un libraire de Paris. On n'entrait pas au hasard ni de plain-pied dans la communauté des libraires et imprimeurs, qui comprenait environ deux cent dix membres : après un apprentissage dûment constaté, on était tenu de produire un certificat de solides études classiques signé du recteur ; on subissait ensuite, dans la chambre royale et syndicale de la rue du Foin-Saint-Jacques, l'examen professionnel devant un jury de huit membres désignés par le sort ; les registres faisaient foi des notes obtenues et de la décision des juges. Ce qui restreint la liberté a souvent pour effet d'accroître la considération. Les ordonnances de 1618, 1624, 1723, en exigeant des garanties, avaient en retour accordé des privilèges ; la profession de libraire et d'imprimeur, séparée « des arts mécaniques, » était assimilée aux carrières libérales : la communauté faisait corps avec l'Université. Ses officiers en charge assistaient, revêtus de leurs insignes, en manteau et en rabat, aux processions du recteur, aux distributions des prix ; ils avaient leur rang marqué dans toutes les solennités classiques, beaucoup plus nombreuses et plus pompeuses qu'aujourd'hui ; — bref, les libraires de ce temps-là étaient en quelque sorte des bibliothécaires en titre, attachés au service des études universitaires.

p.403

Le caractère libéral de la profession paraît surtout dans l'auteur de ces Mémoires. Hardy était d'une bonne famille de moyenne bourgeoisie qui s'honorait de compter parmi ses membres des professeurs et des magistrats. Son grand-père maternel, Delaval, avait été recteur ; son beau-père et son cousin germain, du nom de Duboc, étaient conseillers au Châtelet. Ces vieilles familles, aux mœurs patientes et fortes, gravissaient lentement par le labeur des générations les degrés de la notoriété publique et de la fortune ; quelquefois elles faisaient irruption dans la gloire, grâce à un génie imprévu sorti de leur sein. Sur la grande route de l'ambition, qui n'a jamais été déserte en France, elles formaient la première station ; les audacieux qui montaient des profondeurs du peuple s'arrêtaient là, et reprenaient haleine avant de tenter l'accès des rangs supérieurs. En 1781, quand M. de

Juigné fut nommé archevêque de Paris, Hardy lui rappela dans une lettre respectueuse qu'il avait été son camarade de classe à Navarre et aux Grassins, qu'ils avaient fait leur seconde ensemble en 1745. La lettre reçut un froid accueil, Hardy se souvenait trop, et le prélat trop peu ; elle nous révèle du moins l'âge de l'auteur, et nous pouvons, sur cet indice, fixer à 1728 la date vraisemblable de sa naissance, année où naquit M. de Juigné. Buvat mourut un an après ; Marais avait alors soixante-trois ans, et n'écrivait plus que pour répondre au président Bouhier ; quant à Barbier, né en 1689, il était dans la force de l'âge et dans toute sa verve d'observateur et d'annaliste.

p.404 A quelques pas du cabinet d'affaires où notre avocat, tout en expédiant les plaideurs, compilait sa chronique, dans cette même rue Galande, hantée par les officiers de la chicane, Hardy vint se loger, en quittant les Grassins, « un peu au-dessus de la rue des Anglais, » qui existe encore, et le camarade de classe du futur archevêque entra comme apprenti chez un imprimeur nommé Quillau, établi rue du Fouare, « ancien adjoint de sa communauté, commissaire des pauvres et marguillier de sa paroisse, » dont le billet mortuaire, daté de 1764, a été recueilli, je ne sais par quel hasard, aux manuscrits de la Bibliothèque nationale. En feuilletant les anciens registres de la chambre royale et syndicale, conservés aux archives de la bibliothèque, on y peut lire de fréquentes mentions et de nombreuses signatures de Siméon-Prosper Hardy jusqu'au 18 mars 1791, époque où les registres finissent avec la corporation. Le 15 mai 1755, sous le syndicat d'un Didot, il est reçu libraire ; le 26 juin 1771, élu adjoint au syndic, il arrive aux honneurs de sa profession ; le suffrage lui donne pour collègue un autre Didot, François-Ambroise, grand-père de l'éditeur de ce nom. Dès lors il n'oubliera plus de mentionner dans ses Mémoires les cérémonies publiques où il représentera, en qualité d'adjoint titulaire ou d'adjoint honoraire, la librairie de Paris. Ce sont les dates lumineuses de sa vie, et cet éclat modeste paraît lui suffire.

De bonne heure il eut l'idée de son journal ; il était né chroniqueur. Avant même de passer maître et de s'établir rue Saint-Jacques, il rédigeait de courtes notices sur les affaires du temps ; on les retrouve sur la première page du recueil ; mais il ne commença sérieusement et avec suite qu'en janvier 1764. Dès lors plus _{p.405} de lacunes, l'œuvre se continue jusqu'à la révolution. Tenu en grande estime par ses confrères, il ne semble pas que la prospérité de son négoce ait répondu à la considération dont il jouissait. Faut-il en accuser la politique ? On ne rédige pas impunément un journal de 4 082 pages. Quand on le voit se servir de ses livres de commerce pour y coucher par écrit ses réflexions en matière d'État sous ce titre : *Mes loisirs, journal d'évé-nements tels qu'ils parviennent à ma connaissance,* il est permis de se défier de ce commerçant qui se donne tant de vacances, et use ainsi des registres destinés à ses comptes courants. Il ne faut donc pas s'étonner si, sur la liste des 210 imprimeurs et libraires de Paris, distribués en vingt catégories, suivant l'importance de leurs impositions, Hardy n'appartient qu'à la dix-septième classe. Tandis que les maisons puissantes, les Panckouke, les Lebreton, les Barbou, les Briasson, les Duchesne, les Didot, les Durand, les Moutard, paient une somme qui varie de 100 à 200 livres, Hardy est coté à 26 livres ; pendant trente ans, ce chiffre ne change pas, ce qui prouve que ses affaires, malgré la position avantageuse de la maison et la bonne renommée du maître, restent stationnaires. En 1790, l'Assemblée nationale ayant fait appel aux dons patriotiques, notre libraire-citoyen se signale par une souscription volontaire de 1 200 francs, l'une des plus fortes que contienne le rôle de la corporation ; dès que la politique et le patriotisme sont en jeu, Hardy reprend ses avantages, et passe dans la première classe.

Homme excellent et de noble instinct, en qui le point d'honneur prime toujours la question d'argent, il était aussi de cette race inquiète d'esprits très français $_{p.406}$ qui aiment le fracas des événements et l'orage des passions publiques. Ils ont la fièvre de l'intérêt général, ils s'y dévouent en idée, faute de mieux ; leur imagination habite les espaces indéterminés où se développent les péripéties des grandes affaires. Sans doute il serait malséant d'appliquer à cet observateur sérieux et instruit le mot de

Voltaire sur « les grimauds qui gouvernent l'État du haut de leur grenier » ; lui, il a passé sa vie à sa fenêtre pour voir comment l'État était gouverné. De cette curiosité persévérante il est résulté un amas énorme d'informations et de documents devant lequel a reculé la Société de l'histoire de France ; entre tant d'auteurs de mémoires aujourd'hui révélés, le libraire est le seul qui n'ait point trouvé d'éditeur. On l'a même si peu lu, qu'on n'a pas su découvrir dans le manuscrit son nom et sa signature, qui pourtant s'y trouvent ; on a tenté de le dépouiller de sa propriété littéraire pour en gratifier indûment un inconnu.

Faisons-lui l'accueil dont il est digne et rendons-lui, avec le titre de son œuvre, le rang qui lui appartient à côté de ses devanciers. Voyons comment un Parisien, élevé dans les anciens principes, mais depuis trente ans mêlé par goût aux agitations du siècle, un représentant de ces classes moyennes, sur lesquelles passait alors un souffle de tempête, a jugé les années qui précèdent immédiatement la révolution. Supérieur à Barbier par la gravité du caractère et par la facilité du style, Hardy ajoute une nuance nouvelle à la physionomie historique du bourgeois de Paris.

II

p.407 Hardy n'est point un sceptique à la façon de Marais, ni un épicurien comme Barbier ; il ne procède ni de Bayle ni de l'*Encyclopédie* ; il est chrétien déclaré, mais c'est un chrétien janséniste. Il a pour maître Rollin et non Voltaire. Malgré la contagion des influences nouvelles, il garde jusqu'à la fin dans leur intègre sincérité les convictions de sa jeunesse. Nulle part vous ne rencontrez sous sa plume les licences de pensée ou d'expression si fréquentes chez ses devanciers. Il appelle Jésus-Christ « notre auguste rédempteur, » il croit au Dieu « protecteur des empires ; » l'*Essai sur les mœurs* ne l'a pas détaché de la philosophie de Bossuet et de la politique du *Discours sur l'histoire universelle.* Ne croyez pas que ce soit là une fidélité isolée et discréditée ; les sentiments professés par Hardy conservaient alors, à Paris même, dans le peuple et la bourgeoisie, un reste d'empire moins affaibli qu'on ne le suppose généralement. Le fait suivant, si peu important qu'il soit, nous est un indice de cette force durable des croyances et de cette longue impression de respect qui ne céda pas sans peine à la persévérance de l'attaque et de la dérision. En février 1766, le roi Louis XV, chargé des hontes publiques et privées de son règne, traversait le Pont-Neuf au sortir d'un lit de justice tenu au parlement. Un prêtre portant les sacrements au gouverneur de la Samaritaine croise le cortége. Le roi descend de carrosse et se met à genoux sur p.408 le chapeau d'un officier de sa suite, « quoiqu'il fît ce jour-là, dit notre chroniqueur, des boues prodigieuses ; » le prêtre, s'étant arrêté, donne au roi la bénédiction. « Ce trait fut admiré de tous les témoins et applaudi par des cris redoublés de

Vive le roi ! » Observez ici la différence des temps : ce qui rendra Charles X impopulaire en 1829 ramène à Louis XV la faveur publique en 1766.

Veut-on voir encore une preuve de cette persistance des habitudes religieuses dans le peuple de Paris ? Nous l'empruntons à d'autres mémoires manuscrits rédigés à l'époque du coup d'État Maupeou par le procureur Regnaud, qui fut, plus tard, un des défenseurs officieux de Louis XVI auprès de la Convention. On sait qu'au mois d'août 1774, lorsque le chancelier Maupeou et l'abbé Terray furent disgraciés, le peuple, ameuté sur la place Dauphine à l'occasion de la Saint-Louis, les pendit en effigie et brûla dans un feu de joie deux mannequins revêtus des insignes ministériels. Ces tumultueuses démonstrations durèrent une semaine ; tous les mémoires du temps les décrivent longuement. Eh bien ! voici comment elles débutèrent, au rapport d'un témoin qui applaudissait, comme le peuple, à la chute des auteurs du coup d'État : « Dès le soir même de la Saint-Louis, la populace s'est assemblée dans les cours du Palais et aux environs, en jetant des cris de *Vive le roi ! Vive l'ancien parlement !* Ensuite ils ont chanté le verset *Domine, salvum fac regem*, le psaume *Exaudiat*, l'antienne du *Salve* au bruit d'un nombre étonnant de fusées et de pétards que l'on tirait de tous côtés... [1] » Voilà quel était encore l'esprit religieux du peuple de

---

[1] *Mémoires manuscrits* de Regnaud, procureur au Parlement. (T. XIII, 96.)

Paris, même lorsqu'il exécutait les ministres par contumace, en 1774.

Hardy déteste les philosophes, « ces héros et ces coryphées de l'impiété moderne ; » il a du moins le bon goût de ne pas les insulter : il n'en dit rien, et la république des lettres semble un pays fermé pour lui comme pour Barbier. On peut lire cependant d'intéressants détails dans son journal sur le retour de Voltaire en 1778 ; nous y trouvons la contre-partie des récits enflammés que nous ont laissés Grimm, La Harpe et Marmontel. Hardy est loin de ressentir de pareils transports : il se tient à l'écart, regarde passer l'ovation irritante et le tumulte ennemi ; il est de ceux qui protestent par de secrets murmures : « c'est un délire, une idolâtrie inconcevable ; on ne s'entretient, on ne rêve partout que du poète Voltaire. » L'homme des vieilles croyances et des respects traditionnels se sent menacé par l'explosion de ce triomphe qu'il est contraint de subir et qu'il avoue. Sur le même rang que les philosophes, sa haine a placé les jésuites et tout le clergé ultramontain. Chrétien convaincu, il touche par un point aux incrédules, aux railleurs, aux encyclopédistes : comme tout Paris, il est anticlérical. Son langage a même une âpreté qui manque à ses devanciers : ceux-là riaient, lui, il gémit et s'indigne ; les violences qui désolent l'Église lui soulèvent le cœur. Dénonçant avec amertume « la noire cabale des soi-disant ci-devant jésuites, » il flétrit les vices des prélats grands seigneurs et le despotisme des prélats persécuteurs ; il plaint leurs victimes, « ces personnages pieux, savants et respectables, accusés depuis près d'un siècle d'une hérésie purement imaginaire, proscrits et dépouillés par un zèle hypocrite. — p.410 Janséniste, indifférent, ou sceptique, tel est donc le bourgeois de Paris au XVIIIe siècle ; ce sont les trois formes de son opinion en matière religieuse.

Le janséniste Hardy est un ami zélé du parlement, et ce zèle toujours en quête de nouvelles politiques, enrichit son journal. Bien qu'une effective participation aux grandes affaires et aux nobles périls constitue un privilège interdit à son ambition, il s'engage, autant qu'il peut, dans la lutte, il y met son âme et le meilleur de sa vie ; il assiste aux séances des jours de crise ; rentré chez lui, il prend ses registres et consigne le souvenir des débats orageux, des incidents mémorables. On dirait qu'un reflet des scènes historiques dont il est l'ardent témoin illumine et transfigure par moments son obscurité. La province même l'intéresse, il suit au loin les développements de la résistance ; ses correspondants l'informent des événements, lui envoient les pièces importantes, les documents nouveaux, harangues, remontrances, arrêts, exposés des motifs. Muni de ces textes authentiques, Hardy les transcrit avec un soin, une patience, ou plutôt avec une piété qu'aucun détail ne rebute et que la plus verbeuse éloquence ne réussit pas à décourager. Il se constitue d'office et pour la satisfaction personnelle de son patriotisme le greffier du procès pendant entre la couronne et la nation. Hardy était présent, en janvier 1771, au coup d'État Maupeou, lorsque le chancelier, « armé jusqu'aux dents, » porta « l'abomination de la désolation dans le sanctuaire de la justice, » non sans risque d'être « enlevé et étouffé » en traversant la foule indignée. Le récit qu'il a laissé de cette journée est une des pages attachantes de ses Mémoires par le sentiment de généreuse tristesse dont il est empreint.

p.411 Trop ému pour se borner au rôle de rapporteur et de copiste, Hardy intervient en son propre nom et fait sa profession de foi. Dans le trouble où la violence a jeté les meilleurs esprits, cet honnête homme sent le besoin de s'expliquer avec lui-même et de voir clair dans son opinion. Il interrompt l'histoire de l'attentat, et lui, si discret sur tout ce qui a trait à sa personne, il croit devoir écrire, à la date du 12 novembre 1771, la déclaration suivante qui prouve jusqu'à quel point les Parisiens de ce temps-là prenaient à cœur les affaires de leur pays : « Très incertain sur les conséquences et la tournure ultérieure des affaires actuelles de la magistrature, je consigne ici une espèce de profession de foi politique relative à ces événements, quelle qu'en doive être l'issue. C'est la mienne et je crois pouvoir me flatter que c'est en même temps celle de tout bon Français. Quoique je ne me sois jamais regardé que comme un atome dans la société, je crois mériter d'y tenir une place distinguée par ma fidélité inviolable à mon souverain et par mon amour pour sa personne sacrée. Les sentiments que j'ai puisés dans l'éducation et dans les livres ne s'effaceront jamais de mon cœur. Quoique ma fortune soit des plus médiocres par la volonté de la divine Providence, une perspective de 100 000 écus de rente ne me ferait pas abandonner un bien qui m'est cher et qu'on ne peut me ravir, à savoir l'honneur et le véritable patriotisme. Je croirai toujours devoir penser sur les controverses présentes comme les premiers magistrats du royaume et les princes du sang royal, qui ont manifesté leurs sentiments d'une manière aussi authentique que respectueuse pour notre auguste maître dans une protestation solennelle à laquelle tous les bons ~p.412~ citoyens ne peuvent s'empêcher de rendre hommage et de souscrire de toute leur âme. *Ita sentiebat civis regi et patriæ addictissimus, S.P. Hardy, syndico rei librariæ et typographiæ adjunctus, anno Domini* 1771. » C'est ainsi que le contre-coup des événements de la politique intérieure allait frapper jusque dans les plus humbles conditions les âmes simples et loyales de cette bourgeoisie patriote. Déjà inquiète, parce qu'elle commençait à prévoir, elle essayait de rassurer doublement ses scrupules en adhérant à la bonne cause et en raffermissant son royalisme contre les entraînements possibles de l'opposition.

Qu'on ne s'y trompe pas, en effet, le bourgeois de Paris au XVIIIe siècle a beau être opposant, il entend rester royaliste. Il en veut aux gens de cour, mais non à la royauté. C'est un conservateur libéral, un opposant constitutionnel ; la distinction capitale entre la monarchie et le despotisme, distinction si difficile à maintenir en France, il la fait avec une fermeté qui étonne et que nous n'imitons guère. Libre à d'Argenson, un grand seigneur philosophe, de rêver la république dès 1750, et d'imaginer, sur les plans de l'abbé de Saint-Pierre, son maître, une Suisse française ; le bourgeois de Paris, qui rêve peu, ne prend pas la peine de discuter de pareilles idées : elles ne lui viennent pas à l'esprit. Le comte de Maurepas disait : « Sans parlement, pas de monarchie ; » le bourgeois de Paris ajoute : « Sans monarchie, pas de gouvernement. » Ces deux sentiments, invariables, indissolubles, sont le fond même de sa raison, ou, si vous le voulez, de son instinct politique. Aussi, quand il a cessé d'aimer et d'estimer Louis XV, il continue de respecter en sa personne la royauté. On $_{p.413}$ ne saurait croire à quel point ce respect subsiste, au défaut de l'affection trompée et découragée, dans la masse du peuple et de la bourgeoisie, ni combien l'ancienne France s'est obstinée à pallier les fautes du prince, à ne les pas voir, afin de ménager le prestige d'une autorité qu'elle sentait nécessaire.

Ce même sentiment de fidélité au prince éclate dans les Mémoires parlementaires de Regnaud que nous avons déjà cités. Regnaud, comme Hardy, déteste les ministres oppresseurs des lois et persécuteurs de la justice ; son récit n'est qu'une longue plainte contre le despotisme, mais pas un mot ne lui échappe contre le roi, égaré, dit-il, par des conseillers perfides. L'ouvrage a pour préface une déclaration royaliste dont tout démontre la sincérité : « Mes sentiments n'ont jamais pu être équivoques. Je me suis plaint du despotisme mis en loi par les ministres, mais j'ai sans cesse respecté le roi et l'autorité royale. C'est une loi de l'État, consacrée dans tous les siècles par la loi divine, de respecter le souverain, même lorsqu'il fait le malheur des peuples que la Providence lui a confiés. A Dieu ne plaise que dans cette histoire que j'écris j'entreprenne d'enfreindre une loi sacrée ! » Ces Mémoires manuscrits, en trois volumes, sont dédiés à Malesherbes qui était alors premier président de la Cour des Aydes. Regnaud lui en envoya la première partie en 1773, et Malesherbes lui répondit : « J'ai reçu, Monsieur, avec une reconnaissance infinie, le précieux manuscrit que vous m'avez confié, et je sens tout le prix de cette marque que vous voulez bien me donner de votre estime. » Vingt ans après, quand le trône fut menacé, au premier rang de ses défenseurs parurent ces courageux amis de la loi, aussi fermes dans p.414 leur dévouement à la royauté que dans leur aversion pour le despotisme. Le 10 août 1792, Regnaud était aux Tuileries ; le lendemain, un mandat d'arrêt était lancé contre lui par Pétion ; il se réfugia au village de Fontenay (près Mareuil, chemin de Luzarches), et quand la défense du roi se constitua, Regnaud se fit inscrire publiquement dans les journaux. A la fin de décembre, son discours (200 pages environ) était imprimé, et il le fit tenir à Malesherbes, qui lui répondit : « Le roi me charge, Monsieur, de vous témoigner sa satisfaction sur le zèle, le courage, l'attachement et la fidélité que vous lui montrez. » Ce plaidoyer, qui se terminait par le cri de *Vive le roi !* eut, dit l'auteur, deux éditions en huit jours. — En février 1775, Regnaud, mettant fin à ses Mémoires parlementaires, en résumait l'esprit par ces mots, qui sont la conclusion de l'ouvrage : « *Le Français soumis à son roi, le roi soumis aux lois, voilà notre devise* [1]. »

N'anticipons pas, et revenons au journal de Hardy. Ce journal contient quelques lignes assez neuves sur la mort de Louis XV. Ce n'est plus le tableau tracé par Bezenval des intrigues qui divisent la cour pendant l'agonie du roi ; c'est une vue de Paris pendant les jours qui précèdent et qui suivent ce grave incident. Nous recueillons l'impression du dehors et la rumeur populaire. L'aspect général est calme, l'indifférence paraît dominer ; la police, il est vrai, étouffe jusqu'aux paroles. Hardy a

---

[1] Manuscrits de la Bibliothèque nationale, n° 13733, *Histoire des événements arrivés en France* depuis septembre 1770 jusqu'en février 1775. Ouvrage mis au dépôt le 20 décembre 1814. L'auteur défend d'imprimer son manuscrit. Ce manuscrit est plein de détails curieux sur le coup d'État de 1771 ; un historien le consulterait avec fruit. Entre autres menus faits, Regnaud raconte que les membres du nouveau Parlement étaient si ignorants qu'ils ne savaient pas même l'orthographe. Sur leurs registres on lisait, dit-il, écrites de leurs propres mains, ces singulières dates : « *Ce vin de sing, ce vin de catre, ce discette,* etc. » (T. II, 360.)

une façon particulière, et qui sent bien son janséniste, de mesurer le degré d'impopularité où le roi est descendu. Un chanoine de ses amis lui a fait part du calcul suivant. « En 1744, il avait été payé à la sacristie de Notre-Dame 6 000 messes pour la guérison de Louis XV ; en 1757, après l'attentat de Damiens, le nombre des messes demandées ne s'était élevé qu'à 600 ; dans la maladie actuelle, il est tombé à 3 ! » Voilà pour Hardy un infaillible thermomètre du sentiment public. Tomber de 6 000 messes à 3, quelle chute et quel abaissement ! Est-il une marque plus sûre de la révolution accomplie pendant ces trente années dans les esprits ! Quand un roi meurt, cela invite à juger le règne ; Hardy, même alors, s'interdit toute réflexion sévère : il rejette le mal qui s'est fait sur les ministres, « c'est leur conduite odieuse et blâmable qui a perdu Louis XV. » Sommes-nous donc en pays de monarchie constitutionnelle ? Hardy parle comme un publiciste nourri dans les traditions du plus pur parlementarisme. L'ancienne France acceptait d'instinct, sans la connaître, cette fiction de l'irresponsabilité royale qu'on a si vainement essayé d'inculquer au public moderne ; autant que le permettaient des fautes trop personnelles, elle séparait le roi de son gouvernement. Sa droiture suppléait à la science qui lui manquait ; elle avait l'esprit sans la lettre, elle avait les mœurs des institutions dont nous avons la théorie. Ce qui est pour nous une vue abstraite de l'intelligence était pour elle un sentiment. Par quel méchant destin, en gagnant l'apparence, avons-nous perdu la réalité ?

p.416 Un mobile moins généreux, mais très politique, la peur, agissait comme stimulant sur ce fidèle royalisme : le bourgeois craignait le peuple et s'en défiait. Si vaillant qu'il soit devenu, il ne s'est pas guéri de cette frayeur-là, comme chacun sait. Selon Regnaud, rien n'était plus facile en janvier 1771 que de faire une révolution à Paris ; le peuple, prêt à se soulever, attendait un mot d'ordre et des chefs. Le Parlement, loyal dans sa disgrâce et sensé dans sa colère, écarta ce dangereux secours ; craignant les suites d'une explosion, il aima mieux subir le coup qui le frappait : « S'il se fût écarté en la moindre chose de la soumission aux ordres du roi, la capitale se serait trouvée plongée dans la plus terrible révolution... J'affirme que si, dans ce moment de crise, il se fût trouvé un chef, la révolution eût été des plus terribles [1]. »

Pendant les troubles de 1775, un attroupement pille les boutiques sous les fenêtres de Hardy ; son imagination en demeure frappée. « Je vois encore, dit-il, enfoncer à coups de pinces de fer la porte d'un boulanger qui était vis-à-vis de ma maison. Un grand et fort homme en veste grise, portant un chapeau rabattu et presque blanc de poussière, se distinguait par sa fureur et paraissait conduire toute la bande... » Manifestement l'apparition du « grand et fort homme » donne le frisson à notre observateur ; il a vu et presque touché le spectre de l'émeute. Soyons justes envers les trembleurs de ce temps-là ; ils étaient du

---

[1] T. I, 56.

moins conséquents : jugeant le roi nécessaire, ils avaient le bon sens de respecter le roi.

p.417 Un dernier trait achèvera cette peinture, dont les couleurs sont empruntées à l'histoire la moins suspecte. Le bourgeois de Paris au XVIIIe siècle a la philosophie de sa condition. Ce n'est point un ambitieux inquiet, un vaniteux aigri ; loin de se tenir humilié de n'être qu'un bourgeois, il en serait plutôt fier, à la façon d'un sujet anglais ou d'un citoyen romain. Son esprit est tourné à voir ce qu'il a et non ce qui lui manque. Dans aucun de ces bourgeois, auteurs de Mémoires, vous n'apercevez trace des jalousies rancunières et des convoitises haineuses qui allaient bientôt, comme une peste publique, envahir et gâter la nation ; leur tranquille sagesse est pure de tout ferment malsain. Nous connaissons la candeur et le désintéressement de Hardy. Le journal de Barbier respire d'un bout à l'autre la bonne humeur ; ce sont les Mémoires d'un homme heureux : vrai type du satisfait, il est aussi content des autres que de lui-même. Marais, homme de talent, jouit de l'estime qu'il inspire ; il vit tout glorieux dans la pénombre de quelques amitiés illustres, et c'est à peine si l'ambition académique, imprudemment allumée dans son cœur par les promesses du président Bouhier, le trouble un instant de ses fumées. Sans doute, lorsque le soir venu ces bons bourgeois écrivent à huis clos sur leurs registres et causent la plume à la main avec eux-mêmes, leur verve se donne carrière parfois aux dépens de la noblesse : ils ne se refusent pas la satisfaction de médire du fracas qui les étourdit et du scandale qui les révolte ; mais dans ces épanchements si intimes, où toute réticence est inutile, vous ne rencontrez à aucun moment l'invective passionnée, virulente, la tirade à la Figaro, — il n'y a point là un trop plein de fiel et de colère qui brûle de se _{p.418} répandre. Ils ne roulent aucun projet de vengeance et de destruction. Serait-ce que, tout en sentant l'injustice du privilège et l'orgueilleuse suprématie de la naissance, ils en portent légèrement le poids ? ou plutôt le secret de leur modération n'est-il point dans la dignité même de leur indépendance ? Maîtres chez eux, ayant conscience de la supériorité croissante des races sérieuses sur les races frivoles, ils tenaient la noblesse à distance, et ne songeaient pas plus à lui faire la guerre qu'à lui faire la cour ; ils suivaient une voie qu'elle ne traversait pas. Combien la vie ainsi pratiquée différait des existences fiévreuses qu'excite et développe le climat du nouveau Paris ! Les habitudes cosmopolites de l'esprit n'avaient pas encore leur raison d'être ; la manie de voyager en idée à travers l'impossible et l'infini ne tentait personne. Un horizon aux lignes précises traçait autour des imaginations les plus aventureuses un cercle infranchissable : la folle du logis était en cellule.

L'extérieur même du vieux Paris, l'obstacle des rues étroites et sombres, la masse irrégulière des noirs quartiers agglomérés, figuraient aux yeux ces barrières légales et ces clôtures multipliées où l'ancien régime claque-murait l'activité des individus ; on était citoyen de son quartier, habitué de sa paroisse, membre de sa corporation. La vie s'écoulait paisible, uniforme, développant comme une eau captive son cours tracé d'avance sans jamais perdre de vue l'ombre du clocher natal, l'église où reposaient les souvenirs pieux de la famille, où la même tombe entr'ouverte attendait les générations. Entre ce terme toujours présent et ce point de départ si rapproché, les formes réglées du devoir professionnel, les affections, resserrées elles-mêmes comme cette vie sans p.419 rayonnement, s'emparaient de l'homme, occupaient son âme et remplissaient la capacité de son esprit. C'est ce qui nous explique pourquoi ces Mémoires contiennent une foule de détails dont l'intérêt, exclusivement local et municipal, est nul pour la postérité. Tous ces *faits divers* avaient eu leur jour de vogue et de bruit dans le voisinage ; or il est clair que le bourgeois de Paris, en rédigeant sa chronique, songe à son quartier avant de penser au reste du monde.

Sur des hommes façonnés par ce régime, immobilisés dans ces habitudes séculaires, quel a dû être l'effet de surprise et de trouble causé par les événements de 1789 et aggravé par les catastrophes imprévues, quoique préparées, qui se déroulèrent avec une destructive rapidité ? Comment la Révolution a-t-elle été possible dans un pays où la masse était encore si solide et si calme ? Il faut dire que, sous le règne de Louis XVI, quelques années avant la crise finale, les mœurs de la bourgeoisie parisienne avaient subi une notable altération. Le tableau que nous venons de tracer est vrai, surtout si on l'applique aux générations du XVIIIe siècle qui avaient déjà disparu ou qui avaient vieilli en 1789 ; l'empreinte de l'ancienne discipline était si forte sur celles-là qu'elles résistèrent à l'action d'une atmosphère dissolvante. Derrière les premiers rangs, chaque jour éclaircis, montait une impatiente jeunesse qui apportait dans les vieux cadres, dans les traditions discréditées, tous les ferments de l'esprit nouveau. Les symptômes de ce changement n'ont pas échappé à notre observateur, que ses défiances religieuses avertissaient, il les a notés plus d'une fois avec tristesse ; mais la perturbation dont il se plaint est si grave qu'il en est atteint lui-même à son insu. A partir $_{p.420}$ de 1787, ce fidèle royaliste, cet excellent chrétien, opposant plein de scrupules, cède à je ne sais quels entraînements séditieux. Il a pris en haine le gouvernement et la noblesse ; son journal n'est plus qu'une diatribe contre l'autorité ; il applaudit à l'émeute et flétrit la répression. Hardy est sous l'influence régnante ; l'homme d'ordre s'est changé en révolutionnaire, au moins pour un temps ; il a pris feu dans l'air embrasé qu'il respire. — Examinons cette dernière partie de son journal, qui forme une transition naturelle entre l'époque que nous allons quitter et celle où nous entrons ; voyons comment il a raconté les préludes et accueilli les débuts de la Révolution.

III

En vrai Parisien de 1788, Hardy est optimiste ; malgré son âge et son caractère réfléchi, il partage la confiance et l'enthousiasme auxquels si peu de ses contemporains osaient résister. Il bat des mains aux premiers signes de force que donne la Révolution, il célèbre le 14 juillet, se félicite des 5 et 6 octobre : c'est un patriote. On voit cependant une lutte se livrer chez lui entre cette ivresse communiquée et son flegme habituel. L'impétuosité des événements lui porte à la tête, il a le vertige tout en admirant ; sa joie patriotique laisse deviner des frayeurs honteuses d'elles-mêmes qui attendent le moment d'éclater. Il ne doute pas que l'assemblée ne sauve la France ; seulement il trouve étrange que le succès définitif recule et se dérobe à chaque victoire de la bonne p.421 cause. Le drame est superbe, mais trop long, il le voudrait plus simple et plus clair ; dès le mois d'octobre 1789 son élan se fatigue, il aspire au dénoûment. Ainsi l'on se figure bon nombre de bourgeois de Paris ses contemporains, éblouis d'abord et entraînés avec lui, pris ensuite de lassitude, comme des hommes soumis à un régime excessif qui, en les surexcitant, les accable. Ils n'étaient pas au bout ; ils leur restait à savoir ce qu'il en coûte pour sortir de ces situations extraordinaires, et ce qu'elles contiennent de péripéties et d'émotions forcées.

Il ne faut pas demander aux Mémoires de Hardy des vues bien profondes sur les commencements de la Révolution, cette philosophie politique passe son intelligence ; mais il nous donnera le détail vivant de l'agitation révolutionnaire, l'aspect des rues populeuses mises en rumeur par le tocsin, en un mot la série accidentée des innombrables petits faits qui, observés à distance et groupés dans un seul coup d'œil, forment la masse imposante des grandes époques historiques : là est l'intérêt de son témoignage. Il a fraternisé avec les combattants du 14 juillet ; un flot de peuple insurgé a passé sous ses fenêtres ; il a vu Paris « ivre de joie » à la nouvelle de ce fait d'armes « surnaturel, » et la garde nationale, « par une autre espèce de miracle, » s'organiser « en moins de vingt-quatre heures. » Dans son district, il a voté aux élections des premiers officiers ; s'il n'a pas pris lui-même la Bastille, il a « illuminé » le soir de la conquête, et assisté le surlendemain au service funèbre célébré dans sa paroisse en l'honneur des victimes. Pendant le tumulte de ces chaudes journées, tandis que les institutions nouvelles naissent bruyamment de l'inspiration populaire et de la nécessité, quelques p.422 débris du moyen âge essayent de se ranimer à cette ardeur, de se rajeunir sous les couleurs nationales. Croirait-on par exemple que la basoche de Philippe le Bel s'est levée, elle aussi, contre la Bastille, et a soutenu le mouvement les armes à la main ? Elle avait équipé deux bataillons fort alertes qu'un vieil ami du parlement, tel que Hardy, n'a garde d'oublier :

« Aujourd'hui, 14 juillet, entre quatre et cinq heures de l'après-midi, j'ai vu de mes fenêtres briller au soleil une prodigieuse quantité d'armes sur le pont Notre-Dame ; c'était la compagnie des clercs de la basoche du Palais, composée de 1 500 jeunes gens qui formaient une superbe troupe, et s'en allaient par la rue de la Vieille-Draperie au Palais pour le préserver de toute attaque venant des troupes royales ; à ceux-ci s'étaient réunis 1 500 autres jeunes gens de la basoche du Châtelet. »

Classé par son âge dans les sédentaires (il avait plus de soixante ans), Hardy n'a joué aucun rôle actif et marquant dans ces démonstrations, il suivait du regard les événements avec cette curiosité émue et cette sympathie décroissante dont nous avons parlé ; mais il n'était pas homme, en de pareilles alertes, à fuir le jour et à craindre le bruit. Il allait aux « klubes, » il était assidu aux séances orageuses de son district des Mathurins, où l'on rejeta plus tard le *veto* du roi ; le 16 juin, quatre jours avant le serment du Jeu de Paume, il se trouvait à Versailles, dans une tribune du tiers état. Là il entendit Mirabeau et Sieyès proposant de remplacer le nom d'États généraux par celui d'Assemblée nationale ; le président Bailly « le charma par la noble gravité de son attitude, » mais le sans-façon des députés lui déplut. Il s'étonnait de les voir siéger sans costume ; ce mépris de l'étiquette, indice léger de changements si graves, choquait ses habitudes, et amoindrissait à ses yeux la majesté de la nation. —

Comme tout bon patriote, une alarme provoquée par des bruits populaires le tenait en souci : Versailles, disait-on, pour se défaire de Paris, complotait d'y mettre le feu ; « instruite de cet infâme projet, la ville faisait boucher les soupiraux des caves qui donnaient sur la rue, car on avait déjà essayé d'y jeter des matières combustibles. » Nous sommes tellement accoutumés à traiter d'impie et d'athée la Révolution de 1789, qu'on ne s'attend guère à voir défiler, dans les rues insurgées, des processions bannières au vent ; elles sont nombreuses pourtant et fort brillantes, Hardy les compte, et, comme il est sur leur chemin, aucune ne lui échappe. Elles vont toutes en pèlerinage, chargées d'*ex-voto*, à Sainte-Geneviève, entre deux haies de gardes nationaux ; il en vient de Belleville, du port au blé, du faubourg Saint-Antoine, de tous les quartiers de Paris : elles portent des gâteaux et des fleurs ; chaque bataillon de la nouvelle milice fait bénir son drapeau. Les héros de la Bastille conduisent en grande pompe « un chef-d'œuvre de menuiserie » qui figure la forteresse, et sur lequel flottent les étendards conquis. La haine est oubliée ou n'a pas eu le temps de naître ; une effusion de commune espérance épanouit tous les cœurs : « Prêtres, moines, ouvriers, soldats, citoyens et citoyennes » gravissent en troupes joyeuses les pentes escarpées de la montagne.

Le journal s'arrête brusquement et sans explication à la date du 14 octobre 1789. A partir de ce moment, nous perdons la trace de l'auteur dans l'histoire du temps. Que signifie cette défaillance subite qui peut-être, dans ₚ.₄₂₄ l'intention première de Hardy, devait se borner à une courte interruption ? S'est-il senti comme accablé de l'effrayante richesse du sujet ? A-t il compris que ces événements d'une violence inouïe et d'une incalculable portée ne pouvaient avoir pour historien un homme tel que lui ? A-t-il craint d'être un jour trahi par la découverte de ses pensées secrètes sous le régime soupçonneux des zélateurs de la liberté ? Toutes ces conjectures sont plausibles, et nous croyons volontiers que sa plume s'est refusée à décrire ce qui a suivi. Du moins il est sûr que ce n'est pas la mort qui la lui fait tomber des mains ; Hardy vivait encore en 1790. Le 26 mars il versait les deux tiers de sa contribution patriotique ; il en recevait quittance le 4 juin. Les registres de la chambre syndicale nous apprennent qu'il assistait le 12 juillet « avec les officiers en charge de sa communauté » à la distribution solennelle des prix du concours général, « où siégeaient sur l'estrade douze représentants du peuple et une députation de la ville, ayant à sa tête M. Bailly. »

Sans aucun doute, la chute successive des institutions et des pouvoirs de l'ancien régime, la suppression du Parlement et du Châtelet, la dissolution de la communauté des libraires et imprimeurs de Paris, la journée du 4 août, le régicide du 24 janvier, les malheurs de l'Église profanée et persécutée, retentirent douloureusement dans son âme : tout ce qu'il avait aimé en ce monde succombait à la fois. Il nous semble impossible qu'il ait résisté à des chocs si rudes. Qui sait même si, confondu parmi d'obscures victimes, il n'a pas été martyr de sa foi religieuse ou de ses convictions royalistes ? Il y a grande apparence qu'il n'a pas vu le XIXe siècle ; son nom ne figure plus, en 1804, dans une liste _{p.425} complète des libraires de Paris, que nous avons consultée. Peu importe d'ailleurs la date précise de sa mort, bien difficile à retrouver dans la récente dispersion des actes authentiques ; à dire le vrai, il est mort pour nous du jour où ses Mémoires ont pris fin.

De toutes les ruines consommées par la fatalité révolutionnaire, nulle assurément n'est plus regrettable que la perte de ces fortes mœurs qui caractérisaient autrefois la bourgeoisie française, la bourgeoisie de Paris notamment, et dont nous avons voulu donner ici un aperçu. Submergées dans l'orage, quand la tourmente s'apaisa, elles n'étaient plus. Cet esprit autrefois si ferme et si sage manque désormais de règle et d'équilibre ; il s'abat ou s'emporte, il vit dans l'excès et la convulsion. Plus d'une fois depuis quatre-vingts ans, à travers les fortunes diverses de nos institutions semi-libérales, on a senti combien cette base indispensable manquait à l'établissement d'un régime définitif. On jetait alors un regard d'envie sur l'étranger ; on admirait, et à juste titre, le bon sens florissant de la bourgeoisie anglaise, qui porte avec aisance le poids d'une liberté illimitée, la sécurité d'un trône, la puissance et l'honneur d'un vaste empire. Si l'on veut bien y prendre garde, cette virile sagesse n'a pas toujours été refusée au génie de la France ; le tiers état, trop méconnu, la puisait comme à sa source dans l'inviolable fidélité d'attachements héréditaires et de convictions énergiques, dans ce fonds vertueux et probe qui soutenait les grandeurs périlleuses et les brillantes audaces de la patrie. Un destin jaloux, en lui mesurant d'une main avare une liberté précaire, n'a pas permis à ce fier esprit de se déployer et de s'affirmer : l'espace et le soleil lui ont manqué, il n'a pas rempli sa légitime carrière ; mais ceux qui, écartant les surfaces de l'histoire, aiment à pénétrer dans les profondeurs de l'existence civile et politique de notre pays, y découvrent à chaque pas les signes certains de cette richesse morale, ce trésor de mérites silencieusement accumulés par des générations patientes, stérilisés par un despotisme frivole, puis tout a coup dissipés en quelques années d'égarement.

La fin des Mémoires de Hardy et du Journal de Regnaud nous a entraînés au delà des limites de l'époque particulière que nous avions entrepris d'examiner. Revenons maintenant sur nos pas, et jetons un regard sur les Mémoires qui caractérisent le règne de Louis XVI et les dernières années de l'ancien régime.

QUATRIÈME ÉPOQUE

LE RÈGNE DE LOUIS XVI. DERNIÈRES ANNÉES DE L'ANCIEN RÉGIME

(1774-1789)

CHAPITRE PREMIER

> La reine Marie-Antoinette. Son influence politique. Témoignages des contemporains les plus autorisés sur son caractère et sur le rôle qu'elle a joué. — Mémoires de Bezenval, d'Augeard et de madame Campan. — Examen de ces Mémoires ; quelle confiance ils méritent. — Tableau de la société aristocratique et de la cour d'après ces Mémoires.

p.427 Au temps de Louis XVI, le personnage important et vraiment politique, à la cour de France, ce n'est pas le roi, c'est la reine. Louis XVI règne et Marie-Antoinette gouverne. Vers 1775, la *Gazette de Hollande* écrivait : « Voici donc un gouvernement français que les maîtresses royales ne dirigeront plus ; cela ne s'était pas vu depuis cent quarante ans. » A défaut des maîtresses, ce fut la femme légitime, ce fut la reine qui prit l'ascendant, exerça l'influence, et le royaume, comme on disait alors, continua de tomber en quenouille. On sait ce qu'elle-même et l'État ont gagné à cette intervention [1].

---

[1] Il nous a paru inutile d'insister sur les premières années du règne de Louis XVI, sur le rajeunissement inespéré et si peu durable de l'antique royauté. Cette histoire de l'enthousiasme public, trop tôt refroidi, est partout. Ceux qui voudront la puiser aux sources mêmes, consulteront avec agrément un récit de 130 pages, écrit par l'abbé Beaudeau et publié par la *Revue rétrospective* (1ᵉ série, t. III), sous le nom de *Chronique secrète* ; le

p.428 Il y a deux questions dans le problème soulevé par la vie privée et par la conduite politique de la reine Marie-Antoinette : que penser de son caractère et des bruits injurieux qui ont compromis sa mémoire ? Quel jugement porter sur son humeur ambitieuse, sur les effets de sa toute-puissance secrète ou déclarée ? De ces deux questions, la première est aujourd'hui éclaircie, et l'on peut dire résolue pour tout esprit de bonne foi, grâce à des historiens pénétrants et délicats, dont on nous dispensera de refaire le travail et de reproduire les conclusions [1] ; mais si la cause de la femme est gagnée, si son nom est dégagé de l'odieuse légende, la cause de la reine, la réputation du personnage politique, beaucoup plus difficile à défendre, laisse subsister bien des controverses, et le débat n'est pas clos [2]. Marie-Antoinette a-t-elle été le bon ou le mauvais génie du roi ? Que dire de la haute intelligence et de l'énergie virile que certains de ses défenseurs lui prêtent ? Il y a, selon nous, un moyen satisfaisant de répondre à ces doutes et d'éclaircir la question politique : c'est d'appeler en témoignage les

---

journal de l'abbé commence le 10 mai 1774 et finit le 22 septembre de la même année. — Sur l'abbé Beaudeau, voir Bachaumont, t. III, 158, 319, 333, 364 ; t. VII, 287 ; t. XIX, 27.

[1] Voir la *Notice* du comte de La Marck (introduction à la *Correspondance de Mirabeau*, 1851) ; — l'*Histoire de Marie-Antoinette*, par MM. Edmond et Jules de Goncourt (1858) ; — *Marie-Antoinette et la Révolution*, par le comte Horace de Viel-Castel (1859) ; — *la Vraie Marie-Antoinette*, par de Lescure (1866).

[2] La publication des *Mémoires d'Augeard* et de la *Correspondance authentique de la reine* l'ont ranimé dans ces derniers temps (1866, 1868).

contemporains les mieux informés et de confronter leur déposition avec les lettres de ~p.429~ Marie-Antoinette et celles de sa famille. De cette comparaison, il résultera un jugement motivé dont les considérants seront empruntés aux amis de la reine, à ses parents, à la reine elle-même.

Entre tous les auteurs de Mémoires qui nous parlent de Marie-Antoinette, il en est trois qui, par leur caractère ou leur rang, méritent une attention particulière ; nous voulons dire le baron de Bezenval, ami et confident de la reine, le fermier général Augeard, qui fut son secrétaire, et enfin madame Campan qui, attachée à la domesticité royale depuis 1770, ne quitta sa maîtresse infortunée qu'au lendemain du 10 août 1792. La diversité même des esprits et des situations nous est une garantie : pourrions-nous invoquer des témoignages plus sérieux et plus variés ?

I

Mémoires du baron de Bezenval (1721-1791).

Commençons par un rapprochement que nous suggèrent ces Mémoires, et qui nous aide à saisir d'un seul coup d'œil les deux termes extrêmes de notre sujet. En 1720, le père du baron de Bezenval, ancien ministre de France à la cour de Saxe, parent, par sa femme, de Marie Leczinska, fut chargé de protéger Law contre la colère du peuple de Paris, avec une compagnie des gardes suisses dont il était major. En juillet 1789, l'auteur de ces Mémoires reçut l'ordre de contenir, avec les mêmes régiments, le peuple soulevé en faveur de Necker. Mais quelles différences profondes dans ces deux $_{p.430}$ situations, semblables en apparence ! que de changements survenus pendant l'intervalle, et qu'il y a loin des soulèvements de 1720 aux insurrections de 1789 ! Tout ce livre est consacré à rechercher les causes de ces différences profondes, et notre sujet se trouve pour ainsi dire enfermé dans ces deux manifestations populaires, où le pouvoir est représenté par les deux barons de Bezenval.

Ce n'est point par le côté militaire que nous voulons considérer le confident de Marie-Antoinette. Né en 1721, il avait fait avec distinction les campagnes de 1735, 1743, celles de 1756 et de la guerre de Sept-Ans, d'abord comme aide de camp du duc d'Orléans, puis comme brigadier et maréchal de camp. M. de Choiseul, après la paix de 1763, le nomma inspecteur des Suisses. Laissons-le gagner ses grades sur les champs de bataille, et renvoyons le lecteur à la première partie de ses Mémoires pour toute cette moitié de sa vie. Une seule chose nous plaît chez lui et nous attire : c'est la parfaite connaissance des mœurs et des opinions de son temps.

Le baron n'était plus jeune quand Marie-Antoinette vint à la cour de France, en 1770. Son âge, son esprit, un air imposant qui n'excluait pas la finesse, un feu de valeur et d'intrépidité signalé en mille rencontres, tout, jusqu'à son titre d'étranger, se réunissait pour donner de l'autorité à son caractère et du poids à ses conseils. Madame Campan a dit de lui : « Le baron de Bezenval avait conservé la simplicité des Suisses et acquis toute la souplesse d'un courtisan français. Cinquante ans révolus, des cheveux blanchis, lui faisaient obtenir cette confiance que l'âge mûr inspire aux femmes, quoiqu'il n'eût pas cessé de viser aux aventures galantes. Il ~p.431~ parlait de ses montagnes avec enthousiasme ; il eût volontiers chanté le *Ranz des Vaches* avec les larmes aux yeux. Il était en même temps le conteur le plus agréable du cercle de la comtesse Jules [1]. »

Le voilà bien vu et bien jugé ; le portrait qu'il a tracé de lui-même ne contredit pas cette description. Plein d'audace et de savoir-faire, il a le ton dégagé et suffisant, l'allure conquérante de l'homme accoutumé à réussir. Il se mêle à sa distinction naturelle ou acquise une pointe d'humeur aventurière, ce je ne sais quoi qui sent la province ou l'étranger. C'est un Gascon de Soleure, très facile à reconnaître sous l'élégance raffinée de Versailles. Le baron croit à son étoile ; il tire vanité de son bonheur, qui s'est rarement démenti, et de sa gaieté qui a toujours corrigé les passagères infidélités du sort. Il croit aussi très fort à son mérite ; il en parle tantôt avec chaleur, tantôt avec l'hypocrite modestie

---

[1] *Mémoires*, t. I, 145.

d'un faux bonhomme. Ami particulier du comte de Frise, le neveu du maréchal de Saxe, associé aux galanteries de ce don Juan germanique, il ne lui manque aucune des fatuités de l'homme à bonnes fortunes ; il en a la verve médisante, comme aussi la maligne sagacité : nul historien, peut-être, n'a marqué d'un trait plus précis les aspects variés et les nuances fugitives de l'immoralité contemporaine [1]. Dans le monde artificieux de la cour, le baron vise à l'originalité d'une franchise brusque ; il répète qu'il est sans ambition, « qu'il ne veut rien pour lui-même et fait tout pour le bien, » que la faveur le gêne et qu'il adore la liberté ; s'il faut l'en croire, c'est un Cincinnatus helvétique, qui regrette sa charrue et ses montagnes. Profitant du privilège de franc-parler que sa qualité d'étranger lui accorde, il s'est mis sur le pied d'oser tout dire ; il joue ce personnage avec une rondeur vive et enjouée qui cache une habileté profonde. Élevé à Versailles, naturalisé Français autant qu'on peut l'être, il a gardé de ses origines un certain air du pays de Guillaume Tell, qui ajoute une grâce piquante et exotique à sa parfaite élégance ; cette lointaine impression de la nature agreste, visible encore sur ce courtisan consommé, fait du baron de Bezenval un type particulier de l'homme en faveur ou de l'homme à la mode, au temps de J.-J. Rousseau, de Florian, de Bernardin de Saint-Pierre,

---

[1] *Mémoires* de Bezenval, t. I, 140-200.

sous le règne de l'Allemande Marie-Antoinette, parmi les jardins et les idylles de Marly et de Trianon [1].

Ses Mémoires ne ressemblent ni aux chroniques composées de faits divers, ni aux souvenirs personnels formés de récits continus. Ce sont des chapitres détachés et comme de longues tirades humoristiques sur les événements principaux de l'histoire du siècle ou de la vie de l'auteur ; morceaux écrits à des moments très différents, d'un style abondant, mais alourdi de germanismes ; on y trouve force anecdotes de guerre et de garnison [2], quelques souvenirs du temps de Louis XIV et de la régence, des récits développés de la guerre de sept ans, de curieux détails sur la fin du règne de Louis XV. Le second volume, consacré à Louis XVI, s'arrête aux premiers orages de la Révolution. L'ensemble est, comme le caractère du baron, un mélange incohérent de sérieux et de frivolité ; Bezenval se montre là tel qu'il était, soldat, homme de cour, observateur et peintre de mœurs, galant, libertin, amateur de politique, candidat, non au pouvoir, mais à l'apparence du crédit, en un mot, tout ce que pouvait être un courtisan de haute volée dont les prétentions n'allaient pas jusqu'à vouloir gouverner l'État. A cette vivacité cavalière, infatuée d'elle-même, qui est le ton dominant du recueil, on reconnaît, non plus la simplicité naturelle de

---

[1] Sur ce caractère de courtisan, V. *Mém.*, t. I, p. 11, 21, 23, 342 ; t. II, 17, 47, 61, 82, 379.
[2] Voir surtout, t. I, 102, 103, 245.

l'ancienne distinction, mais le genre adopté par une aristocratie en décadence : le baron de Bezenval, en dépit de ses grands airs, n'est déjà plus, dans la force du terme, un vrai grand seigneur d'autrefois, c'est bien plutôt un voltigeur de l'ancien régime.

Avant de l'entendre dans le procès historique de Marie-Antoinette, prêtons un instant l'oreille aux réflexions que lui suggère l'état des esprits à la veille de 1789.

En parlant de la France, surtout à l'approche d'une catastrophe, Bezenval, bien qu'il soit depuis longtemps officier français, garde le cœur d'un étranger. On sent que notre pays n'a jamais été pour lui que la patrie adoptive de ses intérêts. Du moins l'indifférence, qui est au fond de tous ses jugements, peut, dans une certaine mesure, nous garantir son impartialité. Il n'épouse les querelles d'aucun parti ; il saisit, d'un œil clairvoyant, le fort et le faible des prétentions contraires. Quant à lui, il tient pour les moyens de vigueur ; l'autorité vigilante et bien armée, la monarchie selon Louis XIV, appuyée sur une troupe solide, voilà, en ce temps de théories, son idéal. C'est un homme de main, prêt à servir tout despote qui aura de la tête. Qu'on ne lui allègue pas les droits du peuple, la liberté de penser, de parler et d'écrire, et les autres nouveautés d'un prétendu gouvernement de l'opinion ; il déteste la philosophie, « cette empoisonneuse publique ; » et pourtant, il est révolutionnaire à sa façon, par la haine qu'il porte au clergé, par le désir qu'il exprime de le voir dépouiller [1]. En cela, le baron porte la marque de l'esprit du siècle ; il est *ultra* et voltairien. Comme beaucoup d'étrangers, dont l'ambition ou la cupidité aime et recherche la France, sans aimer la nation française, le baron professe peu d'estime pour notre caractère frivole, changeant, inquiet [2], absolument dépourvu de patience et incapable de desseins suivis. Ajoutons à sa louange que ce n'est pas seulement un intérêt de courtisan qui le rend autoritaire ; sa conception du rôle nécessaire de la monarchie est plus haute : il voit dans la royauté une condition de salut pour la société. Le roi, selon lui, n'est que le premier défenseur de la paix publique, et, comme nous dirions, le premier soldat de l'ordre. « Le roi renversé, disait-il avec un rare bon sens en 1787, l'ordre social le sera pour longtemps. » Hors ce point, et dans tout ce qui ne touche pas aux pleins pouvoirs du roi, le baron se montre sans préjugés comme sans attachements bien vifs. Ses réflexions sur l'état moral des classes privilégiées ne témoignent d'aucune espèce d'illusions. Il les voit, il les décrit dans la triste vérité de leur aveuglement, dans le progrès de l'effrayante décomposition intérieure qui les travaille.

Phénomène étrange, et qui s'est trop souvent p.435 reproduit pour nous étonner encore : tandis que la révolution se propage

---

[1] *Mémoires*, t. II, 158, 205, 231, 340 ; t. I, 365.
[2] T. I, 16, 394 ; t. II, 241, 245.

parmi les classes inférieures, y semant la haine et des désirs de vengeance, la fermentation gagne les rangs les plus élevés ; une révolte générale de vanités exaspérées, de sottes rancunes et d'égoïsmes coupables conspire, en haut, avec les passions, les ressentiments et les desseins qui s'agitent en bas. C'est la destinée des révolutions en France, de séduire par leurs perspectives confuses ceux-là mêmes qu'elles menacent directement.

Comment la royauté, qu'on ne respectait plus à Versailles, aurait-elle conservé du prestige à Paris [1] ? Comment le peuple aurait-il maintenu l'ordre établi, dont il souffrait, lorsque les privilégiés en désiraient la ruine ? « Choquée de ne plus dominer à la cour, où sous l'air de l'égalité, le désordre avait remplacé l'étiquette, la noblesse portait dans le cœur un levain qui fermentait en toute occasion ; » peu redoutable pour le mal et sans force pour le bien, « avilie » devant l'opinion, effacée dans l'État, l'ancienne aristocratie qui avait si longtemps tenu la royauté en échec en était réduite à n'être plus ni un appui ni un danger pour personne. « Elle ne méritait plus d'entrer en considération dans aucune spéculation politique [2]. » Le clergé, espérant se relever et se raffermir par le contre-coup des

---

[1] « Les propos tenus tout haut à la cour étaient bien éloignés du respect et de la soumission que j'avais vus dans ma jeunesse pour le roi. (T. II, 212, 116 ; t. I, 319, 323, 325, 369, 378, 384.)

[2] T. II, 307, 311.

violences révolutionnaires, « fomentait les germes de la rébellion : » livré aux intrigues de quelques évêques, « remuants, indociles et vains, » il comptait ressaisir, à l'aide des troubles et grâce à l'affaiblissement du pouvoir $_{p.436}$ séculier, son influence disparue [1]. « Dans les boudoirs et jusque dans l'antichambre du roi on tenait les propos les plus séditieux ; la société regorgeait de brochures et de pamphlets contre l'autorité royale. » Cet esprit de révolte, le conflit des intérêts, le choc des passions et des opinions « avaient produit une caricature de guerre civile qui, sans chefs, sans poignards, sans poison, sans effusion de sang, en avait tous les inconvénients » et ne devait pas tarder à en provoquer tous les dangers [2]. L'heure des préludes était passée ; on allait voir succéder à cette image, et, comme dit le baron, à cette « caricature », la réalité sérieuse et tragique. Les dernières pages des Mémoires de Bezenval retracent avec vivacité l'agitation fiévreuse de Paris en 1787 et 1788, le tumulte des séances du Parlement, l'insulte jetée à la face des princes du sang dans les salles même du Palais, l'émeute dans les rues, la police aux prises avec la population, les ministres brûlés en effigie « au milieu des pétards et des cris de joie » sur la place Dauphine : tous les symptômes avant-coureurs de la grande maladie révolutionnaire d'où la France, après dix ans de crises affreuses,

---

[1] *Id.*

[2] T. II, 307, 311.

devait sortir épuisée et transformée [1]. En regard de cet immense désordre, Bezenval caractérise d'un mot l'insuffisance et la honteuse détresse du gouvernement : « De ce côté-là, dit-il, il n'y avait que des gens de petit esprit, de petites idées, et de petits moyens [2]. »

p.437 Le baron mourut le 20 juin 1791. Il avait été engagé de sa personne dans les premiers événements de la Révolution. Forcé de fuir la colère du peuple qui ne lui pardonnait pas la répression de l'émeute du mois de mai 1789 et les ordres donnés aux troupes dans le mois de juillet suivant, il fut arrêté à Provins, mis en prison, et menacé d'être pendu. L'intervention de Necker le sauva et l'éloquence du célèbre de Sèze le fit acquitter au Châtelet, le 1ᵉʳ mars 1790. Un incident extraordinaire signala le jour de sa mort. Il avait, ce jour-là, vingt-cinq personnes à dîner. Pendant qu'on était à table, il entra dans la salle à manger en disant à ses convives : « C'est l'ombre du Commandeur qui vous fait sa visite. » Cette apparition, ces mots que rendaient encore plus sinistres une pâleur affreuse, un vêtement blanc et traînant, une voix pénible, des traits décomposés, répandirent un effroi

---

[1] T. II, 261, 263, 265, 267, 342, 345.

[2] T. II, 250. — Voir aussi les nombreux portraits politiques que ces Mémoires renferment. — t. I, 166, 333, 336 ; t. II, 20, 24, 33, 215, 267, 295, 337.

qu'on eut peine à dissimuler. Il s'en aperçut, sourit et rentra dans le salon. Une heure après, il n'était plus [1].

Attachons-nous à ces temps d'éclat et de faveur où le baron de Bezenval recevait les confidences d'une reine triomphante et, malgré ses cheveux blancs, osait suivre le char de cette princesse dans la foule brillante et indiscrète de ses adorateurs.

Cette faveur ne se fit pas attendre ; dès les premiers jours du règne elle combla l'heureux baron, mais elle avait le plus sérieux caractère. Bezenval s'était donné auprès de la jeune reine un rôle délicat et important : celui de mentor politique. « Elle me traitait, dit-il, avec beaucoup de bonté et de confiance, me parlant de tout ce qui l'intéressait [2]. » En 1774 il était assez fermement établi dans l'esprit de Marie Antoinette pour obtenir d'elle l'exil du duc d'Aiguillon, comme une satisfaction accordée aux ressentiments de son ami le duc de Choiseul. Cela l'enhardit à former un grand dessein : il s'agissait de diriger Marie-Antoinette, de « lui donner la consistance nécessaire à sa gloire, » de la préparer, en un mot, à gouverner l'État par les conseils de ses favoris et pour leur plus grand bien. Le succès ne répondit pas entièrement aux vastes espérances de l'intrigue dont Bezenval se faisait l'instrument ; il reconnaît avec dépit son échec : « Je lui supposais, dit-il d'un ton

---

[1] T. I, XXIX.
[2] T. I, 321.

piqué, l'étoffe que je me flattais de développer ¹. » Comme dédommagement, l'amitié de la reine lui resta, ainsi qu'une demi-confiance, qu'il cultiva jusqu'à la fin en bon courtisan, sans négliger aucune occasion de revenir au plan primitif et de ranimer son ambition découragée. Nous lisons dans ses Mémoires un chapitre intitulé : *De la Société des rois.* Il y conseille la réserve, la circonspection, une patience vigilante, toutes les vertus nécessaires à celui qui veut s'insinuer dans la faveur royale ou s'y maintenir : c'est son expérience qu'il a réduite en maximes ². Il nous a laissé un portrait flatteur et sans doute un peu flatté de « la société de la reine, » où présidait la belle comtesse Jules de Polignac, pareille « aux célestes figures peintes par Raphaël, » et d'un caractère « plus parfait encore que sa figure. » Cette société se composait, dit-il, « d'honnêtes gens véritablement attachés à la reine, qui donnèrent le _{p.439} spectacle rare d'une réunion d'hommes et de femmes à qui la faveur ne tournait point la tête, si sûrs que jamais rien n'a transpiré de ce qui se passait dans l'intimité et que jamais il n'y a eu l'apparence de la moindre dissension entre eux ³. » Le baron en était ; il ne pouvait décemment en médire.

---

[1] T. I, 327, 328.

[2] T. II, 153, 156 ; id., 59, 60. Comparer sur ce point aux Mémoires de madame Campan, t. I, 188.

[3] T. II, 395. — Comparer aux *Souvenirs* du duc de Lévis, p. 132. — Métra, XI, 57.

Son jugement sur Marie-Antoinette elle-même ne saurait, au contraire, sembler suspect d'une bienveillance exagérée. Il loue en elle les qualités de la femme aimable, sa douceur et sa bonté, la sensibilité de son âme et ses goûts bienfaisants ; mais la façon dont elle remplit son rang et ses devoirs de reine lui laisse des regrets et lui inspire d'assez vives critiques. Il se plaint du peu de solidité qu'il a trouvé dans son esprit : c'était, dit-il, une intelligence superficielle, une tête légère, incapable d'application, ennemie du sérieux, agissant par caprice et trop facile à l'attrait du plaisir ; sans lecture et sans instruction, remplissant par des frivolités le vide de ses journées, elle portait dans les entretiens les plus graves « une conversation décousue et sautillante qui voltigeait d'objets en objets. » Avec cela, ennuyée de la représentation, fuyant la magnificence, négligeant de soutenir la dignité extérieure de sa couronne, toujours pressée d'abdiquer son titre de reine et de se réfugier dans les douceurs de la vie privée : comment concilier avec ces faiblesses l'ambition de faire des ministres et d'agir efficacement sur la conduite de l'État[1] ? Elle influait, en effet, elle pesait de tout le poids de ses volontés et de ses instances irrésistibles dans la balance des intérêts publics. La toute-puissance de ses charmes, leur intervention passionnée troublait la sagesse des conseils et emportait de haute lutte les décisions de la politique. Selon Bezenval, la dépendance

---

[1] T. II, 64, 256, 311-314.

où elle avait su mettre le roi tenait de l'asservissement. Ce monarque subjugué cédait à l'ascendant de la reine « en manifestant dans ses yeux et son maintien une action, un empressement que rarement la maîtresse la plus chérie fait naître [1]. » En somme, les récits et les observations du baron de Bezenval peuvent se résumer ainsi : Marie-Antoinette, femme aimable et bonne, reine très médiocre, d'un esprit et d'un caractère au-dessous de ses prétentions, a eu plus de torts apparents, dans sa conduite privée, qu'elle n'a commis de fautes réelles ; sa grande erreur, c'est l'ascendant politique, si mal justifié et si intempestif, qu'elle a exercé pour le malheur du roi et pour le sien. Mais le baron est-il bien fondé à lui en faire un reproche, lui qui, dès l'avénement, suggérait à la reine cette idée funeste, dans une intention que nous ne pouvons croire désintéressée ?

Consultons, à son tour, le secrétaire des commandements de Marie-Antoinette, Augeard ; voyons si la déposition du fermier-général sera d'accord avec les récits du courtisan. Plaçons-nous au point de vue un peu différent de ce nouveau témoin pour observer avec lui la Ville et la Cour, et pour juger par ses yeux de l'état vrai des affaires pendant les quinze dernières années de l'ancien régime.

---

[1] T. II, 121, 311.

II

Les Mémoires d'Augeard (1760-1800) [1].

Augeard était parent du Président Lamoignon et fort lié avec le duc d'Orléans, dont la protection lui valut sa place de fermier-général. Il refusa sous Maurepas le contrôle, ce que nous appelons le ministère des finances ; il préféra la charge de secrétaire des commandements de la reine, qu'il remplit pendant seize ans, en la cumulant avec les attributions plus lucratives de son emploi de finances. Il n'était donc pas absolument le premier venu, et bien que la postérité le connaisse fort peu, elle doit l'écouter avec confiance et se garder de lui refuser tout crédit, car il faisait figure dans un certain monde, il était dans les questions d'argent une autorité, tout au moins une spécialité, et avait des relations suivies avec plus d'un haut personnage.

Ami de l'ancienne monarchie, Augeard en aperçoit très clairement les vices et les dangers ; il les signale sans faux ménagement, sans réticence ; le besoin de dire là-dessus ce qu'il sait et de décharger son cœur est une des raisons qui lui mettent

---

[1] [Mémoires secrets de J. M. Augeard], Un volume, Plon, 1866. — L'éditeur déclare qu'il tient ces Mémoires d'un de ses anis qui, lui-même, les avait reçus de l'abbé Poultier. L'abbé en avait hérité en 1805 à la mort de l'auteur ; le manuscrit était enfermé dans une cassette avec la recommandation d'attendre un certain temps pour les publier. On a attendu soixante ans.

la plume à la main : « Je ne balancerai pas à placer dans le jour le plus vif toutes les folies, toutes les inepties, toutes les turpitudes, toutes les dilapidations des ministres de Louis XV et de Louis XVI ; il sont les vrais auteurs du déluge de maux qui a englouti la France [1]. »

p.442 Royaliste intelligent, il tenait pour les libertés parlementaires ; il eût été de nos jours ce qu'on appelle un conservateur libéral. Il avait emprunté à M. de Maurepas sa maxime : « Sans parlements, pas de monarchie. » Il se sépare donc des *ultras*, tels que Bezenval et Maupeou ; il combattit en effet, par des brochures, le coup d'État de 1771 [2]. A la fin du règne de Louis XV, il appartenait, comme nous dirions, à l'opposition constitutionnelle ; aussi fut-il un des plus empressés à saluer l'espérance d'un nouveau règne, surtout en voyant son ami Maurepas élevé au poste de premier ministre, circonstance qui jamais n'a refroidi les enthousiasmes inspirés par la politique [3].

---

[1] P. 360.

[2] Titres de quelques-unes de ces brochures : Correspondance entre M. de Maupeou et M. de Sorhouet ; Lettre à Jacques Vergès ; les Œufs rouges, etc. — Mémoires, p. 45, 65, 76, 77.

[3] *Mémoires,* p. 77, 85, 95, 97. — Sur Maurepas, voir *Souvenirs* du duc de Lévis, p. 4, 18 : « M. de Maurepas était d'une taille un peu au-dessous de la médiocre ; sa figure était assez commune et peu expressive ; ses manières étaient simples ; mais son extérieur froid, joint à la haute dignité dont il était revêtu, rendait son abord imposant. Il n'avait que trop de faible pour les gens d'esprit. Le plus grand de ses défauts était une indifférence pour le bien public qui tenait moins à l'âge qu'à l'égoïsme. Il était sur le vaisseau de l'État plutôt passager que pilote. »

S'il faut l'en croire, Maurepas lui aurait offert à deux reprises un portefeuille, avant l'avénement et après la chute de Turgot. Quoi qu'il en soit de l'offre et du refus, sa ligne est nettement tracée, sa nuance particulière est facile à reconnaître dans la mêlée de plus en plus confuse des partis : c'est une opinion de juste-milieu qui repousse la réaction et qui redoute les aventures. Il dirait volontiers, comme certain ministre du XIXe siècle : Ayez de bonnes finances et vous ferez de bonne politique. Un peu d'honnêteté et de prudence dans le contrôle général, et tout sera sauvé ; or, cette réforme essentielle, ce principe de tout bien et de toute stabilité, le jeu régulier de la vieille liberté parlementaire, sagement développée, suffit à l'assurer [1].

Augeard avait deux sortes d'adversaires : les économistes, qui ne sont pour lui que des idéologues en finances, et les agioteurs éhontés, dont la coterie de Versailles faisait des ministres. Il enveloppait dans la même haine Necker et Calonne. Il nous semble très dur pour Necker ; il le traite « d'aventurier et de jongleur », il se vante d'avoir écrit contre lui en 1780 plusieurs brochures ; il faisait passer des notes à Maurepas pour signaler « son impéritie, sa profonde ignorance » et dénoncer ses liaisons « avec la secte infernale qui tramait dès lors une révolution [2]. »

---

[1] P. 82.

[2] Titres de ses brochures contre Necker : Lettres de M. Turgot à M. Necker ; Observations d'un citoyen ; Lettres d'un ami à M. Necker, etc. — p. 99, 104, 105.

Sans doute on peut voir dans cette âpreté l'inspiration d'une rancune personnelle ou d'une jalousie de profession ; mais la haine, même injuste, rend clairvoyant, et l'auteur de ces Mémoires a très bien saisi deux choses dans le rôle de Necker : la partie chimérique des projets du ministre et le manége du courtisan de l'opinion qui, « dans ses écrits, flattait le peuple, et dans son travail secret avec le roi, fournissait des armes au despotisme [1]. » Très vif contre Necker, Augeard ne l'est pas moins contre Calonne ; il le flétrit et le poursuit des expressions les plus fortes. Nous aimons mieux le citer lui-même que d'affaiblir par une analyse l'indignation méprisante du jugement qu'il a prononcé : « Il existait alors un drôle qui avait pour tout esprit celui de l'intrigue au plus haut point. Sa destinée était d'opérer un jour dans l'intérieur et l'extérieur la perte et le déchirement du royaume... Cet homme flairait depuis longtemps le contrôle général. C'est le département le plus convoité par les fripons. M. de Calonne devait à Dieu, au diable et aux hommes, et pour payer ses dettes, il ne connaissait que la ressource du contrôle ou du pistolet... J'en parlai à M. de Maurepas, qui me dit : « Fi donc, c'est un fou, un panier percé. Mettre les finances dans ses mains ! Le trésor royal serait bientôt aussi sec que sa

---

[1] P. 109. — Sur Necker, *Souvenirs* du duc de Lévis, p. 82.

bourse [1]. » Cette façon d'apprécier Calonne fait honneur à Augeard.

Nous en avons dit assez pour indiquer l'opinion et la situation de notre historien. Sans être en vue, sans jouer un rôle d'éclat, il n'est pas dépourvu d'influence. C'est un personnage de coulisse. S'il était ambitieux, on le croirait un intrigant, mais le fond, chez lui, est honnête et sage ; ses Mémoires, où les révélations instructives ne sont pas rares, marquent bien la différence des deux époques qui se partagent le règne de Louis XVI : la première, dirigée par l'habileté de Maurepas, la seconde, par le caprice de Marie-Antoinette. Augeard cite à ce propos un mot caractéristique. « Je félicitais un jour M. de Maurepas, il me dit : Vous avez raison, p.445 la situation n'est pas mauvaise, mais si je venais à mourir, elle changerait bien vite. Tous les fripons n'attendent que ma mort pour paraître sur la scène [2]. » Rien de plus vrai ; là est l'explication des prospérités et des désastres du règne. Le bon sens expérimenté du ministre servit longtemps de

---

[1] P. 107. — Autre conversation de Maurepas avec Augeard « Eh bien ! puisque vous me parlez avec franchise, j'en userai de même avec vous. » Il tira alors d'une petite armoire une feuille de papier sur laquelle était écrit : « Liste des personnes que le roi ne doit jamais employer après ma mort, s'il ne veut voir de ses jours la destruction de son royaume. » A la tête étaient l'archevêque de Toulouse, le président de Lamoignon, M. de Calonne, quatre ou cinq autres personnages et en dernier lieu le retour de M. Necker. « A la mort de M. de Maurepas, ajoute Augeard, l'actif du trésor royal, qui n'était en 1774 que de 366 874 000 livres, s'était élevé à 427 554 000 livres. »

[2] P. 111-113.

tuteur à la faiblesse de Louis XVI ; ce roi avait trouvé dans Maurepas un autre cardinal de Fleury dont la mort laissa le champ libre à l'influence des femmes et aux manéges des courtisans.

Augeard, comme Bezenval, stigmatise l'incapacité scandaleuse des derniers ministres de la monarchie, la ridicule fatuité des grands seigneurs. « Dans les conseils du roi, il n'y avait pas un seul homme ; l'intrigue faisait et défaisait le gouvernement ; parmi les gens de cour il ne s'est pas trouvé un être qui fût au-dessus du médiocre [1]. » Avec le sentiment secret de leur nullité, croissait en eux la morgue aristocratique ; leur faiblesse, évidente à tous et manifeste à eux-mêmes, se réfugiait pour ainsi dire et s'abritait dans l'orgueil de leurs privilèges les plus insolents et les plus surannés. Pendant l'émigration, Augeard causant un jour à Vienne avec la reine de Naples, Caroline, sœur de Marie-Antoinette, celle-ci lui dit : « Le grand mal, c'est d'avoir assemblé les États généraux. — Non, lui répondit son interlocuteur, le roi les avait promis trop formellement ; la cour était trop gangrenée, le ministère trop despote et trop imbécile. Le tout était un vrai bourbier [2]. » Ainsi parlait un ennemi de la Révolution ; qu'aurait dit de plus fort un adversaire de l'ancien régime ? La question _{p.446} d'argent est le grand souci d'Augeard ; il

---

[1] P. 253.
[2] P. 165, 253.

s'applique à mettre à nu la plaie financière, le cynisme des dilapidations publiques, l'énormité des brigandages de cour : « Le contrôle général était réellement devenu un mauvais lieu et le rassemblement des fripons et des catins de Paris. Dans les accusations qui furent intentées à Calonne, il y en avait soixante qui l'auraient conduit à la corde [1]. » Il ne se contente pas de s'indigner et de gémir, il agit ; il cherche des remèdes, il combine des plans, il consulte ses amis, il demande audience à la reine.

Au mois d'avril 1789, Augeard alla voir l'ancien contrôleur général Machault, célèbre par l'audace prématurée de ses projets sur les biens ecclésiastiques : « Je le trouvai plongé dans la douleur la plus profonde. M. Augeard, me dit-il, je suis bien vieux, mais je verrai le tombeau de la monarchie avant de descendre dans le mien. — Et comme je lui parlais des ressources qui restaient et des observations que j'avais mises par écrit sur ce sujet,   après en avoir pris connaissance, il me répondit : Si vous ne montrez pas à la reine ce que vous venez de me communiquer, vous êtes criminel envers elle et envers l'État [2]. » Ce plan financier, Augeard le communiqua, en effet, à la reine ; mais celle-ci était-elle capable de le comprendre ? Il s'agissait de faire un emprunt de 300 millions au moyen de billets d'État signés par le ministre et visés par le Parlement ; on l'eût amorti

---

[1] P. 93, 159, 249.
[2] P. 169.

en vingt ans [1]. C'était le système actuel de nos obligations remboursables dans un délai déterminé. Un autre jour, Augeard vit la reine, auprès de qui sa ~p.447~ charge lui donnait accès, et l'entretint des vues dangereuses et de la conduite ambiguë de Necker. « Lecture faite de mon Mémoire, la reine me dit : Est-ce que vous croyez que M. Necker veut nous tromper ? — Je ne sais pas, Madame, si la volonté de M. Necker est de tromper Vos Majestés ; mais je suis sûr qu'il se trompe. C'est la même chose pour l'État. — Comment ! M. Necker nous ferait jouer notre royaume à quitte ou double ! — Madame, je vous estimerais bien heureuse : Vos Majestés auraient une chance pour elles ; je ne leur en connais aucune. — Miséricorde ! que me dites-vous là ?... Et elle se mit à pleurer et essuyer ses yeux avec son mouchoir [2]. » Cet entretien est du mois de mai 1789. Le mois suivant, Augeard rencontra l'avocat Target, membre de l'Assemblée, ami du duc d'Orléans : « Que ce déficit, lui dis-je, tout considérable qu'il est, ne vous effraie pas ; j'ai des moyens de le faire disparaître, sans impôts, sans banqueroute, sans aliénation de domaines, sans création de charges nouvelles et sans toucher aux droits et à la propriété d'aucun citoyen. » Voici la réponse de Target ; elle est remarquable ; elle prouve que le « déficit » a été l'occasion et le prétexte bien plus que la cause réelle de la révolution : « S'il

---

[1] P. 180, 181. — L'amortissement eût été de 15 millions par an.
[2] P. 183, 184.

existait dans le royaume un particulier quelconque qui, par hasard ou autrement, eût découvert une mine d'or grosse et longue comme le canal de Versailles, il faudrait étouffer cet homme-là ; nous tenons aujourd'hui le roi dans notre puissance, il y passera dans toute l'étendue de la filière. » Combien n'avons-nous pas connu de ces révolutionnaires qu'on eût désolés en supprimant l'heureux « abus » contre lequel tonnait leur éloquence, et dont la $_{p.448}$ durée promettait une crise utile à leur ambition ? Atterré par cette réponse, Augeard court demander à la reine un entretien ; « il la trouve enfin à neuf heures du soir. » Mais ici se montre dans sa frivole médiocrité l'esprit de Marie-Antoinette ; d'abord elle ajourne, et pour les plus vains motifs, la sérieuse entrevue qu'on lui demande ; elle a projeté « un voyage à Meudon ; il faut qu'elle assiste à la procession des cordons bleus ; » puis, trois jours après, quand elle entend Augeard lui proposer « de transférer la cour à Compiègne, l'Assemblée à Soissons, le Parlement à Noyon, et d'établir un camp où le roi eût été le maître », en face de ce plan qui exige de la vigueur et de la promptitude, elle se récrie : « Mais, vous voyez tout en noir ! vous voyez les choses d'une manière trop exaltée !. » C'est l'éternelle objection des faibles quand on leur dénonce un péril en leur demandant un effort [1].

---

[1] P. 187, 191.

Que devint, pendant la Révolution, ce fidèle et sage conseiller ?

Sans se laisser abattre par les événements ni décourager par le mauvais succès de ses premières démarches, Augeard, après la journée du 14 juillet, insista pour l'emploi de la force. Mais la force avait changé de mains, elle passait du roi au peuple, et Augeard lui-même, un mois auparavant, l'avait dit à Marie-Antoinette : « un mois plus tard, il sera trop tard [1]. » A la fin d'octobre, il conseilla à la reine l'évasion et lui remit un plan qui aurait mieux réussi qu'en 1794 ; la reine l'écarta noblement : « Je ne balancerais pas, dit-elle, sans le roi ; mais je ne puis me résoudre à le laisser seul, je crains p.449 trop pour ses jours. » L'épreuve commence à transfigurer Marie-Antoinette ; son courage, sinon son intelligence, grandit avec le péril. Ce plan d'évasion, inutile à la reine, pensa devenir funeste à l'auteur. Dénoncé par son secrétaire, il reçut, à minuit et demi, la visite du comité des recherches, présidé par l'abbé Fauchet. Conduit à l'abbaye, il fut jugé au Châtelet, à peu près à la même époque que Bezenval, et acquitté le 30 mars 1790 [2]. Absous, il restait suspect ;

---

[1] P.201.

[2] Voici en quels termes intéressants cette arrestation est racontée : « A minuit et demi, couché dans mon lit, j'entends un bruit effroyable qui partait de l'antichambre ; j'ouvre moi-même les portes ; j'aperçois un ecclésiastique en rabat et que je ne connaissais pas, suivi de quatre personnages dont un avait été clerc de ma maison... Mon bureau était forcé ; la visite de mes papiers dura jusqu'à midi. On envoya chercher un fiacre pour me mettre à

il le sentit et quitta Paris pour se rendre dans sa terre de Busancy, non loin de Varennes et de Sainte-Menehould. Les soupçons l'y poursuivirent ; son château fut forcé et pillé en son absence. Le député de Varennes avait écrit au maire de la ville : « Si M. Augeard repasse par votre ville, il faudra trouver un prétexte quelconque pour le faire arrêter ; vous ferez chose agréable à l'Assemblée nationale. Envoyez-le à Paris ; le peuple a encore besoin d'une victime. » Averti à temps, Augeard passa la frontière ; il était émigré, mais malgré lui [1].

p.450 Sa qualité de secrétaire de la reine lui ouvrit toutes les portes à Vienne et en Allemagne. « Vous voyez bien ce monsieur-là, dit un jour Caroline de Naples à sa première femme de chambre ; je suis toujours visible pour lui ; c'est le secrétaire de ma malheureuse sœur que vous avez élevée. » Deux choses frappèrent Augeard : l'erreur grave répandue à l'étranger sur la puissance de la Révolution, le peu d'empressement des princes à secourir Louis XVI. La politique « du chacun chez soi »

---

l'Abbaye et y attendre la décision de l'assemblée nationale. Quand je fus sous la porte de Saint-Jean-en-Grève, il me prit une frayeur mortelle qui n'était que trop fondée. Il y avait plus de douze mille âmes à la place de Grève qui attendaient. Si j'avais perdu la tête, c'était fait de moi ; je la passai par la portière du fiacre pour cacher avec mon corps les deux officiers de garde nationale qui me conduisaient en prison. Je fis l'étonné et causai avec le peuple pour demander ce que c'était. Vingt voix s'écrièrent : C'est un criminel de lèse-nation qui va descendre. Attendez ; vous allez voir gambiller. C'est au son de ces douces paroles que je traversai toute la place de Grève, qui me parut bien longue. » (P. 207-211.)

[1] P. 230-235.

prévalait. Nul ne se souciait de dépenser « 60 millions et 60 000 hommes pour les affaires des autres. » On énumérait les fautes de Louis XVI, ses déplorables choix, Necker, Calonne, ses guerres républicaines, comme celle d'Amérique ; « il avait toujours été d'une politique effroyable, » il sombrait dans la tempête que son imprudence avait déchaînée. L'empereur autorisait d'une maxime plausible son abstention : « Il n'est, disait-il, aucun souverain dans l'univers qui ait le droit de demander compte à un peuple de la constitution qu'il se donne ; si elle est bonne, tant mieux pour lui, si elle est mauvaise, ses voisins en profiteront. » L'aspect de Coblentz révolta notre voyageur. Les vices de l'ancien régime, enlaidis par l'exil, s'y étalaient dans un pêle-mêle insolent et grotesque. Le cynisme de Versailles, en costume d'émigré, y semblait « plus hideux encore. » C'était « un cloaque d'intrigues, de cabales, de sottises, de déprédations, de singeries de l'ancienne cour. Les princes avaient fait de la résidence d'un électeur ecclésiastique un mauvais lieu [1]. » On y tenait les propos les plus indécents sur le roi et surtout $_{p.451}$ sur la reine ; on y exaltait Calonne ; « Richelieu et Pitt n'étaient que des enfants en comparaison. » Une joie mal contenue accueillit la nouvelle de l'arrestation de Louis XVI à Varennes ; la mort désormais probable de ce nouveau « Débonnaire » allait donner enfin à

---

[1] P. 279, 281.

l'émigration un roi ou un régent selon son cœur ! Témoin de ces odieux calculs, l'honnête Augeard en resta « foudroyé [1]. »

Un bon esprit comme le sien, libre de préjugés, tout en maudissant « l'infernale révolution, » sentait la force sauvage et la supériorité fanatique du nouveau régime. Il n'estimait pas que l'émigration « de 200 000 individus eût diminué la France ; » bien au contraire, elle avait, selon lui, dégagé la nation de la caducité corrompue qui l'énervait. Le gouvernement révolutionnaire, disait-il, est bien autrement énergique que celui qui existait avant 89 ; celui-là paralysait les forces d'une population de vingt-cinq millions d'habitants ; celui-ci les déploie et en use à outrance [2]. Il voyait donc très clairement se former, dans l'horreur de la crise, à travers la violence extraordinaire des convulsions, une génération nouvelle et robuste, très capable de repousser le joug ancien, et très peu désireuse de le reprendre. Affermi dans ces pensées par nos victoires, il fut un des premiers à déclarer « que si jamais un ordre quelconque revenait en

---

[1] « Un coup de foudre ne m'aurait pas plus atterré. J'entrevis dès lors tous les malheurs de la France. Comme mon désespoir et ma douleur étaient peints sur ma figure, voici ce qu'un pauvre maître de poste me dit, je ne l'oublierai jamais : « Consolez-vous, Monsieur, consolez-vous ; l'arrestation du roi n'est pas, je crois, un si grand malheur. M. le comte d'Artois avait, ainsi que vous, l'air attristé ; mais tous les messieurs qui étaient dans sa voiture avaient l'air très content. » (P. 271.)

[2] P. 295, 315.

France, la cause des Bourbons serait à ₍p.452₎jamais perdue [1]. » Dès que le consulat eut rétabli cet « ordre » nécessaire, Augeard, conséquent avec lui-même, n'hésita pas ; il obtint, par l'intermédiaire de l'archiduc Charles, sa radiation de la liste des émigrés. Une fois rentré, il se borna à jouir de la patrie et de la tranquillité qui lui étaient rendues, abandonnant tout espoir d'une restauration des princes [2]. Il vécut encore cinq ans, et, avant de mourir, il mit la dernière main à ses Mémoires. Pourquoi les avait-il écrits ? Voici sa réponse : « Depuis plus de trente ans, je me suis attaché à tenir et conserver des notes sur les événements des affaires générales, dans lesquelles les personnes les plus puissantes du royaume m'avaient employé. Je n'ai jamais eu en cela d'autre vue que de me rendre utile et d'arrêter le mal, puisque de tous mes soins, de toutes mes peines, et même des risques que j'ai courus, je n'ai jamais retiré aucun lucre, aucune place, aucun avantage. » Achevons d'emprunter à ces Mémoires une idée précise de la conduite et du caractère de Marie-Antoinette.

---

[1] P. 351.

[2] « J'en ai été quitte pour la perte de mes biens qui tous avaient été vendus, de mes rentes et de mes bois. Je n'ai pas été trois semaines rendu dans ma patrie sans savoir précisément à quoi m'en tenir sur sa situation ; quant à la mienne, je me suis bien convaincu que je n'avais rien de mieux à faire que de ne me mêler absolument d'autre chose que de ma tranquillité, en faisant journellement des vœux pour le bonheur de la France et sa prospérité. » (P. 369.)

Plus respectueux dans l'expression, le témoignage d'Augeard confirme, pour le fond des choses, celui de Bezenval. Augeard, dévoué sincèrement à une reine dont il fut le serviteur ou l'ami, sans en être le flatteur, se garde bien d'offenser sa mémoire par de trop libres reproches ; il laisse deviner son opinion bien plus qu'il ne l'exprime. Il est visible que cette opinion n'est pas _{p.453} favorable à Marie-Antoinette considérée comme personnage politique. Augeard regrette qu'elle ait donné prise sur elle à la malignité de la cour par une familiarité imprudente, par l'oubli des bienséances de son rang, en se livrant à une coterie ingrate qui l'a compromise et ne l'a pas toujours respectée [1]. Les entretiens fréquents dont nous avons parlé lui avaient aussi fait connaître le peu de consistance du caractère de cette princesse, la légèreté de son esprit, combien elle était incapable de s'attacher avec vigueur à un dessein hardi. La reine de Naples lui disait un jour à Vienne : « Je voudrais que mon frère l'Empereur me permît d'aller à Paris ; j'irais déguisée en marchande. Je trouverais bien moyen de percer jusqu'au boudoir de ma sœur ; je lui dirais : Eh bien, ma malheureuse amie, me reconnais-tu ?... Eh, Monsieur Augeard, je lui donnerais du courage. — Madame, vous ne lui en donneriez pas, elle en a autant que la reine de Naples ; mais il lui faudrait une tête et un esprit de suite comme

---

[1] P. 121.

à Votre Majesté ¹. » Il est un point où Bezenval et Augeard diffèrent absolument ; c'est au sujet de « la société de la reine ; » Augeard critique avec amertume « ces courtisans très fins, très intrigants, très avides, » et il impute à leur fatal ascendant tous les malheurs de la reine et du royaume ². Ainsi s'accusent peu à peu les traits principaux de la figure historique de Marie-Antoinette : tracés par deux observateurs intelligents dont le point de vue et l'esprit ne se ressemblent guère, ils commencent à se dessiner sous nos yeux avec netteté.

p.454 Voyons ce que nous donnera par surcroît un troisième témoin, très pénétrant aussi, également bien placé, et qui portait dans ses observations cette sagacité particulière et cette compétence délicate d'une femme jugeant une autre femme.

III

Mémoires de madame Campan. (1770-1822).

Madame Campan, née en 1752, avait trois ans de plus que la reine. C'était une très belle personne, très brillante, sachant les langues étrangères, la musique, le chant, la littérature, lisant et déclamant à ravir ; comme madame de Genlis, mais avec moins

---

[1] P. 251.

[2] P. 247. — Voir madame Campan, *Mémoires,* t. III, 99.

de prétentions pédantesques, elle avait triomphalement parcouru le cercle de ces études rapides et sans aspérités qui ont été de tout temps l'encyclopédie d'apparat et l'aimable université des femmes. Fille d'un premier commis aux affaires étrangères, qui était l'un des protégés de Choiseul, le bruit de ses perfections lui ouvrit de très bonne heure l'entrée de la cour. Elle fut nommée à quinze ans, en 1767, lectrice de Mesdames, filles de Louis XV ; on l'accueillit comme une personne rare et d'un mérite extraordinaire. « Mademoiselle Genest, lui dit le roi Louis XV la première fois qu'il l'aperçut, on m'assure que vous êtes fort instruite, que vous savez quatre ou cinq langues étrangères. — Je n'en sais que deux, Sire, répondis-je en tremblant. — Lesquelles ? — L'anglais et l'italien. — En voilà bien assez pour faire enrager un mari [1]. » Ce mari de la brillante « Mademoiselle Genest » fut, quelque temps après, M. Campan, dont le père était secrétaire du cabinet de la reine [2] ; le roi dota madame Campan de cinq mille livres de rente, et la dauphine, Marie-Antoinette, la nomma sa première femme de chambre.

Madame Campan avait gardé une impression très vive des premiers temps de son séjour à Versailles ; elle se souvenait notamment d'avoir entendu souvent prédire, dans le palais

---

[1] *Mémoires*, t. I, p. 6, 12.

[2] Weber, dans ses *Mémoires*, parle aussi de M. Campan : « C'était un homme riche, aimable et aimant le plaisir. » (P. 63.)

même du roi, la révolution : l'audace de ces pressentiments exprimés en un tel lieu étonnait sa jeunesse. « Vingt ans avant 1789 on disait que les institutions de l'ancienne monarchie tombaient d'un mouvement rapide, que le peuple écrasé d'impôts était silencieusement misérable, mais qu'il commençait à prêter l'oreille aux discours audacieux des philosophes qui proclamaient hautement ses souffrances et ses droits, et qu'enfin le siècle ne s'achèverait pas sans qu'une grande secousse ne vint ébranler la France et changer le cours de ses destinées [1]. » Elle passa auprès de la reine ces vingt années d'intervalle et ne se sépara de Marie-Antoinette que sur le seuil même de la prison du Temple, d'où les geôliers la repoussèrent. Ses mémoires rapportent tout ce qu'elle a vu, entendu, et tout ce qu'elle a souffert à la fin dans cette situation honorable qui devint un poste périlleux.

Échappée aux soupçons meurtriers de la Terreur, elle établit à Saint-Germain, vers l'époque du Directoire, un pensionnat célèbre, où revivaient les traditions p.456 du bon ton et des bienséances élégantes que le régime nouveau enviait à l'ancien. La femme de chambre, la confidente de Marie-Antoinette y fut, comme on sait, l'institutrice d'Hortense de Beauharnais ; cette circonstance attira sur sa maison le regard investigateur de Napoléon, qui en 1805 lui confia l'établissement d'Ecouen créé

---

[1] *Mémoires*, t. I, 17.

par lui [1]. La Restauration, auprès de qui le souvenir de Marie-Antoinette était un faible titre, la disgracia comme coupable d'infidélité et d'ingratitude ; elle ensevelit ses chagrins récents avec ses plus anciens regrets dans la retraite où elle écrivit ses mémoires et mourut en 1822. Napoléon lui demandait un jour : « Que faut-il aux jeunes personnes pour être bien élevées en France ? — Des mères, répondit madame Campan. — Le mot est juste, repartit l'empereur [2]. » Il renferme, en effet, et non pas seulement pour les jeunes filles, le secret de toute bonne et sérieuse éducation.

Madame Campan, à qui n'a manqué ni le temps ni l'esprit nécessaires pour bien étudier le caractère de Marie-Antoinette, nous a laissé une histoire très détaillée et très plausible de la conduite de cette princesse ; elle nous y explique ses torts apparents aussi bien que ses fautes réelles, et quiconque a la moindre expérience de la noirceur inventive des passions politiques reconnaîtra sans peine, dans cet exposé des faits, les prétextes qui ont pu servir et inspirer la fureur coalisée des partis. Ceux qui la soupçonneraient d'une partialité trop favorable à la mémoire de la reine doivent réfléchir qu'à l'époque où elle écrivait ses mémoires nul sentiment personnel, même le plus

---

[1] T. I, p. XXXIV.
[2] T. I, p. XLIV.

respectable, ne ~p.457~ pouvait être assez dominant sur son esprit pour y prévaloir contre la vérité.

D'accord avec Bezenval, madame Campan se plaint de la mauvaise éducation de la reine, de sa paresse et de sa frivolité. C'est donc un point acquis [1]. Comme Bezenval encore, elle signale dans Marie-Antoinette une vivacité d'humeur irréfléchie, une jeunesse d'esprit, une ardeur pour le plaisir, très naturelles sans doute et très excusables à vingt ans, mais qui nuisent à la dignité d'une reine de France en l'exposant à des rivalités compromettantes et à d'indignes comparaisons. De là ces toilettes fastueuses, ces modes extravagantes, toutes ces folies d'une beauté enivrée d'elle-même, plus occupée d'enlever l'admiration que d'inspirer le respect [2].

En lisant dans madame Campan le détail des libertés innocentes et imprudentes de Marie-Antoinette, on est surpris des facilités incroyables que son étourderie ménageait aux entreprises de la critique calomnieuse, aux morsures de cet esprit du *Méchant*, immortel à la cour comme à la ville, et déjà gonflé du venin de la haine révolutionnaire. La vie royale, autrefois défendue par la solennité d'un cérémonial sévère, enfermée pour ainsi dire dans une forteresse ou dans un sanctuaire

---

[1] T. I, 39, 40, 158.
[2] T. I, 180. — Mémoires de Lauzun, p. 167. — Bachaumont, t. VII, 88 ; t. III, 299. — Correspondance secrète inédite, t. II, 22.

impénétrable, se livrait désormais à l'irrévérence du premier venu ; ouverte de toutes parts, elle devenait le point de mire des curiosités médisantes et des regards perfides. L'histoire de Marie-Antoinette, dans les mémoires de madame Campan, se présente à nous sous un double aspect. D'un côté sont les plaisirs hardis, _{p.458} emportés, avec un air d'aventure et de fantaisie provocante, excursions nocturnes au bal de l'Opéra, sérénades en pleine foule sur la terrasse du palais de Versailles, parties de traîneau en compagnie de madame de Lamballe [1] : par là se glisseront les anecdotes galantes, les conjectures cyniques, les noms suspects des Lauzun, des Coigny, des Dillon et des autres héros de la chronique scandaleuse [2]. Plus loin, c'est le riant tableau d'une simplicité patriarcale, le sceptre échangé contre la houlette enguirlandée. Ce « beau roman » de la royauté adoucie, égayée, rajeunie, cette gracieuse application d'une philosophie de l'âge d'or « flattait singulièrement le cœur tendre et l'imagination de Marie-Antoinette. » Vêtue « d'une robe de percale blanche et d'un fichu de gaze, coiffée d'un chapeau de paille, le plaisir de voir traire les vaches, de pêcher dans le lac et de parcourir les fabriques du hameau l'enchantait. » Elle avait aboli l'usage de dîner en public, les promenades cérémonieuses en grand cortége

---

[1] *Mémoires*, t. I, 132, 165, 167, 194, 195, 198.
[2] Sur Lauzun, t. I, 145, 149, 168, 169, 170, 189. — *Mémoires de Lauzun*, p. 174, 181, 185, 253.

et en grand habit ; elle tournait en plaisanterie les observations de sa dame d'honneur et l'appelait « Madame l'Étiquette [1]. » Toutes p.459 ses fautes « sont du genre de celle-là, » simples imprudences, folles humeurs d'une jeune femme qui sourit aux plaisirs d'une vie privilégiée et qui en rejette les servitudes, excès de confiance en soi-même et dans autrui, démarches indiscrètes nées de la sécurité d'une bonne conscience ; « elles lui furent plus nuisibles qu'elle n'aurait pu l'imaginer [2]. » Trois partis conspiraient à incriminer ces nouveautés : le parti anti-autrichien, ennemi de Choiseul, c'est-à-dire les débris de la cour de Louis XV et de la Dubarry ; puis les flatteurs du comte de Provence et du comte d'Artois, ceux qui, espérant que Louis XVI n'aurait pas d'héritier direct, caressaient l'idée d'un divorce et en semaient le bruit ; la masse, enfin, des frondeurs de Paris, l'opposition moqueuse ou hostile, ravie d'attaquer la royauté dans la personne de la reine. Dès 1776 et 1777 les mémoires et les correspondances du

---

[1] *Mémoires de madame Campan,* t. I, 51, 97, 100. — A propos d'étiquette, nous lisons dans madame Campan une piquante anecdote : « Un jour d'hiver il arriva que la reine, déjà toute déshabillée, était au moment de passer sa chemise. Je la tenais toute dépliée ; la dame d'honneur entre, se hâte d'ôter ses gants et prend la chemise. On gratte à la porte, on ouvre ; c'est madame la duchesse d'Orléans ; ses gants sont ôtés, elle s'avance pour prendre la chemise, mais la dame d'honneur ne doit pas la lui présenter ; elle me la rend, je la donne à la princesse ; on gratte de nouveau ; c'est madame la comtesse de Provence ; la duchesse d'Orléans lui présente la chemise. La reine tenait ses bras croisés sur sa poitrine et paraissait avoir froid. Je l'entendis qui disait plusieurs fois entre ses dents : C'est odieux, quelle importunité ! » (T. I, 97.)

[2] T. I, 101, 227.

temps signalent une abondance de pamphlets et de chansons contre Marie-Antoinette à désespérer le lieutenant de police ; une fureur épidémique de satires envenimées succède à l'enthousiasme des premiers jours du règne [1].

Sans avoir le sentiment vrai des périls que courait sa réputation, la reine ne les ignorait pas absolument ; quelques éclats de l'outrage public rejaillissaient parfois jusqu'à elle et l'avertissaient en la désolant. Madame Campan fut témoin d'une scène de désespoir provoquée par la révélation subite de ces infamies : « J'entrai un matin à Trianon dans la chambre de la reine ; elle était couchée, avait des lettres sur son lit, pleurait abondamment ; ses larmes étaient entremêlées de sanglots interrompus par ces mots : « Ah ! je voudrais mourir ! Ah ! « les méchants, les monstres ! que leur ai-je fait ! » — Je lui offris de l'eau de fleur d'oranger, de l'éther... — « Laissez-moi, me dit-elle, si vous m'aimez ; il vaudrait « mieux me donner la mort. » Elle jeta en ce moment son bras sur mon épaule, et se mit à verser de nouvelles larmes [2]. »

Madame Campan avoue la part active prise par la reine aux affaires, et regrette sa malheureuse intervention dans la politique ; mais elle essaye de plaider les circonstances

---

[1] Madame Campan, I, 60, 91. — Bachaumont, IX, 54, 61, 101. — *Correspondance secrète inédite,* t. I, 9, 19, 41.

[2] T. I, 247.

atténuantes. A l'en croire, Marie-Antoinette, dominant son mari et dominée par sa coterie, aurait cédé aux suggestions intéressées des courtisans ; elle aurait joué, malgré elle, un rôle ingrat et funeste ; son crédit lui pesait ; il lui répugnait de faire des ministres et d'assister aux conseils ; des plaintes fréquentes attestaient ses ennuis et a force d'un ascendant qu'elle n'osait briser.

« Ah ! me disait-elle en soupirant, au milieu des mémoires et des rapports que les ministres lui avaient remis, il n'y a plus de bonheur pour moi depuis qu'ils m'ont fait intrigante [1]. » Ses « intrigues » dans la politique extérieure, ses menées « autrichiennes, » toujours d'après l'officieuse madame Campan, se seraient bornées à réclamer « l'exécution du traité d'alliance, lorsque Joseph II eut la guerre avec la Prusse et avec la Turquie ; » Marie-Antoinette demandant au roi 24 000 hommes au lieu des 15 millions promis n'aurait obtenu de M. de Vergennes que cette réponse : « Je ne puis accorder à la mère du dauphin ce que me demande la sœur de l'empereur [2]. » Voilà du moins ce que la reine « a souvent répété » à sa femme de chambre.

---

[1] Sur la société de la reine, madame Campan, t. I, 143, 447, 148. — Sur le rôle politique de Marie-Antoinette, t. I, 261, 268 ; t. II, 27, 35. — *Correspondance secrète*, t. I, 561 ; t. II, 352.

[2] Mémoires, t. II, 29. — Correspondance secrète, t. I, 140, 155.

Nous avons fidèlement résumé le témoignage important de madame Campan ; nous le croyons sincère, et même exact en beaucoup de points, quoiqu'il adoucisse la vérité et que l'auteur ait fort bien pu ne pas savoir tout. On a remarqué qu'il développe et confirme presque toujours les récits de Bezenval et d'Augeard ; à coup sûr il ne les contredit pas essentiellement [1]. Nous allons maintenant placer en regard de ces trois mémoires les lettres authentiques de Marie-Antoinette elle-même, c'est-à-dire confronter son propre témoignage avec les récits des contemporains les plus dignes de foi.

---

[1] Il a paru en 1823 une brochure sous ce titre : *Observations sur les Mémoires de madame Campan,* par le baron d'Aubier, gentilhomme ordinaire de la chambre du roi. — Le baron a pris la plume pour approuver d'une part et certifier ce que madame Campan a dit de Marie-Antoinette, et, d'autre part, pour s'inscrire en faux contre les critiques qu'elle fait du roi Louis XVI : « Il semble que madame Campan ne s'est occupée de Louis XVI que pour faire une ombre au tableau de Marie-Antoinette. » (P. 2.) — Cette brochure, œuvre de circonstance, n'a aucune valeur historique. — Sur Louis XVI, voir *Mémoires de madame Campan,* t. I, 119, 122, 124, 193.

CHAPITRE II

La reine Marie-Antoinette et ses correspondants. — Marie-Thérèse et Joseph II : leur opinion sur Marie-Antoinette. — Lettres authentiques publiées par M. d'Arneth. — Comparaison de ces témoignages avec les informations fournies par les Mémoires contemporains. —La reine jugée par ses amis, par ses parents et par elle-même [1].

p.462 Commençons par la correspondance de Marie-Antoinette avec sa mère l'impératrice Marie-Thérèse. Cet échange de lettres familières, qui a duré dix ans, de 1770 à 1780, fait le plus grand honneur à Marie-Thérèse. Le contraste est frappant entre l'humeur étourdie de la fille et la sagesse de la mère, — sagesse virile, bien qu'un peu triviale et se sentant parfois des pesanteurs de l'âge. Marie-Thérèse ne passe aucun défaut à la jeune reine.

---

[1] *Lettres de Marie-Antoinette et de Marie-Thérèse*, d'après les originaux conservés aux archives de Vienne, par M. le chevalier d'Arneth. Leipzig, 1866, 1 vol. — *Correspondance de Marie-Antoinette avec Joseph II et Léopold*, par le même, 1868, 1 vol. — Il existe, comme on sait, d'autres recueils de lettres attribués à Marie-Antoinette, par exempte, celui qui a été publié en 1864 par M. le comte d'Hunolstein, et celui de M. Feuillet de Conches (1865). Sans entrer dans les controverses soulevées par la publication de ces recueils, nous dirons que leur autorité nous semble trop ébranlée pour qu'il y ait lieu de s'appuyer sur les textes qu'ils renferment. Les pièces originales et authentiques nous suffisent.

Très attentive aux mouvements de l'opinion française, elle lisait les chroniques et les nouvelles à la main, qui, dès ce temps-là, faisaient fureur à p.463 l'étranger. De Schœnbrunn, elle voyait mieux Paris qu'on ne le voyait de l'Œil-de-Bœuf.

Deux traits s'accusent dans le caractère de la reine, tel que nous le révèle la sincérité involontaire de cette correspondance : l'ignorance et la légèreté, c'est-à-dire les deux défauts qui ont tout d'abord attiré l'attention des observateurs contemporains dont nous avons invoqué le témoignage. Qu'on nous passe le mot : Marie-Antoinette, dauphine et reine de France, n'avait pas même l'instruction d'une pensionnaire. « Elle avait été très mal élevée, dit l'abbé de Vermond, son lecteur ; elle était incapable d'approfondir. » — « Et ledit abbé, ajoute madame Campan, n'a pas lu un seul livre d'histoire, pendant toute sa vie, à son auguste élève [1]. » — « Tâchez donc, écrivait Marie-Thérèse à la reine, de tapisser votre tête de bonnes lectures ; elles nous sont plus nécessaires qu'à toute autre. Vous n'avez point d'acquis, jamais vous n'avez aimé l'application [2]. » La Révolution, un beau jour,

---

[1] *Mémoires*, t. I, 73. — *Lettres de l'abbé de Vermond au comte de Mercy*, p. 354, 369 (à la fin de la correspondance de Marie-Antoinette avec Marie-Thérèse). — Sur l'abbé de Vermond, voir madame Campan, t. I, 42. — *Correspondance secrète inédite*, t. I, 256 ; t. II, 313. — On a publié en 1862 un catalogue des livres du boudoir de Marie-Antoinette, bibliothèque de choix composée par l'abbé de Vermond : on y voit figurer Louvet, Mercier, Rétif, etc., mais l'authenticité du catalogue est contestée.

[2] Correspondance de Marie-Antoinette, etc., p. 23.

surprendra Marie-Antoinette aussi peu fortifiée et préparée ; et certes, il fallait autre chose que des coups de tête soutenus de ressources aussi minces pour conjurer, ou conduire, ou vaincre un tel événement.

Mais il s'agissait bien de s'instruire et de prévoir en 1774 ! Le grand art, à la cour, n'était-il pas l'art de p.464 plaire ? Ne se devait-elle pas tout entière à ces charmantes exigences de sa haute fortune, bals d'opéra, comédies, courses en traîneau, fêtes de jour et parties de nuit ? Ne fallait-il pas qu'elle animât du regard et de l'exemple, sur son char de déesse, les plaisirs renaissants de cette vie enchantée ? L'air de Versailles a bien vite grisé cette tête légère. L'impératrice se désolait à lire les descriptions des fêtes romanesques, et les fameux bulletins des plaisirs de la cour ; surtout elle avait sur le cœur les toilettes extravagantes, les coiffures à haut étage, les plumes dont la reine s'attifait et s'empanachait si complaisamment : « On vous attribue un achat de bracelets de 250 000 livres [1] ; on prétend que vous entraînez le roi à des profusions qui mettent l'État en détresse... On dit que votre coiffure a trente-six pouces de haut, depuis la racine des cheveux, avec tant de plumes et de rubans qui relèvent tout cela !... Madame ma chère fille, ajoute-t-elle en son français germanique, la simplicité fait mieux paraître et est plus adaptable

---

[1] Madame Campan parle en effet de l'acquisition d'un bracelet de 200 000 francs. (T. II, 3.)

au rang de reine [1]. » Marie-Thérèse ne pouvait digérer les *poufs au sentiment.*

On connaît le mot de Joseph II à Marie-Antoinette. Pendant son voyage à Paris (1777), il trouva la reine, un matin, fort occupée d'étager l'édifice de plumes et de fleurs. « Ne me trouvez-vous pas coiffée à ravir ? dit-elle à son frère. — Oui. — Mais ce *oui* est bien sec. Est-ce que cette coiffure ne me sied pas bien ? — Ma foi, si vous voulez que je vous parle franchement, Madame, je la trouve bien légère pour porter une couronne [2]. » Quel commentaire plus précis et plus sûr aux récits de madame Campan que ces plaintes de la famille même sur les imprudences de la jeune reine ! Marie-Thérèse touche aussi un point très délicat : l'extraordinaire insensibilité de Louis XVI. Elle la connaissait par le bruit public et par les lettres de l'abbé de Vermond, qui écrivait dans les premiers temps à l'ambassadeur, comte de Mercy : « J'en ai le cœur navré. » — « Je commence à m'ennuyer, disait-elle parfois à sa fille, que vous n'êtes encore dauphine... » Celle-ci répondait : « Je n'ai rien à désirer du côté de l'amitié et de la confiance. Pour l'objet important qui inquiète la tendresse de ma chère maman, je suis bien fâchée de ne pouvoir lui apprendre rien de nouveau ; la nonchalance n'est sûrement

---

[1] P. 141, 187.

[2] Ce mot lui est attribué par la *Correspondance secrète inédite,* t. I, 64.

pas de mon côté [1]. » A Vienne on devinait même les bruits qu'on ne pouvait connaître ; les inquiétudes de « la chère maman » voyaient clair parmi les réticences et les sous-entendus de ce vaste complot de médisances formé contre sa fille. « J'ai vu avec une peine extrême, dans les feuilles imprimées, que vous vous abandonnez plus que jamais à toutes sortes de courses au bois de Boulogne, aux portes de Paris, avec le comte d'Artois, sans que le roi y soit. Vous devez savoir mieux que moi que ce prince n'est nullement estimé, et que vous partagez ainsi ses torts... On le dit hardi à l'excès, cela ne convient pas que vous le tolériez... Les lettres de Paris disent que vous êtes séparée de lit avec le roi ; ce lit à part, ces courses, ont mis d'autant plus de chagrin dans mon âme que j'en connais les conséquences et ne saurais vous les présenter trop vivement pour vous sauver de l'abîme où vous vous précipitez [2]. » Le frère aîné, au nom de la famille, l'empereur Joseph II, revenait à la charge, insistant d'une main lourde, aggravant les reproches. Il adressait à sa sœur de longs sermons dans un français gothique et morose ; il la tançait d'importance sur tous les points ; il fustigeait de sa férule toutes les légèretés vraies ou supposées de la jeune reine, « bals de l'Opéra, fréquentes allures à Paris, façon trop leste, jeux de hasard, choix des amis et des amies ; » et le moraliste, en

---

[1] P. 23,163.
[2] P. 123, 147, 148 (1775).

s'échauffant, s'oubliait jusqu'à écrire les mots les plus indélicats. Citons un fragment des lettres pédantesques de ce bon frère : « Daignez penser un moment aux inconvénients que vous avez déjà rencontrés aux bals de l'Opéra et aux aventures que vous m'en avez racontées vous-même là-dessus. Pourquoi donc des aventures, des polissonneries, vous mêler parmi le tas de libertins, de filles, d'étrangers, entendre ces propos, en tenir peut-être qui leur ressemblent : quelle indécence ! Je dois vous avouer que c'est le point sur lequel j'ai vu le plus se scandaliser tous ceux qui vous aiment et pensent honnêtement. Le roi abandonné toute une nuit à Versailles, et vous mêlée en société et confondue avec toute la canaille de Paris !... Mais en vous dégoûtant de plusieurs soi-disant amusements, oserai-je, ma chère sœur, vous en substituer un autre qui vaut richement tout ? C'est la lecture... Que les mauvais livres soient bannis de chez vous ; évitez de parler ou laisser entrevoir à jamais les saloperies dont vous vous êtes remplie l'imagination par la lecture [1]. »

Que répond aux avis de sa mère, aux mercuriales de son frère, Marie-Antoinette ?

---

[1] *Correspondance avec Joseph II,* p. 1, 3, 5, 9, 11, 12, 13, 15, 17. — Ces dernières phrases sembleraient confirmer l'authenticité du catalogue dont il est question plus haut.

Les lettres de la première époque sont d'une toute jeune fille et ne promettent nullement un esprit au-dessus de l'ordinaire. Pleines de détails insignifiants, elles n'ont de singulier que la bizarrerie du style et de l'orthographe ; c'est du français bégayé par une Allemande. Quelques années plus tard, un changement marqué s'accomplit ; le style a du tour et de la vivacité, il a pris l'accent parisien, mais le fond est superficiel et sec. La reine est devenue une grande personne, qui accueille avec déplaisir les remontrances, et qui répond avec une brièveté évasive aux épanchements du chagrin maternel comme aux tirades provinciales de son frère. Refusant toute explication et fermant son cœur, elle se tient dans les généralités de bienséance ; elle qui a banni de sa vie le cérémonial, on dirait qu'elle observe, en écrivant à sa mère, une sorte d'étiquette. Sa vraie pensée éclate dans les lettres qu'elle adresse, avec moins de circonspection, à un ami, lorsqu'elle est sûre de ne pas trouver en lui un Mentor. Voici de quel air dégagé elle décrit ses amusements, à l'époque même où grondait contre les dissipations de Versailles la morale conjurée de la cour de Vienne : « Admirez mon malheur, car les dévotions de la semaine sainte m'ont beaucoup plus enrhumée que tous les bals. J'ai chez moi un concert, tous les lundis, qui est charmant. Toute étiquette en est ôtée. p.468 J'y chante avec une société de dames choisies qui y chantent aussi. Il y a quelques hommes aimables, mais qui ne sont pas de la jeunesse... ¹ » Il est visible que les leçons de l'impératrice et les sermons de l'empereur ont faiblement réussi.

La partie la plus gaie, la plus expansive de cette correspondance, est celle qui reproduit la douceur brillante des commencements du règne, l'enchantement des espérances que semblait alors autoriser l'enthousiasme du peuple et le zèle vertueux du jeune roi. Quelques pages restent marquées de cette naïve impression de félicité trompeuse, et comme éclairées de cette lumière si tôt obscurcie : « J'ai eu mardi dernier une fête que je n'oublierai de ma vie ; nous avons fait notre entrée à Paris. Ce qui m'a touchée plus que les honneurs, c'est la tendresse et l'empressement de ce pauvre peuple qui, malgré les impôts dont il est accablé, était transporté de joie de nous voir. Je ne puis vous dire, ma chère maman, les transports qu'on nous a témoignés dans ce moment. Qu'on est heureux, dans notre état, de gagner l'amitié du peuple à si bon marché ! Il n'y a pourtant rien de si précieux, je l'ai bien senti, et je ne l'oublierai jamais ². » Avec la pudeur de son âge inexpérimenté, Marie-Antoinette se livre aux premières délices, au facile enivrement de la faveur populaire ; elle boit à longs traits, comme dit le poète, « ce nectar des dieux, » sans prévoir (et qui l'eût prévu ?) en quelle amertume il

---

[1] A. M. de Rosemberg (1775), p. 145.
[2] P. 89, 105.

se tournera. Marie-Thérèse, plus défiante, se laisse gagner elle-même aux séductions d'un triomphe si flatteur pour son orgueil de mère ; elle cède à ~p.469~ l'exaltation des têtes françaises qui se communique à toute l'Europe : « L'univers est en extase, écrit-elle à sa fille. Il y a de quoi ; un roi de vingt ans et une reine de dix-neuf, toutes leurs actions sont comblées d'humanité, générosité, prudence et grand jugement. Que j'aime dans cet instant les Français ! Que de ressources dans une nation qui sent si vivement ! Il n'y a qu'à leur souhaiter la constance et moins de légèreté [1]. » Un écueil se cachait sous ces belles apparences, et bien peu d'esprits en apercevaient le danger. L'antique monarchie, dont les ressorts étaient usés, le pouvoir absolu, qui avait perdu sa force et son assurance, ne se soutenaient plus qu'à la faveur des mouvements bienveillants de l'opinion ; c'était dans ce milieu capricieux, sur une base aussi mobile, que le gouvernement devait prendre dorénavant son point d'appui. Un despotisme condamné, pour se soutenir, à se rendre agréable et à rester populaire, quelle contradiction ! Marie-Antoinette ne se doutait guère de la difficulté secrète et du péril imminent ; mais sa mère, plus avisée, éprouvée d'ailleurs par de longues infortunes, sans avoir la pleine intelligence des changements accomplis et d'une situation si grave, en avait le pressentiment. Elle a écrit là-dessus quelques réflexions d'un très grand sens.

---

[1] P. 117, 149.

Cherchant à prémunir sa fille et Louis XVI contre les déceptions d'un trop heureux début, elle leur disait : On ne gouverne pas longtemps avec la seule ressource de l'enthousiasme populaire ; la clémence et la générosité sont des vertus politiques dont l'effet s'émousse, dont le mérite s'avilit. » Il faut des principes et s'y attacher. » Tout va bien $_{p.470}$ pour le présent ; « on est fou de vous autres ; j'ai rougi de n'avoir pas fait en trente trois ans de règne ce que vous avez fait en trente-trois jours ; mais il faut soutenir ce beau et merveilleux commencement. Plus la nation espère tout du roi, plus il sera difficile de la contenter. On commence à craindre que le roi ne soit pas ferme, et qu'il n'ait des favoris qui le mènent [1]. » Marie-Thérèse parle en impératrice qui connaît le métier de régner.

Nous avons vu les contemporains les plus indulgents critiquer avec vivacité le laisser-aller excessif de Marie-Antoinette, son manque de dignité, et surtout son empressement à servir l'ambition ou la cupidité de ses amis. L'impératrice et l'empereur Joseph II avaient très bien aperçu ce point faible, cette pente glissante ; ils essayent de retenir la jeune reine, de la mettre en garde contre ses propres entraînements et contre les obsessions étrangères : « Évitez la familiarité, ne jouez pas la commère ; occupez-vous de choses sérieuses, défiez-vous des bas

---

[1] P. 112, 123, 124.
[2] Lettres de Marie-Thérèse, p. 123, 124, 132.

Modérez votre gloriole de briller aux dépens du roi, d'être affable quand il ne l'est pas, de paraître s'occuper d'objets qu'il néglige. Vous avez, comme reine, un emploi lumineux ; il faut en remplir les fonctions. La politesse et l'affabilité ont leurs bornes ; il faut bien de la distinction là-dessus, et il faut penser à votre situation et à votre nation, qui est trop encline à se familiariser et à manger dans la main [1]. » La Bruyère avait dit plus noblement : « Le caractère des Français demande du sérieux dans le souverain. » Mais la reine ne lisait pas La Bruyère.

De tous les conseils de l'impératrice, le plus sage était celui-ci : « en politique, abstenez-vous ; restez neutre au milieu des partis ; laissez agir le roi. » Quand Turgot et Malesherbes furent disgraciés, Marie-Antoinette avait dit à sa mère : « J'avoue que je ne suis pas fâchée de ces départs, mais je ne m'en suis pas mêlée. » De Vienne lui arrivèrent deux réponses sévères, l'une de Marie-Thérèse, l'autre de Joseph II : « Je suis contente que vous n'ayez point de part au changement de ces deux ministres, disait l'impératrice ; ils ont bien de la réputation dans le public, et à mon sens ils n'ont manqué que d'avoir trop entrepris à la fois. Vous dites que vous n'en êtes pas fâchée ; vous devez avoir vos bonnes raisons ; mais le public, depuis quelque temps, ne parle plus avec tant d'éloges de vous, et vous attribue tout plein de

---

[1] Correspondance avec Joseph II, p. 1, 2, 3, 5, 9, 11, 12, 13, 15, 17.

petites menées qui ne sont pas convenables à votre place [1]. » Joseph II est plus rude, c'est un bourru bienfaisant, et son amitié fraternelle, en faisant entendre les vérités utiles, se croit en droit d'écarter les ménagements et les périphrases : « De quoi vous mêlez-vous, ma chère sœur, de déplacer des ministres, de faire gagner un procès à l'un, de créer une nouvelle charge dispendieuse à votre cour ? Vous êtes-vous demandé une fois par quel droit vous vous mêlez des affaires du gouvernement et de la monarchie française ? Quelles études avez-vous faites ? Quelles connaissances avez-vous acquises ? Peut-on écrire quelque chose de plus imprudent, de plus inconvenable, de plus irraisonnable que ce que vous marquez au comte de Rosemberg touchant la manière avec laquelle vous arrangeâtes une p.472 conversation à Reims avec le duc de Choiseul ?... Quittez donc toutes ces tracasseries ; ne vous mêlez absolument en rien d'affaires ; éloignez et rebutez même tous ceux qui voudraient vous y attirer pour quelque chose [2]. » On ne pouvait parler plus solidement et d'une façon moins aimable le langage de la raison.

Par une inconséquence trop fréquente en politique, tout ce bon sens ne tarda pas à se démentir dès que l'intérêt personnel fut en jeu. Fidèle à ses traditions, l'Autriche entendait tirer un solide avantage de l'union des deux familles souveraines ; dans sa

---

[1] P. 175.
[2] P. 1, 2, 3, 4, 5.

pensée, ce nœud devait resserrer l'alliance des deux États. Jamais la cour de Vienne ne perdit de vue ce principal objet. Marie-Antoinette avait à peine seize ans que sa mère lui recommandait « de rester bonne Allemande, » l'assurant, — et c'était là une erreur grave, — « que les Français l'en estimeraient davantage. » Quand la dauphine fut devenue reine de France, Marie-Thérèse lui exposa ses desseins et travailla à l'y convertir ; il s'agissait de liguer les deux États catholiques contre la Prusse hétérodoxe, c'est-à-dire de conclure un pacte de famille franco-autrichien. L'influence et les séductions de la jeune reine formaient le pivot de la combinaison. Survinrent en 1778 des circonstances difficiles qui mirent à l'épreuve la solidité de ces espérances. Joseph II, assez imprudent pour tirer l'épée contre Frédéric, avait reçu du grand capitaine une dure leçon, et le jeune César, désabusé, s'effrayait du pas glissant où il s'était engagé si légèrement. Il faut voir avec quelle vivacité Marie-Thérèse invoque le secours de sa fille et fait appel _{p.473} à sa tendresse. Prières, larmes, cris de détresse, rien ne lui coûte ; elle se jette en quelque sorte aux genoux de la reine, la suppliant de déployer en faveur de son pays la toute-puissance de ses charmes : « J'ai besoin de tous vos sentiments pour moi, pour votre maison et patrie... je compte sur l'amour du roi pour sa chère petite femme. » — La « chère petite femme » agissait avec le zèle d'une « bonne Allemande », avec la magie d'une beauté qui se sent irrésistible ; le pauvre roi cédait. « Je suis contente de lui, » disait la reine ; mais les fortes têtes du cabinet opposaient une résistance habile et énergique. Pressée par sa mère, conseillée par l'ambassadeur Mercy, Marie-Antoinette soutenait contre la diplomatie française un combat de patience et d'artifice, alliant la fermeté à la douceur insinuante, sachant prendre au besoin le ton d'une souveraine qui veut être obéie [1].

Le doute n'est plus permis ; Marie-Antoinette était bien cette « Autrichienne » que l'instinctive sagacité du public avait pénétrée et qu'elle accusait si passionnément. Mme Campan a raison : esprit médiocre et caractère faible, la reine fut le jouet d'une double intrigue ; elle servait à Versailles une coterie égoïste, à Vienne p.474 un intérêt étranger. Pour plaire aux uns, elle faisait des ministres ; pour obéir aux autres, elle concertait des alliances [2]. Mise en goût d'intervention par ses premiers succès,

---

[1] P. 233, 237, 240, 244, 250, 255, 265, 268. — « L'abbé Georgel, dans ses Mémoires, raconte qu'à l'époque où il faisait à Vienne l'intérim de l'ambassade française (1774), parmi les papiers secrets que lui remettait un homme masqué dont il fait connaître l'histoire en détail, il y avait un jour « deux instructions secrètes envoyées au comte de Mercy pour être remises à la reine : la première ostensible au roi, la seconde pour la reine seule. Cette dernière contenait des conseils sur le mode à prendre pour suppléer à l'inexpérience du roi et profiter de la facilité de son caractère, pour influer dans le gouvernement sans avoir l'air de s'en mêler. » (T. I, 304.) Les Mémoires de l'abbé Georgel sont intéressants à consulter sur cette partie de notre histoire et sur cette époque du siècle, mais ses relations avec le cardinal de Rohan le rendent suspect.

[2] Outre l'ambassadeur Mercy, l'abbé de Vermond servait d'intermédiaire entre la reine et la cour de Vienne. « Il était l'instrument dont se servait une cabale cachée pour remettre, à la mort de M. de Maurepas, et sans que le roi s'en doutât, l'action du gouvernement entre les

elle s'habitua insensiblement à triompher de la raison d'État qui la condamnait et de la sagesse du ministère qui lui faisait opposition ; il lui sembla beau d'emporter de haute lutte tout ce qu'elle voulait. Ce qui d'abord n'avait été chez elle qu'une regrettable condescendance aux suggestions d'autrui, devint une satisfaction d'orgueil, un mouvement d'impérieuse humeur. En 1784, elle s'interpose, avec menaces, entre le cabinet français et Joseph II ; elle exerce la plus forte pression sur le roi en faveur de son frère, pour obtenir un secours contre les Pays-Bas révoltés. Son dévouement aux intérêts de l'empereur est absolu : « Ce ne sera jamais, lui écrit-elle, dans les affaires qui intéresseront personnellement mon cher frère, que je manquerai de suite et d'attention. Mon âme est trop occupée de celle-ci pour ne pas fixer toute ma tête [1]. » Elle ne se contente pas cette fois, comme en 1778, de prier et de pleurer ; elle ordonne, elle domine au conseil, elle combat dans le tête-à-tête avec le roi, elle suspend, de son autorité, le départ des courriers de cabinet ; invisible ou présente, elle tranche de l'Agrippine : « Vous aurez dû être étonné (elle écrit à son frère) et étrangement surpris de l'odieuse dépêche de M. de Vergennes... Il y a [p.475] quinze jours qu'elle a été arrêtée en conseil. J'ai suspendu le départ du courrier pendant

---

mains de la reine. Cet abbé portait son caractère sur sa figure, avec des yeux perçants, sombre et sauvage. » (*Mémoires de Georgel,* t. I, 505.)

[1] Correspondance de Marie-Antoinette avec Joseph II, p. 45.

sept jours ; c'est tout ce que j'ai pu obtenir... Ces longueurs et ces difficultés de M. de Vergennes vous impatienteront, mon cher frère. Elles seraient encore plus considérables, si je ne lui eusse parlé de manière à lui en imposer. Je n'ai voulu le voir qu'en présence du roi, afin qu'il ne pût ni défigurer ni exagérer ce que je lui avais dit. Je rougis de vous l'avouer, après que le roi a vu son ministre, son ton n'est plus le même... Vous avez toute raison d'exiger une prompte décision. J'y insiste et ne cesserai pas mes instances. J'espère que vous voudrez bien brûler tout de suite cette lettre qui est une véritable confession [1]. »

Marie-Thérèse mourut en 1780, M. de Maurepas en 1781. L'impératrice, malgré ce dernier tort et ce conseil imprudent, avait été pour la reine, pendant six ans, ce que fut pour le roi M. de Maurepas : un guide nécessaire, dont l'absence révéla tout le prix. Ces deux vieillards avaient soutenu de leur expérience le règne naissant ; ils emportèrent avec eux la seule chance de salut qui restât encore à la royauté. Eux disparus, les deux jeunes souverains, cédant à l'écrasante fatalité dont les accablaient tant de fautes accumulées depuis un demi-siècle, et trahis par leur propre faiblesse, roulèrent sur la pente où une sage direction, à défaut d'un bras ferme et d'un génie supérieur, les avait pendant

---

[1] P. 51, 64, 73, 74. — « Il y eut entre M. de Vergennes et la reine une discussion dans laquelle le ministre lui dit : « Je supplie Votre Majesté de ne point oublier que le roi, le dauphin et la

quelque temps arrêtés. Dix ans après, mourait aussi Joseph II, plein de pressentiments funestes sur l'avenir réservé à cette royale sœur, qu'il avait pour sa part contribué à compromettre et dont il ne vit pas s'accomplir la tragique destinée [1].

Nous avons mis en lumière les passages principaux de ces deux correspondances, et il s'en dégage, ce nous semble, une idée précise du caractère et du rôle de Marie-Antoinette. On a remarqué l'accord établi entre le témoignage de ces lettres et les informations fournies par les Mémoires contemporains que nous avons analysés. Les Mémoires contenaient déjà la vérité ; mais cette vérité, incomplète et confuse, manquait de certitude. Elle est acquise maintenant, elle a pris rang dans l'histoire ; elle repousse également les exagérations contraires, les calomnies de la satire comme les hyperboles du panégyrique. Elle donne tort tout ensemble à ceux qui ont défiguré, par leurs noirceurs, la mémoire de cette reine, et à ceux qui, pour la venger, l'ont transfigurée en l'idéalisant. L'épreuve, bientôt, va raffermir et relever son âme ; Marie-Antoinette, mûrie par l'âge et par le malheur, dépouillée de tous les prestiges vains, ne sera plus cette

---

France doivent lui être aujourd'hui plus chers que l'agrandissement de la maison d'Autriche. » Je tiens ce fait de M. de Vergennes lui-même. » (*Mémoires de Georgel*, t. I, 523, 527.)

[1] On trouvera dans la *Correspondance de Marie-Antoinette avec Marie-Thérèse* (p. 206, 216) et dans ses *Lettres à Joseph II* (p. 94), des détails intéressants sur le cardinal de Rohan et sur l'affaire du collier. Voir aussi, sur cette affaire, madame Campan (t. II, p. 1) et les *Mémoires de l'abbé Georgel*.

souveraine brillante et frivole que Versailles avait admirée, et dont l'Europe entière avait médit : son front désormais porte l'empreinte sévère du malheur qui s'appesantit sur elle ; pendant une longue torture de quatre années, la fille des Césars, fidèle au sang qui coule dans ses veilles, retrouve pour ~p.477~ souffrir et pour mourir la dignité qu'elle avait paru oublier dans les années insouciantes de la prospérité et de la jeunesse. Mais, sans toucher à cette partie de son histoire, étrangère à notre dessein, à peine effleurée par ces deux correspondances, nous pouvons le dire, en nous appuyant sur le passé que nous venons d'étudier : si, à partir de 1789, le caractère de Marie-Antoinette, retrempé dans la crise, a plus de ressort et de relief, son intelligence médiocre et superficielle n'a pas changé ; elle a gardé sinon toutes ses illusions, du moins ses préjugés et sa faiblesse. Le cœur, dans Marie-Antoinette, est plus haut que l'esprit.

CHAPITRE III

Le mouvement des esprits pendant le règne de Louis XVI. — Caractères particuliers de cette époque du siècle (1774-1789). — Suite des Mémoires de Bachaumont (du tome VII au tome XXXVI). — Correspondance secrète, politique et littéraire de Métra. — Correspondance secrète inédite et anonyme sur Louis XVI, Marie-Antoinette, la cour et la ville, de 1777 à 1792 [1]. — Mémoires anecdotiques sur la fin du XVIIIe siècle. Manuscrits de la Bibliothèque nationale, n° 10364. — Les approches de la Révolution. Années 1787 et 1788. Coup d'œil sur les principaux Mémoires de l'époque révolutionnaire. — Conclusion générale et fin du volume.

p.478 Le roi Louis XVI félicitait un jour le maréchal de Richelieu du rétablissement de sa santé ; « car, enfin, vous n'êtes pas jeune, ajouta le roi ; vous avez vu trois siècles. — Pas tout à fait, sire, mais trois règnes. — Soit. Eh bien, qu'en pensez-vous ? — Sire, sous Louis XIV, on n'osait dire mot ; sous Louis XV, on parlait tout bas ; sous Votre Majesté on parle tout haut [2]. » Nous emprunterons volontiers au vieux maréchal, contemporain de trois rois, sa comparaison rapide et juste des trois régimes qu'il avait connus ; nous y ajouterons, pour la préciser davantage, ce mot du prince de Ligne : « il était aussi à la mode de désobéir

---

[1] Publiée par M. de Lescure, 1866.
[2] Bachaumont, t. XV, 36 (1780).

sous Louis XVI que ~p.479~ d'obéir sous Louis XIV. » Le règne de Louis XVI a, en effet, pour caractère d'être un essai de transaction entre les anciens principes et les opinions nouvelles ; c'est la révolution qui commence, sous une forme douce et pacifique. Une différence capitale distingue ce règne de celui qui l'a précédé : sous Louis XV, la lutte des deux esprits contraires et des deux forces rivales s'engage avec acharnement ; c'est le moment laborieux et héroïque du siècle ; sous Louis XVI, la victoire appartient à l'esprit nouveau. Le combat se poursuit il est vrai sur quelques points, mais les centres principaux et les plus solides boulevards de la résistance sont entamés ; l'ancien régime, comme une place démantelée, à la veille d'être envahie, consent à capituler. Dès 1774, la cause de 1789 est gagnée moralement. En apparence, l'ancien despotisme subsiste ; en fait, la nation se sent maîtresse d'elle-même et de ses destinées ; elle échappe de toutes parts à l'autorité absolue, au privilège ; elle peut continuer à aimer ceux qui la gouvernent, elle a cessé de les craindre. Son enthousiasme est la forme vive d'une adhésion prompte à se donner, et toujours libre de se rétracter. Ce serait donc se tromper gravement que de voir dans la Révolution une sorte d'explosion violente brisant un despotisme obstiné ; il y avait longtemps que ce despotisme, ombre de lui-même, s'était dépouillé peu à peu et démuni ; la convocation des États généraux, achevant les concessions déjà faites, consomma le sacrifice.

L'ancien régime a-t-il péri pour avoir cédé outre mesure ou pour avoir résisté mal à propos ? C'est la question qui se pose à la chute de tous les pouvoirs en France. Il s'est perdu par l'une et l'autre conduite, en ~p.480~ les mêlant au hasard, en les faussant l'une par l'autre, sans savoir se décider à temps pour une résistance énergique ou pour des concessions intelligentes. Comme il est arrivé si souvent aux passagères monarchies du XIXe siècle, le pouvoir s'est ruiné par une série de contradictions et d'inconséquences ; comme toujours, c'est l'incapacité des gouvernants, beaucoup plus que le vice des institutions, qui a déterminé la catastrophe.

Fidèle à notre plan, nous essaierons de reproduire les traits généraux de cette période en interrogeant les observateurs contemporains. Les sources d'information sont abondantes. Il nous reste à consulter trente volumes des *Mémoires de Bachaumont*, dont nous avons déjà étudié et fait connaître les commencements. Nous les compléterons au moyen de la correspondance que rédigeait, dit-on, Métra, le président de ces nouvellistes qui tenaient leurs assemblées dans le jardin du Palais-Royal, au pied de l'arbre « de Cracovie [1]. » On a publié en

---

[1] Sur cet arbre, voir Métra, t. VIII, 173 ; t. XII, 71. Il fut abattu avec le jardin du Palais-Royal en 1782, et sa chute donna lieu a une élégie en vers citée par le chroniqueur. — Bien qu'il soit inutile de marquer avec précision le caractère d'un recueil aussi peu important que la *Correspondance* de Métra, nous dirons qu'il nous semble rédigé dans un esprit impartial, assez semblable à celui des *Mémoires* de Bachaumont, Métra n'est pas un homme de parti ;

1866 une autre correspondance, sans nom d'auteur, découverte parmi les manuscrits de la bibliothèque de Saint-Pétersbourg ; elle contient des pages entières qui lui sont communes avec celle de Métra ; nous réunirons les deux recueils dans $_{p.481}$ cette étude [1]. On y peut voir le type de ces nombreux journaux du temps, qu'il

---

sa passion, c'est le faits-divers. Cet esprit indépendant est visible dans les réflexions que lui suggère la satire de Gilbert sur la philosophie, et dans certaines critiques qu'il adresse aux encyclopédistes. Ce que nous avons dit plus haut de Bachaumont s'applique assez bien à ce nouvelliste. (Voir sur Gilbert, t. II, 99. — Sur l'*Encyclopédie,* t. III, 31.)

[1] Un mot sur cette correspondance anonyme. — L'auteur et le destinataire en sont inconnus. L'éditeur, dans sa préface, essaie diverses conjectures pour éclaircir ces deux points ; mais aucune de ces hypothèses ne nous semble s'imposer par un caractère frappant de vraisemblance. Quant à la correspondance même, c'est un recueil de lettres mises à la poste tous les huit jours à peu près, et sans doute envoyées en Pologne. On sait du reste que c'était alors la mode, en pays étranger, de demander à un chroniqueur attitré un bulletin de Paris : Thiriot, La Harpe et mille autres étaient les correspondants de personnages prussiens, allemands ou russes. Ces lettres sont un spécimen des nombreux bulletins qui s'expédiaient alors de Paris au delà des frontières. Classées, étiquetées, rangées selon les dates, elles ont passé à la bibliothèque de Varsovie, et de là, en 1795, à celle de Saint-Pétersbourg. Le ton même de la correspondance nous autorise à penser que l'auteur était un homme instruit et sérieux, assez ami de l'esprit dominant et des nouveautés politiques, mais très modéré dans son enthousiasme, un conservateur libéral enfin. Il s'afflige des conflits qui s'élèvent entre le roi et la nation, il est partisan de Necker et des réformes, il parle avec convenance de la cour et du gouvernement, même lorsqu'il les critique ; il est plein de prudence et de réserve. Il a peur des excès, il n'est point révolutionnaire, et s'écrie, en s'adressant aux philosophes outrés : « Beaux esprits, qui méprisez ce que vous appelez préjugés, dites-nous si vous avez quelque frein plus salutaire pour conserver les mœurs et l'autorité que le respect général pour ceux qui en sont les dépositaires ? » — Sans doute aussi que le caractère ou le rang du destinataire imposait cette réserve au correspondant ; celui-ci, comme la plupart des journalistes, avait ou prenait les opinions présumées de son lecteur. (Voir t. I, 146, 211, 377, 386, 569 ; t. II, 169.)

ne faut pas, à notre avis, dédaigner absolument, car s'ils fourmillent d'anecdotes frivoles, ils reflètent assez heureusement, par cette négligence et cette légèreté même, certains aspects d'une époque si bruyante et si mêlée.

Un premier fait à noter dans l'époque nouvelle, c'est l'affaiblissement des talents, l'absence ou la rareté des œuvres originales et fortes. Les hommes de génie sont morts ou près de mourir ; entre la grande génération philosophique qui s'éteint dans l'éclat de son triomphe, et la fière génération des orateurs et des hommes de guerre qui se formera vingt ans plus tard, il s'élève une race p.482 intermédiaire, où la vulgarité domine, malgré de nobles exceptions, race inquiète, fiévreuse, lourdement sentimentale, chimérique avec prolixité ; ce sont les disciples des philosophes. Ceux-là inondent le règne, ils l'agitent du fracas de leurs œuvres médiocres et de leur ambitieuse personnalité. La littérature a perdu en hauteur ce qu'elle a gagné en étendue ; partout régnante, elle abonde dans son propre sens et tourne au lieu commun ; elle est comme noyée dans sa diffusion rapide et victorieuse. La plupart des livres, écrits dans le goût exalté qui faisait loi avant 1774, ne se composent que de plagiats et de redites [1] ; encore les livres eux-mêmes cèdent-ils la place aux

---

[1] On peut citer : l'Alambic des lois, le Despotisme, le Catéchisme de morale républicaine, les Lettres sur l'obéissance passive des soldats, la morale universelle fondée sur la nature, ou Morale indépendante, un traité sur l'Athéisme, ad majorem gloriam virtutis, à Théopolis, l'An

brochures et aux journaux. L'esprit surexcité de cette époque s'évapore en productions improvisées, passagères comme la circonstance qui les provoque, comme la curiosité qu'elles veulent satisfaire. « L'incroyable multiplicité des journaux, » signalée par tous les observateurs contemporains, est l'un des traits saillants de cette époque ; n'hésitons pas à y voir une des causes les plus actives de la Révolution. Ils ont achevé en détail ce que les grands coups portés sous Louis XV avaient entamé [1].

Aux improvisateurs de la littérature répondent les improvisateurs de la politique ; ces menues productions, qui foisonnent, servent d'auxiliaires à l'engeance des p.483 faiseurs de projets, qui pullulent. C'est l'ère des enthousiastes du progrès matériel, la vogue est aux agitateurs de la perfectibilité illimitée, aux charlatans officiels et officieux du bien public. « Dans ce pays, dit Bachaumont, un projet n'est pas plutôt échoué qu'il en remit un autre [2]. » Atteints de cette « châteaumanie comme on l'appelait alors, les ministres nouveaux s'empressent de renverser pour rebâtir ; « il est de principe que tout doit être changé et bouleversé ; » c'est à qui « fera le plus de tapage dans son département. » On demandait à un contrôleur général

---

[1] du règne de la raison. (Bachaumont, t. IX, 161, 255, 262 ; t. XIX, 115, t. XX, 232 ; t. XXI, 62 ; t. XXIX, 260 ; t. XXXI, 60.) — En 1774, le commerce de la librairie parisienne était évalué à 45 millions, celui de Londres au quart seulement.

[1] *Correspondance de Métra,* t. II, 130 ; t. IV, 385 ; t. V, 403 ; t. XIII, 124 (1775-1777).

[2] T. XVI, 61.

récemment nommé : Quelle idée apportez-vous ? « Ma foi, dit-il, je crois que le plus habile ne saurait comment s'y prendre ; mais puisqu'il faut faire parler de soi, je ne puis que culbuter d'un côté ce que mon prédécesseur a culbuté d'un autre [1]. » La politique varie « comme l'atmosphère ; » c'est « une lanterne magique, une procession des ombres chinoises de la foire. » Fatigué de cette montre inutile et de ces nouveautés trompeuses, le public prend de l'humeur contre ces gouvernants qui en flattant ses goûts ne réussissent pas à lui plaire ; il se moque de « ce gouvernement de marchandes de modes, » qui est cependant bien selon son cœur et fait à sa ressemblance [2]. « Comment arrive-t-il, se demande-t-on naïvement, que les choses de ce monde aillent de travers, tandis qu'il est tant de rêve-creux empressés d'éclairer les peuples et leurs chefs sur les mesures les plus utiles ? » Le moyen, en effet qu'un peuple s'égare, lorsqu'il a pour se guider « les lumières des rêve-creux ! »

p.484 Avec son zèle accoutumé, l'administration de province obéit au signal parti de Paris. Un mot d'ordre de sentimentalité philanthropique fait le tour du royaume. La routine séculaire s'est métamorphosée en louable émulation pour le progrès. Pas un intendant qui ne se pique d'être « un homme sensible » et de

---

[1] Métra, t. III, 200 ; t. IV, 131. — Bachaumont, t. XIV, 23.
[2] Bachaumont, t. XII, 17 ; t. XVI, 11. — *Correspondance inédite*, t. I, 76, 84, 90, 579. — *Mémoires de Mallet Dupan*, t. I, 136, 154. — Métra, t. XIII, 64.

prouver son dévouement à la cause du peuple. L'un construit un hôpital, un autre fonde des prix pour les laboureurs et donne des fêtes aux vignerons. Celui-ci admet les artisans à sa table, celui-là couronne des rosières ou des nourrices ; il en est qui imaginent de distinguer le sexe des vertus et qui instituent des récompenses pour « les vertus mâles, » en excluant toutes les autres du concours [1]. Tel gouverneur, pour plaire à la mode et au ministre, fait un cours de boulangerie économique. Et ce qui est tout aussi moderne que cet amour exalté du bien, c'est l'amour du bruit, c'est la recherche de l'effet qui résulte du bien accompli en public ; aucun de ces philanthropes n'oublie d'envoyer son nom et sa bonne action à la Gazette [2]. On vit dans une sorte d'exaltation continuelle et d'enflure de cœur, avec cette fière pensée qu'on appartient à une époque de prodiges qui verra disparaître toutes les bornes imposées à l'essor de l'esprit humain [3]. Ces belles apparences, où la vie et l'espoir éclataient de toutes parts, n'étaient pas aussi démenties qu'on pourrait le croire par un état de souffrance intérieure et de misère cachée. Jamais Paris n'avait été plus vivant et plus riche ;

---

[1] Bachaumont, t. XXII, 232 ; t. XXIII, 42, 123, 131, 191, 212 ; t. XIV, 29 ; t. XXVIII, 73 ; t. XXXI, 66.

[2] *Ibid.*, t. XXII, 249, 278 ; t. XXIII, 171, 202, 287 ; t. XXV, 219 ; t. XXVI, 181 ; t. XXX, 39.

[3] « Nous vivons dans un siècle de merveilles, » Bachaumont, t. XXIII, 19. — « L'impossible ne paraissait plus un mot français. » *Mémoires du comte de Ségur*, t. II, 40.

« l'Europe y affluait ¹. » Une longue paix avait accumulé en province un fonds de ressources privées et publiques qui a permis à la nation de soutenir une calamité de dix ans que notre société moderne, plus brillante et plus délicate, supporterait malaisément. La population, décimée sous Louis XIV, s'était accrue sous les règnes suivants de plusieurs millions ². Un jeune officier, revenant de la guerre d'Amérique, le comte de Ségur, fut vivement frappé du spectacle d'activité prospère que lui présentait la France, et longtemps après il exprimait avec enthousiasme ces impressions de sa jeunesse : « A mon retour d'Amérique, je retrouvai la cour et la société de Paris plus animées que jamais, la France relevée par ses victoires et satisfaite de la paix. L'étonnante activité de l'agriculture, de l'industrie, du commerce, de la navigation, les progrès rapides des lettres et des sciences, tout ce qui peut perfectionner la civilisation d'un peuple en multipliant ses jouissances, concourait à nous rendre heureux. Nous étions fiers d'être français ³.... »

---

[1] Mémoires de Montbarrey, t. III, 143.

[2] « On reconnaît une augmentation sensible dans la population de Paris depuis quarante ans. L'abbé d'Expilly y compte 600 000 habitants ; M. de Buffon, 658 000 ; M. Moheau, 670 000. On trouve que les provinces augmentent. Au commencement du siècle, la population du royaume était portée à 19 millions et réduite par plusieurs à 16 millions. Elle est aujourd'hui de 20 millions, selon l'abbé d'Expilly, de 22 millions, selon M. de Buffon, et de 24 millions selon les rapports réunis des intendants et l'estime de M. Moheau. » (Bachaumont, t. XIV, 64. — 1779.)

[3] Mémoires, t. II, 29. — Mémoires de Montbarrey, t. III, 220.

Malouet, le comte Beugnot et nombre d'autres au début de leurs mémoires sur la Révolution confirment la vérité de ce tableau ; ils s'accordent à nous _{p.486} peindre une société aux mœurs douces, à l'esprit tolérant, qui s'épanouit dans la liberté, l'abondance et les plaisirs [1]. Se pourrait-il donc que le mot célèbre de M. de Talleyrand, « quiconque n'a pas vécu avant 1789 ne connaît pas la douceur de vivre, » — ce mot, si flatteur pour la haute civilisation de l'ancien régime, fût encore vrai, toute proportion gardée, hors des salons de Paris, et qu'en dépit des préjugés de l'ignorance passionnée, quelque chose de « cette douceur de vivre » eût passé dans la société tout entière, et se fît sentir à ceux qui allaient tenter l'épreuve révolutionnaire comme à ceux qui allaient la subir ?

Ce n'est pas seulement le pouvoir qui est gagné ou vaincu par l'esprit nouveau ; l'impuissance et le discrédit du clergé sont aussi la marque distinctive de cette époque. Les conditions morales de la société française sont changées ; l'air qu'on respire éteint les querelles religieuses qui vingt ans auparavant mettaient les esprits en feu ; billets de confession, mandements, constitution ultramontaine, appels jansénistes, tout cet appareil de guerre, usé et ridicule, est relégué avec mépris parmi les sottises d'un passé gothique. Le terrain des anciennes luttes se dérobe sous les pieds des combattants. On lance bien encore, par habitude, quelques

___

[1] Mémoires de Malouet, t. I, 76. — Mémoires du comte Beugnot, t. I, 54, 55.

anathèmes inoffensifs contre les encyclopédistes ; on dénonce à la police les éditeurs de Voltaire ; mais le pouvoir amortit lui-même l'effet des rigueurs qu'il n'ose pas toujours refuser ; le Parlement ferme les yeux sur des livres matérialistes qu'il eût puni, sous Louis XV, de l'exil ou de la mort ; Versailles écoute _{p.487} avec impatience les sermons peu modérés, et le clergé, en défaveur à la cour, impopulaire à Paris, peut encore obtenir des hommages apparents, il n'inspire plus de crainte et ne trouve plus d'appui [1]. Qu'y a-t-il de vrai dans toutes ces anecdotes scandaleuses qui remplissent les mémoires du temps et dont les plus hauts prélats sont les tristes héros ? Elles indiquent au moins l'état de l'opinion et nous expliquent ses haines et ses mépris ; elles nous montrent à quel point s'était abaissés, devant la nation, l'honneur et l'autorité séculaires de l'Église de France [2]. En 1792, avant les derniers malheurs de Louis XVI, on remit à la reine un projet développé où l'on discutait toutes les chances qui restaient à la royauté, les appuis sur lesquels il lui était permis de compter. Dans cette revue des forces monarchiques l'Église de France n'obtenait que ces deux mots dédaigneux : « Le clergé est

---

[1] Bachaumont, t. XXVI, 233 ; t. XXIX, 81. — *Métra,* t. II, 174 ; t. III, 183. — *Correspondance secrète,* t. I, 12.

[2] Voir *Correspondance secrète,* t. I, 594 ; t. II, 224, 302. — Bachaumont, t. XXV, 9 ; t. XXVIII, 91 ; t. XVIII, 77. — *Métra,* t. VIII, 187.

définitivement anéanti. On ne doit même plus en parler ¹. » C'est le résumé de nos mémoires ².

Sous Louis XV, les grands seigneurs, en dépit de leurs faiblesses, avaient conservé une apparence de supériorité, et, si le scandale de leurs désastres militaires ruinait dans l'esprit des peuples l'antique renom de la noblesse de France, les idées nouvelles, dont ils avaient embrassé l'imprudent mais généreux patronage, répandaient quelque lustre sur leur déclin. Vers la fin du siècle, la situation se révéla dans sa réalité périlleuse ; les opinions philosophiques, enhardies par le succès, obéissant à la logique des principes, s'affranchirent d'une alliance temporaire

---

[1] Correspondance authentique de Marie-Antoinette, etc., p. 270.

[2] Nous trouvons dans Métra un état des personnes et des biens du clergé, que le journaliste dit avoir extrait des ouvrages les plus récents sur la matière ; nous le transcrivons ici : 366 264 sujets ecclésiastiques, séculiers ou réguliers, composaient ce grand corps, dont les revenus fixes s'élevaient à 121 299 500 livres. Voici la répartition des rentes et des personnes, et pour ainsi dire les subdivisions de la feuille totale des émargements ou des bénéfices : « 134 archevêques ou évêques recevaient 4 909 000 livres ; 11 850 chanoines, 4 100 000 livres. Une somme égale de 4 100 000 livres était affectée à l'entretien de 14 000 bénéficiers de bas-chœur ; 800 000 livres étaient réservées à environ 5 000 enfants de chœur. 27 000 chapelains ou prieurs avaient un budget de 8 100 000 ; celui de 44 000 curés s'élevait à 46 millions. — 40 000 vicaires ne touchaient que 7 700 000 livres ; 6 000 ecclésiastiques libres, abbés à petit collet, et parmi eux 280 chevaliers de Malte, étaient dotés de 1 735 000 livres. — Tandis que 35 500 religieux absorbaient 19 555 600 livres, 80 000 religieuses ne coûtaient à l'Église que 16 millions. Les plus mal rentés étaient naturellement les 46 500 religieux mendiants : ils ne sont portés que pour 3 600 000 livres. A cet ensemble ajoutez 61 millions qui représentent le produit des quêtes, des aumônes, et tout le casuel des paroisses, et vous obtenez un total général qui passe 182 millions, » c'est-à-dire près de la moitié du budget de l'État en ce temps-là. (T. III, 335.)

et d'une tutelle inutile ; l'équivoque se dissipa, les nouveautés agressives parurent ce qu'elles étaient, et la noblesse eut dès lors à expier l'inconséquence d'une conduite qui jusque-là semblait lui réussir. Soit qu'elle maintînt sa faveur et ses encouragements à des doctrines dirigées contre elle-même, soit qu'avertie trop tard elle les frappât de sa disgrâce, ce brusque changement et cette persévérance, d'un effet pareillement fâcheux, achevaient de la déconsidérer et de l'affaiblir. Aussi, sous Louis XVI, la noblesse a-t-elle perdu ce grand air dont elle gardait quelques restes sous le précédent règne. Si l'on peut juger de l'opinion publique par les journaux qui d'ordinaire en reproduisent l'image assez fidèle, les seigneurs, les princes même du plus illustre rang, comme en général toutes les puissances aristocratiques ou financières du temps, semblent se disputer p.489 une renommée d'impudence et lutter à qui tombera plus avant dans le mépris de la nation. Ouvrez les chroniques ; il n'est bruit que des infamies de ce qui a un rang, un titre, une fortune. Mais approchons-nous de la limite extrême qui sépare l'ancien régime de la Révolution. Insistons sur ces deux années, 1787, 1788, qui précèdent les chocs violents et les commotions profondes : Quel effet produisait sur les esprits l'attente des changements extraordinaires dont l'imminence était manifeste ? De quel œil les contemporains voyaient-ils s'avancer cet événement à la fois mystérieux et prévu, plein de menaces et de promesses ?

En 1788, au milieu de l'anarchie morale qui prélude à la dissolution politique, il est aisé de reconnaître, en écartant les surfaces troublées, un fond d'opinions communes à tous les partis, acceptées par toutes les classes, exprimées dans tous les écrits, et qui forment l'unité de ce mouvement confus. Interrogez ceux qui ont vu et décrit l'état de l'esprit français au moment où, pareil à un amalgame en ébullition, il laissait voir dans toute la force de leur discorde originelle les impétueux éléments, anciens ou nouveaux, qui travaillaient à le décomposer. Trois sentiments, disent-ils, dominaient ce conflit : un désir passionné du changement, « diversifié à l'infini dans son objet et dans ses causes, » la ferme persuasion qu'il était infaillible et prochain, et une confiance sans bornes dans le dénoûment rapide et inoffensif de la Révolution. L'ardeur du désir était égalée par l'enthousiasme de l'espérance ; les plus extrêmes divisions de l'esprit public fraternisaient dans un optimisme exalté. Nous n'en sommes plus certes à nous étonner de la fatuité des illusions où s'endort notre pays à l'approche des p.490 pires désastres, ni de la puissance d'ensorcellement qu'exerce sur des cervelles françaises le seul nom de révolution ; pourtant le contraste est si fort entre les riantes prévisions de 1788 et la réalité qui les a démenties, qu'on a toujours quelque peine à comprendre comment un peuple intelligent a pu si étrangement s'abuser, et courir au-devant de 93 la tête pleine d'idées flatteuses et de rêves enchanteurs. Remarquez-le bien, ce n'était pas alors comme aujourd'hui l'erreur factice et intéressée de quelques-uns, c'était la naïve méprise de tous ; on abondait avec l'effusion d'une entière bonne foi dans la joie de ces brillants présages. Providence des grands et des petits, appelée par les privilégiés aussi ardemment que par les déshérités, la Révolution devait résoudre les difficultés, combler les exigences : sa panacée allait guérir tous les maux ; chacun la façonnait à son image et la chargeait de réaliser son utopie personnelle. Tout le monde y voyait quelque chose à gagner, personne n'y voyait quelque chose à perdre : loterie magnifique où tous se flattaient d'avoir un bon billet. Il n'était pas jusqu'au parti de la cour qui ne l'invoquât par dépit contre des ambitions rivales, par ressentiment contre le roi et ses ministres, pour se venger d'un dégoût et d'un mécompte ; l'inévitable catastrophe devenait la suprême ressource de ceux-là même sur qui elle allait fondre comme un châtiment, et l'on voyait, dans cette infatuation ridicule des égoïsmes d'antichambre, les « talons rouges » attendre des États généraux l'abaissement du pouvoir central et la restauration de la féodalité.

Le passé était si méprisé qu'on ne s'avisait guère d'y chercher des leçons ; on ne rappelait les dates sinistres $_{p.491}$ des anciennes tragédies de notre histoire que pour faire ressortir la différence absolue des temps et des mœurs. Comment d'ailleurs les révolutions ne se croiraient-elles pas originales, ayant la prétention de tout renouveler ? Deux siècles s'étaient écoulés depuis la Ligue, et quels siècles ! Élevé si haut par une suite admirable de progrès, l'esprit humain allait-il brusquement retomber en pleine barbarie ! On avait changé et perfectionné tant de choses depuis le XVIe siècle : on avait adouci les mœurs, orné les esprits, embelli la vie ; la société, transformée par des arts ingénieux, s'était revêtue de brillantes apparences. On s'imaginait que ce travail habile avait atteint et entamé dans son essence la nature même, l'immuable fonds de sauvage perversité ; on allait se convaincre que, si les prétextes changent ainsi que les victimes, la puissance de scélératesse dont les passions en délire sont capables reste entière, et que tout le progrès accompli consisterait à remplacer le fanatisme religieux par un fanatisme sécularisé.

A l'appui de leurs prédictions favorables, les philanthropes citaient l'exemple de la Fronde : quelle différence, disaient-ils, entre cette guerre parlementaire à demi-sérieuse et les sanglantes tragédies de la Fronde ! Si l'adoucissement des mœurs, déjà sensible sous Louis XIII, avait en cinquante ans mitigé et pour ainsi dire civilisé la fureur des partis, que ne pouvait-on pas espérer du degré de civilisation où la France de Louis XVI était parvenue ! On professait donc une foi absolue dans les heureux effets de la tolérance, de la liberté, de l'humanité, dans le progrès et la diffusion des lumières, dans toutes les vertus aimables qu'une longue et délicate culture avait développées chez nous et qui ont trop ₚ.₄₉₂ souvent prouvé que si elles honorent et charment les sociétés, elles ne les défendent contre aucune espèce d'ennemis [1].

On a souvent agité la question de savoir si la Révolution de 1789 était inévitable, et l'on répond ordinairement par l'affirmative. Les contemporains sont d'un autre avis ; selon quelques-uns, non seulement l'explosion révolutionnaire n'avait rien de fatal en soi, mais le succès n'était pas même probable. Le duc de Lévis va jusqu'à dire ceci : « L'homme instruit et impartial qui soumettrait au calcul des probabilités les succès de la Révolution trouverait qu'il y avait plus de chances contre elle que contre le quine de la loterie ; mais le quine est possible, et malheureusement cette fois il fut gagné [2]. » Nous croyons qu'on ne voyait pas assez clairement alors les causes lointaines et profondes qui précipitaient la crise, et qu'aujourd'hui on ne voit plus aussi bien les moyens qui restaient de la conjurer. Cette question, d'ailleurs, est insoluble dans les termes trop généraux où presque toujours on la pose ; il faut avant tout préciser deux

---

[1] Souvenirs du comte Mathieu Dumas, 1, 426. — Mémoires de Ségur, 1, 23. — Mémoires du prince de Ligne (t. III, 76), du marquis de Ferrières (I, 2), du marquis de Bouillé (I, 67, 70), de Mallet-Dupan (I, 155). — Souvenirs du duc de Lévis, p. 311, 319.

[2] Souvenirs, p. 328.

choses : le sens qu'on attache au mot Révolution et l'époque où se marque le caractère de l'irrésistible fatalité.

Une illusion très commune en histoire, c'est de considérer le soulèvement de 1789 comme un fait unique, exceptionnel, comme un accident perturbateur de l'existence nationale. Trompés par la longue tranquillité des règnes de Louis XV et de Louis XIV, nous nous p.493 persuadons que l'état de l'ancienne France était aussi paisible que le nôtre est agité, nous croyons qu'une altération grave est survenue dans la loi qui règle nos destinées : rien n'est moins conforme à une exacte connaissance des choses. Depuis le XIVe siècle, c'est-à-dire depuis que notre pays a pris forme et consistance, son développement nous présente une série de crises intérieures, d'une extrême gravité, séparées par des intervalles d'activité réparatrice et de paix féconde. Tel est l'aspect vrai, le juste point de vue du passé de la France : l'âme tragique et passionnée de la nation éclate en éruptions périodiques qui, couvrant le sol de débris, y sèment des germes de renaissance. Attachés aux flancs d'un volcan que nous remontons et descendons sans cesse, notre vie se passe tantôt à finir, tantôt à recommencer une révolution. Toujours il y a dans l'air quelque menace d'orage ; une catastrophe toujours possible et plus ou moins rapprochée plane sur la sécurité passagère des établissements les plus solides en apparence et des époques les plus fortunées. Loin d'être un fait anormal et solitaire dans sa puissante originalité, la Révolution de 1789 continue donc la série des phénomènes semblables qui remplissent notre histoire ; elle marque le point culminant de la série ; c'est la plus haute cime où l'élan révolutionnaire ait encore atteint ; elle domine de toute la supériorité du XVIIIᵉ siècle les révolutions des époques semi-gothiques qui l'ont précédée.

De tout temps, l'agitation intermittente, avec ses crises plus ou moins fortes, a été le fond de notre vie nationale ; dans cette fièvre l'esprit français a grandi : il faut chercher là, et non ailleurs, la vraie fatalité révolutionnaire qui domine notre histoire, c'est-à-dire la ₚ.₄₉₄ loi que notre caractère et nos passions nous imposent, loi qui s'inscrit en traits permanents dans le retour prévu de nos désordres, dans la logique de nos caprices. En se fondant sur ce principe général on peut soutenir que les abus du despotisme monarchique et l'affaiblissement des classes supérieures devaient provoquer, de toute nécessité, une révolution, puisque telle est chez nous la forme obligée du progrès, le prix dont il faut payer les innovations les plus utiles. L'assertion demeure vraie, en un sens plus restreint, si l'on entend que l'insuffisance du dernier roi et les fautes de son gouvernement rendaient certaine la catastrophe ; il y a, en effet, un moment, facile à déterminer, où la situation, empirant chaque jour, ne souffre plus de remèdes. Mais si l'on prétend, d'une façon abstraite, sans tenir compte du génie personnel des princes et de la conduite de leurs ministres, que la révolution ne pouvait être ni atténuée, ni prévenue, ni différée, et qu'une invincible fatalité de décadence et de ruine poussait la monarchie, dès 1715, ou du moins dès 1774, à l'abîme qui l'a engloutie ; si l'on soutient que tout le travail du siècle, ses nobles ardeurs et les lumières de sa raison épurée le poussaient forcément sur l'écueil où s'est brisée cette fière civilisation, c'est là une hypothèse inadmissible que dément l'étude des faits et que le sentiment des contemporains contredit.

Ceux-ci, qui voyaient les choses de près et non à travers des récits déclamatoires, savaient combien la monarchie ébranlée conservait encore de ressources ; ils ne doutaient pas qu'un sage et ferme emploi de ces moyens ne réussît à la sauver. Quelques-uns vont jusqu'à dire que sa cause n'était pas perdue, même au matin du 10 août [1] : il était bien tard alors et cette opinion nous semble hasardée, mais il est sûr qu'avant l'époque où la royauté laissa l'armée se fondre entre ses mains, tout lui était possible ; elle restait maîtresse des événements. Avec quelle facilité, vingt ans auparavant, Louis XV, roi méprisé et détesté, avait fait un coup d'État, « une révolution à la turque, » comme on l'appelait alors ! Et, cependant, ni les griefs, ni les ressentiments, ni les lumières ne manquaient en 1770 ! Avec

---

[1] « Au 10 août, la couronne avait des moyens immenses ; elle les tourna coutre elle-même. » (*Souvenirs du comte de Vaublanc*, t. I, 337.)

toutes ses fautes, en dépit de sa déplorable faiblesse, il fallut trois ans à Louis XVI pour consommer une déchéance dont il était le principal ouvrier ; il mit tout ce temps à descendre d'un trône d'où l'on tombe aujourd'hui en quelques heures. La monarchie en 1789 avait encore pour elle le cœur des Français ; trahie par l'incapacité de ses défenseurs, elle se soutint par sa force propre, et, durant trois années de révolution, résista à tous les assauts de ses ennemis. C'est le destin de la royauté en France, non d'être vaincue, mais d'être livrée. « Avec l'ensemble de conduite qu'on tint, dit M. de Montlosier, le bouleversement aurait pu s'effectuer de même dans un état parfait [1]. » Rien de plus juste, et le comte de Vaublanc achève la vérité de cette remarque par un axiome que l'histoire du XIXe siècle a pleinement confirmé : « En France, c'est toujours le chef de l'État et ses ministres qui renversent le gouvernement [2]. »

Quelle légèreté de croire que des événements dont rien n'a gêné le cours, que des passions sans frein comme sans scrupules auraient décrit la même $_{p.496}$ évolution, si une volonté ferme eût entrepris de les diriger et de les contenir !

Osons le dire : la Révolution de 1789 a baissé dans l'esprit des hommes. D'une part, l'opinion se demande avec scepticisme, aux heures de découragement, si c'est bien le progrès véritable, la

---

[1] *Mémoires*, t. I, 143.
[2] *Souvenirs*, t. I, 412.

régénération morale de notre pays qu'elle nous a, selon sa promesse, apportés ; si nous ne sommes pas dupes, depuis quatre-vingts ans, d'une illusion vaniteuse et désastreuse ; si, de cette ère célèbre, ne date pas, à dire vrai, la décadence politique et sociale de la France. Les imaginations exaltées, d'autre part, la jugent timide dans ses ambitions et dans ses vengeances ; elle a vieilli pour le parti des jeunes ; elle est arriérée pour les amis de certaines nouveautés, et il est facile de voir se lever l'idéal d'une Révolution de l'avenir bien autrement profonde, radicale et décidée, qui ne se contentera pas de se jouer à la surface des choses, mais qui saura toucher le vif et aller droit à l'essentiel.

Quoi qu'il en soit de ces conjectures, à supposer même qu'elles s'accomplissent, et que la Révolution de 1789, désertée par l'enthousiasme refroidi de la nation, subisse tôt ou tard une éclipse, elle n'en sera pas moins, dans l'histoire de l'humanité, un monument de la grandeur et de la puissance de l'esprit français. On pourra, certes, en imiter et même en surpasser les excès, — ce genre de plagiat se prête à de faciles innovations ; — mais nous doutons qu'on voie jamais, chez nous du moins, se reproduire l'exemple d'un élan si général et si vif vers la justice et la liberté. Cette révolution n'est sortie ni d'une intrigue, ni d'une émeute, ni d'une orgie des rues de Paris ; c'est la déclaration solennelle, à ciel ouvert, des volontés d'un grand peuple, où éclatent tous les signes de la force et de la loyauté, avec cette imprudence chevaleresque qui a donné si beau jeu aux ambitieux et aux scélérats [1]. La France est unanime, la province et Paris marchent du même pas ; et c'est un des traits originaux du mouvement national que l'adhésion des provinces, loin de se faire attendre, fortifie Paris hésitant, prêt à faiblir, et lui donne du cœur [2]. Née du génie d'un siècle illustre et du travail d'une civilisation supérieure, la Révolution de 1789 a reproduit, sans doute, les secrètes corruptions de l'époque qui l'a enfantée ; mais ses cruautés même, ses criminelles folies, n'ont pas réussi à effacer sa noblesse native et la splendeur de ses origines. On a vu pendant un temps le despotisme des médiocrités haineuses l'envahir et la déshonorer, mais un penchant invincible la rappelait sur les hauteurs et la réconciliait avec le talent. Aussi, à toutes les époques de son développement, les mérites du premier ordre se sont multipliés pour servir sa cause et soutenir ses progrès ; ils ont varié leurs aptitudes selon ses besoins et ses transformations ; aujourd'hui ils forment sa couronne, ils la protégent de leur gloire ; et cette constante adhésion du génie à ses principes n'est pas seulement pour elle un honneur, c'est aussi une preuve de sa légitimité. Bien différente des petites sectes politiques qui usurpent aujourd'hui son nom et ses maximes, elle a été au plus degré patriote ; elle a donné au sentiment national un élan, une

---

[1] Correspondance secrète, t. II, 351, 378.
[2] Mallet-Dupan, *Mémoires,* t. I, 145-148.

fierté, un prestige qu'il n'avait jamais connus ; elle a fait de son dévouement au pays un fanatisme, et de son amour p.498 pour la France un culte. Au lieu de sacrifier la grandeur nationale à l'égoïsme hypocrite d'un système, d'une ambition, ou simplement d'une basse cupidité, elle a tout concentré, tout absorbé dans le triomphe de cet intérêt suprême qui était pour elle le premier des principes comme le plus noble des soucis de sa politique. Dans ses excès, elle a pu être sanguinaire, mais sa férocité, plus odieuse que méprisable, a rarement obéi aux suggestions d'ignobles convoitises. C'est le sang, et non l'or, qui a taché ses mains. Il est des degrés dans l'infamie où elle n'est point tombée. Elle tuait pour se venger, et non pour voler. Séides illuminés d'une cause impitoyable, assassins enfiévrés par le délire d'une idée, ses hommes d'action sont restés pauvres comme les fanatiques du XVIe siècle. Il y a plus, cette révolution, qui fermait les églises, qui persécutait les prêtres, n'a étalé que par exception un athéisme cynique ; au fond, elle était spiritualiste, fidèle à l'esprit de la philosophie dont elle sortait, et c'est précisément ce noble principe intérieur qui soutenait son élan et faisait sa force.

Entre toutes les crises révolutionnaires qui l'ont précédée ou qui la suivront encore, elle restera la Révolution française par excellence, c'est-à-dire l'une des expressions les plus éclatantes du puissant génie de notre pays. Avec le siècle de Louis XIV et le siècle de Voltaire, elle sera l'une des trois choses qui maintiendront à jamais dans le monde la gloire de la France.